Ralf Krämer
Kapitalismus verstehen

Ralf Krämer, Sozialwissenschaftler, arbeitet seit 2002 als Gewerkschaftssekretär und seit langem zu Wirtschaftspolitik und Kapitalismustheorie. Er war einer der Initiatoren der WASG und Mitglied der Programmkommission der LINKEN.

Ralf Krämer

Kapitalismus verstehen

Einführung in die Politische Ökonomie der Gegenwart

VSA: Verlag Hamburg

www.vsa-verlag.de

Die Drucklegung des Buches wird gefördert von der Rosa Luxemburg Stiftung und der Wolfgang-Abendroth-Stiftungsgesellschaft.

Druck und Buchbindearbeiten: CPI books GmbH, Leck
Umschlagfoto: kallejipp / photocase.de
ISBN 978-3-89965-644-2

Inhalt

Vorbemerkung

Das vorliegende Buch richtet sich vorrangig an Leserinnen und Leser, die politisch und/oder gewerkschaftlich aktiv sind und eine kompakte, auf die Probleme der Gegenwart gerichtete Einführung in die politische Ökonomie des Kapitalismus suchen. Es richtet sich darüber hinaus an alle, die erkannt haben, dass die Beschäftigung mit ökonomischen und wirtschaftspolitischen Zusammenhängen grundlegend für das Verständnis der heutigen kapitalistischen Welt ist. Ausgangspunkt ist dabei: Die Wirtschaft kann nicht begriffen werden, wenn man abstrakt Marktprozesse betrachtet. Es geht immer auch um gesellschaftliche Machtverhältnisse und Klassenkonflikte. Es gibt keine unpolitische Ökonomie.

Das Buch schlägt einen Bogen von der Marxschen Wert- und Mehrwerttheorie über grundlegende Zusammenhänge und Entwicklungstendenzen der kapitalistischen Gesamtwirtschaft bis zu den Krisen des Finanzkapitalismus in Europa und global. In übersichtlichen Kapiteln werden theoretische Grundlagen mit gebräuchlichen Begriffen und der Diskussion aktueller Daten und Entwicklungen verbunden. Das Buch eignet sich damit auch als Einführung in eine marxistisch fundierte Wirtschaftswissenschaft, die allemal tiefer geht als das, was den meisten Studierenden heutzutage an Hochschulen dazu geboten wird.

Das Buch ist entstanden auf der Grundlage von Texten, die ich für einen Grundlagenkurs im Rahmen der Bildungsarbeit der Partei DIE LINKE im Jahr 2014 geschrieben habe. Das bestimmt auch die Form. Vieles beruht zudem auf Ausarbeitungen im Rahmen meiner Arbeit bei ver.di im Bereich Wirtschaftspolitik. Es werden keine speziellen Vorkenntnisse vorausgesetzt. Ich habe mich um verständliche Sprache bemüht und darum, keine theoretischen Begriffe zu verwenden, die nicht vorher erklärt worden sind. Es gibt eine kleinteilige Gliederung und ein Register, um zu bestimmten Themen schnell die entsprechenden Stellen finden zu können. Kernaussagen sind in Kästen hervorgehoben. Diagramme und Schaubilder sollen die Aussagen illustrieren und das Verständnis erleichtern.

Zitate und konkrete Datenquellen sind selbstverständlich ausgewiesen. Ansonsten wird auf Literaturangaben weitgehend verzichtet, weil sie den Text unübersichtlicher machen würden und auch, weil ich keine Auswahl aus der großen Zahl dazu vorliegender Bücher treffen wollte. Stattdessen sind einige Links zu ausgewählten Internetseiten angegeben, auf denen Quellen und vertiefende Texte und Materialien unentgeltlich studiert und heruntergeladen werden können.

Theorie wird hier als ein notwendiges Werkzeug behandelt, um sich im gegenwärtigen Kapitalismus orientieren und eine möglichst wirksame politische und gewerkschaftliche Praxis entwickeln zu können. Es geht in diesem Buch nicht um eine akademische, quellenkritische Theoriediskussion, sondern um Anwendung von Theorie zur Erkenntnis der Realität. Es werden unterschiedliche, teils konkurrierende Ansätze vorgestellt. Wichtig ist ein Bezug zur Empirie. Ich bin der Auffassung, dass diese Ansätze oft nicht gegeneinander gestellt werden müssen, sondern unterschiedliche Aspekte der komplexen und in sich widersprüchlichen Realität hervorheben und damit Beiträge zu ihrer Erklärung leisten. Auch in der Praxis gibt es oft nicht die eine optimale Lösung, sondern widersprüchliche Wirkungen und neu entstehende Probleme, die abgewogen werden müssen.

Meine Position ist die eines linken Gewerkschafters und gewerkschaftlich orientierten Sozialisten. Diese Position habe ich seit langer Zeit entwickelt, angefangen bei den Jusos in der SPD, über meine Arbeit als Gewerkschaftssekretär bei ver.di bis zur Aktivität in der LINKEN, bei der Erarbeitung ihres Grundsatzprogramms und in ihrer Strömung Sozialistische Linke.

Einige mögen meine Position als »Arbeiterbewegungsmarxismus« kritisieren. Ich würde das positiv wenden: Nur eine solche Wissenschaft, die sich mit den Interessen und Kämpfen der arbeitenden Mehrheit der Menschen verbindet, kann einen Beitrag zu einer sozialen Umgestaltung der Gesellschaft und perspektivisch zur Überwindung des Kapitalismus leisten. Dieser hat seine Möglichkeiten noch keineswegs ausgeschöpft. Dies ist als Drohung zu begreifen.

Abschließend möchte ich Beteiligten des Bildungskurses LINKE 1 für nützliche Diskussionen danken sowie Marion Fisch und Richard Detje vom VSA-Verlag für die Gestaltung der Grafiken, hilfreiche Hinweise und Lektorat. Alle Schwächen und Fehler gehen selbstverständlich zu meinen Lasten. Der Rosa-Luxemburg-Stiftung und dem WASG-Verein danke ich für die finanzielle Förderung der Buchveröffentlichung. Um die Verbreitung und die Arbeit mit dem Text zu fördern, ist das komplette Buch auch als pdf-Datei auf der Website der Rosa-Luxemburg-Stiftung verfügbar. Kritik und Verbesserungsvorschläge können gerne an ralfkrae@web.de gemailt werden.

Ralf Krämer, Februar 2015

1. Wozu soll das gut sein und worum geht es überhaupt?

1.1 Wozu Politische Ökonomie?

Finanzkrise, Euro-Krise, Öko-Krise, Globalisierung, Automatisierung und Digitalisierung: Der moderne Kapitalismus verändert rasant die Bedingungen für die gewerkschaftliche und politische Arbeit. Gab es die meisten Arbeitskämpfe früher in der Industrie, wird mittlerweile weit häufiger in Dienstleistungsbereichen wie bei Amazon, im Verkehrsbereich wie bei der Bahn, im Einzelhandel oder im öffentlichen Dienst, in Kitas und Krankenhäusern gestreikt. Der Niedriglohnsektor ist enorm angewachsen, nicht zuletzt aufgrund der Hartz-Gesetze seit 2003. Richtlinien und Verordnungen der EU, TTIP und andere internationale Freihandels- und Investitionsschutzabkommen drohen soziale und demokratische Gestaltungsmöglichkeiten dauerhaft auszuhebeln.

In der medialen, gesellschaftlichen und politischen Öffentlichkeit wird uns vermittelt: Die Wirtschaft ist entscheidend für das Wohlergehen des Gemeinwesens, für Arbeitsplätze und Wohlstand. Die Wirtschaft soll möglichst wachsen. Dann geht es dem Land und den Menschen gut und künftig noch besser. Darum soll die Wirtschaftspolitik dafür sorgen, dass es »der Wirtschaft« gut geht.

Doch anscheinend ist das nicht so einfach. Betriebe gehen pleite, Krisen bedrohen Arbeitsplätze, Einkommen und Ersparnisse. Armut und soziale Spaltungen nehmen ebenso zu wie die Umweltzerstörung. Viele leiden unter schlechter Arbeit und niedrigen Löhnen, während die Reichen immer reicher und die Konzerne immer mächtiger werden. Wie hängt das zusammen, wieso ist das so? Und wer oder was ist überhaupt »die Wirtschaft«, um deren Wohlergehen sich die Politik kümmert: die arbeitenden Menschen oder die Unternehmen und deren Eigentümer?

Für Linke und für gewerkschaftlich Aktive ist es unumgänglich, zu diesen Fragen eine fundierte Auffassung zu entwickeln. Wir müssen uns in der Vielzahl der Meldungen und Meinungen orientieren können und argumentationsfähig sein. Wir müssen die Diskussion um die wirtschaftlichen Alltagsfragen und Sorgen der Menschen mit sozialen und fortschrittlichen Alternativen verbinden können.

> Ohne eine Kritik der bestehenden kapitalistischen Ökonomie ist keine fundierte linke, gewerkschaftliche oder sozialistische Politik möglich.

Das gilt erst recht, wenn die Zielsetzung die Überwindung des Kapitalismus, seiner Ungerechtigkeiten und zerstörerischen Wirkungen ist. Ohne eine demokratisch-sozialistische Wirtschaftsordnung ist keine demokratisch-sozialistische Gesellschaft möglich. Denn die wirtschaftlichen Bedingungen und Verhältnisse prägen alle gesellschaftlichen Lebensbereiche, Staat und Politik.

Herrschende Wirtschaftslehre und kritische politische Ökonomie

Worum geht es, wenn wir uns mit Politischer Ökonomie beschäftigen, und wie unterscheidet sich das von der vorherrschenden Art und Weise, über Wirtschaft und Wirtschaftspolitik zu sprechen?

Die herrschende »bürgerliche«, »neoklassisch« fundierte Wirtschaftslehre, der ökonomische »Mainstream«, geht von freien Individuen und Unternehmen aus, die auf Märkten aufeinander treffen. Dort bilden sich Preise, die angeblich die jeweiligen subjektiven Präferenzen und den angestrebten Nutzen der Beteiligten nicht nur zum Ausdruck, sondern auch zu einem Gleichgewicht bringen. Die Güter- und Einkommensströme ergeben sich danach aus den Marktprozessen.

Folgt man dieser Auffassung, dann haben Wirtschaftswissenschaften und -politik die Aufgabe, das Handeln der Marktakteure und insbesondere der Unternehmen unter diesen Prämissen zu beschreiben und zu optimieren. Bevorzugt werden quantitative Modelle, bei denen allerdings eine Vielzahl oft unrealistischer Bedingungen als gegeben vorausgesetzt werden. Ökonomie erscheint als mathematisches Modell. Die Ergebnisse entsprechender Modellsimulationen werden dann als vermeintlich objektive und weitgehend zeitlose Wahrheiten oder Sachzwänge präsentiert, an denen sich die Menschen und die Politik auszurichten hätten. Diese Herangehensweise ist nicht die der Politischen Ökonomie.

> Ökonomie ist eine Sozialwissenschaft. Es geht um das Verhalten von Menschen, Unternehmen und anderen Organisationen unter historisch bestimmten und sich verändernden gesellschaftlichen Bedingungen.

Je nach ihrer Stellung in den gesellschaftlichen bzw. wirtschaftlichen Verhältnissen und Prozessen haben die Menschen unterschiedliche soziale Lagen, individuelle und Klasseninteressen und darauf beruhende Verhaltensweisen.

Die Wirtschaft kann nicht begriffen werden, wenn man abstrakt Marktprozesse betrachtet. Es geht immer auch um gesellschaftliche Machtverhältnisse und politisch gestaltete Strukturen. Diese setzen unterschiedliche Handlungsbedingungen für Menschen in verschiedenen Lagen. »Die großartige Gleichheit vor dem Gesetz verbietet es den Reichen wie den Armen, unter den Brücken zu schlafen, auf der Straße zu betteln oder Brot zu stehlen«, wie es der französische Schriftsteller Anatole France ausdrückte.

Auf der anderen Seite wirken wirtschaftliche Prozesse und Interessen massiv auf die gesellschaftlichen und politischen Bedingungen und Entwicklungen ein, auch im internationalen Zusammenhang. Wenn sich ökonomische Auffassungen als unpolitisch ausgeben, setzen sie die herrschenden Verhältnisse als unveränderbar gegeben voraus und verfestigen sie damit.

Kapitalistische Ökonomie ist umfassend geprägt von Klassenkonflikten. Es gibt keine unpolitische Ökonomie.

Der Grundtatbestand der Ökonomie ist auch nicht der Austausch auf dem Markt, sondern die Produktion der Güter und Dienstleistungen, die dann verteilt, ausgetauscht und konsumiert werden. Aus deren Organisationsweise resultieren die grundlegenden Probleme und Widersprüche einer jeden modernen Gesellschaft. Die Arbeit ist die Basis des gesamten menschlichen Lebensprozesses.

Die grundlegende Aufgabe jeder Ökonomie ist die Verteilung der gesellschaftlichen Arbeit auf die verschiedenen notwendigen Tätigkeiten und die Organisation des gesellschaftlichen Produktionsprozesses: wer arbeitet wann, wo, was und wie?

All dies soll im Folgenden genauer beleuchtet werden. Es ist zu klären, wie die gegenwärtige kapitalistische Wirtschaft in ihren Grundlagen funktioniert und welche Interessen, Widersprüche, Probleme, Krisen und verkehrten ideologischen Vorstellungen sie hervorbringt.

Grundlagen sind dabei die Theorien von Karl Marx und Friedrich Engels sowie daran anschließende Beiträge. Wichtig sind aber auch auf Arbeiten von John Maynard Keynes beruhende Überlegungen. Dabei ist die Politische Ökonomie keine »Erfindung« von Marx. Dieser baute auf den Ausarbeitungen früherer »klassischer« politischer Ökonomen wie Adam Smith, David Ricardo und anderen in kritisch-dialektischer Weise auf. Er bewahrte ihre wegweisenden Erkenntnisse, arbeitete ihre Irrtümer und offen gelassenen Fragen heraus und entwickelte die Theorie weiter.

Große Bedeutung hat auch die Behandlung empirischer Daten und politisch-ökonomischer Entwicklungen der jüngeren Zeit, um sie theoretisch zu beleuchten und einzuordnen. In der Auseinandersetzung mit bürgerlichen und insbesondere neoliberalen Ideologien ist es von zentraler Bedeutung, diesen fundierte linke Deutungen entgegensetzen zu können. Diese Ausarbeitung soll helfen, sich in den sozialen und politischen Auseinandersetzungen der Gegenwart zu orientieren und qualifiziert in sie einzugreifen. Für Letzteres eignen sich marxistische Begrifflichkeiten und ökonomische Fachsprache allerdings meist nicht unmittelbar. Erforderlich ist deren »Übersetzung« in heute geläufige Sprache und Argumente, die am Alltagsbewusstsein anknüpfen.

Internet-Links von kapitelübergreifender Bedeutung

Marx-Engels-Werke Faksimile als PDF-Dateien zum Download: *marx-wirklich-studieren.net*

Marx-Engels-Werke als htm-Dateien: *www.mlwerke.de/me*

Karl-Marx-Lexikon und mehr: *www.marx-forum.de*

Marxists Internet Archive mit Texten vieler marxistischer Klassiker: *www.marxists.org*

Spurensuche. Eine digitale Studienreise in »Das Kapital« von Karl Marx. Hier gibt es auch eine große Literaturdatenbank zur Politischen Ökonomie: *www.pol-oek.de*

PoliluxMarx. Bildungsmaterial zur Kapital-Lektüre: *www.polyluxmarx.de*

Überblick zu marxistischer Wirtschaftstheorie mit Literaturhinweisen: *https://de.wikipedia.org/wiki/Marxistische_Wirtschaftstheorie*

Arbeitsgruppe Alternative Wirtschaftspolitik: *www.alternative-wirtschaftspolitik.de*

Gewerkschaftliche Fakten, Argumente und Info-Grafiken der Hans-Böckler-Stiftung, vom Institut für Makroökonomie und Konjunkturforschung IMK und vom Wirtschafts- und Sozialwissenschaftlichen Institut WSI: *www.boeckler.de*

Informationsportal zur Sozialpolitik, mit Info-Grafiken: *www.sozialpolitik-aktuell.de*

Institut für sozial-ökologische Wirtschaftsforschung: *www.isw-muenchen.de*

ver.di Bereich Wirtschaftspolitik: *http://wipo.verdi.de*

Nachdenkseiten, Hinweise des Tages zur kritischen Begleitung der aktuellen politischen, insbesondere wirtschaftspolitischen Diskussion: *www.nachdenkseiten.de*

Statistisches Bundesamt mit Daten und Publikationen zum Download zu allen hier relevanten Themen, Statistisches Jahrbuch, Datenreport und die Volkswirtschaftlichen Gesamtrechnungen: *www.destatis.de*

1.2 Arbeit, Produktionsverhältnisse und Gesellschaft

Arbeit und Produktivkräfte

Arbeit ist ein schillernder Begriff. Was für manche Arbeit ist, betrachten andere als beiläufige Tätigkeit oder machen es zum Spaß. »Ich geh zur Arbeit« hören Kinder, wenn Eltern das Haus verlassen. Das verweist auf eine spezifische Form von Arbeit, die das heutige Leben prägt, aber keineswegs die einzige Form von Arbeit ist.

Was also ist Arbeit und wodurch unterscheidet sie sich von anderen Tätigkeiten wie Essen und Trinken, Spielen, sich Erholen, Sprechen, Lernen? Unter welchen Bedingungen sind Tätigkeiten Arbeit und wann nicht, und welche verschiedenen Formen von Arbeit gibt es?

Ganz allgemein betrachtet ist Arbeit zweckbestimmte, bewusste Tätigkeit. Sie wird mehr oder minder planmäßig ausgeführt, um ein bestimmtes Ziel zu erreichen, ein materielles oder auch immaterielles Produkt bzw. Arbeitsergebnis herzustellen.

Arbeit ist letztlich darauf gerichtet, das menschliche Leben aufrecht zu erhalten oder andere menschliche Bedürfnisse zu befriedigen. In diesem Sinne ist sie unter allen gesellschaftlichen Verhältnissen und auch zukünftig nötig, um den gesellschaftlichen und individuellen Lebensprozess in Gang zu halten. Menschliche Arbeit ist immer gesellschaftlich, selbst wenn sie in der Abgeschiedenheit der Wildnis erfolgt, weil sie auf gesellschaftlichen Erfahrungen und Bedingungen beruht. Die Entwicklung eines allgemeinen Begriffs der Arbeit im Unterschied von den einzelnen konkreten Arbeitsarten wie Ernten, Kochen, Schreinern, Nähen, Haus bauen usw. ist selbst erst Resultat der historischen Entwicklung.

»Die Gleichgültigkeit gegen die bestimmte Arbeit entspricht einer Gesellschaftsform, worin die Individuen mit Leichtigkeit aus einer Arbeit in die andre übergehn und die bestimmte Art der Arbeit ihnen zufällig, daher gleichgültig ist. (...) Hier also wird die Abstraktion der Kategorie ›Arbeit‹, ›Arbeit überhaupt‹, Arbeit sans phrase, der Ausgangspunkt der modernen Ökonomie, erst praktisch wahr.« (Karl Marx: Einleitung zur Kritik der politischen Ökonomie, MEW 13, S. 635)

Es kommt nicht darauf an, ob es sich um körperliche oder geistige Tätigkeiten handelt, ob die Arbeitenden sie zum eigenen Nutzen oder für andere verrichten, als Gegenleistung für die Tätigkeiten anderer oder gegen Geld oder auch unter Zwang. Arbeit erfordert Konzentration und Anstrengung, kann aber auch Spaß machen und selbst ein Bedürfnis sein. Die äußerlich gleichen Tätigkeiten können Arbeit sein oder auch nicht. Beispiel: Fußball ist für die meisten Menschen ein Spiel, sie betreiben es zum Spaß. Doch für einen Fußballprofi, der damit sein Geld verdient, ist es Arbeit. Wir kommen auf die verschiedenen gesellschaftlichen Formen der Arbeit später zurück.

»Die Arbeit ist zunächst ein Prozess zwischen Mensch und Natur, ein Prozess, worin der Mensch seinen Stoffwechsel mit der Natur durch seine eigene Tat vermittelt, regelt und kontrolliert. (...) Wir unterstellen die Arbeit in einer Form, worin sie dem Menschen ausschließlich angehört. Eine Spinne verrichtet Operationen, die denen des Webers ähneln, und eine Biene beschämt durch den Bau ihrer Wachszellen manchen menschlichen Baumeister. Was aber von vornherein den schlechtesten Baumeister vor der besten Biene auszeichnet, ist, dass er die Zelle in seinem Kopf gebaut hat, bevor er sie in Wachs baut. Am Ende des Arbeitsprozesses kommt ein Resultat heraus, das beim Beginn desselben schon in der Vorstellung des Arbeiters, also schon ideell vorhanden war. (...) Die einfachen Elemente des Arbeitsprozesses sind die zweckmäßige Tätigkeit oder die Arbeit selbst, ihr Gegenstand und ihr Mittel.« (Karl Marx: Kapital I, MEW 23, S. 192f.)

Arbeitsgegenstände sind die bearbeiteten Objekte, also zunächst der Boden, dann Rohstoffe, aber auch weiter zu verarbeitende Werkstücke oder hoch entwickelte Produkte in der Endfertigung. Informationen können Arbeitsgegenstände sein etwa in der Verwaltung, beim Programmieren oder im Journalismus. Im weiteren Sinne können selbst Menschen »Arbeitsgegenstände« sein, etwa in der Pflege oder Bildung.

Arbeitsmittel sind sämtliche Arten von Werkzeugen und Maschinen, aber auch Produktionsgebäude, Fahrzeuge oder Arbeitstiere. Eine zunehmende Rolle als Arbeitsmittel spielen Computer und Software, also Programme zur Verarbeitung von Daten und zur Steuerung und Vernetzung von Produktions- und Austauschprozessen. Zusammengefasst und vom Standpunkt des Produkts betrachtet bilden Arbeitsgegenstände und Arbeitsmittel die Produktionsmittel.

Arbeit ist *zunächst* ein Prozess zwischen Mensch und Natur, als materielle Produktion in Landwirtschaft, Handwerk und Industrie. Für den gesellschaftlichen Arbeitsprozess insgesamt ist und bleibt das auch grundlegende Bedingung. Mit der Entwicklung und Ausdifferenzierung der gesellschaftlichen Produktion, der Arbeitsteilung und Produktivkräfte gilt dies aber für immer mehr Arbeitstätigkeiten nicht mehr.

Regelnde, verwaltende und leitende Tätigkeiten, Dienstleistungen am Menschen wie Erziehen oder Pflegen oder für das Gemeinwesen wie Schutz, Kommunikation und Unterhaltung werden zu besonderen Tätigkeiten verselbständigt, für die spezielle Qualifikationen erworben und die von besonderen Personen ausgeführt werden. Auch diese Tätigkeiten sind Arbeit und im breiten ökonomischen Sinne Produktion. Die Wirtschaftsbereiche, die sich auf solche Produktionen konzentrieren, nehmen mit der Entwicklung der Produktivkräfte einen immer größeren Anteil an der gesamten Arbeitszeit der Gesellschaften ein.

Produktivkräfte sind die Kräfte und Bedingungen, die die Menschen in ihren Produktionsprozessen einsetzen. Die Weiterentwicklung der Produktivkräfte stellt den harten Kern des menschheitsgeschichtlichen Fortschritts dar.

Die grundlegende Produktivkraft ist das Arbeitsvermögen selbst, sind die körperlichen und geistigen Fähigkeiten und Qualifikationen der Menschen. Das zweite Element sind die produzierten Produktionsmittel. Die verschiedenen geschichtlichen Epochen unterscheiden sich nicht vorrangig dadurch, was sie produzieren. Grundlegende Produktionen sind sogar zu allen Zeiten gleichermaßen notwendig: Nahrung, Kleidung, Wohnung, Pflege und Erziehung der Kinder usw.

Es verändert sich vor allem die Art und Weise, wie die Menschen produzieren. Das betrifft zum einen die Seite der Produktionsmittel und der Qualität der Arbeit. Die Menschen verbessern ihre Werkzeuge, sie verfeinern die Arbeitsteilung und ihre Arbeitsfähigkeiten und geben diese verbesserte Technik und Qualifikationen an kommende Generationen weiter. Sie vergrößern den Umfang ihres Zusammenwirkens und effektivieren die Organisation der gesellschaftlichen Arbeit. Sie nutzen und entwickeln neue Materialien und Arbeitsinstrumente, sie errichten komplexe Bauwerke etwa zur Bewässerung, Straßen, Städte.

Den ersten Maschinen und Fabriken folgen später automatisierte Maschinen und Produktionsprozesse und heute über das Internet gesteuerte Produktion und Güterverteilung mit globalen Kommunikationsprozessen. In dieser Weiterentwicklung der Produktivkräfte, insbesondere der Technik, schlagen sich die wachsenden Erfahrungen und Kenntnisse der Menschen materiell nieder.

Produktionsverhältnisse und Produktionsweise

»In der Produktion wirken die Menschen nicht allein auf die Natur, sondern auch aufeinander. Sie produzieren nur, indem sie auf eine bestimmte Weise zusammenwirken und ihre Tätigkeiten gegeneinander austauschen. Um zu produzieren, treten sie in bestimmte Beziehungen und Verhältnisse zueinander...« (Karl Marx: Lohnarbeit und Kapital, MEW 6, S. 406)

Mit der Entwicklung der Produktivkräfte verändert sich zugleich die Art und Weise, wie die Menschen zusammenarbeiten und ihre Arbeit teilen und in welchen sozialen Formen das organisiert wird. Die sozialen Verhältnisse, die die Menschen im gesellschaftlichen Arbeitsprozess eingehen, heißen Produktionsverhältnisse.

Die Produktionsverhältnisse umfassen Verhältnisse der Arbeitsteilung und Kooperation, der Planung und Leitung der Produktion, der Verteilung (Distribution) und des Austausches (Zirkulation) sowie beim Verbrauch (Konsumtion) der Produkte. Wer übernimmt welche Arbeit oder ist davon freigestellt? An wen und wie werden die Produkte verteilt? Wer kann sie sich zunutze machen und konsumieren? Arbeiten die Menschen im eigenen Haushalt, in kleineren oder in großen Betrieben? Sind die Arbeitenden selbständig, sind sie Sklaven oder Leibeigene oder lohnabhängig Beschäftigte? Sind sie spezialisiert ausgebildet und eingesetzt oder werden sie für wechselnde Tätigkeiten angelernt? Sind die Arbeitsbeziehungen hierarchisch oder eher von Eigenverantwortung oder von Mitbestimmung geprägt? Welche Arbeits- und sozialen Rechte haben die Arbeitenden? Wie sind die Einkommensunterschiede und welche Produkte gehören zum normalen Lebensniveau verschiedener Bevölkerungsgruppen? – All dies prägt entscheidend den Charakter der gesellschaftlichen Verhältnisse und Entwicklungen und der damit verbundenen Konflikte.

Die Produktionsverhältnisse werden entscheidend geprägt von den Eigentumsverhältnissen insbesondere an den Produktionsmitteln. Produktivkräfte und Produktionsverhältnisse in ihrem Zusammenhang machen die Produktionsweise aus, die die jeweilige Gesellschaft grundlegend prägt.

Wer verfügt mit welchen Zielen über die Produktionsanlagen, Büros, Verkehrs- und Kommunikationsmittel, und wer eignet sich die Produkte der gesellschaftlichen Arbeit an? Die Produktionsverhältnisse selbst hängen wiederum entscheidend damit zusammen, auf welchem Entwicklungsniveau sich die Produktivkräfte befinden. Und beides in seiner Wechselwirkung bestimmt wesentlich die gesellschaftlichen und politischen Verhältnisse und Bewusstseinsformen.

Von Marx wurde das zugespitzt so ausgedrückt:

»Was ist die Gesellschaft, welches immer auch ihre Form sei? Das Produkt des wechselseitigen Handelns der Menschen. Steht es den Menschen frei, diese oder jene Gesellschaftsform zu wählen? Keineswegs. Setzen Sie einen bestimmten Entwicklungsstand der Produktivkräfte der Menschen voraus, und Sie erhalten eine bestimmte Form des Verkehrs (commerce) und der Konsumtion.« (Karl Marx: Brief an P.W. Annenkow, MEW 4, S. 548)

»In der gesellschaftlichen Produktion ihres Lebens gehen die Menschen bestimmte, notwendige, von ihrem Willen unabhängige Verhältnisse ein, Produktionsverhältnisse, die einer bestimmten Entwicklungsstufe ihrer materiellen Produktivkräfte entsprechen. Die Gesamtheit dieser Produktionsverhältnisse bildet die ökonomische Struktur der Gesellschaft, die reale Basis, worauf sich ein juristischer und politischer Überbau erhebt und welcher bestimmte gesellschaftliche Bewusstseinsformen entsprechen. (...) Es ist nicht das Bewusstsein der Menschen, das ihr Sein, sondern umgekehrt ihr gesellschaftliches Sein, das ihr Bewusstsein bestimmt.« (Karl Marx, Zur Kritik der Politischen Ökonomie. Vorwort, MEW 13, S. 8)

»Die Handmühle ergibt eine Gesellschaft mit Feudalherren, die Dampfmühle eine Gesellschaft mit industriellen Kapitalisten.« (Karl Marx: Elend der Philosophie, MEW 4, S. 130)

Wechselwirkungen, Subjekte und Alternativen

Das darf aber nicht mechanisch interpretiert werden (abgesehen davon, dass die Dampfmaschine nicht der Kern der industriellen Produktivkräfte ist). Das hat Friedrich Engels später sehr klargestellt:

»Nach materialistischer Geschichtsauffassung ist das in letzter Instanz bestimmende Moment in der Geschichte die Produktion und Reproduktion des wirklichen Lebens. Mehr hat weder Marx noch ich je behauptet. Wenn nun jemand das dahin verdreht, das ökonomische Moment sei das einzig bestimmende, so verwandelt er jenen Satz in eine nichtssagende, abstrakte, absurde Phrase. Die ökonomische Lage ist die Basis, aber die verschiedenen Momente des Überbaus – politische Formen des Klassenkampfs und seine Resultate – Verfassungen, nach gewonnener Schlacht durch die siegende Klasse festgestellt usw. –, Rechtsformen, und nun gar die Reflexe aller dieser wirklichen Kämpfe im Gehirn der Beteiligten, politische, juristische, philosophische Theorien, religiöse Anschauungen und deren Weiterentwicklung zu Dogmensystemen, üben auch ihre Einwirkung auf den Verlauf der geschichtlichen Kämpfe aus und bestimmen in vielen Fällen vorwiegend deren Form. Es ist eine Wechselwirkung aller dieser Momente, worin schließlich durch alle die unendliche Menge von Zufälligkeiten (...) als Notwendiges die ökonomische Bewegung sich durchsetzt.« (Friedrich Engels: Brief an Josef Bloch, MEW 37, S. 463)

Das gesellschaftliche Sein, das das Bewusstsein bestimmt – das sind nicht nur die unmittelbaren Arbeits- und Lebensbedingungen und ökonomischen Verhältnisse, sondern das ist der gesamte Lebensprozess der Menschen und ihre soziale Umwelt.

Das schließt die gesellschaftlichen und politischen Verhältnisse, die Diskurse und Ideologien und unterschiedlichen Deutungen und kulturellen Verarbeitungen dieser Verhältnisse und Traditionen mit ein. Es handelt sich um ein Feld, das hoch umkämpft ist zwischen den verschiedenen Kräften in der Gesellschaft, die dabei unterschiedliche und gegensätzliche Interessen vertreten. Die bürgerlich-kapitalistische Welt bildet einen komplexen Gesamtzusammenhang, dessen einzelne Systeme durchaus unterschiedlichen Logiken folgen und in sich und zwischen den Systemen widersprüchlich sind. Wir können versuchen, dominante Prozesse zu erkennen, und das sind letztlich zumeist die wirtschaftlichen. Aber im Einzelnen ist die Entwicklung nicht vorherzusehen.

Wir alle sind hier auch Akteure und Subjekte, interessierte und aktive Teilnehmer an den Kämpfen um Ressourcen und Macht, Deutungen und Deu-

Abbildung 1: Was ist der Gegenstand der politischen Ökonomie?

Der Gegenstand der politischen Ökonomie sind die Produktion und die Reproduktion des materiellen Lebensunterhalts und der gesellschaftlichen Lebensbedingungen (Produktion in engerem Sinne sowie Distribution, Zirkulation und Konsumption) der Menschen, sind unter diesem Aspekt die Produktionsverhältnisse in ihrer Wechselwirkung mit den Produktivkräfte

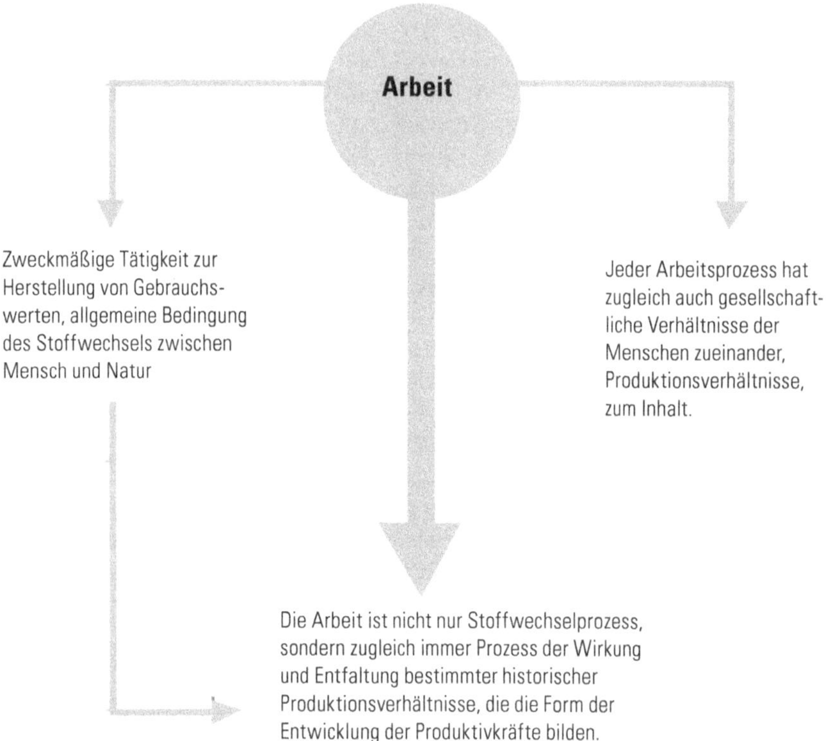

Quelle: Grafik orientiert an: Anschauungsmaterial Politische Ökonomie Kapitalismus, Berlin (DDR) 1981, S. 5

tungshoheit auf diesem Feld. Wir müssen es sein, wenn wir uns nicht der Hegemonie, der ideologischen Vorherrschaft der Vertreter von Unternehmer- und Kapitalinteressen von vornherein unterwerfen wollen. Darum ist das offensive Vertreten gewerkschaftlicher und linker Positionen, Deutungen und Argumente wichtig, im privaten Umfeld und in der Öffentlichkeit und den Medien, aber vor allem auch in den Betrieben, in der Diskussion mit den Kolleginnen und Kollegen.

Wichtig ist für das Folgende: Wir behandeln die Ökonomie der bürgerlich-kapitalistischen Produktionsweise und Gesellschaft. Sie besteht erst einige Jahrhunderte und sie wird nicht ewig fortbestehen. Sie setzte sich als

Abbildung 2: Arbeit, Produktivkräfte, Produktionsverhältnisse

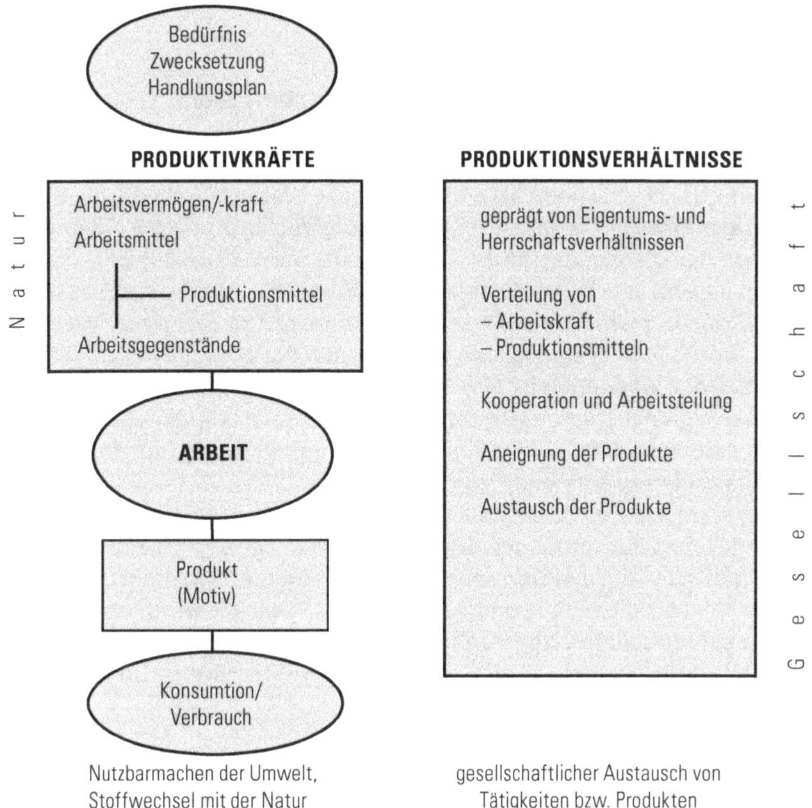

vorherrschende Produktionsweise erst im Zusammenhang mit der industriellen Revolution seit Ende des 18 Jahrhunderts zunächst in England durch, dann in weiteren europäischen Ländern, den USA und dann in immer mehr Ländern der Erde. Ihre ökonomischen Gesetzmäßigkeiten und Widersprüche sind spezifisch kapitalistische, sie gelten unter bestimmten gesellschaftlichen Bedingungen.

Das heißt aber nicht, dass sie beliebig abgeschafft und durch frei gewählte andere ersetzt werden könnten, denn dazu sind wiederum bestimmte Bedingungen erforderlich. Eine alternative gesellschaftliche Organisation muss auf den historisch entwickelten Bedingungen und Errungenschaften aufbauen. Und sie muss vor allem ökonomisch »funktionieren« und geeignet sein, den gesellschaftlichen Arbeits- und Produktionsprozess zu betreiben, und zwar besser, humaner und naturverträglicher als die kapitalistische, sonst wird sie scheitern.

2. Warenproduktion, Wert und Geld

2.1 Ware, Gebrauchswert und (ökonomischer) Wert

»Der Reichtum der Gesellschaften, in welchen kapitalistische Produktionsweise herrscht, erscheint als eine ungeheure Warensammlung, die einzelne Ware als seine Elementarform. Unsere Untersuchung beginnt daher mit der Analyse der Ware.« (Karl Marx: Das Kapital I, MEW 23, S. 49)

Mit diesem Satz beginnt Karl Marx »Das Kapital«. Waren sind heute allgegenwärtig und wir gehen wie selbstverständlich mit ihnen um. Waren und Geld, womit man Waren kaufen kann, prägen das gesamte gesellschaftliche Leben. Doch was genau ist eine Ware, was ist Warenproduktion, wie regelt sich der Warenaustausch? Das ist alles weniger selbstverständlich, als es vielleicht erscheint. Diese Fragen zu klären, ist grundlegend, um den Kapitalismus begreifen zu können.

Zunächst produzieren die Menschen für den eigenen Gebrauch der Horde oder des Familienverbandes. Diese Produktion für den Eigenbedarf nennt man Subsistenzproduktion, die darauf beruhende Wirtschaft Subsistenzwirtschaft. Arbeitsteilung und Verteilung der Produkte werden dabei unmittelbar gemeinschaftlich geregelt. Tausch, also der Austausch von Produkten gegen andere Produkte, findet zunächst nur gelegentlich im Umgang mit anderen Gruppen statt.

Ware und Gebrauchswert

Erst mit der Weiterentwicklung der Produktivkräfte, zunehmender Arbeitsteilung und Reichweite der ökonomischen Beziehungen und der Herausbildung von Privateigentum an den Produktionsmitteln gewinnt der Tausch, bzw. der Verkauf und Kauf von Produkten gegen Geld, immer größere Bedeutung. Dann erst entwickelt sich Warenproduktion, in der Produkte von vornherein für den Verkauf hergestellt werden. Heute ist das die dominierende Form der Produktion.

Eine Ware ist zunächst ein Arbeitsprodukt, das nicht für den eigenen Bedarf, sondern für den Tausch bzw. Verkauf hergestellt oder angeboten wird. Gesellschaftliche Bedingungen dafür sind Arbeitsteilung und Privateigentum.

Nur wenn unterschiedliche Menschen und Wirtschaftseinheiten unterschiedliche Güter und Dienstleistungen produzieren, müssen sie sie austauschen. Und sie produzieren diese nicht zur gemeinschaftlichen Nutzung aller, sondern zur privaten Aneignung, als Privateigentum. Nur dann müssen und können die Menschen die Produkte untereinander austauschen.

Eine Ware muss einen Gebrauchswert haben, das heißt eine bestimmte Nützlichkeit besitzen. Sie muss aufgrund ihrer Eigenschaften geeignet sein, irgendein menschliches Bedürfnis zu befriedigen.

Ein Stuhl etwa eignet sich aufgrund seines Materials und Baus dazu, dass man darauf sitzen kann. Wie das mit der Ware zu befriedigende Bedürfnis zustande kommt, ob die »Nützlichkeit« nur eingebildet oder der Konsum der Ware sogar schädlich ist und wofür die Ware verwendet wird, das alles spielt hier keine Rolle. Entscheidend ist einzig, dass es Menschen gibt, die ein Bedürfnis nach dieser Ware äußern, sie haben wollen, und dass sie bereit und in der Lage sind, dafür eine Gegenleistung zu bringen, einen Preis zu zahlen.

Zur weiteren Klärung: Es gibt nützliche Dinge oder Leistungen, die Gebrauchswert haben, aber keine Waren sind. Entweder weil sie keine Arbeitsprodukte und frei verfügbar sind, wie die Luft und Sonnenstrahlung und eigentümerlose Flächen und Gewässer. Oder weil diese Produkte oder Leistungen für den Eigenbedarf erstellt oder ohne Entgelt zur Verfügung gestellt werden, etwa innerhalb eines gemeinsamen Haushalts oder eines Betriebs, oder als Freundschaftsdienst oder Geschenk oder als öffentlich bereitgestellte Güter und Dienstleistungen. Kommerzielle, also käufliche Dienstleistungen sind analog wie Waren zu betrachten. Auch Nicht-Arbeitsprodukte können zu Waren gemacht werden, zum Beispiel der Boden oder neuerdings das Recht, bestimmte Frequenzen für Mobilfunk zu nutzen oder CO_2-Emissionen in die Atmosphäre zu geben. Diese sind als Spezialfälle gesondert zu betrachten.

Tauschwert, Preis und Wert

Die Ware muss gegen eine bestimmte Menge anderer Waren austauschbar sein bzw. für einen bestimmten Geldbetrag zu kaufen oder zu verkaufen sein. Sie muss also neben dem Gebrauchswert auch einen Tauschwert haben. Der Tauschwert ausgedrückt in Geld heißt Preis.

Dieser Tauschwert ist das, was bei Waren die ProduzentInnen und VerkäuferInnen vorrangig interessiert. Sie wollen die Ware ja nicht konsumieren, sondern verkaufen. Der Gebrauchswert einer Ware realisiert sich in ihrem Ge- oder Verbrauch, in ihrer Konsumtion, der Tauschwert einer Ware im Verkauf. Das heißt aber nicht, dass der Gebrauchswert irrelevant wäre, denn der Gebrauchswert ist das, was die KäuferInnen interessiert, die die Ware konsumieren wollen. Eine Ware ohne Gebrauchswert kauft niemand, sie hat damit auch keinen Tauschwert.

Beim Gebrauchswert kommt es auf die Qualität an, unterschiedliche Waren haben unterschiedliche Gebrauchswerte. Beim Tauschwert bzw. Preis dagegen kommt es auf die Quantität an: Wie viel Geld oder andere Waren bekomme ich beim Verkauf meiner Ware? Die Frage ist nun, wie bestimmt sich der Tauschwert bzw. Preis?

Die häufig gegebene Antwort – »durch Angebot und Nachfrage« – hilft nicht viel weiter, denn sie erklärt nur, dass die Preise steigen, wenn die Nachfrage größer ist als das Angebot, und umgekehrt. Das bedeutet aber nur, dass der Preis über den steigt, der eigentlich dem Wert der Ware angemessen wäre, oder unter diesen sinkt. Die meisten Waren können aber grundsätzlich in beliebiger Menge produziert werden. Steigender Preis führt dann bei sonst gleichen Umständen nach einiger Zeit zu steigender Produktion und größerem Angebot und dies drückt den Preis. Sinkender Preis führt entsprechend zu sinkender Produktion, geringerem Angebot und Erhöhung des Preises. Mittel- und längerfristig wird sich das mehr oder minder ausgleichen und es fragt sich, wie hoch der durchschnittliche Preis bzw. Tauschwert ist, der dem Wert entspricht. Ein Auto ist teurer als ein Schrank oder ein Stuhl. Das erklärt sich nicht mit Angebot und Nachfrage.

Schon weiter führt da die Antwort, es liege an den unterschiedlichen Kosten der Produktion und der Vorprodukte sowie denen der notwendigen Produktionsmittel. Aber wie kommen diese Kosten zustande? Auch Rohstoffe müssen gewonnen, Vorprodukte, Werkzeuge und Anlagen produziert werden. Jeder dieser Schritte ist mit erheblichem Arbeitsaufwand verbunden.

Festzuhalten bleibt, dass zur Produktion menschliche Arbeit in unterschiedlicher Quantität notwendig war und ist. Und genau dies begründet den Wert der Waren, der dem Tauschwert bzw. Preis zugrunde liegt. Tauschwert bzw. Preis sind Ausdruck, Erscheinungsform des Werts.

Der Tauschwert einer Ware drückt also aus, dass sie Produkt eines bestimmten Quantums menschlicher Arbeit ist.[1] Dies macht den Wert der Ware aus. Von der Gewinnung des Rohstoffs, seiner Verwandlung in verarbeitbares Material, der Fertigstellung des Produkts, letztlich auch durch Verpackung, Transport und Verkaufsanstrengungen summiert sich die zur Bereitstellung der Ware notwendige Arbeitsmenge. Nicht zu vergessen, dass sich auf all diesen Stufen Maschinen und Bauten abnutzen und erneuert werden müssen und dass jede Menge Verwaltungs- und Organisationsarbeit entsteht. All diese verschiedenen Arbeiten gehen anteilig in den Wert der Ware ein.

---

[1] Dass sich dies im Kapitalismus und erst recht im heutigen, durch globalen Austausch und finanzkapitalistische Strukturen geprägten Kapitalismus vielfach kompliziert und vermittelt darstellt, wird später behandelt, ändert aber nicht diese Grundtatsache der Waren produzierenden Gesellschaften. Eine übermäßige Loslösung der Preise von den – kapitalistisch modifizierten – Werten, etwa durch Spekulation und dadurch bedingte Aufblähung bestimmter Sektoren, führt zu Krisen.

Als Wert stellt die Ware einen bestimmten Anteil des in Form von Waren insgesamt vorliegenden gesellschaftlichen Reichtums dar und kann gegen andere gleichwertige Waren (einschließlich Dienstleistungen) ausgetauscht werden. »Wert« meint hier und im Folgenden immer diesen ökonomischen Wert, also nicht den Gebrauchswert.

Der Wert ist also eine rein gesellschaftliche Eigenschaft der Ware und nicht durch ihre stofflichen Eigenschaften oder Gebrauchswert-Qualitäten bestimmt. Die beiden für den Tausch relevanten Seiten der Ware – Gebrauchswert und Wert – nennt Marx den Doppelcharakter der Ware.

Es ist ganz wichtig, diese zwei Seiten nie durcheinander zu werfen und sich vor allem klarzumachen, dass die Wertgröße nicht durch den Gebrauchswert bestimmt wird. Waren müssen zwar über einen Gebrauchswert verfügen, um Wert zu haben. Wie hoch der Wert ist, hängt aber nicht davon ab, wie groß die Nützlichkeit der Ware ist, wie ihre stofflichen Eigenschaften und Qualität oder wie stark das Bedürfnis ist, mit dem die Ware vom Käufer begehrt wird. Der Wert einer Ware kann sich ändern, obwohl sich an ihren stofflichen Eigenschaften oder ihrem Gebrauchswert nichts ändert.

2.2 Warenaustausch und Wertgesetz

Der Wert ist keine beliebige, sondern eine notwendige gesellschaftliche Eigenschaft der Waren. Er hat eine unverzichtbare Funktion in Waren produzierenden Gesellschaften. Die einzelnen MarktteilnehmerInnen brauchen sich um die anderen MarktteilnehmerInnen und ProduzentInnen nicht zu kümmern. Sie müssen nur wissen, wie hoch der Tauschwert der Ware ist, die sie verkaufen oder kaufen wollen. Alles Weitere setzt sich als blind hinter ihrem Rücken wirkender Durchschnitt einer Vielzahl gesellschaftlicher Arbeits- und Austauschprozesse durch, deren Ergebnisse sich in Preisschildern an den Waren äußern.

Im Wert erscheint in verdinglichter, objektivierter Form, als vermeintliche dingliche Eigenschaft der Waren selbst, das gesellschaftliche Verhältnis der verschiedene Waren produzierenden und austauschenden Subjekte zueinander.

Äquivalententausch

Es geht beim Wert um die Regulierung des gesellschaftlichen Arbeitsprozesses, der Produktion, des Austausches und der Verteilung der Produkte. Der Austausch von Produkten, also der Eigentümerwechsel, erfolgt dabei nicht durch Zwang, Diebstahl oder Betrug oder als Spende, sondern durch Tausch, nach dem Prinzip von Leistung und Gegenleistung. Das hat bestimmte gesellschaftliche Bedingungen: Privateigentum (die Waren müssen Einzelnen gehören, die darüber verfügen und sie veräußern können), rechtliche Freiheit und Gleichheit, Vertragsfreiheit.

Es ist also zu klären, wie diese spezifische Form, den gesellschaftlichen Zusammenhang herzustellen und zu arbeiten, zustande kommt. Und es ist zu klären, wie die quantitativen Proportionen dabei begründet sind, denn ein Zusammenhang, der den Austausch und die gesellschaftliche Arbeit nicht quantitativ reguliert, reguliert ihn überhaupt nicht. Dabei war für Marx klar, »daß nicht der Austausch die Wertgröße der Ware, sondern umgekehrt die Wertgröße der Ware ihre Austauschverhältnisse reguliert« (Karl Marx: Das Kapital I, MEW 23, S. 78).

Beim Tausch bzw. beim Verkauf und Kauf von Ware gegen Geld handelt es sich um einen freiwilligen Akt voneinander unabhängiger Besitzer ihrer jeweiligen Produkte, die im Rahmen dieses Vorgangs gegenüber den sonstigen Tätigkeiten ihrer TauschpartnerInnen gleichgültig sind. Das quantitative Verhältnis, in dem sie ihre unterschiedlichen Produkte gegeneinander austauschen, ist unter diesen Bedingungen in letzter Instanz dadurch bestimmt, wie viel menschliche Arbeit zu ihrer Produktion insgesamt unter gesellschaftlichen Durchschnittsbedingungen notwendig ist. Im Einzelnen brauchen die Menschen das nicht nachzuvollziehen, sie sehen nur das oberflächliche Ergebnis in Form des Preises. Sie haben allerdings oft eine gewisse allgemeine Vorstellung über den Zusammenhang von Arbeit und Wert, insbesondere in Bezug auf die von ihnen selbst produzierten Waren.

Die unterschiedlichen an der Warenproduktion beteiligten Arbeiten werden als prinzipiell gleich gültig behandelt, weil sie von prinzipiell im Austausch gleichberechtigten freien Menschen verrichtet werden.

Es ist dabei egal, ob es die Arbeit von BäuerInnen ist, von NäherInnen, TischlerInnen, BauarbeiterInnen, Beschäftigten in der Verwaltung usw. Das unterscheidet sich von vorbürgerlichen Verhältnissen, etwa bei Sklaven, die als Ware Mensch gekauft und am Leben erhalten werden, aber die von ihnen erbrachte Arbeit nicht freiwillig leisten und keine Gegenleistung dafür bekommen. Dagegen gilt bei freien BürgerInnen: Wer eine bestimmte Zeit für andere arbeitet bzw. Produkte für andere herstellt, tut das in der Regel nur für eine als gleichwertig erachtete Gegenleistung, auf die er/sie damit einen Anspruch erwirbt. Entsprechend werden die Produkte im Verhältnis der in ihnen vergegenständlichten Arbeitszeit ausgetauscht. Auf diese Weise wird die Arbeit zur letztlich »wertbildenden Substanz« der Ware.

Es wird Gleiches gegen Gleiches – Produkte einer gleichen Menge gesellschaftlich notwendiger Arbeit – getauscht. Das wird Äquivalententausch genannt.

Gesellschaftlich notwendige Arbeitszeit

Als wertbildend zählt dabei nicht der Arbeitsaufwand, der zur Produktion der individuellen Ware tatsächlich nötig war, sondern die gesellschaftlich im Durchschnitt notwendige Arbeitszeit. Wer schneller oder geschickter oder mit besseren Werkzeugen und daher produktiver arbeitet, schafft in derselben Zeit mehr Produkt und damit auch mehr Wert als andere.

Die Regel, dass die Waren im Verhältnis der in ihnen vergegenständlichten gesellschaftlich notwendigen Arbeit ausgetauscht werden, nennt man Wertgesetz. Vom Wirken des Wertgesetzes in der Konkurrenz geht ein Druck in Richtung Steigerung der Produktivität der Arbeit und zur sozialen Differenzierung der ProduzentInnen aus.

Präziser: Es geht nicht um die zur Produktion der jeweiligen Ware notwendige Arbeitszeit, sondern um den jeweils aktuell zur Wiederbeschaffung bzw. *Re*produktion notwendigen Arbeitsaufwand. Wenn neue Technik oder günstigere Rohstoffquellen die Herstellung einer Ware mit höherer Produktivität und daher billiger als früher ermöglichen, werden die mit der alten Technik produzierten Waren relativ entwertet.

Mit der höheren Produktivität nimmt die Zahl der in einer gegebenen Zeit hergestellten Waren zu, womit der Anteil der in der einzelnen Ware vergegenständlichten Arbeit, also ihr Wert, sinkt. Das bedeutet nicht unbedingt, dass auch der Preis sinkt. Der Preis einer Ware sinkt nur dann, wenn ihr Wert stärker sinkt als der von den jeweiligen Geldeinheiten durchschnittlich repräsentierte Wert, wie es etwa bei Computern auch zu Zeiten ansonsten steigenden Preisniveaus der Fall war.

Die Wertgröße eines Produkts variiert also mit dem Niveau der Produktivität der Arbeit. Diese wird wiederum bestimmt durch die Ausbildung und Fähigkeiten der Arbeitenden, die Entwicklungsstufe von Wissenschaft und Technik, den Entwicklungsstand der gesellschaftlichen Arbeitsteilung und Kombination des Produktionsprozesses, Umfang und Qualität der Produktionsmittel sowie durch Naturverhältnisse.

Das Wertgesetz hat eine zentrale Bedeutung als Regulator der Produktion. Dabei stellt sich erst im Nachhinein im Wechselspiel von Angebot und Nachfrage heraus, ob die zur Produktion einer bestimmten Ware aufgewendete Arbeitszeit tatsächlich gesellschaftlich notwendig war.

In einer Waren- bzw. Marktwirtschaft erfolgt die Verteilung der gesellschaftlichen Arbeit auf die verschiedenen Produktionen und ProduzentInnen nicht nach einem vorher abgestimmten Plan. Als gesellschaftlich notwendige Waren produzierende Arbeit gilt nur solche, deren Produkt auf ein entsprechendes zahlungsfähiges Bedürfnis trifft. Wenn niemand die Ware oder die produzierte Menge haben will oder bezahlen kann, verfällt ihr Wert und die geleistete Arbeit erweist sich nachträglich als verschwendet.

Der Wert ist also eine bestimmte historisch entwickelte Form, in der zur Geltung gebracht wird, dass die Produkte einen bestimmten Anteil der gesellschaftlich notwendigen Arbeit erfordern. Er drückt ein soziales Verhältnis aus, das Menschen eingehen, wenn sie ihre Arbeitszeit für die Produktion von Mitteln zur Befriedigung fremder Bedürfnisse in Form von Waren aufwenden und diese im Verhältnis der notwendigen Arbeitszeit gegeneinander austauschen.

Produktion von Wert bedeutet letztlich nichts anderes als Erzeugung des Anspruchs, als Gegenleistung für die eigene Arbeit einen entsprechenden Anteil an den Arbeitsprodukten der Gesellschaft insgesamt zu erhalten.

Dabei wird nicht jede gesellschaftlich notwendige Arbeit auch quantitativ als gleichwertig behandelt. Besonders komplizierte Arbeit, die besondere Qualifikationen erfordert, für deren Aneignung ja wiederum auch Arbeitszeit aufgebracht werden musste, wird höher bewertet als weniger qualifizierte Arbeit. Die in der Realität vorfindbaren Einkommensunterschiede werden dadurch aber bei weitem nicht erklärt, sondern verweisen auf die Problematik ökonomischer Herrschaft und Ausbeutung. Dazu später mehr.

2.3 Waren produzierende Arbeit, Erwerbsarbeit

Konkrete und abstrakte Arbeit

Zunächst einmal ist Arbeit eine sehr konkrete Angelegenheit. So leistet ein Tischler etwa konkrete Arbeit, indem er einen Stuhl produziert, und eine Angestellte im Rechnungswesen erbringt eine konkrete Dienstleistung, wenn sie den Jahresabschluss der Firma erstellt. Als konkrete, von anderen verschiedene, spezifische Arbeit ist sie qualitativ bestimmt und als solche produziert sie Gebrauchswert. Dies ist unabhängig von ihrer gesellschaftlichen Form, sei es Lohnarbeit oder Arbeit im eigenen Haushalt, Tischlern bleibt Tischlern und Rechnen bleibt Rechnen. Andererseits ist Arbeit aber auch rein quantitativ zu bestimmen. Eine Stunde Tischlern und eine Stunde Rechnungen bearbeiten sind allesamt jeweils eine Stunde abstrakter, allgemein menschlicher Arbeit, Verausgabung menschlicher Arbeitskraft. Als solche gleichermaßen als Arbeit geltende Tätigkeit produziert sie Wert. Die Arbeit einer Tischlerin produziert als konkrete Tischlerarbeit einen Stuhl und dieser hat, als Produkt einer bestimmten Zeitdauer an abstrakter Arbeit, einen bestimmten Wert.

Dem Doppelcharakter der Ware – Gebrauchswert und Wert – entspricht der Doppelcharakter der Waren produzierenden Arbeit: einerseits konkret nützliche Arbeit, andererseits abstrakt wertschöpfende Arbeit, mit anderem Wort: Erwerbsarbeit.

Als Waren produzierende, abstrakte Arbeit wird diese zu Erwerbsarbeit: Sie ist nicht unmittelbar auf die Befriedigung eigener Bedürfnisse der ProduzentInnen gerichtet, sondern auf den Erwerb von Tauschwert bzw. Geld zum Kauf der benötigten Gebrauchswerte, statt sie selbst herzustellen: Arbeiten, um Geld zu verdienen. Erwerbsarbeit entspricht damit einem fortgeschrittenen Stand der gesellschaftlichen Arbeitsteilung und entwickelten Tauschbeziehungen.

Formen gesellschaftlicher Arbeit

Erwerbsarbeit produziert alle Güter und Dienstleistungen, die gekauft werden, und schafft damit alle in Geld zu realisierenden Werte, die dann als Einkommen den verschiedenen gesellschaftlichen Klassen zufließen. Die Steigerung der Arbeitsproduktivität und die Entwicklung der Produktivkräfte und neuer Produkte vollzieht sich hauptsächlich in der Warenproduktion, also im Bereich der Erwerbsarbeit.

Die Menschen leisten Arbeit in vielerlei Formen, in großem Umfang auch im privaten Haushalt oder ehrenamtlich. Aber zentral für die Reichtumsproduktion und die Dynamik der ökonomischen und gesellschaftlichen Entwicklung ist im Kapitalismus die Erwerbsarbeit. Ganz überwiegend ist das Lohnarbeit.

Erwerbsarbeit kann in Form selbständiger Arbeit für den Markt stattfinden. Es dominiert aber im Kapitalismus die Lohnarbeit, unselbständige, abhängige Beschäftigung als »Arbeitnehmer« – eigentlich ein falsches Wort, denn sie selbst arbeiten, geben so gesehen ihre Arbeit. Die Beschäftigten erhalten ein Entgelt dafür, dass sie für einen bestimmten Zeitraum ihre Arbeitskraft zur Verfügung stellen und für ihre »Arbeitgeber« (ebenfalls eigentlich ein falsches Wort, das englische »employer«, Beschäftiger, wäre besser) arbeiten. Dieses Entgelt heißt Lohn bzw. Gehalt, oder in der Statistik auch Einkommen aus unselbständiger Arbeit oder Arbeitnehmerentgelt (mehr dazu in Kapitel 3.4). Auch die abhängige Beschäftigung in Dienstleistungsbereichen und für »Arbeitgeber«, die keine Waren produzieren, insbesondere im öffentlichen Dienst, ist Lohnarbeit. Lohnarbeit wird heutzutage in Deutschland von 89% der Erwerbstätigen ausgeübt und macht 84% des Arbeitsvolumens, der insgesamt geleisteten Erwerbsarbeitsstunden, aus.

Von einem absehbaren Ende der (Erwerbs-)Arbeit, oder davon, dass es nicht mehr die Arbeit sei, die die Werte schafft, kann keine Rede sein. Die Zahl der Erwerbstätigen und die bestimmende Rolle der Erwerbsarbeit nehmen sogar weiter zu, in Deutschland und noch viel mehr weltweit.

Mehr denn je ist es für das Gros der Menschen notwendig, den überwiegenden Teil ihres erwachsenen Lebens erwerbstätig zu sein. In Deutschland sind von den 20- bis 65-Jährigen etwa 80% erwerbstätig, die meisten ande-

Abbildung 3: Erwerbstätige in den Wirtschaftsbereichen 2012 in Deutschland, in Tausend

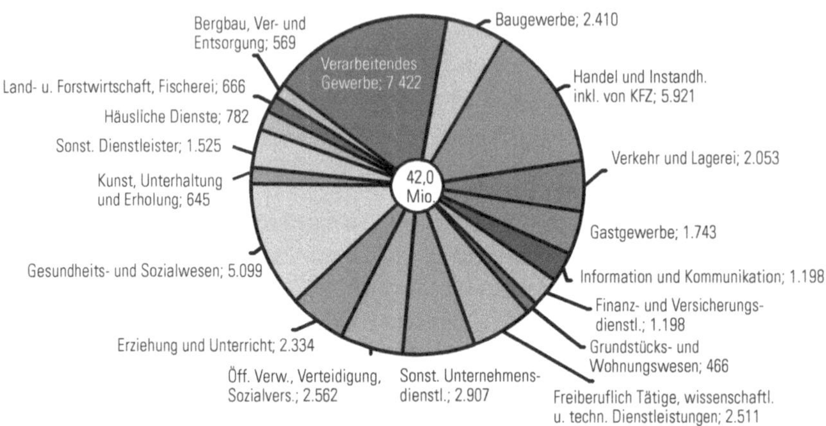

In Deutschland gibt es über 42 Mio. Erwerbstätige, das ist gut die Hälfte der Bevölkerung. Sie verteilen sich über eine Vielzahl von Wirtschaftsbereichen, zu drei Vierteln in Dienstleistungssektoren.

Quelle: Statistisches Bundesamt, Volkswirtschaftliche Gesamtrechnung, September 2014, eigene Berechnungen

Abbildung 4: Erwerbsarbeitsvolumen und Erwerbstätige in Deutschland

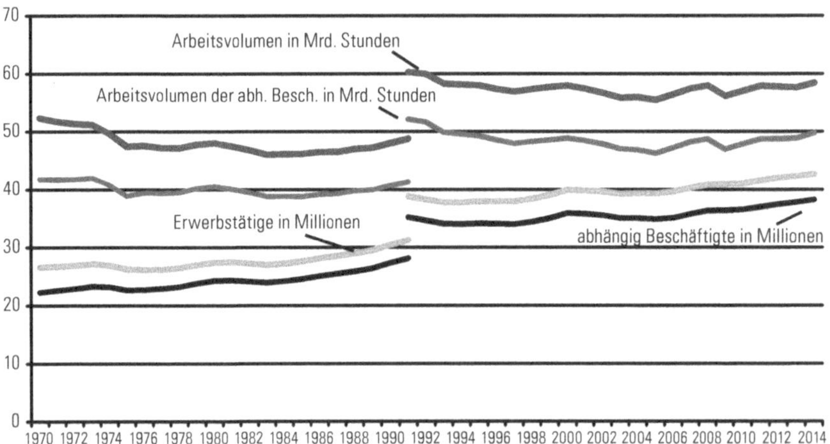

Die Summe der in Deutschland geleisteten Erwerbsarbeitsstunden ist seit 20 Jahren im Trend gleichbleibend, die Zahl der Erwerbstätigen steigt sogar deutlich an. Dahinter steckt allerdings eine starke Ausweitung von Teilzeit- und geringfügiger Beschäftigung.

Quelle: Statistisches Bundesamt, Volkswirtschaftliche Gesamtrechnung, Januar 2015. Bis 1991 BRD

ren studieren oder sind unfreiwillig erwerbslos oder nicht erwerbsfähig. Dabei ist zu beachten, dass Arbeit und Produktion nicht nur in Landwirtschaft und Industrie stattfinden, sondern zunehmend in den vielfältigen Dienstleistungsbereichen, die sich in den vergangenen Jahrzehnten immer weiter ausdifferenziert und erweitert haben. Nur noch weniger als ein Viertel der Beschäftigten arbeiten im industriellen Sektor. (Siehe Abbildungen 3 und 4)

2.4 Geld und Fetischisierungen

In kapitalistischen Wirtschaftssystemen dreht sich sprichwörtlich alles ums Geld. Alle brauchen und wollen Geld, denn mit Geld kann man alles kaufen, oder jedenfalls fast alles, und ohne Geld kann man nicht leben. Der Wert aller Waren wird ausgedrückt in einem Geldbetrag, dem Preis. Die gesellschaftlichen Verhältnisse beruhen weitgehend auf dem unpersönlichen Kaufen und Verkaufen von Waren und Diensten gegen Geld. Wir alle verwenden tagtäglich Geld, sprechen darüber, haben eine Vorstellung davon. Doch was ist Geld eigentlich und was macht seinen Wert aus? Mit der Entfaltung der Warenproduktion und der Erwerbsarbeit wird der Tausch, Kauf und Verkauf, Leistung und Gegenleistung zunehmend zur prägenden Grundlage der sozialen Beziehungen der Menschen und drängt persönliche Bindungen in den Hintergrund. Der Tauschwert wird zum zentralen Motiv der Tätigkeit. Dies gilt insbesondere seit der Entwicklung des Geldes, das als universelles Kauf- und Zahlungsmittel die Verselbständigung des Werts gegenüber dem Gebrauchswert und die Ansammlung von Schätzen bzw. großer Geldvermögen ermöglicht.

Allgemeines Äquivalent und Geld

In ganz frühen Zeiten gesellschaftlicher Arbeitsteilung war es relativ leicht, soweit es überhaupt ein Bedürfnis dafür gab, Leistung und Gegenleistung auf der Grundlage der geleisteten Arbeitsstunden zu ermitteln. Anthropologen entdeckten in asiatischen Dörfern zum Beispiel so genannte Stundenbücher, in die über ein Jahr die Arbeitsstunden eingetragen wurden, die die Dorfbewohner füreinander leisteten. Kompliziert wurde die Sache erst, als sich die Arbeitsteilung vertiefte und sich ein regelmäßiger Handel, auch über größere Entfernungen, entwickelte. Damit entwickelten sich besondere Gruppen von Menschen zu Händlern und andere zu Warenproduzenten, die überwiegend für andere produzierten, während die meisten weiterhin überwiegend für den eigenen Bedarf produzierten. Das quantitative Austauschverhältnis der verschiedenen Güter musste nun irgendwie ausgedrückt und fixiert werden.

Dazu dienten entweder die Haupttauschartikel (etwa Vieh oder Salz) oder zunehmend Waren, die nur aufwendig zu gewinnen und deshalb auch in kleiner und damit gut transportierbarer Menge sehr wertvoll waren, und die zugleich möglichst haltbar und gut portionierbar waren. Diese Anforderungen erfüllen in idealer Weise die Edelmetalle Silber und insbesondere Gold.

Es bedurfte einer Ware, in deren Menge der Wert der anderen gehandelten Waren ausgedrückt werden konnte, die damit als allgemeines Äquivalent und Maß der Werte diente. Gold entwickelte sich zur weltweit dominierenden Geldware. Indem es in bestimmte Gewichtseinheiten oder Münzen normiert wird, dient es als Maßstab der Preise.

Als Wertmaß und Maßstab der Preise funktioniert das Geld auch rein ideell: Um mitzuteilen, dass eine Ware X Geldeinheiten wert ist, muss man dieses Geld nicht besitzen. Anders in seiner Funktion als Vermittler eines entfalteten gesellschaftlichen Austauschprozesses, als Zirkulationsmittel, Kaufmittel. Das heißt, es werden nicht Waren gegen Waren getauscht, sondern Waren werden gegen Geld verkauft und mit Geld werden andere Waren gekauft. Der Verkäufer bekommt für die Ware nicht das Arbeitsprodukt der Käuferin, sondern die Äquivalentware: Geld. Dafür kann er dann jede andere von ihm gewünschte Ware kaufen. Damit stellt das Geld als »das reale Gemeinwesen« (Karl Marx: Grundrisse der Kritik der Politischen Ökonomie, MEW 42, S. 152) zugleich den gesellschaftlichen Zusammenhang zwischen all den verschiedenen WarenproduzentInnen und KonsumentInnen her, die ansonsten privat und unabhängig voneinander handeln.

Neben der Funktion als Zirkulationsmittel hat das Geld weitere grundlegende Funktionen: als Zahlungsmittel, als Schatzbildner, als Weltgeld.

Der Kauf und die Zahlung einer Ware können zeitlich auseinander fallen. Der Kauf erfolgt auf Rechnung, die erst später gezahlt wird, bzw. auf Kredit. Wenn Geld eingesetzt wird, um eine solche Rechnung oder eine finanzielle Schuld irgendeiner Art zu begleichen, dient es als Zahlungsmittel. Geld kann weiter dazu dienen, Reichtum anzuhäufen und über die Zeit aufzubewahren oder konzentriert auszugeben. Geld fungiert hier als Mittel zur Schatzbildung. Darin ist eine neue Qualität des Bereicherungstriebes angelegt, denn anders als bei bestimmten einzelnen Waren gibt es hier keine mengenmäßigen Beschränkungen oder Sättigungserscheinungen.

Der Wert der Geldware ist wie der aller anderen Waren durch die zu ihrer Produktion gesellschaftlich notwendige Arbeit bestimmt. Doch im Laufe der Zeit werden die Metalle zunehmend durch Münzen und dann Papiergeld ersetzt, und später erfüllen auch verschiedene Formen des Kredits Geldfunktionen (Buchgeld, mehr dazu später im Kapitel 5.2: Fiktives Kapital, modernes Geld, Finanzspekulation). Während die Edelmetallmünzen zu Beginn zumindest vom Anspruch her noch den Wert haben, den sie darstellen sollen, gilt das für andere Münzen, Papier- oder Buchgeld nicht. Sie haben nur einen geringen oder gar keinen Materialwert, sondern sind bloße Wertzeichen oder Repräsentativgeld. Zunächst bleibt dabei die Möglichkeit des Umtausches in die Geldware (Gold) notwendig. Erst das moderne, von der Zentralbank herausgegebene und staatlich garantierte Geld ist nicht mehr an Gold oder eine andere Geldware gebunden. Der Staat garantiert die Gültigkeit als gesetzliches Zahlungsmittel und damit den mit Geldbesitz verbundenen Anspruch auf einen entsprechenden Anteil am warenförmigen gesellschaftlichen Reichtum. Dies funktioniert aber nur in dem jeweiligen Staatsgebiet. Für den internationalen Austausch benötigen die Zentralbanken Währungsreserven in fremder Währung oder eben weiterhin in Gold, um ihre Zahlungsfähigkeit sicherzustellen. Gold fungiert hier als Weltgeld.

Der Fetischcharakter von Ware und Geld

Die Waren sind Produkte voneinander unabhängig betriebener Privatarbeiten verschiedener ProduzentInnen. Der gesellschaftliche Charakter dieser Arbeiten als Teile der gesellschaftlichen Gesamtarbeit realisiert sich erst im Nachhinein, beim Austausch der fertigen Produkte. Die gesellschaftlichen Beziehungen der ProduzentInnen, die Regulierung der gesellschaftlichen Arbeitsteilung, werden vermittelt durch den Austausch der Produkte auf dem Markt. Der Wert erscheint dabei als sachliche, von ihren dinglichen Qualitäten abhängige Eigenschaft der Waren statt als Resultat gesellschaftlich notwendiger Arbeit (die man der Ware ja auch nicht ansehen kann und die zudem veränderlich ist).

»Indem sie [die Menschen] ihre verschiedenartigen Produkte einander im Austausch als Werte gleichsetzen, setzen sie ihre verschiednen Arbeiten einander als menschliche Arbeit gleich. Sie wissen das nicht, aber sie tun es.« (Karl Marx: Das Kapital I, MEW 23, S. 88)

»Ihre eigene gesellschaftlichen Bewegung besitzt für sie die Form einer Bewegung von Sachen, unter deren Kontrolle sie stehen, statt sie zu kontrollieren.« (Karl Marx: Das Kapital I, MEW 23, S. 89)

Die die Warenwerte begründenden Verhältnisse der gesellschaftlichen Arbeit erscheinen den Menschen verschleiert als Verhältnisse von Sachen. Dies macht den Fetischcharakter der Warenwelt aus. Im Fetischcharakter des Geldes wird dies noch weiter gesteigert.

Geld scheint nicht einen Wert zu haben oder zu repräsentieren, weil die Waren (oder auch die Geldware selbst) Wert als Vergegenständlichung menschlicher Arbeit haben, sondern umgekehrt die Waren scheinen deshalb wertvoll zu sein, weil sie Geld kosten. Geld scheint als solches wertvoll zu sein, ohne jeden Bezug zur gesellschaftlichen Wertproduktion durch Arbeit. Die Mystifikation steigert sich dann noch beim Kapital in seinen verschiedenen Formen oder heute darin, dass Produktionsfaktoren wie Boden, Informationen oder Wissen eine eigene wertschöpfende Kraft zugemessen wird. Eine abstruse Formel, in der der Fetischismus von Geld als Kapital ausgedrückt wird, ist der weit verbreitete Spruch, dass »Geld arbeitet« und aus sich heraus einen Zuwachs produziere.

»Im zinstragenden Kapital erreicht das Kapitalverhältnis seine äußerlichste und fetischartigste Form. Wir haben hier G – G', Geld, das mehr Geld erzeugt, sich selbst verwertenden Wert, ohne den Prozeß, der die beiden Extreme vermittelt. (...) Im zinstragenden Kapital ist daher dieser automatische Fetisch rein herausgearbeitet, der sich selbst verwertende Wert, Geld heckendes Geld, und trägt es in dieser Form keine Narben seiner Entstehung mehr. Das gesellschaftliche Verhältnis ist vollendet als Verhältnis eines Dings, des Geldes, zu sich selbst. (...) Es wird ganz so Eigenschaft des Geldes, Wert zu schaffen, Zins abzuwerfen, wie die eines Birnbaums, Birnen zu tragen.« (Karl Marx: Das Kapital III, MEW 25, S. 404f.)

3. Kapitalistische Produktionsweise

3.1 Kapital und Mehrwert

Kapitalismus beruht auf Produktion und Austausch von Waren. Ausgetauscht werden – vermittelt über Geld – im Grundsatz Waren mit gleichem Wert. Der Wert der Waren beruht auf der Verausgabung gesellschaftlich notwendiger Arbeit. Insoweit wäre soziale Ungleichheit in unterschiedlicher Arbeitsleistung begründet. Wo ist das Problem? Und wo und wie kommt jetzt Kapital ins Spiel? Was ist überhaupt Kapital?

Im alltäglichen Sprachgebrauch und auch in der bürgerlichen Ökonomie werden Vermögenswerte aller Art – Gebäude, Maschinen, Geld, Wertpapiere usw. – und selbst menschliche Qualifikationen als »Kapital« bezeichnet. »Kapital« in diesem Sinne wird als ein »Produktionsfaktor« neben Arbeit, Boden und (neuerdings zusätzlich) Wissen betrachtet. Das, was Kapital im Sinne einer kritischen politischen Ökonomie ausmacht, wird dabei geradezu verschleiert. Das gilt auch für durchaus progressive Ökonomen wie Thomas Piketty in seinem höchst verdienstvollen Buch »Kapital im 21. Jahrhundert«. Er betrachtet als »Kapital« die Summe aller finanziellen und nichtfinanziellen Netto-Anlagevermögen.[1]

Ein Vermögen wird hier nur dann als Kapital bezeichnet, wenn es eingesetzt wird, um sich zu vermehren. Der vom Kapital angeeignete Wertzuwachs heißt Mehrwert.[2] Kapital ist »Mehrwert heckender Wert« (Marx).

Die unmittelbare Form des Austausches der Waren, der Warenzirkulation, ist die Verwandlung von Ware in Geld und dessen Rückverwandlung in Ware; also verkaufen, um zu kaufen. $W_1 - G - W_2$ ist die allgemeine Formel der Warenzirkulation. Dabei ist der Wert von $W_2 = W_1$, da in der Regel bzw. im

---

1 Links zu den empirischen Daten und zur Methodologie finden sich hier: http://piketty.pse.ens.fr/en/capitalisback

2 Dieser marxistische Begriff von Mehrwert unterscheidet sich vom heute üblichen Sprachgebrauch, etwa bei Mehrwertsteuer. Da bezeichnet Mehrwert dann den Wertzuwachs bzw. die Wertschöpfung oder den erwirtschafteten Neuwert (Englisch: value added) und schließt die Arbeitseinkommen ein. Abgezogen vom Gesamtwert der Produkte werden nur die Aufwendungen für gekaufte Vorprodukte, bei der Mehrwertsteuer wird die gezahlte Vorsteuer abgezogen. Im marxistisch ökonomischen Begriff ist dagegen die Aneignung durch die Nichtarbeitenden das Kriterium für Mehrwert (Englisch: surplus value). Noch breiter wird alltagssprachlich gelegentlich Mehrwert auch verwendet als Bezeichnung irgendeines Zusatznutzens, also Gebrauchswerts.

Durchschnitt Äquivalententausch stattfindet. Nun kann Geld nicht nur für den Kauf von Waren zum Verbrauch verwendet, sondern auch »angelegt« werden. Wird Vermögen zu Erwerbszwecken eingesetzt, handelt es sich um Erwerbsvermögen, um Kapital.

»Kaufen um zu verkaufen, oder vollständiger, kaufen, um teurer zu verkaufen. (...) In der Tat also ist G – W – G′ die allgemeine Formel des Kapitals, wie es unmittelbar in der Zirkulationssphäre erscheint.« (Karl Marx: Das Kapital I, MEW 23, S. 170)

Der Austausch wird zur Kapitalzirkulation, Geld und nicht Ware ist dabei Ausgangs- und Endpunkt des Prozesses. Das macht nur Sinn, wenn $G' > G$, also $G' = G + \Delta G$. Es geht nicht um die qualitative Unterschiedlichkeit der verkauften und gekauften Ware, sondern um den quantitativen Überschuss an Geld, der dabei erzielt wird. Nicht ein Gebrauchswert ist also der Zweck dieses Vorgangs, sondern die Verwertung des Kapitals, die Aneignung von Mehrwert.

Mit der Entwicklung von Kapital entsteht eine zweite Form der »Erwerbstätigkeit«: Nicht in erster Linie die eigene Arbeitskraft, sondern privates Vermögen wird eingesetzt, um Einkommen zu erzielen. Diese Personen sind nicht untätig, die Höhe ihrer Einkommen lässt sich aber nicht aus ihrer Arbeit ableiten, sondern hängt von der Größe und Rentabilität ihres Kapitals ab. Andererseits können kleine, selbst arbeitende Selbständige und Kleinunternehmer, deren Einkommen überwiegend auf ihrer eigenen Arbeit beruhen, nicht als Kapitalisten betrachtet werden.

Als Kapitalisten können Personen bezeichnet werden, deren Einkommen überwiegend aus der Verwertung des von ihnen eingesetzten Kapitals entsteht, sei es im Handel, in der Industrie, im Handwerk, im Finanzsektor oder in der Landwirtschaft.

Kapital gibt es in verschiedenen Formen. Historisch trat es zuerst in der Form des Wucherkapitals oder Leihkapitals auf, die Formel ist dann verkürzt: G – G′; der Mehrwert hat dann die Form des Zinses. Die Verleiher bzw. Gläubiger haben Anspruch auf spätere Rückzahlung und einen zusätzlichen Zins, den die Schuldner leisten müssen. Die zweite große Form ist das Handelskapital: G – W – G′; der Mehrwert heißt dann Handelsprofit und wird in größerem Umfang zunächst vor allem im Fernhandel erzielt. Eine besondere Form ist das Grundeigentum, bei dem der Mehrwert die Form der Grundrente annimmt, die die Grundeigentümer sich aneignen. Weitere Formen von Kapital werden später behandelt.

Ob Geld oder irgendein Ding Kapital ist, ist keine Frage seiner stofflichen Eigenschaften, sondern seiner gesellschaftlichen Verwendung und des dadurch konstituierten sozialen Verhältnisses. Gesellschaftlicher Inhalt des Kapitalverhältnisses ist die Aneignung von unbezahlter fremder Arbeit.

Denn Mehrwert wird wie jeder Wert durch Arbeit produziert, ist also Produkt von Mehrarbeit[3] über die Arbeit hinaus, die die Arbeitenden für sich selbst leisten, deren Produkte sie selbst und ihre Angehörigen sich aneignen und konsumieren können. Es ist also ein Teil der von anderen Menschen erarbeiteten Wertschöpfung, den die Kapitalbesitzer sich aneignen. Im Gegensatz zum Akt der Warenzirkulation, der in der Befriedigung des Bedürfnisses seinen Zweck und Abschluss findet, ist die Zirkulation des Kapitals, die Verwertung des Werts, in der Tendenz schrankenlos, immer weiter treibend.

Die Aneignung von Mehrwert nennt Marx Ausbeutung. Das ist keine moralische Kategorie, sondern bezeichnet die alltägliche Grundlage kapitalistischer Wirtschaft.

Kapitalistische Produktionsweise

Eine neue Qualität wird erreicht, wenn nicht nur das Geld als solches oder fertige Waren Kapital werden, sondern auch die Produktionsmittel zu Produktivkapital. Die Waren werden dann von vornherein kapitalistisch produziert, also zum Zweck der Aneignung von möglichst viel Mehrwert. Diese kapitalistische Produktionsweise expandiert immer mehr, die gesellschaftliche Produktion wird zunehmend von gewerblichem Kapital bzw. industriellem Kapital bestimmt, das solche kapitalistischen Produktionsprozesse betreibt.

Erst als kapitalistische wird Warenproduktion die dominierende Form der Produktion gesellschaftlichen Reichtums insgesamt. Dann wird das Kapital zur beherrschenden ökonomischen Macht der ganzen Gesellschaft.

Dies hängt eng zusammen mit der Industriellen Revolution, die zur Ermöglichung einer überlegenen Produktivität der Arbeit maschinelle und maschinell angetriebene Arbeitsmittel hervorbrachte und erforderte. Diese konnten nicht mehr von handwerklichen Kleinproduzenten hergestellt oder erworben und individuell angewendet werden. Auf dieser Grundlage entwickelt sich die kapitalistische Produktionsweise zur vorherrschenden.

---

[3] Dieser marxistische Begriff von Mehrarbeit unterscheidet sich vom heute üblichen Sprachgebrauch. Da bezeichnet Mehrarbeit ganz allgemein jegliche über das normale Maß hinausgehende Arbeit, im speziellen die so genannten Überstunden, auch wenn diese bezahlt werden (was auch unexakt formuliert ist, s. Kapitel 3.2 und 3.4). Im marxistisch ökonomischen Begriff ist dagegen die Aneignung der Produkte durch die Nichtarbeitenden das Kriterium für Mehrarbeit.

Abbildung 5: Kapital und Mehrwert

KAPITAL: Erwerbsvermögen, sich verwertender Wert, »mehrwertheckender Wert«

Formen von Kapital und Mehrwert:

Leih-/Wucherkapital	–	Zins
Handelskapital	–	Handelsprofit
Grundeigentum	–	Grundrente
Produktivkapital	–	gewerblicher/industrieller Profit

Kapital und Mehrwert
»... das treibende Motiv und der bestimmende Zweck des kapitalistischen Produktionsprozesses (ist) möglichst große Selbstverwertung des Kapitals d.h. möglichst große Produktion von Mehrwert, also möglichst große Ausbeutung der Arbeitskraft durch den Kapitalisten.«
(Karl Marx, Das Kapital I, MEW 23, S. 350)

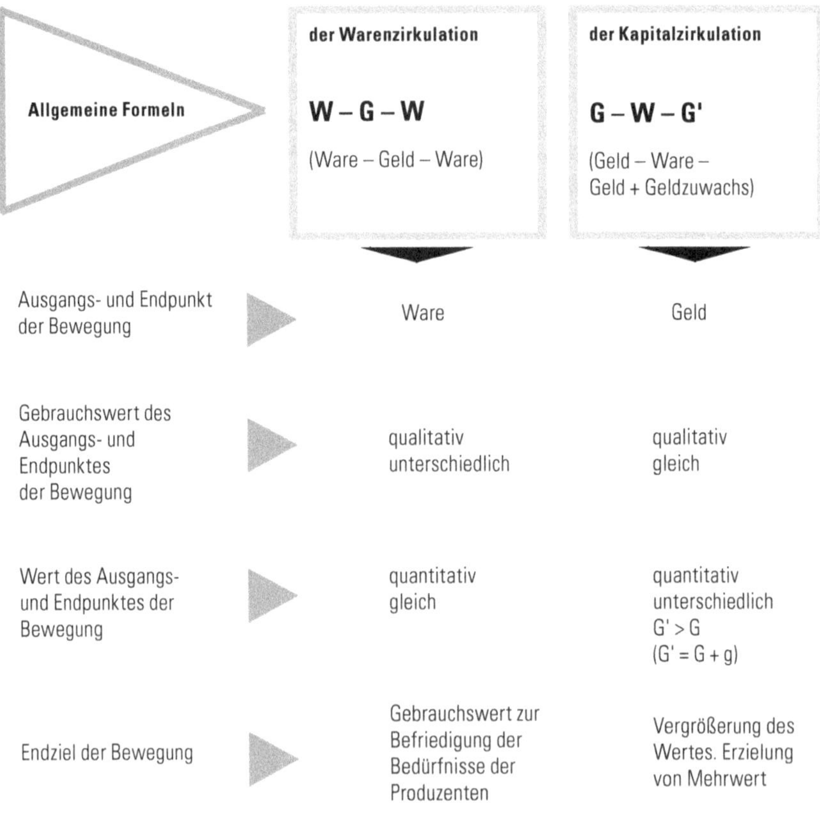

g = Überschuss über die ursprünglich vorgeschossene Geldsumme (Mehrwert)

Quelle: Grafik orientiert an: Anschauungsmaterial Politische Ökonomie Kapitalismus, Berlin (DDR) 1981, S. 23

3.2 Kapitalistische Produktion und Ausbeutung der Arbeitskraft

Doch was ist das Besondere bei kapitalistischer Produktion? Die Eigentümer der Produktionsmittel setzen diese ein zur Produktion von Waren (es kann sich auch um Dienstleistungen handeln), um damit möglichst hohen Mehrwert bzw. Profit zu erzielen. Profit oder Unternehmensgewinn heißt dabei der Teil des Gesamtmehrwerts, der beim Produktionsunternehmen verbleibt, nachdem ggf. Miete und Pacht sowie Zinsen für geliehenes Kapital abgeführt worden sind.

Zentraler Erfolgsmaßstab des Kapitals ist die Profitrate oder Rentabilität: der erzielte Profit im Verhältnis zur Summe des eingesetzten Kapitals. Die Quelle des Profits ist allerdings die vom Kapital angewendete Lohnarbeit.

Für kapitalistische Produktion ist nicht nur Produktivkapital in Form kapitalistisch eingesetzter Produktionsmittel nötig. Kapitalisten arbeiten nicht oder nicht hauptsächlich selbst, sondern lassen andere für sich arbeiten. Es muss also Menschen geben, die mit diesen nicht in ihrem Eigentum befindlichen Produktionsmitteln arbeiten. Diese Menschen gibt es, sie verkaufen als ihre Ware die Nutzung ihrer Arbeitskraft für bestimmte Zeiträume an Kapitalisten. Diese zahlen ihnen dafür ein Entgelt, den Lohn. Ihre Erwerbstätigkeit nimmt die Form der Lohnarbeit an, die Arbeitenden werden Lohnarbeiter.

Die Ware Arbeitskraft und ihr Wert
Jetzt stellt sich allerdings eine bisher nicht klar beantwortete Frage: Wie kommt der Mehrwert im Kapitalismus zustande? Er wird in der Form eines Geldüberschusses beim Verkauf der Waren auf dem Markt realisiert, also in der Sphäre der so genannten Zirkulation. Doch bei bloßem Kaufen und Verkaufen kann der oder die eine nur gewinnen, was der oder die andere verliert. Es herrschen dort zumindest formal Freiheit und Gleichheit der Marktsubjekte und Äquivalententausch. Niemand wird gezwungen, Waren ständig über oder unter ihrem Wert zu kaufen oder zu verkaufen. Wo soll da ein regelmäßiger Mehrwert als Einkommensquelle einer ganzen gesellschaftlichen Klasse herkommen?

Andererseits kann der Mehrwert auch nicht ganz woanders herkommen, denn die Kapitalisten kaufen alles, was sie für die Produktion brauchen, auf dem Markt. Das weitere kann man nicht besser darstellen, als Marx es im »Kapital« getan hat:

»Die Veränderung muß sich also zutragen mit der Ware, die im ersten Akt G – W gekauft wird, aber nicht mit ihrem Wert, denn es werden Äquivalente ausgetauscht, die Ware wird zu ihrem Werte bezahlt. Die Veränderung kann also nur entspringen aus ihrem Gebrauchswert als solchem, d.h. aus ihrem Verbrauch. Um aus dem Verbrauch einer Ware Wert herauszuziehn, müßte unser Geldbesitzer so glücklich sein, innerhalb der Zirkulationssphäre, auf dem Markt, eine Ware zu entdecken, deren Gebrauchswert selbst die eigentümliche Beschaffenheit besäße, Quelle von Wert zu sein, deren wirklicher Verbrauch also selbst Vergegenständlichung von Arbeit wäre, daher Wertschöpfung. Und der Geldbesitzer findet auf dem Markt eine solche spezifische Ware vor – das Arbeitsvermögen oder die Arbeitskraft.

Unter Arbeitskraft oder Arbeitsvermögen verstehen wir den Inbegriff der physischen und geistigen Fähigkeiten, die in der Leiblichkeit, der lebendigen Persönlichkeit eines Menschen existieren und die er in Bewegung setzt, sooft er Gebrauchswerte irgendeiner Art produziert.« (Karl Marx: Das Kapital I, MEW 23, S. 181)

»Zur Verwandlung von Geld in Kapital muß der Geldbesitzer also den freien Arbeiter auf dem Warenmarkt vorfinden, *frei in dem Doppelsinn*, daß er als freie Person über seine Arbeitskraft als seine Ware verfügt, daß er andrerseits andre Waren nicht zu verkaufen hat, los und ledig, frei ist von allen zur Verwirklichung seiner Arbeitskraft nötigen Sachen.« (Karl Marx: Das Kapital I, MEW 23, S. 183)

Die Subjekte der Mehrwertproduktion im Kapitalismus sind die doppelt – persönlich und von Produktiveigentum – freien LohnarbeiterInnen, die ihre Arbeitskraft an die Produktionsmitteleigentümer verkaufen (müssen).

»Diese eigentümliche Ware, die Arbeitskraft, ist nun näher zu betrachten. Gleich allen andren Waren besitzt sie einen Wert. Wie wird er bestimmt?

Der Wert der Arbeitskraft, gleich dem jeder andren Ware, ist bestimmt durch die zur Produktion, also auch Reproduktion, dieses spezifischen Artikels notwendige Arbeitszeit. So sie Wert, repräsentiert die Arbeitskraft selbst nur ein bestimmtes Quantum in ihr vergegenständlichter gesellschaftlicher Durchschnittsarbeit. Die Arbeitskraft existiert nur als Anlage des lebendigen Individuums. Ihre Produktion setzt also seine Existenz voraus. Die Existenz des Individuums gegeben, besteht die Produktion der Arbeitskraft in seiner eignen Reproduktion oder Erhaltung.

Zu seiner Erhaltung bedarf das lebendige Individuum einer gewissen Summe von Lebensmitteln. Die zur Produktion der Arbeitskraft notwendige Arbeitszeit löst sich also auf in die zur Produktion dieser Lebensmittel notwendige Arbeitszeit, oder der Wert der Arbeitskraft ist der Wert der zur Erhaltung ihres Besitzers notwendigen Lebensmittel. (...) Andrerseits ist der Umfang sog. notwendiger Bedürfnisse, wie die Art ihrer Befriedigung, selbst ein historisches Produkt und hängt daher großenteils von der Kulturstufe eines Landes, unter andrem auch wesentlich davon ab, unter welchen Bedingungen, und daher mit welchen Gewohnheiten und Lebensansprüchen die Klasse der freien Arbeiter sich gebildet hat. Im Gegensatz zu den andren Waren enthält also die Wertbestimmung der Arbeitskraft ein historisches und moralisches

Element. Für ein bestimmtes Land, zu einer bestimmten Periode jedoch, ist der Durchschnitts-Umkreis der notwendigen Lebensmittel gegeben.

Der Eigentümer der Arbeitskraft ist sterblich. (...) Die Summe der zur Produktion der Arbeitskraft notwendigen Lebensmittel schließt also die Lebensmittel der Ersatzmänner ein, d.h. der Kinder der Arbeiter ...« (Karl Marx: Das Kapital I, MEW 23, S. 184-186.)

In diesen Abschnitten reflektieren sich bei Marx auch die patriarchalen Strukturen und Denkweisen seiner Zeit. Er betrachtet den Lohnarbeiter als Mann, die Frauen nur als seine Angehörigen. Die im privaten Haushalt zur Reproduktion der Arbeitskraft und der Familie geleistete Arbeit kommt nicht vor. Dennoch bleibt die Grundaussage wichtig. Mehr und Weitergehendes dazu in den folgenden Kapiteln.

Der Wert der Arbeitskraft entspricht den üblichen Kosten für die Reproduktion der Lohnabhängigen unter den gegebenen historisch entwickelten Bedingungen. Er drückt sich aus in der Höhe des Lohns, der der Preis der Arbeitskraft ist (nicht etwa der Arbeit).

Die Produktion des Mehrwerts

»Der Konsumtionsprozess der Arbeitskraft ist zugleich der Produktionsprozess von Ware und Mehrwert. Die Konsumtion der Arbeitskraft, gleich der Konsumtion jeder anderen Ware, vollzieht sich außerhalb des Markts oder der Zirkulationssphäre. Diese geräuschvolle, auf der Oberfläche hausende und aller Augen zugängliche Sphäre verlassen wir daher, zusammen mit Geldbesitzer und Arbeitskraftbesitzer, um beiden nachzufolgen in die verborgene Stätte der Produktion, an deren Schwelle zu lesen steht: No admittance except on business. (...)

Die Sphäre der Zirkulation oder des Warenaustausches, innerhalb deren Schranken Kauf und Verkauf der Arbeitskraft sich bewegt, war in der Tat ein wahres Eden der angebornen Menschenrechte. Was allein hier herrscht, ist Freiheit, Gleichheit, Eigentum und Bentham.[4] Freiheit! Denn Käufer und Verkäufer einer Ware, z.B. der Arbeitskraft, sind nur durch ihren freien Willen bestimmt. Sie kontrahieren als freie, rechtlich ebenbürtige Personen. Der Kontrakt ist das Endresultat, worin sich ihre Willen einen gemeinsamen Rechtsausdruck geben. Gleichheit! Denn sie beziehen sich nur als Warenbesitzer aufeinander und tauschen Äquivalent für Äquivalent. Eigentum! Denn jeder verfügt nur über das Seine. Bentham! Denn jedem von den beiden ist es nur um sich zu tun. Die einzige Macht, die sie zusammen und in ein Verhältnis bringt, ist die ihres Eigennutzes, ihres Sondervorteils, ihrer Privatinteressen. Und eben weil so jeder nur für sich und keiner für den andren kehrt,

[4] Jeremy Bentham (1748-1832) war ein englischer Philosoph, der sich für das »Prinzip des größten Glücks der größten Zahl« als moralisches Leitbild einsetzte.

vollbringen alle, infolge einer prästabilierten Harmonie der Dinge oder unter den Auspizien einer allpfiffigen Vorsehung, nur das Werk ihres wechselseitigen Vorteils, des Gemeinnutzens, des Gesamtinteresses.

Beim Scheiden von dieser Sphäre der einfachen Zirkulation oder des Warenaustausches, woraus der Freihändler vulgaris Anschauungen, Begriffe und Maßstab für sein Urteil über die Gesellschaft des Kapitals und der Lohnarbeit entlehnt, verwandelt sich, so scheint es, schon in etwas die Physiognomie unsrer dramatis personae.

Der ehemalige Geldbesitzer schreitet voran als Kapitalist, der Arbeitskraftbesitzer folgt ihm nach als sein Arbeiter; der eine bedeutungsvoll schmunzelnd und geschäftseifrig, der andere scheu, widerstrebsam, wie jemand, der seine eigene Haut zu Markt getragen und nun nichts anderes zu erwarten hat als die Gerberei.« (Karl Marx: Das Kapital I, MEW 23, S. 189-191)

Unter den Bedingungen der kapitalistischen Produktion, die ein gewisses Niveau der Produktivität der Arbeit voraussetzt, benötigt der/die ArbeiterIn nur einen Teil der Arbeitszeit, um den Wert seiner/ihrer Arbeitskraft zu produzieren. Der Kapitalist hat aber die Arbeitskraft des/der ArbeiterIn für die volle Arbeitszeit gekauft, und ihm gehört daher auch der während der gesamten Arbeitszeit geschaffene Wert. Die Beschäftigten erhalten nur den vereinbarten Lohn, der allerdings nur einen Bruchteil davon ausmacht.

Der Mehrwert entsteht also wie jeder Wert im Arbeitsprozess, der ja zugleich Wertbildungsprozess ist. Die Fähigkeit, Wert und insbesondere Mehrwert zu produzieren, ist der spezifische Gebrauchswert der Ware Arbeitskraft für die Kapitalisten.

Die ArbeiterInnen kosten also beispielsweise den Kapitalisten nur ein Wertprodukt von jeweils drei oder vier Arbeitsstunden täglich, liefern ihm aber ein Wertprodukt von acht Arbeitsstunden. Durch die Fortsetzung der Arbeit über die zur Reproduktion der eingesetzten Werte einschließlich des Werts der Arbeitskraft notwendige Zeit hinaus wird der Wertbildungsprozess zum Kapitalverwertungsprozess. Dabei geht es um kooperative Arbeitsprozesse, die insgesamt betrieblich diesen Charakter haben, nicht darum, die Wertschöpfung und den Überschuss einzelnen Beschäftigten zuzurechnen.

Die Differenz zwischen dem Wert der Arbeitskraft und dem von ihr neu geschaffenen Wert ist der Mehrwert, die unbezahlte Mehrarbeit, die der Kapitalist sich aneignet.

Ursprünglich gilt in der Regel, dass ein Produkt dem oder derjenigen gehört, der/die es durch eigene Arbeit hergestellt hat. Doch in der kapitalistischen Produktion ist das anders, und das ist keineswegs ein Naturgesetz: Die von den Arbeitenden mit den Produktionsmitteln der Kapitalisten erzeugten Waren gehen ins Eigentum der Kapitalisten über, die sie dann verkaufen und dabei den Mehrwert realisieren.

Im Unterschied etwa zur Zahlung von Zinsen oder auch zu nichtkapitalistischen Formen von Ausbeutung wie Tributzahlungen an Feudalherren, gelangt der geschaffene Wert hier von vornherein gar nicht in den Besitz der unmittelbaren ProduzentInnen, der Arbeitenden.

Die Formel des produktiven Kapitals lautet also:

G – W ⟨ Arbeitskraft / Produktionsmittel ..... Produktion .... W' – G'

Die Produktion und Aneignung von Mehrwert durch Anwendung von Lohnarbeit ist die spezifisch kapitalistische Form der Ausbeutung.

Sie ist zivilisierter und fortschrittlicher als frühere Formen, weil sie nicht auf persönlicher Abhängigkeit und unmittelbarem Zwang beruht, sondern auf sozialer Abhängigkeit bei persönlicher Freiheit. Lohnarbeitende können einem einzelnen Kapitalisten kündigen, sind aber abhängig von der Kapitalistenklasse insgesamt. Marx nennt diese Art der Plusmacherei:

»die differentia specifica der kapitalistischen Produktion. Arbeitskraft wird hier gekauft, nicht um durch ihren Dienst oder ihr Produkt die persönlichen Bedürfnisse des Käufers zu befriedigen. Sein Zweck ist Verwertung seines Kapitals, Produktion von Waren, die mehr Arbeit enthalten, als er zahlt, also einen Wertteil enthalten, der ihm nichts kostet und dennoch durch den Warenverkauf realisiert wird. Produktion von Mehrwert oder Plusmacherei ist das absolute Gesetz dieser Produktionsweise.« (Karl Marx: Das Kapital I, MEW 23, S. 647)

Kapitalistische Warenproduktion:
Produktion von Waren zum Zweck der Profiterzielung.
- Produktionsmittel sind Kapital im Eigentum von Kapitalisten (nicht der Arbeitenden)
- Produkte werden von den Kapitalisten angeeignet (nicht von den Arbeitenden)
- Arbeitskraft ist eine Ware, angeboten von »doppelt freien« Lohnarbeitenden

Wert der Arbeitskraft und Mehrwert

Der Lohn ist der Tauschwert/Preis der Arbeitskraft (nicht der Arbeit)
Der Wert der Ware Arbeitskraft ist bestimmt durch den Wert der zu ihrer Reproduktion gesellschaftlich notwendigen Waren.
Das Niveau der Reproduktion, der Lebensstandard, ist durch historische Momente und durch moralische Momente bzw. das Kräfteverhältnis zwischen Lohnarbeit und Kapital bestimmt.
Der Wert, den die Arbeitskraft produzieren kann, übersteigt die Reproduktionskosten der Arbeitskraft, das ermöglicht Mehrwertproduktion.

Doppelcharakter der Ware Arbeitskraft

Gebrauchswert	Wert
relevant für Käufer: Kapitalist	relevant für Verkäufer: ArbeiterIn
Produzentin von Wert und Mehrwert	Wert der zur Reproduktion der Arbeitskraft notwendigen Waren

3.3 Reproduktion der Arbeitskraft, Geschlechterverhältnisse und Frauendiskriminierung

Der Kapitalist bezahlt nicht die von den Beschäftigten geleistete Arbeit, sondern den Marktwert ihrer Arbeitskraft. Dieser Wert wird bestimmt durch den Geldbetrag, den die Beschäftigten brauchen, um ihre Ware, die Arbeitskraft, zu reproduzieren. Andererseits soll der Wert der Arbeitskraft wie bei anderen Waren bestimmt sein durch die zur Reproduktion dieser Ware notwendige Arbeitszeit insgesamt. Doch dazu gehören auch eine Menge Arbeiten, die im privaten Haushalt und im Gemeinwesen unbezahlt und überwiegend auch heute noch von Frauen geleistet werden. Dies gilt insbesondere, weil nicht nur die aktuelle Arbeitskraft der aktiven Lohnarbeitenden reproduziert, sondern auch für den Nachwuchs und für die nicht mehr erwerbsfähigen Alten gesorgt werden muss.

Welche Bedeutung haben also die Familien- und Geschlechterverhältnisse für die kapitalistische Produktion und Reproduktion? Und was bedeutet das rückwirkend für die Verhältnisse der Geschlechter und Generationen? Marx hat diese Punkte zwar angesprochen, aber in sehr verkürzter Weise, ohne sie tiefergehend zu analysieren. Die Lohnarbeitenden sind frei und müssen sich um ihre Reproduktion selbst kümmern. Sie tun dies unter historisch entwickelten gesellschaftlichen Verhältnissen. Die dort geleistete Arbeit liegt außerhalb der Sphäre der kapitalistischen Produktion und wird ebenso wie die Produktionsprozesse der Natur vom Kapital wie eine Gratisleistung in Anspruch genommen.

Hausarbeit und Wert der Arbeitskraft

Vom Kapital gekauft und bezahlt wird die fertige Arbeitskraft. Beim Wert der Arbeitskraft geht es hier um das Entgelt, das den Beschäftigten für die Überlassung der Arbeitskraft gezahlt wird, den Lohn. In diese Wertbestimmung der Arbeitskraft geht unmittelbar nur der Teil des Lebensbedarfs ein, den die ArbeiterInnen und ihre Familien auf dem Warenmarkt erwerben müssen, für den sie also Geld brauchen.

Kapitalistische Produktion verbindet sich mit überkommenen Lebensweisen und Organisationsformen der Haushalte, familiären Arbeitsteilungen und patriarchalen Verhältnissen. Geschlechterverhältnisse sind auch als Produktionsverhältnisse zu betrachten.

In den meisten kapitalistischen Ländern setzte sich im 19. und 20. Jahrhundert eine familiäre Arbeitsteilung als dominant durch, bei der der Mann Vollzeit erwerbstätig ist, die Frau hingegen in der Regel nicht (»Hausfrauenehe«). Damit ist eine besondere Abhängigkeit und Benachteiligung der Frauen verbunden, die »kein eigenes Geld« haben. Der Lohn für eine Arbeitskraft muss dann hoch genug sein, dass die ganze Familie davon leben kann, auch die nichterwerbstätigen Familienangehörigen (»Familienlohn«). Hatten die Arbeiterfamilien eine Wohnung mit Garten und waren die Frauen zuhause, kümmerten sich um Kinder und Hausarbeit und produzierten zusätzlich eigene Nahrungsmittel, konnte der Geldlohn entsprechend niedriger sein.

Die als Eigenarbeit und aufgrund der geschlechtsspezifischen Arbeitsteilung bisher überwiegend von Frauen ausgeführten Reproduktionsarbeiten gehen nur indirekt in die Wertbestimmung der Arbeitskraft ein.

Doch mit der Entwicklung des Kapitalismus wächst der Umfang der am Markt gekauften Waren und Dienstleistungen, die Bedeutung der Eigenproduktion von Lebensmitteln geht zurück. Immer mehr Kinder gehen in die Kindertagesstätte und länger in die Schule. Frauen wollen zunehmend selbst erwerbstätig sein und eigenes Geld verdienen und darauf nicht verzichten, wenn sie heiraten, und auch immer weniger, wenn sie Kinder bekommen. Die Frauen sind in der Regel gut und teils besser ausgebildet als die Männer. Auch das Kapital will auf die unmittelbare Ausbeutung dieses Arbeitskräftepotenzials in der Lohnarbeit nicht verzichten.

Deshalb sind auch die Unternehmerverbände für einen Ausbau von familienergänzender Kinderbetreuung und bessere Vereinbarkeit von Familie und Beruf. Allerdings soll sie die Unternehmen möglichst wenig kosten, möglichst nicht im öffentlichen Dienst organisiert werden und die unternehmerische Freiheit nicht einschränken. Zugleich versuchen die Kapitalisten die Löhne zu drücken, weil ein Lohn ja nicht mehr für die ganze Familie reichen muss, wenn zwei Personen erwerbstätig sind.

Frauendiskriminierung im Erwerbsleben

Die geschlechtsspezifischen Arbeitsteilungen und Hierarchisierungen wirken auf den Erwerbsbereich und haben dort Benachteiligung und Unterdrückung der Frauen zur Folge. Diese wirken sich auch auf die soziale Sicherung aus. Frauen haben im Lebensverlauf erheblich geringere durchschnittliche Einkommen als Männer.

Der Bruttostundenverdienst von Frauen liegt in Deutschland um durchschnittlich über 22% unter dem der Männer – eine im europäischen Vergleich besonders starke Benachteiligung. Ein wichtiger Grund dafür ist, dass in typischen »Frauenberufen« und Branchen, in denen traditionell überwiegend Frauen arbeiten – oft Arbeit am Menschen oder in haushaltsnahen Dienstleistungen –, das Lohnniveau erheblich niedriger ist als in traditionellen Männerdomänen der Industrie. Im Bezug auf die durchschnittlichen Monatsverdienste ist der Abstand zwischen Männern und Frauen aufgrund der unterschiedlichen geschlechtlichen Verteilung von Teilzeitarbeit und geringfügiger Beschäftigung noch weit größer. Eng verbunden mit dem »Gender Pay Gap« ist also der »Gender Time Gap«. Resultat sind auch erheblich niedrigere durchschnittliche Ansprüche der Frauen bei Erwerbslosigkeit und bei der Rente.

Frauen weisen in allen Altersgruppen weiterhin eine niedrigere Erwerbsquote auf als Männer. Besonders wenn Kinder zu versorgen sind und eine Vollzeiterwerbstätigkeit beider Eltern schwierig ist, stecken fast immer die Frauen bei ihrer Erwerbsarbeit zurück. Die Flexibilitätsanforderungen und Doppelbelastungen werden weiterhin überwiegend den Frauen aufgeladen. Die Vollzeiterwerbstätigkeit von Müttern ist seit den 1990er Jahren sogar gesunken, die Differenz der durchschnittlichen Erwerbsarbeitszeit von Männern und Frauen gestiegen. Dabei vollzieht sich eine Annäherung zwischen Ost- und Westdeutschland; gleichwohl ist auch ein Vierteljahrhundert nach dem Ende der DDR die Ungleichheit der Arbeitszeitverteilung und der Einkommen zwischen den Geschlechtern im Osten deutlich geringer als im Westen.[5] Das Einkommen der erwerbstätigen Frauen gilt vielfach immer noch als »Zuverdienst«. Das alles behindert dauerhaft auch die beruflichen Aufstiegsmöglichkeiten. In Führungspositionen in Unternehmen sind Frauen nach wie vor extrem unterrepräsentiert. In besonders krasser Weise sind häufig Migrantinnen von all diesen Diskriminierungen betroffen.

Es gab und gibt in der feministischen und sozialistischen Bewegung immer wieder Diskussionen, wie mit diesen Problemen umgegangen werden soll. Soll Hausarbeit bezahlt werden, um ihre Gleichwertigkeit auszudrücken, und, falls ja, von wem? Oder schreibt das nicht die geschlechtsspezifische, hierar-

---

[5] Vgl. Arbeitszeiten in Deutschland, WSI-Report 19/November 2014, v.a. S. 42-53. Eine gute Datenquelle dazu ist das WSI GenderDatenPortal: www.boeckler.de/wsi_38957.htm

Abbildung 6a: Arbeitsteilung von Paaren
Angaben in Stunden: Minuten je Tag 2001/2002

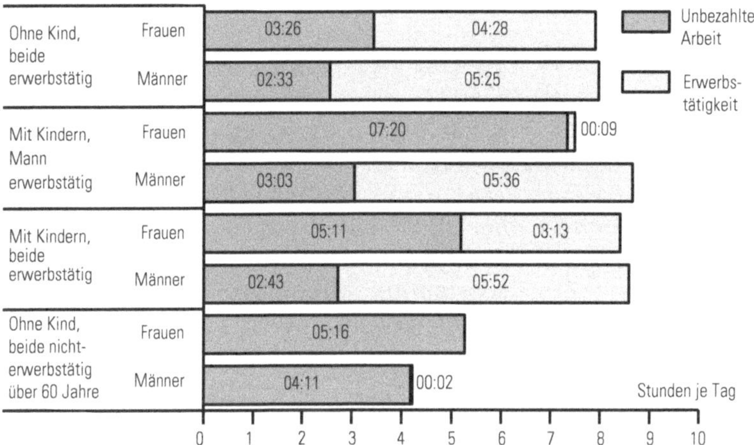

Quelle: Statistisches Bundesamt 2003 – 02 – 0412

Abbildung 6b: Arbeitsteilung von Paaren bei der Haushaltsführung
Angaben in Stunden: Minuten je Tag 2001/2002

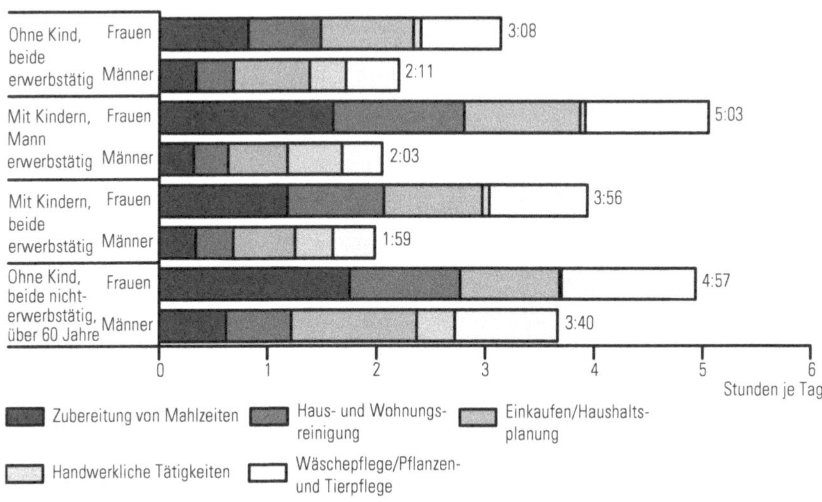

Die geschlechtsspezifische Arbeitsteilung lässt sich empirisch auch in Zeitbudgeterhebungen deutlich machen. Die gesamte Arbeitsbelastung ist nicht sehr unterschiedlich zwischen Männern und Frauen (außer im Alter), aber wer was macht und wie es gesellschaftlich bewertet wird, ist sehr unterschiedlich. Neue Daten zur Zeitverwendung will das Statistische Bundesamt im Frühjahr 2015 veröffentlichen.

Quelle: Statistisches Bundesamt 2003 – 02 – 0413

chische Arbeitsteilung noch stärker fest? DIE LINKE hat ihre Positionen dazu 2011 in ihrem Grundsatzprogramm klar bestimmt:

»Wir unterstützen Maßnahmen, die zur Erhöhung der Frauenerwerbsquote beitragen, streiten für gleichen Lohn für gleiche und gleichwertige Arbeit, für die Verkürzung der Arbeitszeit und für die gerechte Verteilung von Erwerbs- und Familienarbeit auf Männer und Frauen. Wir fordern ein Gleichstellungsgesetz auch für die Privatwirtschaft. Die Flexibilisierung der Arbeit darf nicht dazu führen, dass das soziale Miteinander und die Freizeit dem Diktat der ständigen Abrufbarkeit unterworfen wird. Wir lehnen prekäre, ungesicherte Beschäftigung und eine zunehmende Flexibilisierung der Arbeit auch deshalb ab, weil solche Arbeitsverhältnisse familien- und kinderfeindlich sind.

Vielmehr wollen wir Arbeitszeit und Arbeitsmöglichkeiten in der Weise flexibel gestalten und sozial absichern, dass sie familien- und kinderfreundlich

Abbildung 7: Durchschnittliche Arbeitszeiten erwerbstätiger Frauen und Männer pro Woche (in Stunden) sowie Erwerbstätigenquoten (in %) in Deutschland 1991-2012

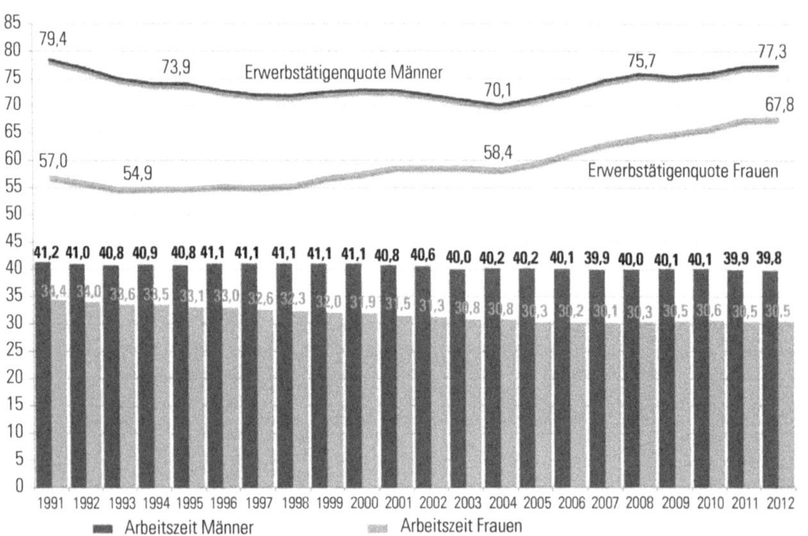

Während sich die Erwerbsbeteiligung der Frauen im Alter von 15 bis 65 Jahren in Deutschland seit 1991 deutlich erhöht und der der Männer angenähert hat, ist die durchschnittliche Arbeitszeit der erwerbstätigen Frauen geringer und ihr Abstand zu den Männern größer geworden. Ursache ist die Ausweitung der Teilzeitarbeit, die ganz überwiegend von Frauen geleistet wird.

Quelle: Statistisches Bundesamt; Mikrozensus, Bearbeitung: WSI GenderDatenPortal 2014 (AZ14)

sind. Wir fordern ein Recht auf ganztägige gebührenfreie Betreuung und Bildung in Krippen, Kindergärten und Kindertagesstätten für alle Kinder. Dies ist eine grundlegende Voraussetzung für eine gute frühkindliche Förderung aller Kinder und ist erforderlich, damit Frauen und Männer gleichberechtigt Erwerbsarbeit und Familienleben miteinander vereinbaren können.«

Care-Ökonomie und Sorge-Arbeit

In letzter Zeit wird diese Diskussion vermehrt unter den Begriffen »Care-Ökonomie« und »Sorge-Arbeit« geführt. Dabei werden die unbezahlten und die als Erwerbsarbeit organisierten Reproduktionstätigkeiten zusammen und in ihrem Verhältnis zueinander betrachtet. Gefordert wird eine »Care-Revolution«, um die Krise der sozialen Reproduktion zu überwinden. Es geht um eine verbesserte soziale Absicherung aller Sorge-Arbeitenden, Arbeitszeitverkürzung, Qualitätsverbesserung, Ausbau und Aufwertung sozialer und personenbezogener Dienstleistungen und öffentlicher Infrastrukturen.

Diese Überwindung einer starren Entgegensetzung von Reproduktion und Produktion ist sinnvoll. Reproduktion der Arbeitskraft erfolgt durch Produktion von Lebensmitteln und anderen Konsumgütern sowie von Dienstleistungen im Haushalt und an Personen. Reproduktion ist Produktion, Reproduktionsverhältnisse sind Teil der Produktionsverhältnisse, zu diesen gehören auch die Geschlechterverhältnisse.

Die so genannten Reproduktionsarbeiten sind konkret notwendig für den gesellschaftlichen Lebensprozess, unabhängig von ihrer sozialen Form als Lohnarbeit, selbständige Erwerbsarbeit oder Eigenarbeit. Wie, von wem, in welchen Formen und unter welchen Bedingungen sie gemacht werden, hat aber große Bedeutung für die Gesellschaft.

3.4 Lohnarbeit, Produktivität, Mehrwertrate und Lohnentwicklung

Die meisten Beschäftigten gehen wie selbstverständlich davon aus, dass es ihre Arbeit ist, die sie bezahlt bekommen. Sie sehen zwar unterschiedliche Interessen zwischen sich und den »Arbeitgebern«, aber die Maßstäbe sind Fairness und »gerechter Lohn«. Eine grundsätzliche Kritik am Kapital-Lohnarbeit-Verhältnis und der damit immer zusammenhängenden Ausbeutung und Fremdbestimmung ist damit nicht verbunden. Zum einen fehlt eine überzeugende Alternative, wie es anders laufen könnte, zum anderen ist das Problem nicht so deutlich wie etwa bei Zwangs- oder Fronarbeit.

Der Arbeitslohn und seine Formen

Beim Abschluss des Arbeitsvertrags stehen sich Kapitalist und Lohnarbeiter formal als gleichberechtigte Parteien gegenüber. Der Austausch zwischen Kapital und Arbeit stellt sich in der Wahrnehmung so dar wie der Kauf und Verkauf aller anderen Waren. Das Geld, das der/die ArbeiterIn als Arbeitslohn (der auch Gehalt oder anders heißen kann) erhält, wird auf die gesamte Arbeitszeit bezogen und erscheint so als der Wert der geleisteten Arbeit statt nur der Arbeitskraft.

»Die Form des Arbeitslohns löscht also jede Spur der Teilung des Arbeitstags in notwendige Arbeit und Mehrarbeit, in bezahlte und unbezahlte Arbeit aus. Alle Arbeit erscheint als bezahlte Arbeit. (...) Auf dieser Erscheinungsform, die das wirkliche Verhältnis unsichtbar macht und grade sein Gegenteil zeigt, beruhen alle Rechtsvorstellungen des Arbeiters wie des Kapitalisten, alle Mystifikationen der kapitalistischen Produktionsweise, alle ihre Freiheitsillusionen, alle apologetischen Flausen der Vulgärökonomie.« (Karl Marx: Das Kapital I, MEW 23, S. 562)

Tatsächlich entspricht der Lohn nicht einem »Wert der Arbeit«, sondern ist der Tauschwert bzw. Preis der Arbeitskraft. Den Lohnarbeitenden wird nicht ihre Arbeit oder die Wertschöpfung durch diese Arbeit bezahlt, sondern ein Entgelt für die Überlassung ihrer Arbeitskraft für einen bestimmten Zeitraum.

Das Entgelt, der Lohn, entspricht der Wertschöpfung in nur einem Teil der gesamten Arbeitszeit. Die darüber hinausgehende Mehrarbeitszeit bleibt unbezahlt und schafft den Mehrwert. Dies wird durch die Lohnform verschleiert.

Der Gebrauchswert der Ware Arbeitskraft für Kapitalisten muss unterschieden werden vom Gebrauchswert einer Dienstleistung, die zu nichtkapitalistischen Zwecken gekauft oder genutzt wird. Bei ersterem geht es um die abstrakte Mehrwert- bzw. Profitproduktion, bei letzterer geht es um den Gebrauchswert des Produkts der konkreten Dienstleistungs-Arbeit.

Nur Lohnarbeit für das Kapital, die Mehrwert schaffend von kapitalistischen Unternehmen angewendet wird, ist im kapitalistischen Sinne produktive Arbeit. Das sagt nichts über die gesellschaftliche Nützlichkeit der Arbeit.

Wenn jemand zum Beispiel eine Putzhilfe die eigene Wohnung putzen lässt, ist diese Arbeit nicht im kapitalistischen Sinne produktiv. Sie bringt dem »Arbeitgeber« kein Geld bzw. Profit, sondern kostet Geld. Wenn die Putzhilfe aber bei einem kapitalistischen Unternehmen beschäftigt ist und Profit für dieses erarbeitet, ist ihre Arbeit produktiv, auch wenn es dieselbe Wohnung ist, die sie putzt. Das Kapital ist die herrschende ökonomische Macht, aus seiner Perspektive erfolgt daher auch die kritische Analyse, die Entwicklungstendenzen der kapitalistischen Ökonomie aufdecken soll. Aus der Perspektive der abhängig Beschäftigten ist allerdings ihre Arbeitskraft auch dann die von ihnen für bestimmte Zeiträume verkaufte Ware, wenn sie in diesem Sinne unproduktiv, also bei nichtkapitalistischen Arbeitgebern beschäftigt sind. Sei es in privaten Haushalten oder aber insbesondere im öffentlichen Dienst, wo Millionen Menschen arbeiten.

Auch nicht direkt vom Kapital, sondern von anderen »Arbeitgebern« kapitalistisch unproduktiv Beschäftigte gehören trotzdem zur Klasse der Lohnabhängigen. Kriterium dafür ist, dass auch ihre Arbeitskraft eine Ware ist.

Der Lohn bezieht sich im Grundsatz immer auf einen bestimmten Zeitraum, für den die Arbeitskraft überlassen wird: eine Stunde, einen Tag, eine Woche, einen Monat. Er kann aber auch an bestimmte Mengen an Arbeitsprodukt oder Leistungsbeiträge gekoppelt werden, die üblicherweise in einem bestimmten Zeitraum produziert werden. Das ist dann Stücklohn oder Akkordlohn, es kann auch Zuschläge oder Zulagen zum Grundlohn geben usw. Damit führen Unterschiede in Tempo oder Qualität oder zeitlicher Lage der Arbeit oder im Verhalten der Beschäftigten zu Unterschieden beim Lohn. Das ändert aber nichts daran, dass letztlich der Lohn das Entgelt für die Nutzung der Arbeitskraft für einen bestimmten Zeitraum ist. Der Stücklohn eignet sich in besonderer Weise, die Produktivität zu steigern. Marx bezeichnet ihn deshalb als die »der kapitalistischen Produktionsweise entsprechendste Form des Arbeitslohns« (Karl Marx, Das Kapital I, MEW 23, S. 580). In der Vergangenheit wurden vor allem viele Industriearbeiter so bezahlt, während in Verwaltungs- und Dienstleistungsbereichen überwiegend Angestellte mit Monatsgehältern tätig waren. Heute werden auch in der informationsverarbeitenden, planenden und steuernden, verwaltenden, verkaufenden, Kunden betreuenden oder auf die Abwicklung bestimmter Projekte oder Gewerke gerichteten Arbeit zunehmend neue Formen erfolgsabhängiger Vergütung, sei es im Rahmen von Zielvereinbarungen oder Bonussystemen, etabliert.

Durch moderne Formen des Lohns wird der Druck »des Marktes«, der Konkurrenz, dem die Kapitalisten unterliegen, als vermeintlicher Sachzwang an die Beschäftigten weitergeleitet. Diese werden so zu höheren Arbeitsbemühungen und Leistungen angetrieben.

Die Mehrwertrate und Methoden zu ihrer Steigerung

Es ist ständiges Bestreben des Kapitals, den Mehrwert und damit die Ausbeutung zu steigern. Wenn zum Beispiel der gesamte neu geschaffene Wert bzw. Einkommen 100 beträgt und Löhne und Mehrwert je 50, dann beträgt die Mehrwertrate 100%. Betragen die Löhne 40 und der Mehrwert 60, ist die Mehrwertrate 60/40 = 150%.

Die Mehrwertrate ist der ökonomische Ausdruck für den Grad der Ausbeutung: das Verhältnis des Mehrwerts zum Wert der Arbeitskraft bzw. Lohn und damit der Mehrarbeit zur notwendigen Arbeit.

Drei Methoden der Steigerung des Mehrwerts und der Mehrwertrate sind zu unterscheiden:

1. Die Verlängerung des Arbeitstags oder auch die Erhöhung der Arbeitsintensität – Marx bezeichnet das als die Produktion des absoluten Mehrwerts. Dies ist auch heute ein ständiges Bestreben des Kapitals und zeigt sich in immer neuen Versuchen, Arbeitstempo und Kontrolle zu steigern, Pausen zu kürzen, Arbeitszeiten auszuweiten.
2. Die Verkürzung des Teils der Arbeitszeit, die zur Reproduktion der Arbeitskraft bzw. zur Erwirtschaftung des Lohns notwendig ist, durch fortwährende Steigerung der Arbeitsproduktivität durch bessere Technik, Arbeitsteilung und Organisation des Produktionsprozesses. Dies heißt Produktion relativen Mehrwerts. Wenn der Gegenwert der zur Reproduktion der Arbeitskraft notwendigen Waren z.B. bei gleichbleibender Länge des Arbeitstages von acht Stunden jetzt in drei statt wie vorher in vier Stunden erzeugt werden kann, steigt die Mehrarbeitszeit von vier auf fünf Stunden und die Mehrwertrate von 100% auf 5/3 = 167%. Dies ist die spezifisch kapitalistische und zumeist dominierende Methode zur Steigerung des Mehrwerts.
3. Die Löhne als Preis der Arbeitskraft können unter den Wert der Arbeitskraft gedrückt werden, in Form von Armutslöhnen, sodass eine Reproduktion der Arbeitskraft nicht mehr gewährleistet ist. Dies tritt heute in weiten Bereichen prekärer Beschäftigung auf und findet seinen Niederschlag in den Niedriglohnbereichen.

Die kapitalistische Produktion hat seit ihrem Beginn und bis heute zu massiv und stetig steigender Produktivität der Arbeit geführt. Das heißt, in der gleichen Arbeitszeit kann heute eine weitaus größere Menge an Gütern und Dienstleistungen produziert werden als früher. In den letzten 150 Jahren wurde die Arbeitsproduktivität in den entwickelten kapitalistischen Ländern mehr als verzehnfacht. Dies bedeutet aber nicht, dass die Mehrwertrate ebenso drastisch gestiegen wäre.

Mit der Produktivität der Arbeit sind auch die Löhne und der Lebensstandard der Lohnabhängigen in den entwickelten kapitalistischen Ländern im Laufe der Zeit erheblich angestiegen.

Marx hat schon auf die Abhängigkeit des Wertes der Arbeitskraft und damit des Lohnniveaus von historischen und gesellschaftlichen Entwicklungen aufmerksam gemacht und auch auf die nationale Verschiedenheit der Arbeitslöhne. Diese hängen in letzter Instanz mit dem gesellschaftlichen Niveau der

Arbeitsproduktivität zusammen. Je höher die Arbeitsproduktivität in einem Land ist, desto höher können die Löhne und gleichzeitig der vom Kapital angeeignete Mehrwert sein.

Löhne und Nachfrage

Zu beachten ist auch der gesamtwirtschaftliche Zusammenhang. Die Löhne werden ganz überwiegend ausgegeben für privaten Konsum, um den normalen Lebensunterhalt zu finanzieren. Dazu gehört in vielen Ländern in unterschiedlichem Maße auch die Unterhaltung oder der Erwerb selbstgenutzten Wohneigentums. Die Ersparnisbildung der Lohnabhängigen-Haushalte ist über den gesamten Lebensverlauf betrachtet gering.

Die gesamtwirtschaftliche Seite der Bestimmung des Werts der Arbeitskraft durch ihre Reproduktionskosten besteht darin, dass die Lohnabhängigen als Klasse den Lohn weitgehend vollständig ausgeben und damit in effektive Nachfrage umsetzen.

Die Löhne sind in entwickelten kapitalistischen Ökonomien die größte Quelle für die gesamtwirtschaftliche Nachfrage. Diese muss hinreichend hoch sein, um die kapitalistisch produzierten Waren verkaufen zu können und damit die Realisierung des Mehrwerts in Geld zu ermöglichen. Wenn die Nachfrage sinkt, wird der Absatz geringer, die Preise geraten unter Druck, die Gewinne schrumpfen. Gewerkschaften, Tarifverträge, sozialstaatliche Rechte für die Beschäftigten und Lohnersatzleistungen bei Erwerbslosigkeit schützen somit nicht nur die Lohnabhängigen, sondern erhöhen auch die Stabilität der kapitalistischen Wirtschaft.

Für ein anhaltendes Wachstum der Wirtschaft und damit auch der Profite ist es erforderlich, dass mit der Produktivität mehr oder weniger stetig auch die Löhne steigen und auch in Krisen stabil bleiben.

Das bedeutet nicht, dass die Kapitalisten deshalb freiwillig regelmäßig die Löhne erhöhen oder den Schutz und die Besserstellung der Lohnabhängigen durch Gewerkschaften und Sozialstaat unterstützen. Denn diese bedeuten immer Einschränkungen der unternehmerischen Freiheit und der Spielräume der Ausbeutung und Mehrwertaneignung.

Als einzelne Kapitalisten in der Konkurrenz untereinander oder auch als Kapitalistenklasse eines Landes in der Konkurrenz mit den Kapitalisten anderer Länder betrachten sie für ihre Unternehmen die Löhne hauptsächlich als Kosten, deren Senkung ihren Profit steigert. Die Nachfrage ist für sie von außen gegeben, durch die gesamten Einkommen der Gesellschaft oder auch Nachfrage aus anderen Ländern. Für ein einzelnes Unternehmen oder auch Land bedeutet Lohnkostensenkung daher höhere Profite und eine verbesserte Wettbewerbsfähigkeit auf den Märkten – solange nicht alle anderen ihre Lohnkosten ebenso oder noch stärker senken und dies zu einer Krise führt.

Trotz der damit verbundenen gesamtwirtschaftlichen Destabilisierung versuchen die Kapitalisten normalerweise ständig, den Anteil der Lohnkosten zu senken, den Sozialstaat und die Gewerkschaften zurückzudrängen. Eine immanente Borniertheit des kapitalistischen Klassenstandpunkts.

Die Lohnquote und ihre Entwicklung

Die Mehrwertrate wird statistisch nicht erfasst, und es ist in einer komplexen Ökonomie auch schwierig, sie empirisch zu erfassen. Vielfältige Abgrenzungs- und Bewertungsprobleme sind zu klären. Es ist aber auch nicht nötig, eine Mehrwertrate möglichst genau zu erfassen. Entscheidend für die gesellschaftspolitische Auseinandersetzung ist einerseits die grundsätzliche Erkenntnis, dass Einkommen immer Ansprüche auf die Produkte gesellschaftlicher Arbeit sind und demzufolge Einkommen, die nicht auf eigener Arbeit beruhen, Resultat der Ausbeutung fremder Arbeit sind. Dies wird im Kapitalismus systematisch ausgeblendet und mystifiziert.

Andererseits sind empirische Daten wichtig, die aussagekräftig für die reale Entwicklung und Veränderung der Verteilungsverhältnisse zwischen den verschiedenen Einkommensformen und sozialen Klassen und Gruppen sind. Diese lassen sich den verfügbaren Statistiken durchaus entnehmen. Der wichtigste Indikator ist hier die Lohnquote.

Die Lohnquote drückt den Anteil der Arbeitnehmerentgelte am Volkseinkommen (oder am Bruttoinlandsprodukt) aus. Eine sinkende Lohnquote ist ein Indikator für eine steigende Mehrwertrate.

»Arbeitnehmerentgelte« heißen in der Statistik die Bruttolöhne und -gehälter einschließlich der »Arbeitgeberbeiträge« zur Sozialversicherung, die ja der sozialen Sicherung der Lohnabhängigen zufließen und deshalb als Lohnbestandteile zu betrachten sind. Der andere Teil des Volkseinkommens sind die Unternehmens- und Vermögenseinkommen, also überwiegend Kapitaleinkommen und zu einem gewissen Teil auch Arbeitseinkommen von Selbständigen. Ein kleinerer Teil der Vermögenseinkommen fließt auch Lohnabhängigen zu, es geht hier um die »funktionelle«, nicht die personelle Verteilung. Andererseits sind in den Löhnen auch Vorstands- und Managergehälter enthalten, die realistischer als Anteile am Mehrwert betrachtet werden müssten, die die Eigentümer ihnen abtreten für besondere »Verdienste« um die Steigerung ihrer Profite. International ist stärker verbreitet, als Lohnquote den Anteil der Löhne am Bruttoinlandsprodukt zu betrachten. Dieses gilt als Maß für die gesamte Wirtschaftsleistung eines Gebietes. Es umfasst über das entstandene Volkseinkommen hinaus die Abschreibungen, also den Ersatz für den Wertverlust des Anlagevermögens (Gebäude, Ausrüstungen usw.), die überwiegend den Unternehmen zufließen.

Abbildung 8: Rückgang der Lohnquote. Anteil der Arbeitnehmerentgelte am Bruttoinlandsprodukt zu Faktorkosten, bereinigt

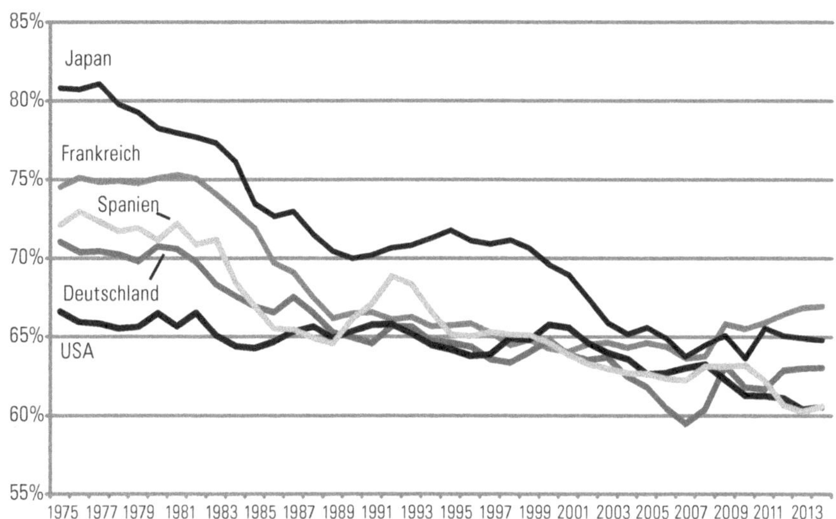

Quelle: Europäische Kommission, Ameco, Februar 2015

In der längerfristigen Entwicklung der Lohnquote spiegelt sich eine anhaltende Defensive und Schwäche der Lohnabhängigen in den Verteilungsauseinandersetzungen wider. Kurzfristig ist die Entwicklung stark von der konjunkturellen Entwicklung der Wirtschaft abhängig.

In den meisten entwickelten kapitalistischen Ländern erreichten die Lohnquoten Mitte der 1970er Jahre einen Höchststand und sind seitdem kräftig gesunken. In Deutschland sank die Lohnquote besonders in den Jahren von 2000 bis 2007 stark (siehe Abbildung 8). Im Aufschwung steigen normalerweise Löhne und Profite, in der Krise sinken Löhne und Profite, wobei die Profite in beide Richtungen stärker schwanken als die Löhne, sodass im Aufschwung die Lohnquote sinkt, in der Krise steigt.

Um die Lohnquote konstant zu halten, muss der »verteilungsneutrale Spielraum« für Lohnsteigerungen ausgeschöpft werden. Dieser ergibt sich aus Preissteigerung plus Produktivitätszuwachs im Trend und beträgt in Deutschland drei bis 3,5 Prozent im Jahr, früher mehr. Diese Marge versuchen die Gewerkschaften in ihrer Tarifpolitik mindestens auszuschöpfen. In den letzten Jahrzehnten ist dies häufig nicht gelungen. Dies ist aber keine Entwicklung, die nur von den ökonomischen Bedingungen abhängt.

Im Konkreten wird die Entwicklung der Löhne und der Arbeitszeiten und Arbeitsbedingungen in sozialen Auseinandersetzungen und Kämpfen der Lohnabhängigen mit den Kapitalisten und allgemein den »Arbeitgebern« entschieden. Es ist eine Frage des Klassenkampfs.

»Die Frage löst sich auf in die Frage nach dem Kräfteverhältnis der Kämpfenden.« (Karl Marx: Lohn, Preis und Profit, MEW 16, S. 148)

Gründe für schlechte Lohnentwicklung und für immer mehr Niedriglohn

- anhaltend hohe Massenarbeitslosigkeit
- mehr Leiharbeit, mehr Minijobs, mehr Befristung, mehr prekär Selbständige (Ich-AGs usw.)
- Hartz IV: kürzere Gewährung von Arbeitslosengeld I, verstärkter Druck, Wegfall von Zumutbarkeitsschutz und Aufstockerei von Jobs unter Armutsgrenze
- abnehmende Tarifbindung und gewerkschaftliche Schwäche in vielen Branchen, Öffnungsklauseln
- Privatisierung, Deregulierung, Flexibilisierung
- Finanzielle Austrocknung des Sozialstaats
- kein gesetzlicher Mindestlohn

3.5 Kapitalistische Klassenverhältnisse und Gesellschaft

Aber wie kommen wiederum diese Kräfteverhältnisse zustande und wovon hängen sie ab? In welchem Verhältnis stehen ökonomische Bedingungen einerseits, soziale und politische Kämpfe andererseits zueinander? Sind nicht alle Verteilungsfragen letztlich Machtfragen? Aber wer hat wie viel Macht und wovon hängt das ab?

Wir haben uns bisher mit einigen Grundlagen der kapitalistischen Ökonomie beschäftigt. Jetzt müssen wir den Kapitalismus als Gesellschaft insgesamt betrachten, wobei Marx diesen Begriff kaum verwendet, er spricht von den bürgerlichen »Gesellschaften, in denen kapitalistische Produktionsweise herrscht«. (Karl Marx: Das Kapital I, MEW 23, S. 49)

Bürgerlich-kapitalistische Gesellschaft

Gesellschaftliche Grundlage der kapitalistischen Produktionsweise sind einerseits kapitalistische Eigentumsverhältnisse, also die Konzentration des Eigentums an den meisten Produktionsmitteln bei einem kleinem Teil der Gesellschaft, andererseits die schon angesprochene »doppelte Freiheit« der Lohnabhängigen. Diese sind einerseits persönlich rechtlich unabhängig, an-

Abbildung 9: Reiche Selbständige, arme Arbeitslose

2012 hatten	Im Schnitt Nettovermögen	Kein Vermögen oder Schulden	Bevölkerungsanteil
Selbständige			
ohne Mitarbeiter	172.000 €	19,1%	3,6%
mit 1 bis 9 Mitarbeitern	329.000 €	6,5%	1,8%
mit 10 oder mehr Mitarbeitern	952.000 €	3,0%	0,3%
Beamte im			
einfachen oder mittleren Dienst	80.000 €	11,0%	1,2%
gehobenen oder höheren Dienst	114.000 €	9,7%	2,4%
Arbeiter / Angestellte			
mit einfacher Tätigkeit	45.000 €	27,6%	10,6%
mit qualifizierter Tätigkeit	83.000 €	15,3%	23,6%
mit umfassenden Führungsaufgaben	209.000 €	13,8%	0,7%
Arbeitslose	18.000 €	65,5%	5,0%
Rentner oder Pensionäre	112.000 €	21,9%	27,2%

Unternehmer mit mehr als zehn Beschäftigten verfügen als Kapitalisten zumeist über Millionenvermögen, während die Lohnabhängigen in der Regel nur bescheidene oder keine Vermögen haben.

Personen ab 17 Jahren; Quelle: Grabka, Westermeier 2014 | Hans-Böckler-Stiftung 2014

dererseits frei von eigenen Produktionsmitteln und daher ökonomisch und sozial abhängig und gezwungen, als einzige Möglichkeit zum Erwerb ihres Lebensunterhalts ihre Arbeitskraft zu verkaufen.

Die Lohnarbeitenden produzieren unter dem Kommando der Produktionsmitteleigentümer oder ihrer Funktionäre Mehrwert, der von den Eigentümern des Kapitals angeeignet und zur ständigen Vergrößerung ihres Kapitals eingesetzt wird. Die Lohnabhängigen dagegen brauchen ihr Einkommen zum Lebensunterhalt und haben wenig Möglichkeiten, größere Vermögen zu bilden (siehe Abbildung 9). Dadurch wird die Ungleichheit der Verteilung der Einkommen, Vermögen, Lebenschancen und Macht beständig reproduziert und tendenziell verschärft.

Dies zeigt sich an der Vermögensverteilung in kapitalistischen Ländern, die noch weitaus ungleicher ist als die Einkommensverteilung. So kommt für Deutschland eine Untersuchung des Deutschen Instituts für Wirtschaftsforschung (DIW), die auch die in den offiziellen Statistiken massiv untererfassten Vermögen der Reichen und Superreichen mit Schätzungen einzubeziehen versucht, zu folgenden Ergebnissen (siehe Abbildung 10): Das reichste Prozent der erwachsenen Bevölkerung, das sind in etwa die Vermögensmillionäre (ganz überwiegend Männer), besitzt weit über ein Drittel des gesam-

Abbildung 10: Das reichste Prozent besitzt 90% des Betriebsvermögens
Verteilung des Nettovermögens und des Betriebsvermögens der Bevölkerung in Deutschland

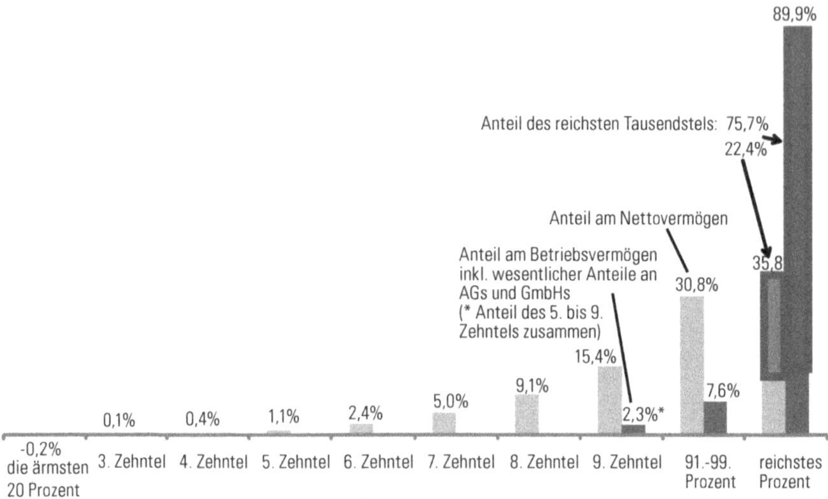

Quelle: Deutsches Institut für Wirtschaftsforschung 2011, eigene Berechnung

Das Betriebsvermögen ist in Deutschland hauptsächlich auf die das reichste Prozent und insbesondere auf das reichste Tausendstel der Bevölkerung konzentriert. Das sind im Kern die Kapitalisten hierzulande.

ten Nettovermögens und 90% des Betriebsvermögens. Das reichste Promille, sozusagen die oberen Zigtausend, besitzt fast ein Viertel des Nettovermögens und drei Viertel des Betriebsvermögens.[6]

Als Kapitalismus sind Gesellschaften zu bezeichnen, die wesentlich auf kapitalistischer Produktionsweise und Eigentumsverhältnissen beruhen und diese beständig reproduzieren. Das trifft auf fast alle modernen Gesellschaften zu.

Die Herrschaft des Kapitals bezieht sich nicht nur auf die innerbetrieblichen Beziehungen. Mit dem Eigentum der Kapitalisten an den Produktionsmitteln ist ihr Verfügungsrecht über diese Produktionsmittel verbunden. Sie entscheiden, ob Betriebe aufgebaut und vergrößert oder auch ob sie geschlossen werden oder Personal abgebaut wird. Sie verfügen über die Verwendung des Profits und über die Investitionen. Damit bestimmen die Kapitalisten zu-

[6] Eine Reihe von Links zu Materialien zur Vermögensverteilung in Deutschland findet sich beim Bündnis Umfairteilen: http://umfairteilen.de/start/info/

gleich über die Masse der Arbeitsplätze und damit Erwerbsmöglichkeiten der Lohnabhängigen und ihrer Familien. Die Gesamtwirtschaft und ihre Entwicklung werden von den kapitalistischen Unternehmen dominiert, regional haben oft sogar einzelne Großkonzerne eine bestimmende Rolle. Mit dieser ökonomischen Macht ist entsprechende politische Macht verbunden, und diese wird auch eingesetzt. Staatshandeln und die Politik werden entscheidend von den Interessen des Kapitals bestimmt. Mehr dazu später.

Das Kapital ist nicht nur ökonomisch, sondern auch gesellschaftlich die herrschende Macht. Andererseits wäre es falsch, die gesamte Gesellschaft als durch und durch kapitalistisch beherrscht und kontrolliert zu betrachten.

Gesellschaften entwickeln sich historisch. Frühere soziale und ökonomische Strukturen und Kulturen bestehen oder wirken in unterschiedlicher Weise fort. Wir haben das bei den Geschlechterverhältnissen gesehen, es betrifft etwa auch religiöse Traditionen und Organisationen. Insgesamt sind Gesellschaften nicht einseitig nur durch ihre ökonomischen Strukturen determiniert, wie in Kapitel 1.2 bereits diskutiert.

Aber auch ökonomisch tritt in realen Gesellschaften immer eine Kombination verschiedener Produktionsweisen auf. Es gibt weiterhin Produktion für den Eigenbedarf im privaten Haushalt. Auch nichtkapitalistische Warenproduktion durch kleine selbständige Unternehmen ohne oder mit nur wenigen Beschäftigten gibt es weiter in der Landwirtschaft und im Handwerk oder sie entstehen neu in modernen Dienstleistungsbereichen. Die Einkommen der Selbständigen beruhen dort überwiegend auf ihrer eigenen Arbeit und können daher nicht als kapitalistisch betrachtet werden. Von den Solo-Selbständigen verdient die Mehrheit weniger als durchschnittliche abhängig Beschäftigte. Zudem gibt es öffentliche Dienste, Genossenschaften und gemeinwirtschaftliche Betriebe sowie ehrenamtliche Arbeit insbesondere in Vereinen und Verbänden. Die gesamtwirtschaftliche Entwicklung und ihre Dynamik wird aber eindeutig von der kapitalistischen Produktionsweise bestimmt.

Klassenverhältnisse und Lohnarbeit

Vor allem aber ist die kapitalistische Gesellschaft zutiefst von Klassenspaltungen und unterschiedlichen, in Kernfragen gegensätzlichen Interessen verschiedener sozialer Klassen und Gruppen geprägt. Auch innerhalb der einzelnen Klassen – des Kapitals wie der Lohnabhängigen- oder ArbeiterInnenklasse – gibt es Konkurrenz und Interessensdifferenzen, die zur Herausbildung diverser Fraktionen führen. Dabei spielen unterschiedliche Wirtschaftsbereiche, Betriebsformen, aber auch politische und religiöse und von der nationalen oder regionalen Herkunft bestimmte Traditionen und Kulturen eine erhebliche Rolle. All dies hat Einfluss auf die Entwicklung der Gesellschaften und bestimmt ihre konkrete Gestalt und die gesellschaftlichen Kräfteverhältnisse mit.

Die ArbeiterInnenklasse wird zwar von Marx einerseits als »Zubehör des Kapitals« (Karl Marx: Das Kapital I, MEW 23, S. 598) bezeichnet, andererseits beschreibt er ausführlich die Auseinandersetzungen zwischen Kapitalisten und Arbeitern etwa um die Beschränkung des Arbeitstags. Die Durchsetzung der gesetzlichen Verkürzung der täglichen Arbeitszeit auf zehn Stunden in England bezeichnet er gar als Sieg der »politischen Ökonomie der Arbeiterklasse«, nämlich der »Kontrolle sozialer Produktion durch soziale Ein- und Vorsicht«, gegenüber »der blinden Herrschaft der Gesetze von Nachfrage und Zufuhr, welche die politische Ökonomie der Mittelklasse bildet« (Karl Marx, Inauguraladresse der Internationalen Arbeiter-Assoziation, MEW 16, S. 118).

Kapitalistenklasse einerseits, LohnarbeiterInnenklasse andererseits – das ist die hauptsächliche sozial-ökonomische Klassenspaltung der kapitalistischen Gesellschaft. Dazwischen gibt es selbständige und lohnabhängige Mittelschichten, darunter eine Unterklasse von dauerhaft Ausgegrenzten. Aber auch die Hauptklassen sind ausdifferenziert und fraktioniert.

Die kapitalistische Klasse reicht von Unternehmern mit einigen Beschäftigten bis zu Superreichen, denen große Konzerne oder große Anteile daran gehören. Dazwischen bestehen erhebliche Unterschiede in sozialer Lage und Macht. Auch Vorstandsmitglieder und führende Manager großer Unternehmen, deren sehr hohe Einkommen nur formell als Lohn, vom sozialen Inhalt her aber als ihnen übertragene Anteile am Mehrwert zu betrachten sind, gehören zur kapitalistischen Klasse.

Aber auch die ArbeiterInnenklasse ist in vielfältiger Hinsicht ausdifferenziert und von Spaltungslinien durchzogen: Handarbeit oder Kopfarbeit, Arbeit in Landwirtschaft, Industrie oder einem der Dienstleistungsbereiche, im privaten oder im öffentlicher Sektor, ArbeiterInnen oder Angestellte oder Beamte oder Scheinselbständige oder Erwerbslose, Geschlecht, Herkunft und Migrationshintergrund, regionale, politische und religiöse Traditionen und Bindungen, Betriebsgröße, Branche, Kern- oder Randbelegschaft, im Normalarbeitsverhältnis oder Teilzeit oder befristet beschäftigt, Qualifikation, Einkommen und Arbeitsbedingungen, gewerkschaftlicher Organisationsgrad, Tarifbindung, Mitbestimmungsstrukturen – in all diesen Aspekten unterscheiden sich die konkreten Arbeits- und Lebensbedingungen und die Einstellungen der Lohnabhängigen teils erheblich.[7]

Selbst zwischen Beschäftigten auf ähnlichem Qualifikationsniveau bestehen zwischen den Branchen große Verdienstunterschiede. Fachkräfte bekommen von unter 12 Euro je Stunde im Gastgewerbe bis zu 25 Euro im Kraft-

[7] Daten und Grafiken zur Entwicklung der Verteilungsverhältnisse in Deutschland finden sich im WSI-Verteilungsmonitor: www.boeckler.de/wsi_47204.htm

Abbildung 11: Bruttostundenlöhne von Fachkräften
Produzierendes Gewerbe und Dienstleistungen,
Vollzeitbeschäftigte ohne Sonderzahlungen, 4.Q. 2013, Angaben in Euro

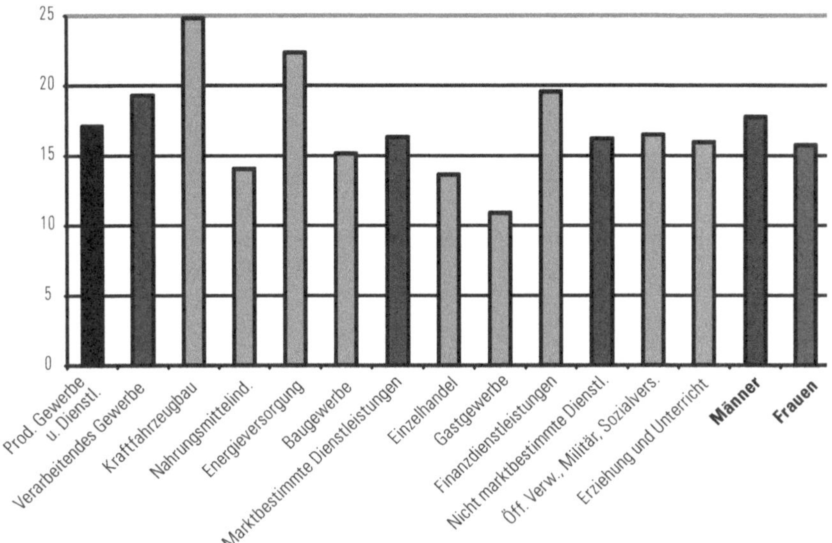

Quelle: Statistisches Bundesamt, Arbeitnehmerverdienste, eigene Berechnung

fahrzeugbau. Frauen bekommen im Durchschnitt 13% weniger als Männer, in typischen oder ehemaligen Frauenbranchen wird deutlich schlechter bezahlt (siehe Abbildung 11). Für alle bleibt aber, dass sie auf Beschäftigung in Lohnarbeit angewiesen sind, um ein im Rahmen der Gesellschaft, in der sie leben, halbwegs normales oder auch komfortables Leben führen zu können.

Lohnarbeit ist immer fremdbestimmte Arbeit, sie findet unter dem Kommando bzw. auf Anordnung und zum Nutzen der »Arbeitgeber« statt, selbst wenn die Beschäftigten große Freiräume in der Gestaltung ihrer Arbeit haben sollten. Lohnarbeit für das Kapital ist immer ausgebeutete Arbeit, nicht nur wenn die Bedingungen besonders schlecht oder die Löhne besonders niedrig sind. Sie ist in diesem Sinne immer »entfremdete« Arbeit. Allerdings verwendete Marx in seinen späteren ökonomischen Schriften den schillernden und vielfältig (un)bestimmten Begriff der »Entfremdung« fast überhaupt nicht mehr.

Organisierte gesellschaftliche Arbeit ist auch unter nichtkapitalistischen Bedingungen notwendig. Die Bedürfnisse der Gesellschaft müssen befriedigt werden, das ergibt sich nicht von alleine, indem jede/r das arbeitet, wozu er/sie am meisten Lust oder innere Motivation hat. Zum anderen wäre es auch falsch, Lohnarbeit und allgemeiner Erwerbsarbeit einseitig als Belastung, Plage und Zwang zu betrachten und die positive, Befriedigung, soziale Anerkennung und Selbstbestätigung, Identität und sozialen Zusammenhang stiftende Seite auszublenden, die sie selbst unter kapitalistischen Bedingungen hat.

Lohnarbeit hat einen Doppelcharakter dergestalt, dass sie einerseits fremdbestimmt und »entfremdet« ist, andererseits Verwirklichung, Anerkennung, Einkommen und gesellschaftliche Teilhabe bringt. Eine möglichst »gute« Erwerbsarbeit ist daher das zentrale sozialökonomische Interesse der Lohnabhängigen.

Gesellschaftliche Kräfteverhältnisse und Klassenkampf

Was sind nun gesellschaftliche Kräfteverhältnisse und wovon hängen sie ab?

Das Kräfteverhältnis zwischen Lohnarbeit und Kapital ist an verschiedene objektive und subjektive Bedingungen gebunden. Die Klassen und Gruppen mobilisieren und setzen ihre ökonomischen, sozialen, politischen, kulturellen und ideologischen Ressourcen und Machtpotenziale ein, um ihre Interessen und Ziele durchzusetzen.

Die Entwicklung der Kräfteverhältnisse spielt sich auf der Grundlage von historisch entwickelten Ausgangsbedingungen und Strukturen ab, die durch die laufenden Kämpfe verändert werden und dann die Bedingungen künftiger Kämpfe bilden. Dieses komplexe Feld von Bedingungen und Kräften markiert die Möglichkeiten und Spielräume der unterschiedlichen sozialen und politischen Gruppen. Diese Bedingungen und Kräfteverhältnisse müssen analysiert, eingeschätzt und auf dieser Grundlage Ziele und Vorgehensweisen bestimmt werden, um möglichst wirksam kämpfen zu können. Die beste Forderung und Argumentation ist dabei nicht unbedingt die am weitesten gehende oder radikalste, sondern diejenige, die die meisten Menschen anspricht, überzeugt und mobilisiert.

Bei zugespitzten gewerkschaftlichen und politischen Auseinandersetzungen, etwa Streiks oder dem Sturz einer Regierung, sollte man eine realistische Einschätzung und Vorstellung entwickeln, was dabei herauskommen könnte und auch wie man selbst nötigenfalls zumindest einigermaßen heil wieder herauskommen kann.

Von zentraler Bedeutung ist das Verhältnis von Angebot und Nachfrage nach Arbeitskräften. Ein Überangebot an Arbeitskräften, also hohe Erwerbslosigkeit oder starkes Wachstum der Arbeit suchenden Bevölkerung, wirkt durch die damit verbundene verschärfte Konkurrenz und Angst um den Arbeitsplatz disziplinierend auf die abhängig Beschäftigten und schwächt ihre Position in den Auseinandersetzungen mit dem Kapital.

»Im großen und ganzen sind die allgemeinen Bewegungen des Arbeitslohns ausschließlich reguliert durch die Expansion und Kontraktion der industriellen Reservearmee, welche dem Periodenwechsel des industriellen Zyklus entsprechen.« (Karl Marx, Das Kapital I, MEW 23, S. 666)

Von großer Bedeutung ist auch, wie groß der Zwang für die Lohnabhängigen ist, sich schlechten Jobs zu unterwerfen, also ob sie andere Erwerbsmöglichkeiten haben oder hinreichende Arbeitslosenunterstützung erhalten. Der Arbeitsmarkt kann nicht als ein Markt wie jeder andere betrachtet werden, er führt nur bei kollektiver tarifvertraglicher und gesetzlicher Regulierung zu für die Mehrzahl der Lohnabhängigen erträglichen Ergebnissen. Politische Regulierungen der Arbeitsverhältnisse und des Arbeitsmarktes und der sozialen Sicherung haben großen Einfluss auch auf die Kräfteverhältnisse und die Struktur der lohnabhängigen Klasse. Die subjektiven Bedingungen der Kräfteverhältnisse werden vor allem von der Organisiertheit, den Erfahrungen und dem Bewusstsein der Lohnabhängigen bestimmt.

Aus der gemeinsamen Klassenlage der LohnarbeiterInnen ergeben sich gemeinsame Klasseninteressen in der Auseinandersetzung mit dem Kapital oder allgemeiner den »Arbeitgebern«, die sie vor allem im Rahmen ihrer gewerkschaftlichen Organisation artikulieren.

Mit ihrer Organisierung in Gewerkschaften beschränken die Lohnabhängigen ihre Konkurrenz untereinander und versetzen sich in die Lage, gemeinsam erfolgreiche Arbeitskämpfe für die Verbesserung ihrer Lohn- und Arbeitsbedingungen zu führen. Die Gewerkschaften haben darüber hinaus grundlegende Bedeutung für die ArbeiterInnenbewegung und für die Klassenformierung, also die Entwicklung und Verbindung der Lohnabhängigen zu einer auch politisch wirksamen Klasse. Interessen, Bewusstsein und Orientierungen der Lohnabhängigen sind von Widersprüchen gekennzeichnet. Alle Fetischisierungen und Mystifikationen der kapitalistischen Verhältnisse wirken auch auf die Lohnabhängigen. Klassenbewusstsein und Gemeinsamkeit der Klasse sind nicht naturwüchsig gegeben, sondern müssen immer wieder neu durch Kommunikation, Organisation und gemeinsames Handeln in Konflikten hergestellt und bestätigt werden.

Von zentraler Bedeutung ist dabei die Auseinandersetzung um die Artikulation von gemeinsamen Interessen der Beschäftigten mit dem Kapital. Das ist keine rein ideologische Frage, sondern neben dem Konflikt mit den »Arbeitgebern« haben die Beschäftigten real auch ein Interesse an einer positiven Entwicklung des Betriebs oder Unternehmens, in dem sie arbeiten, als Bedingung für sichere Arbeitsplätze und steigende Löhne. Das ist die Basis für einen Betriebskorporatismus, der die überbetriebliche Konkurrenz der Beschäftigten untereinander verfestigt und zu einer Unterordnung unter Kapitalinteressen führt. Das gleiche Problem des Korporatismus gibt es auf der Ebene der Branchen und gesamtwirtschaftlich, wenn der nationale Standort gegen die internationale Konkurrenz gestärkt werden soll. Es ist eine ständige Auseinandersetzung auch in den Gewerkschaften, demgegenüber die

Abbildung 12: Kapitalistische Produktions- und Klassenverhältnisse

Klassen sind »große Menschengruppen, die sich voneinander unterscheiden nach ihrem Platz in einem geschichtlich bestimmten System der gesellschaftlichen Produktion,

nach ihrem (größtenteils in Gesetzen fixierten und formulierten) Verhältnis zu den Produktionsmitteln [Eigentum und Verfügung]

nach ihrer Rolle in der gesellschaftlichen Organisation der Arbeit

und folglich nach der Art der Erlangung und der Größe des Anteils am gesellschaftlichen Reichtum, über den sie verfügen.«
(W.I. Lenin, LW 29, S. 410)

	LohnarbeiterInnen	**Kapitalisten**
Stellung in den Produktionsverhältnissen	– persönlich frei – kein Eigentum (frei von) an Produktionsmitteln (deshalb: »doppelt frei«) – kein Eigentum an den Produkten – abhängig beschäftigt, arbeiten unter Regie bzw. Direktionsrechts der Kap. – LohnempfängerInnen – niedrige und mittlere Einkommen – kein oder nur kleines Vermögen	– persönlich frei – Eigentum an Produktionsmitteln – Eigentum an den Produkten – selbst., Kommando- bzw. Direktionsrecht in Produktion – Mehrwert/Profitaneignung – hohe und sehr hohe Einkommen – (sehr) großes Vermögen
Interessen bezügl. Produktionsprozess bzw. Arbeitsverhältnissen	– hoher Lohn – wenig arbeiten (kurz, wenig intensiv) – sozial geregelte Arbeitszeiten – gesunde Arbeitsbedingungen – soziale Sicherheit bei Krise, Unfall, Krankheit, Alter, Arbeitslosigkeit – umfassende Qualifikation und Bildung – Mit- und Selbstbestimmung – soziale Kontakte, Kommunikation – soziale Infrastruktur (Kinderbetreuung, Freizeiteinrichtungen, Sportstätten, Kantine)	– niedriger Lohn – viel arbeiten – flexible Arbeitszeiten – kostengünstige Prod.bed. – produktive Beschäftigte bei geringen Sozialkosten – produktionsnotw. Qualifizierung

allgemeinen Interessen der gesamten Klasse in den Vordergrund zu stellen und zu vertreten.

Die Auseinandersetzungen gehen über den Kampf in einzelnen Betrieben und Branchen hinaus. Die Lohnabhängigen bringen mittels der Gewerkschaften und politischer Organisationen und Mobilisierung gemeinsame Interessen auch gegenüber dem Staat zur Geltung. Die dazu erforderliche politische Formierung ist die schwierigste Aufgabe. Denn weit mehr noch als die gewerkschaftliche wird die gesellschaftspolitische Artikulation und Vertretung gemeinsamer Interessen von vielfältigen Unterschieden der beruflichen und sozialen Lage, Qualifikation, kulturellen, religiösen und politischen Traditionen, Erfahrungen und Praxen, ethnischen Differenzen und Migrationshintergründen usw. behindert und gestört. Die meisten Untersuchungen über die sozialen Milieus und Schichtungen beziehen sich faktisch auf Differenzierungen innerhalb der lohnabhängigen Klasse im weiteren Sinne.[8]

Zudem werden die bürgerliche Öffentlichkeit und Medienlandschaft sowie der gesamte politische Raum und damit die Handlungsbedingungen der Parteien sehr stark von kapitalistischen Interessen, Kräften und dem entsprechenden ideologischen Positionen geprägt (siehe Abbildung 12). Mehr dazu in den Kapiteln 5.3 und 5.4 über den Staat und über den Neoliberalismus.

Die Auseinandersetzung der Lohnabhängigen mit dem Kapital ist letztlich ein politischer und gesamtgesellschaftlicher und auch ideologischer Klassenkampf, in dem alltäglich um Positionen und die Veränderung von Kräfteverhältnissen gerungen wird, auch wenn die Beteiligten sich das nicht bewusst machen.

[8] Einen Einstieg bietet: https://de.wikipedia.org/wiki/Soziale_Klasse, eine Zusammenstellung von Marx-Zitaten zur Klassenanalyse: www.marx-forum.de/marx-lexikon/lexikon_k/klassenanalyse.html

4. Die kapitalistische Gesamtwirtschaft

4.1 Reproduktion und Akkumulation des Kapitals

Wir haben bis hierher die grundlegenden Merkmale, Strukturen und gesellschaftlichen Bedingungen der Ware und der kapitalistischen Produktion betrachtet. Doch Produktion, Verteilung (Distribution), Austausch (Zirkulation) und Verbrauch (Konsumtion) der Produkte bilden einen gesellschaftlichen Zusammenhang und müssen nicht nur einmalig, sondern dauerhaft stattfinden. Daraus ergeben sich Bedingungen und Entwicklungstendenzen, die im Kapitalismus einen spezifischen Charakter haben. Welche sind das?

Reproduktion der stofflichen und gesellschaftlichen Bedingungen
Zunächst: Sowenig wie eine Gesellschaft aufhören kann zu konsumieren, sowenig kann sie aufhören zu produzieren. Damit der Produktionsprozess kontinuierlich fortgesetzt werden kann, müssen in ihm zugleich die Bedingungen der Produktion immer wieder neu hergestellt werden. Produktion ist gleichzeitig Verbrauch, produktive Konsumtion, einerseits der Arbeitskraft, andererseits der Produktionsmittel. Die in der Produktion verbrauchten Materialien müssen daher neu produziert werden. Und die Produktionsanlagen, Maschinen und Werkzeuge, die in der Produktion abgenutzt werden, müssen ersetzt werden.

Jeder gesellschaftliche Produktionsprozess muss zugleich Reproduktionsprozess sein. Dabei geht es nicht nur um die Reproduktion der Arbeitskraft, sondern ebenso um die Reproduktion der Produktionsmittel.

Dies geschieht im Rahmen der gesellschaftlichen Arbeitsteilung in unterschiedlichen Betrieben, die verschiedene Wirtschaftszweige bilden. Die Größenordnungen und Proportionen sind nicht beliebig, sondern ergeben sich aus Erfordernissen der gesamtwirtschaftlichen Reproduktion. Dabei müssen nicht nur Konsumgüter produziert werden, sondern auch die für die Aufrechterhaltung oder Ausweitung der Produktion notwendige Menge an neuen Produktionsmitteln. Marx hat die sich daraus ergebenden Bedingungen im zweiten Band des »Kapital« in den so genannten Reproduktionsschemata genauer untersucht – wir verzichten hier darauf.

Es müssen nicht nur die stofflichen Bedingungen der kapitalistischen Produktion (einschließlich der Arbeitskraft) fortwährend reproduziert werden, sondern zugleich die gesellschaftlichen Bedingungen, also die kapitalistischen Produktions- und Klassenverhältnisse.

Die Lohnarbeitenden verbrauchen ihr Einkommen dafür, sich und ihre Arbeitskraft zu reproduzieren. Damit sind sie aber gezwungen, erneut und permanent ihre Arbeitskraft gegen Lohn zu verkaufen. Selbst wenn sie in Folge steigender Produktivität und gewerkschaftlicher Erfolge ihre Lage verbessern und viele auch ein gewisses persönliches Eigentum bilden können, ändert das für die überwiegende Mehrheit nichts an dieser Abhängigkeit.

Dass es Einzelnen gelingen kann, aufzusteigen oder sogar in die kapitalistische Klasse zu wechseln, bietet Ansatzpunkte für die Verbreitung bürgerlicher Eigentums- und Leistungsideologien innerhalb der ArbeiterInnenklasse, hebt die Klassenstruktur aber nicht auf. Auf der anderen Seite können ehemals Selbständige proletarisiert werden. Klassen in der bürgerlichen Gesellschaft unterscheiden sich gerade auch dadurch von Ständen, dass sie flüssiger sind, die Lage der einzelnen Personen nicht strikt festgelegt ist. Dennoch bleibt die soziale Herkunft entscheidend für die Lebenschancen der Einzelnen.

Die Kapitalisten auf der anderen Seite bekommen mit dem Verkaufserlös ihrer Waren nicht nur Geld, das sie als Lohn an die ArbeiterInnen auszahlen, und einen Geldüberschuss, den neu geschaffenen Mehrwert, den sie sich aneignen. Im Warenwert und Verkaufserlös enthalten ist auch der Wertersatz für die in der Produktion verbrauchten Produktionsmittel. Die Kapitalisten erwerben also gleichzeitig die Finanzmittel, die sie brauchen, um ihr in Produktionsmitteln verausgabtes Kapital immer wieder neu zu beschaffen. Durch die Produktion neuer Waren wird der Wert der Produktionsmittel anteilig auf diese »übertragen«. Ansonsten würden diese verfallen und entwertet. So wie es im Fall von Betriebsschließungen tatsächlich passiert, wenn kein Käufer für die Anlagen und Vorräte gefunden wird.

Nicht nur der neu geschaffene Wert, auch die Erhaltung des Werts der eingesetzten Produktionsmittel ist ein Resultat der lebendigen Arbeit. Der angeeignete Mehrwert ist nach einigen Jahren größer als das ursprünglich vorgeschossene Kapital. Das gesamte private Kapital ist damit letztlich Resultat der Aneignung unbezahlter Arbeit.

Nicht nur der Gewinn der Unternehmen, auch der Wert des Kapitals ist letztlich nicht auf einen ursprünglichen Einsatz eigenen Vermögens der Kapitalisten zurückzuführen, sondern darauf, dass die Arbeitenden als ausgebeutete Lohnarbeiter Kapital für die Kapitalisten produzieren statt für sich selbst oder die Gemeinschaft. Das gilt erst recht und offensichtlich, wenn das Kapital von vornherein aus reinvestiertem Mehrwert stammt, also aus der Akkumulation von Kapital.

Akkumulation des Kapitals

Kapitalistische Produktion reproduziert sich nicht nur wie frühere Produktionsformen weitgehend unverändert, sondern ist eine höchst dynamische Produktionsweise. Die Kapitalisten wollen nicht Mehrwert in begrenztem Umfang aneignen. Ihr Verwertungsinteresse ist vielmehr schrankenlos. Selbstverständlich verbrauchen sie einen Teil des Mehrwerts für ihren individuellen Konsum und Luxus. Doch es geht nicht vorrangig darum, den Mehrwert unproduktiv zu verprassen, sondern ihn so einzusetzen, dass das Kapital vermehrt und die Mehrwertproduktion und -aneignung immer weiter gesteigert wird.

Kapitalistische Produktionsweise zeichnet sich durch die Tendenz aus, den Umfang des Produktionsprozesses ständig zu vergrößern, also einen Zuwachs an Produktionsmitteln und Konsumgütern zu erzeugen über den Ersatz der verbrauchten hinaus.

Diese erweiterte Reproduktion im Unterschied zur einfachen Reproduktion (siehe Abbildung 13) erfolgt durch Akkumulation von Kapital, durch Investitionen zur Erweiterung oder Verbesserung der Produktionsanlagen und -abläufe. Finanziert wird die Akkumulation durch Rückverwandlung eines Teils des Mehrwerts in zusätzliches Kapital oder durch Kredit, der dann aus dem in den kommenden Perioden erzielten Mehrwert bedient wird. Hier ist dann von vornherein klar, dass das Kapital und sein Wachstum Resultat der Aneignung unbezahlter fremder Arbeit sind.

»Konkret betrachtet löst sich die Akkumulation auf in Reproduktion des Kapitals auf progressiver Stufenleiter. Der Kreislauf der einfachen Reproduktion verändert sich und verwandelt sich (...) in eine Spirale.« (Karl Marx: Das Kapital I, MEW 23, S. 607)

Der dem Kapital eigene Drang nach immerwährender Steigerung des Mehrwerts und der Produktivität wird im Konkurrenzkampf zum Zwang, dem sich die Unternehmen nur bei Strafe des Untergangs entziehen können. Die ständige Akkumulation von Kapital als zugleich Mittel und Zweck ist die entscheidende Triebkraft kapitalistischer Entwicklung.

Dabei bilden sich immer größere Unternehmen und Unternehmenszusammenschlüsse, es findet eine fortschreitende Konzentration und Zentralisation des Kapitals statt. Die den Kapitalismus kennzeichnende extreme Ungleichverteilung der Vermögen und insbesondere Produktivvermögen, Einkommen, Lebenschancen und Macht wird immer weiter fortgeschrieben und tendenziell verschärft.

»Akkumuliert, Akkumuliert! Das ist Moses und die Propheten! ›Die Industrie liefert das Material, welches die Sparsamkeit akkumuliert.‹ (Adam Smith) Also spart, spart, d.h., rückverwandelt möglichst großen Teil des Mehrwerts oder Mehrprodukts in Kapital! Akkumulation um der Akkumulation, Produk-

Abbildung 13: Der Akkumulationsprozeß des Kapitals

»Anwendung von Mehrwert als Kapital oder Rückverwandlung von Mehrwert in Kapital heißt Akkumulation des Kapitals.«
Karl Marx (Das Kapital I, MEW, Bd 23, S. 805)

Hauptmomente des Reproduktionsprozesses

Reproduktion der materiellen Güter
Reproduktion der Arbeitskraft
Reproduktion der Produktionsverhältnisse

Reproduktion des Kapitals

Einfache Reproduktion	**Erweiterte Reproduktion**
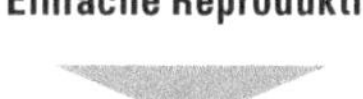	
Wiederholen des Reproduktionsprozesses auf gleichbleibender Stufenleiter	Der Produktionsprozess wiederholt sich auf erweiterter Stufenleiter
Es werden nur die verbrauchten Produktions- und Konsumtionsmittel ersetzt; der gesamte Mehrwert wird für den persönlichen Bedarf der Kapitalisten verwendet	Ein Teil des Mehrwerts wird akkumuliert, verwandelt sich also in Zusatzkapital. Der übrige Teil des Mehrwerts wird für den persönlichen Bedarf der Kapitalisten ausgegeben (Revenue).

Akkumulation des Kapitals

Die Kapitalisten erweitern die Produktion und damit ihre ökonomische Macht mit dem von den Arbeitern produzierten Mehrwert.

Faktoren, die den Umfang der Kapitalakkumulation bestimmen:

1. Die absolute Höhe des Mehrwerts, die wiederum abhängt
   - vom Grad der Ausbeutung der Arbeitskraft
   - vom Stand der Arbeitsproduktivität
   - von der absoluten Größe des vorgeschossenen variablen Kapitals
2. die proportionale Teilung des Mehrwerts in Kapital und Revenue
3. die Differenz zwischen angewandtem und konsumiertem Kapital

Quelle: Grafik orientiert an: Anschauungsmaterial Politische Ökonomie Kapitalismus, Berlin (DDR) 1981, S. 36

tion um der Produktion willen, in dieser Formel sprach die klassische Ökonomie den historischen Beruf der Bourgeoisperiode aus.« (Karl Marx: Das Kapital I, MEW 23, S. 621)

»... die Konkurrenz herrscht jedem individuellen Kapitalisten die immanenten Gesetze der kapitalistischen Produktionsweise als äußere Zwangsgesetze auf. Sie zwingt ihn, sein Kapital fortwährend auszudehnen, um es zu erhalten, und ausdehnen kann er es nur vermittelst progressiver Akkumulation.« (Karl Marx: Das Kapital I, MEW 23, S. 618)

Produktivkraftentwicklung und kapitalistische Landnahme

Der mächtigste Hebel der Akkumulation des Kapitals ist die fortwährende Steigerung der Produktivität der Arbeit durch Einsatz verbesserter Technik, also die Produktion des relativen Mehrwerts. Gelingt es einem Unternehmen, mit Hilfe fortgeschrittener Produktionsmethoden die Waren billiger als die Konkurrenz zu produzieren, also mit einem geringeren Arbeitsaufwand als es dem gesellschaftlichen Durchschnitt entspricht, kann er die Waren dennoch zu ihrem gesellschaftlichen Marktwert verkaufen, der durch diesen Durchschnitt bestimmt ist.

Der Kapitalist realisiert dann einen Extraprofit, der über den »normalen« Profit hinausgeht. Je mehr sich die moderneren Produktionsmethoden verallgemeinern, desto größer wird durch die Konkurrenz der Druck auch auf die übrigen Betriebe, ihre Produktion zu rationalisieren.

Dieser Mechanismus von Konkurrenz und Extraprofit ist die Ursache für die ständige Umwälzung der Produktionsmethoden und Weiterentwicklung der Produktivkräfte, die den Kapitalismus gegenüber allen früheren Produktionsweisen auszeichnet.

Die Akkumulation bzw. die erweiterte Reproduktion kann dadurch erfolgen, dass im Wesentlichen auf dem bisherigen Produktivkraftniveau zusätzliche Produktionsmittel und zusätzliche Arbeitskräfte eingesetzt werden. Dies wird extensiv erweiterte Reproduktion genannt. Typisch für die kapitalistische Produktion ist jedoch, dass Produktionsmittel und Technik qualitativ stetig verbessert werden, die Qualifikation der Arbeitskräfte, die Arbeitsintensität und die Produktivität der Arbeit steigen. Dann kann die Produktion wachsen und die Reproduktion erweitert werden, ohne dass die Zahl der Beschäftigten in gleichem Maße wächst. Solche so genannte intensiv erweiterte Reproduktion kann auch mit stagnierender oder sogar sinkender Beschäftigung verbunden sein.

Die kapitalistische Produktionsweise zeichnet sich durch eine grundsätzlich expansive Tendenz aus. Sie dringt in immer weitere Produktions- und Lebensbereiche ein und verdrängt mit ihrer höheren Produktivität nichtkapitalistische Produktion, konkurriert sie zugrunde.

Im Zuge des Akkumulationsprozesses sucht das Kapital nach immer neuen Märkten und Anlagefeldern. Diesen Prozess nennt man kapitalistische Landnahme. Sie bezieht sich zum einen auf die ökonomische Unterwerfung bisher nichtkapitalistischer Länder. Die kapitalistische Ökonomie breitet sich so auf den ganzen für sie zugänglichen Erdball aus und schafft einen Weltmarkt, nicht nur für Waren, sondern auch für Kapital. Rosa Luxemburg erklärte die Kolonisierung zuvor nichtkapitalistischer Räume in ihrem theoretischen Hauptwerk »Die Akkumulation des Kapitals« sogar zu einer Existenzbedingung der kapitalistischen Produktionsweise, weil anders eine Realisierung des Mehrwerts nicht möglich sei. Sie erkannte richtig den Expansionsdrang des Kapitals, aber nicht die Möglichkeiten der Realisierung eines auch wachsenden Mehrwerts durch die Nachfrage der Kapitalisten selbst und durch den Kredit. Zum anderen gibt es einen Prozess der inneren »Landnahme«, Vermarktlichung und »Durchkapitalisierung« in den Ländern, in denen kapitalistische Produktionsweise bereits etabliert und vorherrschend ist. Die nicht kapitalistisch organisierten Tätigkeiten und vorkapitalistische soziale Klassen wie kleine selbständige Handwerker oder Landwirte werden verdrängt oder sind gezwungen, ihre Produktion zunehmend kapitalistisch zu organisieren. Arbeiten, die bisher im privaten Haushalt verrichtet wurden, wie Kochen oder Pflege, werden durch kapitalistische Unternehmen angeboten oder durch kapitalistisch produzierte Waren ersetzt (Fertiggerichte, private Pflegedienste). Auch Produktionsbereiche und Tätigkeiten, die bisher staatlich oder durch öffentliche Betriebe organisiert wurden, können für das Kapital und damit die private Aneignung von Mehrwert erschlossen werden. Hier liegt auch die zentrale Ursache der Privatisierungsbestrebungen in allen Bereichen.

Widersprüche der kapitalistischen Produktion

Insgesamt wächst die Produktion in der Entwicklung der kapitalistischen Produktionsweise in gewaltiger Dimension an (siehe Abbildung 14) und gewinnt zunehmend gesellschaftlichen Charakter. Sie beruht auf fortschreitend differenzierter Arbeitsteilung und Kooperation und auf Austausch der Produkte immer spezialisierterer und auf höherem technologischem Produktivkraftniveau produzierender Wirtschaftszweige. Die gegenseitige Abhängigkeit der verschiedenen Produktionen und Regionen innerhalb eines Landes wie international nimmt immer weiter zu. Dieser zunehmenden objektiven Vergesellschaftung der Arbeit und Produktion steht gegenüber, dass Aneignung und Verfügung über die Produkte privat und ohne eine übergreifende gesellschaftliche Planung und Steuerung erfolgt.

Gesellschaftliche Produktion und private Aneignung – das wird als Grundwiderspruch der kapitalistischen Produktionsweise bezeichnet und ist mit periodischen und strukturellen Krisen, Ungleichgewichten und Konflikten – insbesondere dem zwischen Lohnarbeit und Kapital – verbunden.

Abbildung 14: Produktivität: Wirtschaftsleistung je Einwohner

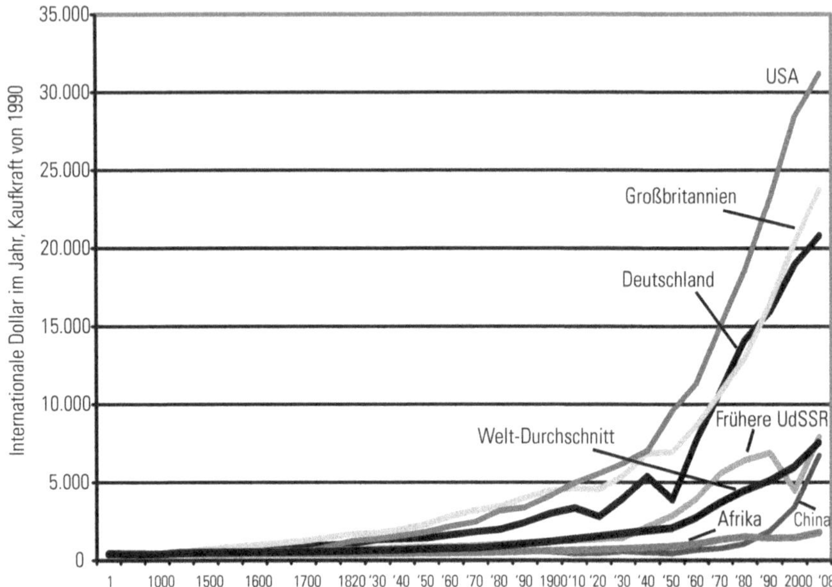

Nachdem sich die Produktivität der menschlichen Arbeit über Jahrtausende nur sehr langsam entwickelte, hat die kapitalistische Produktionsweise sie innerhalb von 150 Jahren mehr als verzehnfacht.

Quelle: Maddison Historical Statistics of the World Economy

Die menschlichen, sozialen und ökologischen »Nebenwirkungen« und Krisen spielen für die kapitalistische, also auf maximale Verwertung des eingesetzten Kapitals orientierte Steuerung des Reproduktionsprozesses keine Rolle. Sie werden »externalisiert«, also auf die betroffenen Individuen oder Organisationen, den Staat oder ggf. andere Nationen abgewälzt. Volkswirtschaftliche Kriterien und gesellschaftliche Bedürfnisse müssen gegenüber dieser Externalisierung durch gesellschaftlichen Zwang, durch Gewerkschaften oder den Staat, geltend gemacht werden. Aber auch deren Handlungsbedingungen sind davon geprägt, dass wirtschaftliches Wachstum in Form der Akkumulation von Kapital sich als Sachzwang darstellt, dessen Missachtung nicht steuerbare Krisenprozesse zur Folge hätte. Mehr dazu im Kapitel 6.1 zur ökologischen Krise.

»Die kapitalistische Produktion entwickelt daher nur die Technik und Kombination des gesellschaftlichen Produktionsprozesses, indem sie zugleich die Springquellen alles Reichtums untergräbt: die Erde und den Arbeiter.« (Karl Marx: Das Kapital I, MEW 23, S. 529f.)

4.2 Wertzusammensetzung und gesamtwirtschaftlicher Zusammenhang

Wir wollen uns nun den Bedingungen des kapitalistischen Reproduktionsprozesses genauer zuwenden, zunächst aus der Perspektive der einzelnen Kapitalisten, dann und vor allem dem gesamtwirtschaftlichen Kreislaufzusammenhang. Dabei müssen die Waren nicht nur stofflich, sondern auch wertmäßig reproduziert werden. Das schließt ein, dass für die verschiedenen Produkte eine entsprechende zahlungsfähige Nachfrage besteht. Oder marxistisch formuliert: dass durch den Verkauf der Ware eine Realisierung des produzierten Werts in Geld erfolgt.

Bestandteile des Warenwerts und Volkswirtschaftliche Gesamtrechnung
Am Beginn des Prozesses steht, dass der Kapitalist Geldkapital einsetzt und damit Produktionsmittel kauft. Der Wert des hierfür aufgewendeten Kapitals wird im Produktionsprozess erhalten, Marx nennt es daher konstantes Kapital (c). Dieses Kapital ist einerseits in Anlagen, also Bauten und Ausrüstungen, Maschinen, Fahrzeuge usw., investiert, die über eine Vielzahl von Produktionsperioden eingesetzt werden. Dieses Anlagekapital nennt Marx daher fixes konstantes Kapital (cf). Sein Wert wird anteilig über mehrere Jahre übertragen. Der Wertverlust des Anlagekapitals in einem bestimmten Zeitraum heißt Abschreibung. Ein anderer Teil des konstanten Kapitals wird für Rohstoffe und sonstige Vorprodukte benötigt, das so genannte zirkulierende konstante Kapital (cz). In den Bilanzen heißt das Aufwand für Material (Roh-, Hilfs- und Betriebsstoffe und für bezogene Waren) sowie für bezogene Leistungen, in der Volkswirtschaftlichen Statistik wird es als »Vorleistungen« bezeichnet.

Einen weiteren Teil des Kapitals muss der Kapitalist für Löhne und sonstigen Personalaufwand verwenden. Diesen Teil nennt Marx variables Kapital (v), weil die damit bezahlte Arbeitskraft nicht nur ihren eigenen Wert reproduziert, sondern auch Quelle von neu geschaffenem Mehrwert (m) ist.

Der Wert der kapitalistisch produzierten Waren setzt sich also zusammen aus dem Wertersatz für konstantes Kapital, dem für Löhne aufgewendeten variablen Kapital und dem Mehrwert und kann dargestellt werden in der Formel: $W = c + v + m$.

Dies gilt auch gesamtwirtschaftlich und spiegelt sich in den entsprechenden Größen der Volkswirtschaftlichen Gesamtrechnung (VGR) wider. Diese wird von den Statistischen Ämtern nach international einheitlichen und verbindlichen Regeln durchgeführt und stellt die zentrale Datenbasis für wirtschafts- und verteilungspolitische Analysen dar.[1]

[1] Die folgenden Ausführungen zu Kategorien der VGR und der Unternehmensrechnungen sind für Interessierte, die sich intensiver mit ökonomischen und wirt-

Die bekannteste Kennziffer der VGR ist das Bruttoinlandsprodukt (BIP), das den Wert der in einem Zeitraum im Inland produzierten Waren und Dienstleistungen in Form einer Geldsumme ausdrückt. Klar muss dabei sein, dass das BIP ein Maß für Wirtschaftsleistung und gesamtwirtschaftliche Einkommenserzeugung ist, aber nicht für Wohlstand oder Lebensqualität.

Der Wertschöpfungsbegriff der VGR hat faktisch Ähnlichkeiten mit der marxistischen Sicht. Wertschöpfung ist hier letztlich nichts anderes als die Produktion von Waren (einschließlich bezahlter Dienstleistungen) und damit gleichzeitig Entstehung von Einkommen durch Erwerbsarbeit. Vermögenszuwachs durch Empfang von Kapitalerträgen, Realisierung spekulativ oder sonst wie bedingter Wertsteigerungen von Vermögensgütern und Finanzanlagen aller Art betrachtet die VGR nicht als Wertschöpfung, sondern als Umverteilung und Aneignung anderswo produzierter Werte.

Der Wertschöpfungsbegriff der VGR ist allerdings weiter gefasst als bei Marx, bei dem er sich nur auf die Warenproduktion erstreckt. Der VGR-Begriff erfasst alle bezahlten Güter und Dienstleistungen, die in der Gesellschaft produziert werden. Auch Lohnarbeit im öffentlichen Dienst, in Organisationen ohne Erwerbszweck und in privaten Haushalten wird dabei als wertschöpfend betrachtet. Die VGR ist damit für wirtschaftspolitische Argumentationen, die eine Ausweitung der Beschäftigung – und damit in den VGR der Wertschöpfung – gerade auch in öffentlichen und gemeinnützigen Bereichen propagieren, sehr geeignet. Auch Schwarzarbeit und andere nicht registrierte Erwerbstätigkeit wird durch Schätzungen einbezogen. Nicht als wertschöp-

schaftspolitischen Fragen beschäftigen wollen. Weiterführende Informationen zur VGR und ihrer Methodik finden sich bei https://www.destatis.de/. Dabei muss die VGR wie jede Statistik mit Vorsicht und kritisch betrachtet werden. Sie ist ein »komplexes Datenprodukt«, dessen Werte entscheidend von ihrer Definition und Konstruktion und den verwendeten Datenquellen abhängen und bei Revisionen erheblich verändert werden. Dennoch spiegelt die VGR in differenzierter Weise Proportionen und Zusammenhänge der Gesamtökonomie wider. Auch die Ermittlung der Wertschöpfung ist in der VGR an mehreren Punkten problematisch, etwa im Kredit- und Versicherungsgewerbe oder bei Managementtätigkeiten oder anderen wirtschaftlichen Dienstleistungen für Unternehmen. Auch Einkommen aus Vermietung und Verpachtung werden als Wertschöpfung betrachtet, einschließlich unterstellter Mietwerte selbstgenutzter Wohnungen. Angemessener wäre es, um Wertschöpfungsanteile bereinigte Mieteinnahmen als Vermögenseinkommen zu verbuchen, also als Einkommensumverteilung, nicht als Wertschöpfung. Auch die Preisbereinigung wirft in vielen Bereichen Probleme auf oder ist fragwürdig. Dennoch können GewerkschafterInnen und Linke mit der VGR gut arbeiten und argumentieren.

fend betrachtet werden in der VGR – wie bei Marx – allerdings unbezahlte Arbeiten, ob im privaten Haushalt oder außerhalb.

Beim Verkauf der Waren wird ihr Wert in Geld realisiert. Das ist die Quelle der Einkommen, die mit der Produktion dieser Waren erwirtschaftet wurden und die wiederum dazu verwendet werden, die Waren anderer Produzenten zu kaufen. Das gilt auch gesamtwirtschaftlich.

Ausgangspunkt für die Berechnungen sind die Produktionswerte, die weitgehend den Warenwerten W entsprechen. Wenn davon der Wert der in der Produktion verbrauchten Vorleistungen (zirkulierendes konstantes Kapital cz) abgezogen wird, ergibt sich die Bruttowertschöpfung. Beim Staat einschließlich der Sozialversicherungen wird der Aufwand für Arbeitnehmerentgelte und Abschreibungen (Wertverlust des Anlagevermögens) addiert und als Maß für die Bruttowertschöpfung genommen.

Das Bruttoinlandsprodukt (BIP, siehe Abbildung 15) ergibt sich, wenn zu der so ermittelten Bruttowertschöpfung der Wirtschaftsbereiche (Abbildung 16) die vom Staat empfangenen Mehrwert- und Gütersteuern sowie Importabgaben addiert und die gezahlten Subventionen abgezogen werden. Dieser Saldo bildet die Primäreinkommen des Staates, weil sie vor der Verteilung der privaten Einkommen erhoben werden.

Wenn von der Bruttowertschöpfung die Arbeitnehmerentgelte (das sind die Löhne und Gehälter brutto einschließlich der so genannten Arbeitgeberbeiträge zu den Sozialversicherungen) abgezogen werden, ergibt sich der Bruttobetriebsüberschuss einschließlich Selbständigeneinkommen. Zieht man von der Bruttowertschöpfung die Abschreibungen (Wertverlust des Anlagevermögens/der Produktionsanlagen, des fixen konstanten Kapitals cf) ab, ergibt sich die Nettowertschöpfung: die Summe der produzierten Erwerbseinkommen der Unternehmen und privaten Haushalte. Diese verteilen sich auf Arbeitnehmerentgelte und den Nettobetriebsüberschuss einschließlich Selbständigeneinkommen.

Das Anlagevermögen, das abgeschrieben wird, setzt sich zusammen aus Bauten, Ausrüstungen (Maschinen, Fahrzeuge usw.) und sonstigen Anlagen, das sind Software und Datenbanken und andere Rechte an geistigem Eigentum. Neuerdings zählen dazu auch Aufwendungen für Forschung und Entwicklung.

Mehrwert und Einkommen in Statistik und Betriebswirtschaft

Der Nettobetriebsüberschuss entspricht abgesehen von den darin enthaltenen Arbeitseinkommen von Selbständigen in etwa dem produzierten Mehrwert. Daraus müssen die Kapitalisten zunächst Zinszahlungen für ihre Kreditgeber, Mieten und Pachten an die Grundeigentümer finanzieren. Auf der anderen Seite empfangen Unternehmen auch solche Zahlungen. Diese müssen addiert werden, um zum Unternehmensgewinn zu kommen. Davon sind

Abbildung 15: Entstehung, Verwendung und Verteilung des BIP 2013

Entstehung		=	Verwendung		=	Verteilung	
Bruttowertschöpfung	**2.525,6**		**Konsumausgaben**	**2.112,7**		**Volkseinkommen**	**2.099,9**
Land- und Forstwirtschaft, Fischerei	21,7		Private Konsumausgaben	1 571,5		Arbeitnehmerentgelt	1.428,3
Produzierendes Gewerbe ohne Baugewerbe	659,2		Konsumausgaben des Staates	541,2		Unternehmens- und Vermögenseinkommen	671,6
Baugewerbe	116,5					+	
Handel, Verkehr, Gastgewerbe	393,4		+			**Produktions- und Importabgaben an den Staat abzüglich Subventionen vom Staat**	**279,8**
Information und Kommunikation	118,0		**Bruttoinvestitionen**	**533,5**			
Finanz- und Versicherungsdienstleister	103,2		Bruttoanlageinvestitionen	555,8			
Grundstücks- und Wohnungswesen	281,3		Vorratsveränderungen	–22,3			
Unternehmensdienstleister	270,3					+	
Öffentliche Dienstleister, Erziehung, Gesundheit	458,4		+			**Abschreibungen**	**502,1**
Sonstige Dienstleister	103,8		**Außenbeitrag**	**163,3**			
			Exporte	1.280,1		–	
+			– Importe	1.116,9			
Gütersteuern abzüglich Gütersubventionen	**283,9**					**Saldo der Primäreinkommen aus der übrigen Welt**	**72,4**
			Bruttoinlandsprodukt 2.809,5				

Quelle: Statistisches Bundesamt: Volkswirtschaftliche Gesamtrechnungen, Wichtige Zusammenhänge im Überblick, November 2014, S. 9

dann Gewinnsteuern abzuführen. Der Gewinn nach Steuern verbleibt entweder im Unternehmen oder wird an die Eigentümer ausgeschüttet bzw. von ihnen entnommen.

In den Bilanzen bzw. Gewinn- und Verlustrechnungen (GuV) der Unternehmen entspricht der Bruttobetriebsüberschuss etwa dem EBITDA (earnings before interest, taxes, depreciation und amortisation, übersetzt: Gewinn vor Zinsen, Steuern und Abschreibungen). Dabei wird der EBITDA in der Regel deutlich niedriger ausgewiesen als der Überschuss in der VGR, weil andere Bewertungsverfahren angewendet werden und weil einige Positionen betriebswirtschaftlich als Aufwand verbucht werden (etwa Mieten und Pachten). Der Nettobetriebsüberschuss der VGR entspricht in etwa dem Betriebsergebnis oder operativen Ergebnis in der GuV, englisch EBIT (earnings before interest and taxes). Dazu kommt dann noch das Finanzergebnis (Erträge aus

Abbildung 16: Bruttowertschöpfung der Wirtschaftsbereiche 2012 in Deutschland, in Miliarden Euro

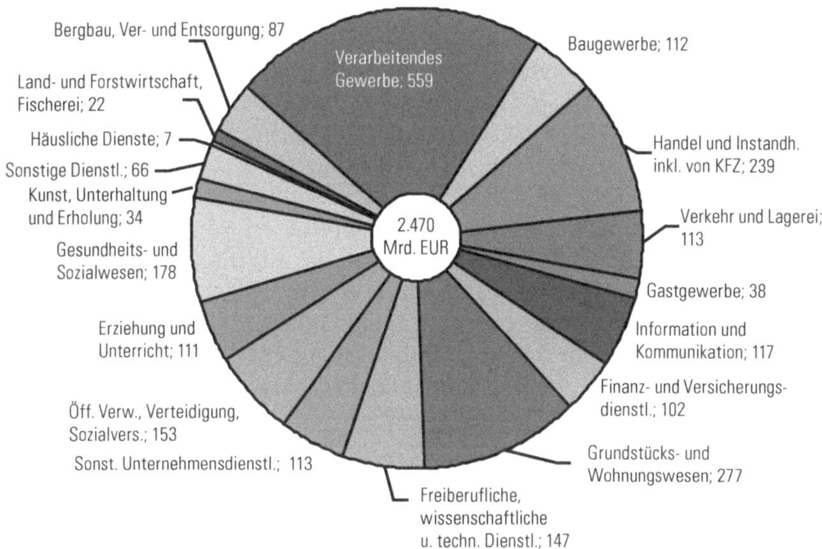

Nur noch knapp ein Viertel der inländischen Wertschöpfung (im Sinne der VGR) in Deutschland wird im Verarbeitenden Gewerbe, der Industrie im engeren Sinne, erbracht, etwa drei Viertel in den verschiedenen Dienstleistungssektoren.

Abbildung 17: Bruttonationaleinkommen Deutschlands 2013

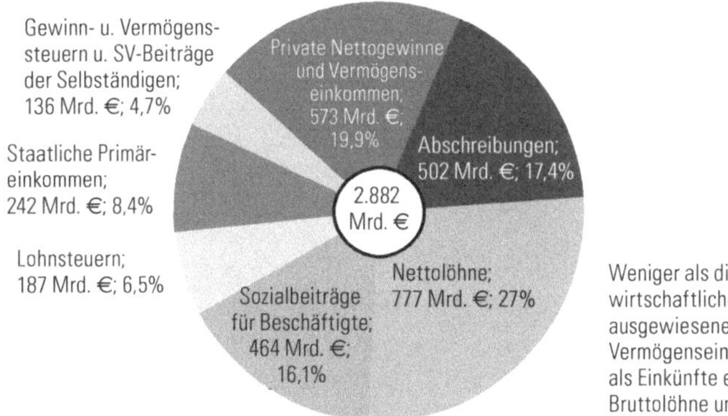

Weniger als die Hälfte der in der Volkswirtschaftlichen Gesamtrechnung ausgewiesenen Unternehmens- und Vermögenseinkommen werden steuerlich als Einkünfte erfasst, dagegen 95% der Bruttolöhne und -gehälter.

Das Bruttonationaleinkommen (frühere Bezeichnung: Bruttosozialprodukt) verteilt sich auf verschiedene Einkommenskategorien der Lohnabhängigen, des Staates und der Sozialversicherungen sowie der Selbständigen und Kapitalbesitzer.

Quelle (Abb. 16 und 17): Statistisches Bundesamt Sept. 2014, Volkswirtschaftliche Gesamtrechnung, eigene Berechnungen

Finanzanlagen minus geleistete Zinsen). Das resultierende Ergebnis (Bruttogewinn) abzüglich der Steuern ergibt das Jahresergebnis (Nettogewinn).[2]

Gesamtwirtschaftlich ergibt sich aus der Nettowertschöpfung, also der Summe der im Inland produzierten Einkommen (Arbeitnehmerentgelte/Löhne einerseits, Unternehmens- und Vermögenseinkommen andererseits), zuzüglich der per Saldo von Inländern aus dem Ausland empfangenen Erwerbseinkommen (Primäreinkommen) das Volkseinkommen. Der Anteil der Arbeitnehmerentgelte daran ist die schon in Kapitel 3.4 angesprochene Lohnquote. Zuzüglich der Primäreinkommen des Staates (Produktions- und Importabgaben abzüglich Subventionen) ergibt sich das Nettonationaleinkommen, daraus zuzüglich der Abschreibungen das Bruttonationaleinkommen (siehe Abbildung 17). Dieses wurde früher Bruttosozialprodukt genannt und gibt die Gesamtsumme aller Primäreinkommen an, die Inländern und Staat zufließen (einschließlich der Abschreibungen als Ersatz für den Wertverlust des Anlagevermögens) und aus denen die Ausgaben sowohl für Konsum wie für Investitionen letztlich finanziert werden.

Investitionen und Wachstum

Die Akkumulation von Kapital spiegelt sich in der VGR vor allem in den Nettoanlageinvestitionen der Unternehmen wider, also in den Aufwendungen für die Anschaffung neuer Produktionsanlagen (Bruttoanlageinvestitionen) abzüglich des Wertverlusts der vorhandenen Anlagen (Abschreibungen). Ein Teil des Betriebsüberschusses wird für den Konsum der Kapitalistenklasse verwendet, ein anderer Teil für Investitionen. Als Investitionen zählen hier nur realwirtschaftliche Investitionen in Sachanlagen sowie in geistiges Eigentum. Finanzinvestitionen, also Geldvermögensbildung, werden in der Finanzierungs- und Vermögensrechnung erfasst. Sie steigern die Summe aller Vermögensbestände nicht, sondern verteilen sie nur um.

Im gesamtwirtschaftlichen Kreislaufzusammenhang stimmen die Gesamtgrößen der produzierten Werte, ihrer Verteilung als Einkommen und ihrer Verwendung für (privaten oder staatlichen) Konsum, Investitionen und Export minus Import notwendig überein.

Die VGR stellt dies in ihren Kontensystemen dar. In der Erfassung der tatsächlich abgelaufenen Wirtschaftsprozesse, also ex post, gilt das definitionsgemäß immer. Das heißt, die nicht konsumierten Ersparnisse sind gleich groß wie die Investitionen. Doch die kapitalistische Wirtschaftsentwicklung ist geprägt von Ungleichgewichten und Krisenprozessen, mangelnder Nachfrage usw. Wie kann das sein, schlagen die sich in der Statistik überhaupt nicht nieder?

[2] Eine übersichtliche Internetseite zu betriebswirtschaftlichen Begriffen und Kennzahlen: www.welt-der-bwl.de/.

Dies ist nicht einfach zu verstehen. Der Knackpunkt ist der Unterschied zwischen dem, was die Beteiligten vorher – ex ante – geplant hatten, und dem, was hinterher – ex post – dabei herauskommt. Hier wird der kapitalistische Grundwiderspruch zwischen gesellschaftlicher Produktion und privater Aneignung wirksam.

Die Einzelnen und die Unternehmen entscheiden, wofür sie ihr Geld ausgeben, und die Unternehmen, was sie produzieren. Aber sie können nicht entscheiden, wie hoch ihre Einkommen und Gewinne sind.

Wenn die Unternehmen Waren produzieren, für die es keine hinreichende zahlungsfähige Nachfrage gibt, erzielen sie geringere Erlöse als geplant und machen vielleicht Verlust oder sogar Pleite. Die Produktion dieser Waren wird dann vermindert, Beschäftigte verlieren ihren Job und damit Einkommen. Das von niemandem so geplante Ergebnis, Produktion und Einkommen auf vermindertem Niveau, gestiegene Erwerbslosigkeit usw., zeigt dann die Statistik. Also zu geringe Ausgaben, die zur Realisierung der geplanten Produktion nicht ausreichen, führen zu geringeren Einkommen, sodass die Identität der Größen wieder hergestellt ist. Höhere Ausgaben und damit Nachfrage führt zu entsprechend höheren Einkommen. Von zentraler Bedeutung für die Wirtschaftsentwicklung und die Gewinne der Unternehmen sind dabei die Investitionen, und zwar die realwirtschaftlichen. Denn sie stellen die wesentliche Nachfragegröße für die Realisierung der Profite dar, abgesehen vom Privatkonsum der Kapitalisten und vom Exportüberschuss. Der polnische marxistische Ökonom Michal Kalecki, der wichtige Erkenntnisse von Keynes vorwegnahm, hat dies zugespitzt so ausgedrückt: »Die Kapitalisten verdienen, was sie ausgeben, und die Arbeiter geben aus, was sie verdienen.«

Wenn die Investitionen zu gering sind, weil die Kapitalisten große Teile ihrer Gewinne lieber in Finanzinvestitionen und ins Ausland stecken, dann führt die geschwächte Gesamtnachfrage zu sinkenden Gewinnen. Die Kapitalisten und ihre Vertreter versuchen dann, die Löhne zu drücken, um die Profite zu erhöhen. Doch das würde die Krise noch verschärfen (außer wenn dadurch stark steigende Exportüberschüsse erzielt werden, was aber zugleich Defizite anderer Länder erhöht und deshalb nie für alle funktionieren kann). Lohndrückerei vermindert zunächst die Nachfrage, dann auch die Investitionen, denn diese werden vor allem deshalb getätigt, um eine erwartete wachsende Nachfrage befriedigen zu können. Die Statistik zeigt durchaus Strukturen und Entwicklungen, die künftige Entwicklungen prägen und etwa zu solchen Krisenprozessen führen können. Es bedarf aber ökonomischer Theorie, um sie zu identifizieren und daraus die richtigen Schlüsse zu ziehen und Prognosen abzuleiten. Diese sind immer unsicher, weil niemand alle Faktoren kennen und das Verhalten der Individuen und der Unternehmen wirklich vorhersagen kann und immer vieles anders kommt als vermutet. Und es gibt unterschiedliche theoretische Ansätze und Differenzen in der Beurteilung der

Bedingungen und der Bedeutung einzelner Zusammenhänge, in denen sich wiederum auch unterschiedliche Interessenpositionen reflektieren.

Zentral ist immer die Frage, wie die notwendige Nachfrage für die Auslastung der Kapazitäten und eine wachsende Produktion gewährleistet werden kann. Dies ist einerseits abhängig von der Einkommensverteilung und -verwendung, andererseits von den Spielräumen, die der Kredit schafft.

Kredit ermöglicht den Kauf zusätzlicher Waren, setzt damit erhöhte Produktion in Gang und führt so zu höheren Einkommen, aus denen wiederum der Kredit bedient werden kann. Von besonderer Bedeutung ist Kredit zur Finanzierung von Investitionen in Produktionsanlagen oder auch in Wohnbauten. Niedrige Zinsen verbilligen dies und fördern daher das wirtschaftliche Wachstum. Dies funktioniert aber nur, wenn die Erwartung da ist, dass sich die Investition überhaupt lohnt, insbesondere dass die so erhöhte Produktion wiederum eine hinreichende zahlungsfähige Nachfrage finden wird. Auf der anderen Seite führt eine Einschränkung der Kredite und Verschuldung zu sinkender Nachfrage und wirtschaftlichen Schrumpfprozessen. Mehr dazu in den Kapiteln 4.5 über Krise, 6.2 über Finanzkrise und 6.3 über die Euro-Krise.

4.3 Produktionsfaktoren, Profitrate, Konkurrenz, Produktionspreis

Als Maß für die Ausbeutung der Arbeitskraft im Kapitalismus haben wir die Mehrwertrate kennengelernt. Doch der Kapitalist hat keinen Begriff davon, dass letztlich nur die lebendige Arbeit Wert und insbesondere den Mehrwert schafft. Ihm erscheinen alle Teile seines Kapitals gleichermaßen als Quelle überschüssigen Werts bzw. Profits. Er will wissen, wie hoch der Profit auf sein gesamtes eingesetztes Kapital ist.

Produktionsfaktoren, Kapital, Mystifikationen

Außerdem interessiert ihn weniger der gesamte produzierte Mehrwert als vielmehr der Teil davon, der bei ihm verbleibt, nachdem er Zinsen für Kredite und ggf. Pachtzahlungen an Grundeigentümer abgezogen hat. Dieser eigentliche Unternehmergewinn erscheint ihm – oder er stellt ihn zumindest ideologisch so dar – nicht bloß als Ertrag seines Kapitals, sondern seiner besonderen unternehmerischen Leistung, also eigentlich als besondere Form von Arbeitseinkommen. Marx hat die darauf beruhenden Mystifikationen unter Anspielung auf die christliche Dreifaltigkeitslehre als »trinitarische Formel« kritisiert. Die Theoretiker dieser Auffassung, die damit die klassische Arbeitswerttheorie verwarfen, bezeichnete er als »Vulgärökonomen«.

»Kapital – Profit (Unternehmergewinn plus Zins), Boden – Grundrente, Arbeit – Arbeitslohn, dies ist die trinitarische Form, die alle Geheimnisse des gesellschaftlichen Produktionsprozesses einbegreift. Da ferner (...) der Zins als das eigentliche, charakteristische Produkt des Kapitals und der Unternehmergewinn im Gegensatz dazu als vom Kapital unabhängiger Arbeitslohn erscheint, reduziert sich jene trinitarische Form näher auf diese: Kapital – Zins, Boden – Grundrente, Arbeit – Arbeitslohn, wo der Profit, die die kapitalistische Produktionsweise spezifisch charakterisierende Form des Mehrwerts, glücklich beseitigt ist. (...)

Kapital, Boden, Arbeit! Aber das Kapital ist kein Ding, sondern ein bestimmtes, gesellschaftliches, einer bestimmten historischen Gesellschaftsformation angehöriges Produktionsverhältnis, das sich an einem Ding darstellt und diesem Ding einen spezifischen gesellschaftlichen Charakter gibt. Das Kapital ist nicht die Summe der materiellen und produzierten Produktionsmittel. Das Kapital, das sind die in Kapital verwandelten Produktionsmittel, die an sich so wenig Kapital sind, wie Gold oder Silber an sich Geld ist. Es sind die von einem bestimmten Teil der Gesellschaft monopolisierten Produktionsmittel, die der lebendigen Arbeitskraft gegenüber verselbständigten Produkte und Betätigungsbedingungen eben dieser Arbeitskraft, die durch diesen Gegensatz im Kapital personifiziert werden.« (Karl Marx: Das Kapital III, MEW 25, S. 823f.)

»Kapital – Profit, oder noch besser Kapital – Zins, Boden – Grundrente, Arbeit – Arbeitslohn, in dieser ökonomischen Trinität als dem Zusammenhang der Bestandteile des Werts und des Reichtums überhaupt mit seinen Quellen ist die Mystifikation der kapitalistischen Produktionsweise, die Verdinglichung der gesellschaftlichen Verhältnisse, das unmittelbare Zusammenwachsen der stofflichen Produktionsverhältnisse mit ihrer geschichtlich-sozialen Bestimmtheit vollendet: die verzauberte, verkehrte und auf den Kopf gestellte Welt, wo Monsieur le Capital und Madame la Terre als soziale Charaktere und zugleich unmittelbar als bloße Dinge ihren Spuk treiben.« (Karl Marx: Das Kapital III, MEW 25, S. 838)

Die Lehre von den Produktionsfaktoren, die einfach nebeneinander als natürlich zusammengehörende Quellen von Wert betrachtet werden, ist auch heute noch vorherrschende Lehre. Höchstens wird der Boden mit unter das Kapital gefasst, als Sachvermögen. Oder es werden zusätzlich die Natur/Umwelt oder Energie oder Wissen bzw. Humankapital als gesonderte Produktionsfaktoren betrachtet. MarxistInnen wird vorgehalten, sie könnten doch wohl nicht ernsthaft die Bedeutung dieser Faktoren für die Wertschöpfung leugnen.

Niemand wird bestreiten, dass Boden, Gebäude, Maschinen usw. erforderlich sind für die Produktion der Waren als stoffliche Dinge oder konkrete Leistungen und Träger von Gebrauchswert. Aber das ist eine ganz andere Frage als die, ob sich daraus Ansprüche auf die Aneignung eines großen Teils des produzierten Werts ableiten lassen.

Das Argument der herrschenden Lehre beruht darauf, dass nicht begriffen wird, dass der Wert einen rein gesellschaftlichen Charakter hat. Zumal ja auch nicht der Boden oder das Kapital als solche, sondern ihre Eigentümer sich den Mehrwert aneignen. Ob diese für die Produktion wirklich erforderlich sind, kann dann schon bezweifelt werden.

Profitrate, Umschlag und Wertzusammensetzung des Kapitals

»Die Profitrate ist die treibende Macht in der kapitalistischen Produktion, und es wird nur produziert, was und soweit es mit Profit produziert werden kann.« (Karl Marx: Das Kapital III, MEW 25, S. 269)

Das entscheidende Maß für die Verwertung des eingesetzten Kapitals ist nicht die Mehrwertrate (m' = m/v), sondern die Profitrate, die den im Jahr angeeigneten Mehrwert auf das gesamte, im Jahr eingesetzte Kapital bezieht: p' = m/(C+V).

In der Formel p' = m/(C+V) bezeichnet m den in einem Jahr produzierten Mehrwert, C + V das insgesamt vorgeschossene konstante und variable Kapital. In der Profitrate ist der Entstehungsgrund des Profits bereits mystifiziert, denn die Bezugsgröße ist nicht mehr die lebendige Arbeit als alleinige Quelle des Mehrwerts, sondern der gesamte Kapitalvorschuss.

Die Großschreibung soll bedeuten, dass hier Bestandsgrößen gemeint sind, während die klein geschriebenen Zeichen Stromgrößen, in der Regel auf ein Jahr bezogen, bedeuten. C ist wegen des hohen Anteils des in Produktionsanlagen steckenden fixen Kapitals in der Regel erheblich größer als das jährlich verbrauchte und abgeschriebene konstante Kapital c, das in den Wert der produzierten Waren eingeht. Und V ist normalerweise erheblich kleiner als das im Jahr aufgewendete variable Kapital v, weil nicht die Lohnsumme fürs ganze Jahr vorgeschossen werden muss, sondern im Laufe des Jahres schon Verkaufserlöse erzielt werden, aus denen die Löhne gezahlt werden können. Das variable Kapital und das für Vorleistungen aufgewendete zirkulierende konstante Kapital schlagen sich mehrmals im Jahr um und werden deshalb zusammen zirkulierendes Kapital genannt. Das fixe konstante Kapital hat demgegenüber eine Umschlagszeit von mehreren Jahren, bei Gebäuden Jahrzehnten. Die Profitrate hängt also nicht nur von der Mehrwertrate ab. Je größer der Wert des vorgeschossenen konstanten Kapitals im Verhältnis zum variablen Kapital ist, je höher also die Aufwendungen für Produktionsmittel im Verhältnis zu denen für Arbeitskräfte sind, desto niedriger ist die Profitrate relativ zur Mehrwertrate. Dies zeigt folgende mathematisch äquivalente Umformung der Profitratenformel:

p' = m'/(C/V + 1)

Ist zum Beispiel m = 100, C = 300 und V = 100, dann beträgt die Mehrwertrate 100%, C/V = 300% und die Profitrate p' = 100/(300 + 100) = 25%. C/V nennt Marx die Wertzusammensetzung des Kapitals. Ist bei gleicher Mehrwertrate das vorgeschossene konstante Kapital höher, zum Beispiel 400, und damit C/V = 400%, dann beträgt die Profirate nur noch p' = 100/(400 + 100) = 20%.

m' ist hier die jährliche Mehrwertrate, also die Mehrwertrate, wie wir sie bisher als Verhältnis des im Jahr produzierten Mehrwerts zu den im gleichen Zeitraum gezahlten Lohneinkommen kennengelernt haben, multipliziert mit der Anzahl der jährlichen Umschläge des variablen Kapitals. Die jährliche Profitrate auf das vorgeschossene Kapital hängt auch davon ab, wie schnell der Umschlag des Kapitals erfolgt. Je schneller die Waren verkauft werden und die Erlöse zurückfließen, desto weniger Kapital muss vorgeschossen werden und desto höher ist die Profitrate. Das ist ein starker Antrieb für die Ausweitung der Betriebsnutzungszeiten und ständige Effektivierung und Beschleunigung der Betriebsabläufe, der Logistik und des Handels, aber auch des Rechnungswesens usw.

Jedes »tot« herumliegende, nicht genutzte Kapital, seien es Waren im Lager oder ungenutzte Maschinen, verursacht sinnlose Kosten und senkt die Profitrate. Das Kapital hat also ein großes Interesse an einem möglichst schnellen und effizienten Umschlag der Waren und des Kapitals insgesamt.

Nun sind die technischen Bedingungen der Produktion und damit die Wertzusammensetzung des Kapitals in den verschiedenen Wirtschaftsbereichen sehr unterschiedlich. In manchen Handwerks- oder Dienstleistungsbereichen, im Baugewerbe, entgegen verbreiteten Vermutungen auch in Industriebereichen wie dem Maschinenbau oder der Elektroindustrie, wird relativ zur Wertschöpfung weniger Kapital benötigt. In anderen Bereichen, vor allem dort, wo große Anlagen und Gebäude erforderlich sind wie in der Ver- und Entsorgung, im Bergbau, in der Telekommunikation, im Verkehr und in der modernen Landwirtschaft wird relativ zur Beschäftigtenzahl mehr Kapital benötigt.

Wenn man nun den Wert der Waren wie bisher als W = c + v + m bestimmt und für alle Bereiche einen ähnlichen gesellschaftlich bestimmten Ausbeutungsgrad der Arbeitskraft unterstellt, dann würde das dazu führen, dass in den verschiedenen Wirtschaftszweigen sehr unterschiedliche Profitraten aufträten. In den sehr kapitalintensiven Zweigen wäre die Profitrate erheblich niedriger als in den weniger kapitalintensiven. Auch höhere Mehrwertraten könnten dies in sehr kapitalintensiven Zweigen nicht ändern.

Ein Beispiel (der Einfachheit halber seien Umschlagszeiten von jeweils einem Jahr für C wie für V angenommen): In Branche A sei der Produktionswert W = 1000 c + 1000 v + 500 m = 2500; Profitrate p' = 500/2000 = 25%. In Branche B sei W = 1000 c + 100 v + 50 m = 1150; p' = 4,5%. Selbst wenn in Branche B die Mehrwertrate hypothetisch exorbitant hoch wäre, bliebe die Profitrate p' immer unter 15%, z.B. W = 1000 c + 1 v + 149 m; p' = 14,9%.

Konkurrenz, Durchschnittsprofit und Produktionspreis

Nun kommt die Konkurrenz ins Spiel. Sie führt einerseits dazu, dass sich ein einheitlicher Marktwert der gleichen Waren herausbildet, auch wenn sie in Betrieben mit unterschiedlichen Produktionsbedingungen hergestellt wurden. Der Wert bemisst sich an der zur Produktion gesellschaftlich durchschnittlich notwendigen Arbeitszeit, auch wenn die Produktivität in den Betrieben unterschiedlich ist. Betriebe, die eine erheblich unterdurchschnittliche Produktivität aufweisen, gehen letztlich unter. Die Konkurrenz wirkt aber im Kapitalismus auch über die Wirtschaftszweige hinweg. Das Kapital ist als Geldkapital – und diese Form nimmt es ja immer wieder an – beweglich, nicht für immer an einen bestimmten Wirtschaftszweig gebunden. Wir können solche Kapitalwanderungen gerade im modernen Kapitalismus ständig beobachten: Konzerne strukturieren sich um, schließen weniger rentable Fabriken, stoßen Geschäftsfelder ab (Outsourcing) oder bauen neue auf bzw. kaufen sich diese zusammen. Besonders »bindungslos« bewegt sich das Kapital, wenn es in großen global aktiven Fonds konzentriert ist, die ganze Unternehmen aufkaufen und wieder verkaufen, um ihren Profit zu maximieren.

Da die Kapitalisten nach möglichst hoher Profitrate streben, hätten die sehr unterschiedlichen Profitraten zur Folge, dass aus den weniger profitablen Zweigen Kapital abgezogen und in die höher profitablen investiert würde. Wegen des in der Folge höheren Warenangebots würde der Preis der Waren in diesen Sektoren sinken und der in den vorher unprofitableren Bereichen würde wegen des sinkenden Angebots steigen.

Im Ergebnis bildet sich als Folge von Konkurrenz und Kapitalbewegungen die Tendenz zu einer in allen Produktionszweigen gleichen Profitrate heraus, der allgemeinen oder Durchschnittsprofitrate. Diese ist im Kapitalismus maßgeblich für die Preisbestimmung.

Das bedeutet nicht, dass die Unternehmen tatsächlich ganz überwiegend Profitraten in der Nähe des Durchschnitts erzielen, sondern diese schwanken und streuen erheblich: von Unternehmen, die extrem hohe Profite erzielen, bis zu solchen, die etliche Jahre lang hohe Verluste machen. Auch zwischen den Branchen gibt es erhebliche Unterschiede. Die ständig ablaufenden Ausgleichungsprozesse dauern eben viele Jahre, wobei sich der Zeitfaktor maßgeblich durch die Größe und Abschreibungsdauer des fixen konstanten Kapitals ergibt.

Der Gleichgewichtspreis, der auf diese Weise neu bestimmt wird und um den die täglichen Marktpreise schwanken, ist jetzt nicht mehr der einfache als W = c +v +m bestimmte Wert der Waren, sondern ihr von Marx so genannter Produktionspreis. Dieser bestimmt sich so, dass auf das insgesamt eingesetzte Kapital die allgemeine Profitrate aufgeschlagen wird. Er weicht damit in Branchen mit einer höheren oder niedrigeren als der durchschnittlichen Zusammensetzung des Kapitals systematisch vom »einfachen« Wert ab. Der

Produktionspreis ist eine systematische Modifikation des Werts. Er ist also eigentlich kein Preis, die Bezeichnung ist insoweit etwas irreführend, denn die Preise können aufgrund von Angebot und Nachfrage auch davon wiederum abweichen. Dieser sozusagen kapitalistische Wert der Waren kommt zustande, weil die Waren Produkte des Kapitals sind und nicht einfacher WarenproduzentInnen, die an ihre besonderen Produktionen gebunden sind.

»Der Produktionspreis der Ware ist also gleich ihrem Kostpreis [c+v] plus dem, entsprechend der allgemeinen Profitrate, prozentig ihm zugesetzten Profit, also gleich dem Kostpreis plus dem Durchschnittsprofit.« (Karl Marx: Das Kapital III; MEW 25, S. 167)

Bei der empirischen Bestimmung der Entwicklung der Profitraten treten einige Probleme auf. Es gibt verschiedene betriebswirtschaftliche Begriffe und Berechnungsweisen von Profitraten oder Kapitalrenditen oder Rentabilität. Am ehesten kommt dem Marxschen Begriff der Profitrate nahe das Ergebnis auf das eingesetzte Kapital (auf Englisch ROCE: return on capital employed). Das ist das operative Betriebsergebnis (EBIT) dividiert durch das eingesetzte Kapital (langfristige Vermögenswerte, Eigenkapital plus langfristiges Fremdkapital). Oder auch die Gesamtkapitalrendite (auf Englisch ROI, return on investment) vor Steuern.[3]

Wichtig für die Eigentümer ist besonders die Eigenkapitalrendite, die das Jahresergebnis, den Gewinn, nur auf das Eigenkapital bezieht (ROE: Return on Equity). Wenn für das geliehene Fremdkapital geringere Zinsen gezahlt werden müssen als die Profitrate beträgt, was die Regel ist, steigt die Eigenkapitalrendite über die Profitrate. Ein Beispiel: Profit sei 200, eingesetztes Gesamtkapital 1000, Profitrate damit 20%. Die Hälfte des Kapitals, also 500, sei ein Kredit, für den 10% Zinsen gezahlt werden müssen, also 50. Der Gewinn ist dann noch 200 – 50 = 150. Die Eigenkapitalrendite beträgt dann 150 / 500 = 30%. Das ist der so genannte Kredithebel (Englisch: leverage), der bei allen Investitionen, auch Finanzinvestitionen, eine große Rolle spielt. Eine hohe Kreditfinanzierungsquote erhöht allerdings das Risiko enorm, denn die Zinsen müssen gezahlt werden, auch wenn nur geringer Profit oder Verlust erzielt wird. Das Eigenkapital kann dann schnell aufgezehrt sein, es bleiben Schulden, Insolvenz droht.

Auch wenn von der Volkswirtschaftlichen Gesamtrechnung ausgegangen wird, treten erhebliche Schwierigkeiten auf. Als Mehrwertgröße wird meist der Nettobetriebsüberschuss genommen. Es kann dann nicht auf das eingesetzte Gesamtkapital Bezug genommen werden, weil Daten in der VGR nur für das in Wirtschaftszweigen eingesetzte Anlagevermögen, also hauptsäch-

[3] Vgl. auch mit Berechnungsbeispielen: www.welt-der-bwl.de/Rentabilität. Statistiken und Links zu Unternehmensabschlüssen finden sich unter: www.bundesbank.de/Navigation/DE/Statistiken/Unternehmen_und_private_Haushalte/Unternehmensabschluesse/unternehmensabschluesse.html.

lich Sachkapital, vorliegen. Es gibt außerdem erhebliche Probleme mit der Bewertung dieses Anlagevermögens, die in der VGR auf besondere Weise erfolgt und in mehreren Varianten ausgewiesen wird, was zu erheblich unterschiedlichen Ergebnissen führt. Üblicherweise wird das Nettoanlagevermögen zu Wiederbeschaffungspreisen verwendet.

Die Profitrate der Unternehmen beträgt in Deutschland je nach Berechnungsweise und ökonomischer Situation meist zwischen zehn und fünfzehn Prozent. Die Eigenkapitalrendite liegt oft auch über zwanzig Prozent.

4.4 Der tendenzielle Fall der Profitrate

Wir haben gesehen, dass die kapitalistische Produktionsweise zu einer fortschreitenden Steigerung der Arbeitsproduktivität führt. Gleichzeitig versucht das Kapital, die Ausbeutung der Arbeitskräfte zu erhöhen und sich einen immer größeren Teil des neu geschaffenen Werts als Mehrwert bzw. Profit anzueignen. Danach wäre zu erwarten, dass auch die Profitrate tendenziell immer weiter steigt. Tatsächlich ist die Profitrate seit Beginn der kapitalistischen Entwicklung aber erheblich gesunken. Marx hat sogar ein »Gesetz des tendenziellen Falls der Durchschnittsprofitrate« formuliert. Wie passt das zusammen und wie kam Marx zu dieser Aussage?

Steigende organische Zusammensetzung des Kapitals und Profitratenfall
Die Steigerung der Produktivität durch fortschrittlichere Produktionsmethoden erfordert wachsende Aufwendungen insbesondere für einen immer weiter entwickelten Anlagenbestand. Der Umfang und der Wert der Produktionsmittel im Verhältnis zur Zahl der Beschäftigten steigt. Dies nennt Marx wachsende technische Zusammensetzung des Kapitals, ihr entspricht in der Statistik eine wachsende Kapitalintensität (Anlagevermögen dividiert durch die Zahl der Beschäftigten). Marx analysiert, dass dadurch auch das Wertverhältnis des eingesetzten konstanten gegenüber dem variablen Kapital, C/V steigt. Er nennt »die Wertzusammensetzung des Kapitals, insofern sie durch seine technische Zusammensetzung bestimmt wird und deren Änderungen widerspiegelt: die organische Zusammensetzung des Kapitals.« (Karl Marx: Das Kapital I, MEW 23, S. 640)

Das Wachstum der organischen Zusammensetzung im Verlauf der kapitalistischen Akkumulation hat nun ungewollte Folgen. Wie bereits in Kapitel 3 dargestellt, führt der Einsatz der aufwendigeren Anlagen bei den Pionieren der neuen Technik zunächst zu Extraprofiten: Sie können die mit neuer Technik billiger hergestellten Waren zum Marktpreis verkaufen, der noch durch die höheren Produktionskosten mit alter Technik bestimmt wird. Die Konkurrenz führt jedoch dazu, dass sich die neuen Produktionsmethoden allmählich in der gesamten Branche durchsetzen und die Waren dadurch relativ verbilligen.

Die Jagd nach Extraprofit ist zentraler Antrieb der fortwährenden Rationalisierung und Produktivkraftentwicklung, die die kapitalistische Produktionsweise auszeichnen. Doch wenn die Konkurrenz aufholt, verschwinden die Extraprofite, die Profitrate bewegt sich in Richtung Durchschnittsprofitrate.

Doch wie verändert sich diese? Dazu ein Zahlenbeispiel. Angenommen, zunächst wird gesellschaftlich in folgenden Proportionen produziert (zur Vereinfachung wird auch hier angenommen, dass die Umschlagsdauer sowohl des konstanten wie des variablen Kapitals ein Jahr beträgt):

W = 100 c + 100 v + 100 m = 300; Mehrwertrate m' = 100 m / 100 v = 100%, Profitrate p' = 100 m / (100 c + 100 v) = 50%.

Ein Kapitalist, der zunächst unter durchschnittlichen Bedingungen produzierte, rationalisiert seine Produktion. Er kann dann dieselbe Warenmenge mit weniger Arbeitskosten und daher trotz höherer Kosten für konstantes Kapital zu niedrigeren Gesamtkosten erzeugen. Da er die Waren weiter zum alten Preis verkaufen kann, erzielt er einen Extraprofit:

– vorher: W = 10 c + 10 v + 10 m = 30; p' = 10 m / (10 c+ 10 v) = 50%
– nachher: W = 12 c + 6 v + 12 m = 30; p' = 12 m / (12 c + 6 v) = 66,7%.

Die gleiche Warenmenge wird nun mit um 20% erhöhtem Kapitaleinsatz und um 40% verminderter Beschäftigtenzahl produziert, die Arbeitsproduktivität ist um 67% gestiegen. Das bedeutet zunächst geringere Gesamtkosten und damit einen höheren Profit. Gesetzt, die neuen technischen Bedingungen mit ihrer stark erhöhten organischen Zusammensetzung des Kapitals verallgemeinern sich in der gesamten Wirtschaft und der ArbeiterInnenklasse gelingt es, ihren Anteil an der Neuwertschöpfung zu halten. Die Mehrwertrate m' bleibt dann bei 100% (wodurch auch die organische Zusammensetzung im Endeffekt weniger gestiegen ist als bei den Pionieren). Dann ergibt sich gesamtwirtschaftlich eine gesunkene Profitrate durch den erhöhten Aufwand an konstantem Kapital:

W = 120 c + 90 v + 90 m = 300; p' = 90/210 = 42,9%.

Diese Zahlen würden bei gleicher Produktionsmenge und gleichem Preisniveau bedeuten, dass die Beschäftigung als Ergebnis der Rationalisierung um 40% gesunken und der Lohn der verbliebenen Beschäftigten um 50% gestiegen ist. Um die Beschäftigung zu halten, müsste die Produktion im Beispiel um 67% wachsen, dann wäre W = 200 c + 150 v + 150 m = 500.

Das mit dem technischen Fortschritt zunehmende ökonomische Gewicht des konstanten Kapitals, insbesondere des fixen Kapitals, also des Anlagenbestands, bewirkt eine langfristige Tendenz zum Fall der Profitrate.

Wenn es der ArbeiterInnenklasse gelingt, ihren Anteil am produzierten Neuwert zu halten, also die Mehrwertrate gleich bleibt, läuft eine steigende organische Zusammensetzung des Kapitals auf eine sinkende Profitrate hinaus. Die Steigerung des Profits einzelner Kapitale durch arbeitssparenden technischen Fortschritt führt somit letztlich auf gesellschaftlicher Ebene zu einem tendenziellen Sinken der durchschnittlichen Profitrate. Dieses »Gesetz des tendenziellen Falls der Durchschnittsprofitrate« hat große Bedeutung für den kapitalistischen Akkumulationsprozess, weil es direktes Resultat seiner eigenen Gesetzmäßigkeiten ist.

»Die progressive Tendenz der allgemeinen Profitrate zum Sinken ist also nur ein der kapitalistischen Produktionsweise eigentümlicher Ausdruck für die fortschreitende Entwicklung der gesellschaftlichen Produktivkraft der Arbeit.« (Karl Marx: Das Kapital III, MEW 25, S. 223)

Gegentendenzen zum Fall der Profitrate

Der Profitratenfall hat allerdings nur den Charakter einer Tendenz, dem durch eine Reihe von Faktoren entgegengewirkt wird. Die wichtigsten Gegentendenzen sind:

- Die Verbilligung der Elemente des konstanten Kapitals bremst das Ansteigen der organischen Zusammensetzung des Kapitals. Aufgrund der steigenden Produktivität der Arbeit drückt sich die gleiche Warenmenge in einem sinkenden Wert (das bedeutet wohlgemerkt nicht unbedingt sinkenden Preis) aus. Auch der Wert vieler Anlagen und Vorleistungen sinkt auf diese Weise. Die Wertzusammensetzung des Kapitals steigt dadurch wesentlich langsamer als der Umfang der eingesetzten Produktionsmittel je Beschäftigten.
  Bei besonders kapitalsparenden Innovationen kann die Zusammensetzung des Kapitals sogar eine Zeitlang sinken. Dies ist die wichtigste und immanente Gegentendenz. Ein statistischer Indikator ist die Entwicklung der » Kapitalproduktivität«en, das ist das Bruttoinlandsprodukt oder die Bruttowertschöpfung eines Sektors geteilt durch den Wert des Bruttoanlagevermögens.
- Die Erhöhung des Ausbeutungsgrads der Arbeit, also der Mehrwertrate, wirkt direkt positiv auf die Profitrate. Statistischer Indikator ist die Senkung der Lohnquote. Die Steigerung der Produktivität im Zuge der kapitalistischen Akkumulation erleichtert dies. Einerseits kann die Mehrwertrate dann steigen, auch wenn die Reallöhne der Beschäftigten konstant bleiben oder sogar steigen – nur eben langsamer als die Produktivität. Zum zweiten führt die Steigerung der Produktivität zu einer Freisetzung von Arbeitskräften und möglicherweise vermehrter Erwerbslosigkeit, und dies übt Druck auf die Löhne aus. Andererseits hat die Steigerung der Mehrwertrate auch Grenzen. Ein starker Anstieg führt zu verstärkten sozialen Konflikten und auch zu ökonomischen Krisenerscheinungen, weil mit den

Löhnen zugleich eine zentrale Quelle der gesamtwirtschaftlichen Nachfrage beschränkt wird.

- Der auswärtige Handel und Direktinvestitionen in Produktionsanlagen oder Beteiligungen im Ausland können in mehrfacher Weise zur Erhöhung der Profitraten der Unternehmen beitragen. Sie ermöglichen die billigere Beschaffung von Vorleistungsgütern und heutzutage mit den weltweiten elektronischen Informations- und Kommunikationstechniken auch Dienstleistungen und sie ermöglichen ggf. die Erzielung überdurchschnittlicher Profite im Exportgeschäft. Auch gesamtwirtschaftlich erhöhen Exportüberschüsse die Profitquoten am Volkseinkommen und die durchschnittlichen Profitraten der Industrie.
  Hinzu kommen überproportionale Profite, die transnationale Konzerne mit ihren Tochterunternehmen und anderen Direktinvestitionen in anderen Ländern, insbesondere in stark wachsenden aufstrebenden Ländern wie etwa China, erzielen und die dem Mutterkonzern zufließen. Beides, Exportüberschüsse und Gewinntransfer, hat besonders für die deutsche Industrie traditionell und verstärkt seit der Europäischen Währungsunion eine wesentliche Bedeutung. Allerdings werden in den Ländern mit den spiegelbildlichen Außenhandelsdefiziten und da, wo die Profite von ausländischen Konzernen herausgezogen werden, die Einkommen und Profite entsprechend gesenkt.
- Durch Aktiengesellschaften, die den Aktionären nur eine unter der allgemeinen Profitrate liegende Dividende zahlen, wird die Wirkung einer sinkenden Profitrate für die Unternehmen gemildert. Die gleiche Wirkung, allerdings mit höherem Risiko, hat die Kreditfinanzierung von Investitionen.
- Außerdem werden heutzutage Infrastrukturen und industrielle Unternehmungen, die mit einem besonders hohen Kapitalvorschuss verbunden sind, oft vom Staat oder mit Hilfe von staatlichen Subventionen finanziert, sodass diese Aufwendungen nicht auf die allgemeine Profitrate drücken. Für die einzelnen Kapitale ist zudem die Profitrate nach Steuern entscheidend, sodass die Unternehmen ständig versuchen, unter Ausnutzung aller möglichen Tricks ihre Steuerzahlungen zu minimieren. Die kapitalistische Klasse macht ständig politischen Druck, die Unternehmens- und Kapitalbesteuerung zu verringern.

Entgegenwirkende Entwicklungen können dazu führen, dass der tendenzielle Fall der Profitrate über längere Zeiträume aufgehalten oder sogar umgekehrt wird. Die reale Entwicklung der Profitrate ist daher unbestimmt und nur empirisch zu ermitteln.

Reale Profitratenentwicklung und Schranken der kapitalistischen Produktion

Es ist auch unter MarxistInnen durchaus umstritten, welche Relevanz und Gültigkeit das »Gesetz« des tendenziellen Falls der Profitrate hat. Manche sehen es als Ursache für immer mehr sich vertiefende Krisen, andere halten es für überbewertet oder falsch. Klar ist, dass es sich um eine längerfristig seine Wirkung entfaltende Tendenz handelt. Der Konjunkturzyklus und die kurzfristigen Veränderungen der Profitrate sind durch periodische Schwankungen der Investitionen, der Kapazitätsauslastung, der Preise und der Löhne bestimmt (siehe Kapitel 4.5).

Ob und in welchem Umfang die Tendenz zum Profitratenfall sich in einem konkreten historischen Zeitraum durchsetzt, hängt von der realen technischen und wertmäßigen Entwicklung und den Kräfteverhältnissen zwischen Lohnarbeit und Kapital ab und kann nur empirisch beantwortet werden.[4]

Unter »normalen« Akkumulationsbedingungen, also ohne große Entwertungen fixen Kapitals durch Krisen oder technische Umwälzungen und ohne große Verschiebungen der Kräfteverhältnisse, wird die Profitrate eine Tendenz zum Sinken aufweisen. Dies kann vom Kapital durchaus längere Zeit »ausgehalten« werden, weil die sinkende Rate verbunden sein kann mit wachsender Masse des Profits und beschleunigter Akkumulation des Kapitals (siehe Abbildung 18).

In der Entwicklung der Bundesrepublik Deutschland (siehe Abbildung 19) und der meisten anderen kapitalistischen Länder ist das bis Mitte der 1970er Jahre so gewesen. Die weltweite Krise Mitte der 1970er Jahre hat einen Bruch in der Entwicklung eingeleitet, der eng verbunden ist mit der Durchsetzung des Neoliberalismus und einer fortschreitenden Schwächung der Gewerkschaften vor dem Hintergrund steigender und anhaltender Massenerwerbslosigkeit. Zugleich entwickelten sich kapitalsparende neue Techniken und beschleunigten neue Organisationsformen der Produktion den Umschlag des Kapitals.

---

[4] Dazu gibt es eine breite englischsprachige internationale theoretische und empirische Diskussion. Man kann sie gut nachvollziehen, wenn man in der Literaturdatenbank zur Politischen Ökonomie www.pol-oek.de/start.fau?prj=PolOekLit mit dem Deskriptor down »Profitrate/Durchschnittsprofitrate/Tendenzieller Fall der Profitrate« sucht. Aktuelle Diskussionsbeiträge finden sich in Michael Roberts Blog und den dort verlinkten Blogs: http://thenextrecession.wordpress.com/ Den aktuellsten historischen Gesamtüberblick liefert Esteban Ezequiel Maito: The historical transience of capital: the downward trend in the rate of profit since XIX century, wobei die Angaben für historische Profitraten schwache Datengrundlagen haben und für das 19. Jahrhundert wohl deutlich überschätzt sind: http://mpra.ub.uni-muenchen.de/55894/1/MPRA_paper_55894.pdf

Abbildung 18: Profitraten in den USA 1946-2014

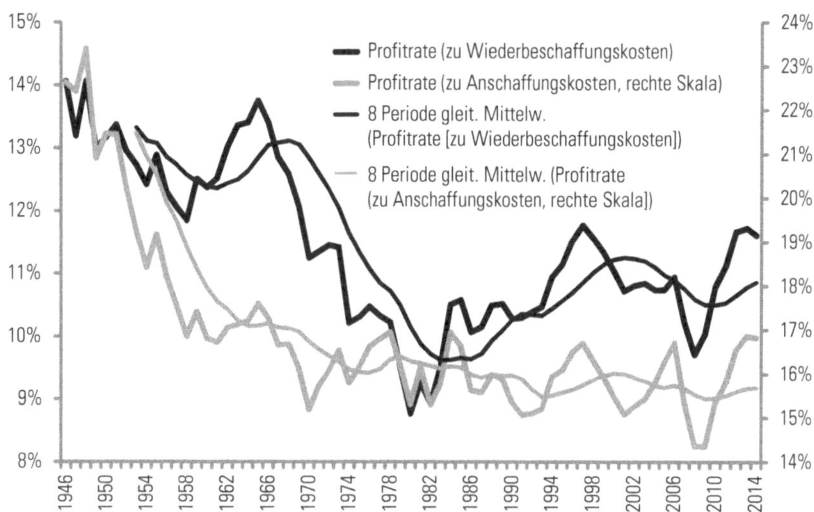

Quelle: US Bureau of Economic Analysis, Berechnungen: Michael Roberts, 2015. https://thenextrecession.wordpress.com

Abbildung 19: Profitraten (hier: Sachkapitalrenditen) in Deutschland
Nettobetriebsüberschuss dividiert durch Nettoanlagevermögen zu Wiederbeschaffungspreisen

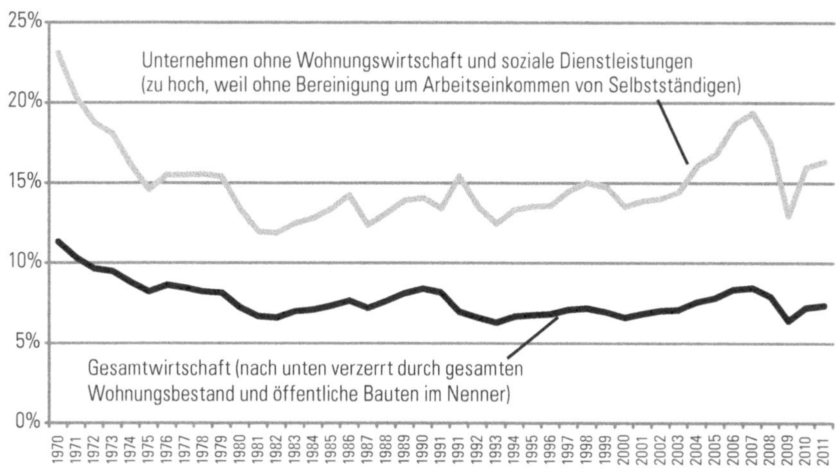

In der Bundesrepublik Deutschland sank die Profitrate bis zur Krise Mitte der 1970er Jahre deutlich und stabilisierte sich dann. Seit den 1980er Jahren ist eine Stabilisierung und ein leichter Anstieg zu erkennen.

Quelle: Volkswirtschaftliche Gesamtrechnung 2013, bis 1990 Westdeutschland, eigene Berechnungen Ralf Krämer

Seit den 1980er Jahren ist der Fall der Profitrate durch Verlangsamung des Anstiegs der organischen Zusammensetzung und Steigerung der Ausbeutungsrate bzw. Senkung der Lohnquote aufgehalten worden.

Spätestens seit Mitte der 1990er und vor allem in den 2000er Jahren ist die Profitrate bis 2007, vor Beginn der weltweiten Finanz- und Wirtschaftskrise, wieder gestiegen, weil durch neue Informations- und Kommunikationstechniken die Kapitalzusammensetzung gesenkt und zugleich die Mehrwertrate weiter erhöht wurde. Allerdings führte das keineswegs zu einer Beschleunigung des wirtschaftlichen Wachstums. Durch die Umverteilung zu Lasten der Löhne und Sozialeinkommen und den so verschärften Nachfragemangel wurde das Wachstum geschwächt.

Die Schranken der kapitalistischen Entwicklung liegen darin, dass der gesellschaftliche Reichtum nur dann und insoweit entwickelt wird, wie damit privater Profit zu erzielen ist.

Marx analysiert ausführlich die »Entfaltung der inneren Widersprüche des Gesetzes«. Er kommt zu folgendem Schluss:

»Die wahre Schranke der kapitalistischen Produktion ist das Kapital selbst, ist dies: daß das Kapital und seine Selbstverwertung als Ausgangspunkt und Endpunkt, als Motiv und Zweck der Produktion erscheint; daß die Produktion nur Produktion für das Kapital ist und nicht umgekehrt die Produktionsmittel bloße Mittel für eine stets sich erweiternde Gestaltung des Lebensprozesses für die Gesellschaft der Produzenten sind. (...) Das Mittel – unbedingte Entwicklung der gesellschaftlichen Produktivkräfte – gerät in fortwährenden Konflikt mit dem beschränkten Zweck, der Verwertung des vorhandnen Kapitals.« (Karl Marx: Das Kapital III, MEW 25, S. 260)

Die Widersprüche der kapitalistischen Akkumulation führen allerdings nicht etwa zum Zusammenbruch des Kapitalismus, sondern zu Krisenprozessen, in denen die Bedingungen und Widersprüche der kapitalistischen Produktion auf neuem Niveau reproduziert werden.[5]

4.5 Überproduktion und Krisen

Dass die kapitalistische Produktionsweise immer wieder von Krisen erschüttert wird, ist offensichtlich. Eine sehr heftige Krise von weltweitem Ausmaß haben wir zuletzt 2008/2009 ausgehend vom Platzen der US-Immobilienblase erlebt. Weite Teile Europas stecken immer noch tief in der darauf fol-

[5] Einen Überblick über linke Theorien und die reale Entwicklung gibt Jürgen Leibinger: Die Akkumulation des Kapitals: Vor dem finalen Crash? www.rosalux.de/fileadmin/rls_uploads/pdfs/sonst_publikationen/Die_Akkumulation.pdf

gende Krise des Euro-Raums. Die Frage lautet: Was sind die Ursachen dieser Krisen? Die Antworten darauf sind umstritten.

Neoliberale und das Saysche Theorem

Neoliberale und andere Freunde des Kapitalismus gehen davon aus, dass die Konkurrenz automatisch zu einem Ausgleich von Angebot und Nachfrage auf allen Märkten führt: auf den Warenmärkten, den »Arbeitsmärkten«, den Geld- und Kapitalmärkten, den Devisenmärkten. Es könne vorübergehende Schwankungen geben, aber eigentlich keine allgemeinen Krisen.

Gesamtwirtschaftliche Krisen können aus neoliberaler Sicht nur dadurch entstehen, dass Marktprozesse gestört werden. Vor allem zwei potenzielle Störer und Krisenverursacher gibt es in dieser Sicht: den Staat und die Gewerkschaften.

Sie behindern den Wettbewerb und die Freiheit der Marktsubjekte, indem sie alles Mögliche regulieren und damit den vermeintlich optimalen Einsatz der Ressourcen, marktgerechte Verteilung und Löhne und die allgemeine Harmonie und Stabilität der Marktordnung verhindern.

Die Neoliberalen und VertreterInnen »angebotsorientierter Wirtschaftspolitik« berufen sich mit ihren Auffassungen auf die »neoklassische Ökonomie«, die sich heute in verschiedenen Ausprägungen zeigt. Schon Marx kritisierte ihre frühen Formen als »Vulgärökonomie«, die ohne Interesse an tiefergehender gesellschaftskritischer Analyse der Rechtfertigung der kapitalistischen Ordnung diene. »Angebotsorientiert« bedeutet, dass das Augenmerk auf die Angebotsbedingungen, marxistisch gesprochen auf die Produktionsbedingungen des Profits, gerichtet wird. Sie sollen verbessert und damit die Wettbewerbsfähigkeit der Unternehmen gesteigert werden. Konkret heißt das Senkung der Lohn- und anderer Kosten und Abbau von Regulierungen, um die Profite zu steigern. Nachfragemangel als allgemeine Krisenursache wird geleugnet. Eine zentrale Rolle spielt dabei das »Saysche Theorem« (nach dem französischen Ökonomen Jean Baptiste Say Anfang des 19. Jahrhunderts). Dieser Lehrsatz behauptet, dass jedes volkswirtschaftliche Angebot seine eigene Nachfrage selbst schafft, da mit der Herstellung von Gütern gleichzeitig das Geld verdient wird, um diese Güter zu kaufen. Dies wurde schon von Marx kritisiert als »kindisches Geschwätz eines Say« (Theorien über den Mehrwert II, MEW 26.2, S. 503). Später hat John Maynard Keynes sich ausführlich der Kritik dieser Auffassung gewidmet.

»Ein Maß dafür, wie schwierig es für Keynes war, sich selbst vom Say'schen Gesetz zu lösen, ist, dass bis zum heutigen Tage einige Leute bestreiten, was Keynes erkannte – dass das ›Gesetz‹ im besten Fall eine nutzlose Tautologie ist, wenn die Einzelnen die Wahl haben, lieber Geld anzuhäufen statt reale Güter und Dienstleistungen zu erwerben.« (Paul Krugman: Einleitung zu J.M. Keynes: Allgemeine Theorie der Beschäftigung, des Zinses und des Geldes)

Immanente Krisenhaftigkeit der kapitalistischen Produktionsweise

In kapitalistischen Krisen finden produzierte Waren keine KäuferInnen oder nur zu Preisen, die nicht mehr die erwarteten Profite oder gar Verluste realisieren. Die Produktion wird daher vermindert, Produktionskapazitäten liegen ungenutzt brach oder werden sogar vernichtet und dauerhaft außer Funktion gesetzt. Es handelt sich um allgemeine, gesamtwirtschaftliche Krisen, sie betreffen nicht nur bestimmte eingegrenzte Wirtschaftsbereiche. Dies führt dann zu den typisch kapitalistischen Krisenerscheinungen von massenhaften Pleiten, Erwerbslosigkeit, Kurzarbeit usw.

In anderen Produktionsweisen auftretende Krisen drücken sich zumeist im Mangel an bestimmten notwendigen Produkten aus. Kapitalistische Krisen sind dagegen gesamtwirtschaftliche Überproduktionskrisen.

»Das Wort Überproduktion führt an sich in die Irre. Solange die dringendsten Bedürfnisse eines großen Teils der Gesellschaft nicht befriedigt sind oder nur seine unmittelbarsten Bedürfnisse, kann natürlich von einer Überproduktion von Produkten – in dem Sinn, dass die Masse der Produkte überflüssig wäre im Verhältnis zu den Bedürfnissen für sie – absolut nicht die Rede sein. Es muss umgekehrt gesagt werden, dass auf Grundlage der kapitalistischen Produktion in diesem Sinn beständig unterproduziert wird. Die Schranke der Produktion ist der Profit der Kapitalisten...« (Karl Marx: Theorien über den Mehrwert II, MEW 26.2, S. 528)

Die allgemeine Möglichkeit kapitalistischer Überproduktionskrisen resultiert aus dem Auseinanderfallen von Verkauf und Kauf in einer Geldwirtschaft. Wer Geld hat, ist keineswegs gezwungen, es sofort zum Kauf von Waren zu verwenden.

Wer Geld hat, kann es auch horten mit dem Ergebnis, dass die kaufbereite Nachfrage geringer ist als das Angebot. Wenn er es auf die Bank bringt, ist keineswegs gewährleistet, dass sich Kreditnehmer finden, die es nachfragewirksam verwenden.

Kredit macht es einerseits möglich, die Nachfrage über den gegebenen Umfang der Einkommen hinaus zu steigern und so Wachstumsprozesse in Gang zu setzen. Andererseits kann er Krisenprozesse enorm verschärfen. Ein Abbau der Kreditvergabe und der Verschuldung vermindert die effektive Nachfrage und bremst Wachstum aus.

Wenn viele Kredite krisenbedingt nicht mehr bedient werden, geraten auch die Kreditgeber in die Klemme und können wieder andere mit sich reißen. Es entsteht allgemeine Unsicherheit und die Bereitschaft, Kredite zu vergeben und aufzunehmen, sinkt rapide. Das kann den Nachfragemangel und die Krise enorm verschärfen. Das gilt erst recht, wenn auch Finanzspekulation auf Kredit betrieben und damit das Risiko von allgemeinen Finanz- und Bankenkrisen massiv erhöht wird.

Im Kapitalismus sind Krisen nicht nur möglich, sondern treten notwendig und regelmäßig immer wieder auf. Die Gesetzmäßigkeiten der kapitalistischen Akkumulation selbst erzeugen immer wieder einen Widerspruch zwischen Produktion und Nachfrage.

Der Widerspruch besteht zwischen den Bedingungen möglichst kostengünstiger Produktion des Profits einerseits und den Bedingungen der Realisierung dieses Profits durch Verkauf der produzierten Waren andererseits. Die Produktionsmöglichkeiten wachsen schneller als die Nachfrage, weil die Methoden zur Steigerung der Produktion von Mehrwert durch Senkung der Lohnkosten zugleich das zu Konsumzwecken verwendbare Einkommen der Bevölkerung beschränken. Die konkreten Anlässe und Ausgangspunkte des Ausbruchs von Krisen können dabei sehr unterschiedlich sein.

Konjunktur und Krisenzyklus

Prägend für den Konjunkturzyklus sind die Investitionen der Unternehmen insbesondere in neue Maschinen und andere Ausrüstungen (cf), die im typischen kapitalistischen Konjunktur- und Krisenzyklus die stärksten Schwankungen aufweisen.

Der Kern der kapitalistischen Krisenhaftigkeit liegt im privatwirtschaftlichen Sektor, insbesondere in der industriellen Warenproduktion. Die Schwankungen der Konjunktur verlaufen dabei im Kern zyklisch, also in verschiedenen sich periodisch wiederholenden Phasen.

Im Aufschwung steigen mit der Produktion auch die Beschäftigung und die Nachfrage. Trotz steigender Löhne bleibt die Entwicklung der Massenkaufkraft hinter dem Aufbau neuer Produktionskapazitäten zurück. Dies kann zunächst dadurch mehr als kompensiert werden, dass die Kapitalisten ihre Akkumulation beschleunigen und verstärkt in neue Anlagen investieren und so die Nachfrage nach Investitionsgütern entsprechend steigern. Dies wird »selbsttragender Aufschwung« genannt, die Akkumulation schafft selbst ihre Nachfrage. Letztlich aber erfordert die rasche Akkumulation doch eine in gewisser Proportionalität sich entwickelnde Nachfrage nach Konsumgütern. Nach einiger Zeit werden die angeschafften neuen Anlagen kapazitätswirksam und der Bedarf an weiteren Investitionen lässt nach. Dann treffen ein gewachsenes Produktionspotenzial und eine gestiegene Produktion auf eine relativ dahinter zurückgebliebene Gesamtnachfrage. In der Folge treten Absatzschwierigkeiten auf, wachsen die Lagerbestände (unfreiwillige »Vorratsinvestitionen«), geraten die Preise unter Druck und beginnen die Profite zu sinken.

Die Krise beginnt und wie im Aufschwung setzen auch hier selbstverstärkende Effekte ein. Die Kapitalisten reagieren mit Produktionseinschränkungen und geringerer Nachfrage nach Produktionsmitteln. Die Investitionen wer-

Abbildung 20: Konjukturzyklen in Deutschland
Reales Wirtschaftswachstum und Ausrüstungsinvestitionen

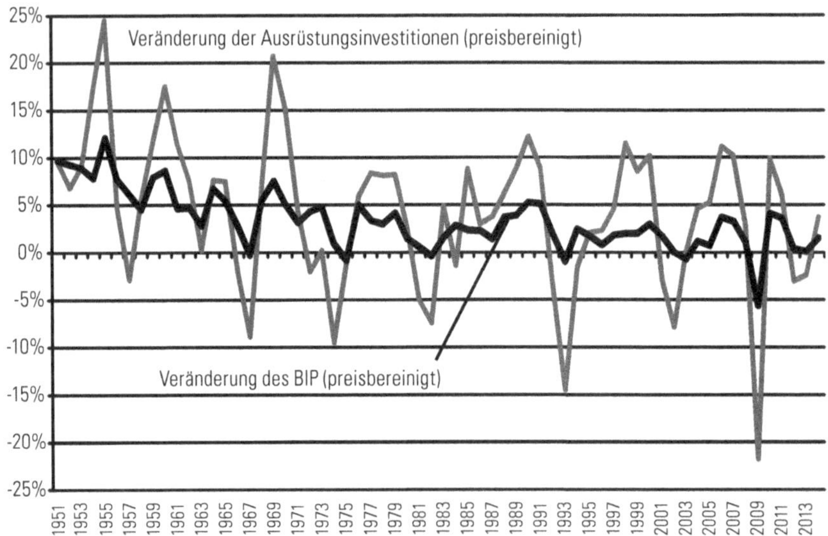

Die Konjunkturentwicklung ist von der weit überproportionalen zyklischen Schwankung der Investitionen der Unternehmen in neue Ausrüstungen geprägt.

Quelle: Volkswirtschaftliche Gesamtrechnung, Januar 2015, bis 1991 BRD

den erheblich reduziert, was die einsetzende Krise wiederum verschärft. Arbeitskräfte werden in die Erwerbslosigkeit entlassen, Betriebe werden dichtgemacht. Dadurch sinkende Massenkaufkraft verstärkt die Krise. Die Phase des konjunkturellen Abschwungs, einen Rückgang der Wirtschaftsleistung über mindestens zwei Quartale, nennt man auch Rezession, eine lang anhaltende Krisen- und Stagnationsphase Depression (siehe Abbildung 20). Wichtig ist dabei, dass nicht etwa zu stark gestiegene Löhne und deshalb gesunkene Gewinne der Grund der Investitionsschwäche und der Krise sind (»profit squeeze«). Sondern zyklische Überakkumulation bzw. relativ zurückbleibende Nachfrage führen in die Krise, die dann Gewinne und Investitionen einbrechen lässt. Es ist zu viel Kapital produziert und angelegt worden, als sich unter den gegebenen Bedingungen hinreichend profitabel verwerten kann.

Die Überproduktion von Waren ist Folge der Überproduktion von Kapital, also der Überakkumulation von Kapital. Der Profit ist jetzt gleichzeitig zu niedrig, um eine weiter beschleunigte Akkumulation anzureizen, und zu hoch, um eine kontinuierliche Realisierung der Warenwerte durch entsprechende Massenkaufkraft zu ermöglichen.

»Der letzte Grund aller wirklichen Krisen bleibt immer die Armut und Konsumtionsbeschränkung der Massen gegenüber dem Trieb der kapitalistischen Produktion, die Produktivkräfte so zu entwickeln, also ob nur die absolute Konsumtionsfähigkeit der Gesellschaft ihre Grenze bilde.« (Karl Marx: Das Kapital III, MEW 25, S. 501)

Der dadurch bestimmte Zyklus hatte zu Marx' Zeiten eine Dauer von gut zehn Jahren, heute beträgt er meist acht bis zehn Jahre. Die letzten Krisen waren in Deutschland 1966/67, 1974/75 als weltweite Krise nach der so genannten Ersten Ölkrise, 1981/82, 1992/93 verspätet wegen des Vereinigungsbooms, 2001/02 nach dem Platzen der New Economy-Blase, 2008/09 nach dem Platzen der US-Immobilienblase und davon ausgehender weltweiter Finanzkrise. Dabei verläuft der Investitionszyklus nicht gleichförmig und häufig lässt sich noch eine kleinere Zwischenkrise ausmachen, die auf Schwankungen der Vorratsbildung oder anderen Einflüssen beruht.

Reinigungsfunktion der Krisen und strukturelle Überakkumulation
Der Kapitalismus zerbricht nicht an seinen Wirtschaftskrisen. Durch die mit der Krise verbundenen Prozesse von Kapitalentwertung und Umverteilung werden die aufgebauten Missverhältnisse zwischen Produktion bzw. Produktionskapazitäten und Markt bzw. Nachfrage und zwischen den verschiedenen Zweigen der Produktion in gewissem Maße und für eine begrenzte Zeit bereinigt.

Die Krisen haben eine »Reinigungsfunktion« in der kapitalistischen Produktionsweise, indem sie Überakkumulation durch Vernichtung und Entwertung von Kapital bereinigen.

Die Konsumnachfrage der Bevölkerung sinkt nur in beschränktem Maße und stabilisiert letztlich die Wirtschaft. Das gilt insbesondere, wenn soziale Sicherungssysteme, vor allem die Arbeitslosenversicherung und Mindestsicherungsleistungen, als »automatische Stabilisatoren« wirken und die Einkommen und kauffähige Nachfrage der Lohnabhängigen stützen. Lagerbestände und überschüssige Kapazitäten werden im Verlauf der Krise abgebaut, bisherige Anbieter scheiden aus dem Markt aus. Ersatz- und technologisch bedingte Investitionen stabilisieren auch die Investitionsnachfrage. Allmählich setzt eine Belebung ein und ein neuer Zyklus beginnt mit einer erneuten verstärkten Neuanlage von Kapital.

»Die Krisen sind immer nur momentane gewaltsame Lösungen der vorhandenen Widersprüche, gewaltsame Eruptionen, die das gestörte Gleichgewicht für den Augenblick wiederherstellen.

Der Widerspruch ganz allgemein ausgedrückt, besteht darin, dass die kapitalistische Produktionsweise eine Tendenz einschließt nach absoluter Entwicklung der Produktivkräfte, abgesehen vom Wert und dem in ihm eingeschlossenen Mehrwert, auch abgesehen von den gesellschaftlichen Verhältnissen, innerhalb deren die kapitalistische Produktion stattfindet; während sie andererseits die Erhaltung des existierenden Kapitalwerts und seine Verwertung im höchsten Maß (d.h. stets beschleunigten Anwachs dieses Werts) zum Ziel hat.« (Karl Marx: Das Kapital III, MEW 25, S. 259)

Dabei unterscheidet sich jeder kapitalistische Krisenzyklus historisch und in den verschiedenen Ländern von den anderen und muss konkret analysiert werden. Hier ist nur ein idealtypisches Grundmuster beschrieben. Zu beachten sind auch die immer wichtiger werdenden Wirkungen der außenwirtschaftlichen Beziehungen, insbesondere der Ausgleich binnenwirtschaftlichen Nachfragemangels durch gesteigerten Export.

Im Verlauf der Krisenzyklen verändert sich fortwährend die Struktur der kapitalistischen Wirtschaft, insbesondere schreitet die Konzentration und Zentralisation des Kapitals in Krisenphasen beschleunigt voran. Heute nehmen mehr denn je die staatliche Wirtschaftspolitik und die Zentralbanken entscheidenden Einfluss auf die Wirtschaftsentwicklung. Sie können allerdings die Krisenhaftigkeit der kapitalistischen Produktionsweise nicht aufheben, sondern es verändert sich nur die Form ihrer Durchsetzung.

Von Konjunkturkrisen zu unterscheiden sind Strukturkrisen, die bestimmte Branchen betreffen und meist von Veränderungen der Produktivkräfte oder der internationalen Arbeitsteilung hervorgerufen sind. Zu unterscheiden sind auch die »normalen« konjunkturellen Krisen von »großen« Krisen, die tiefer gehen und mit größeren strukturellen, gesellschaftlichen und weltwirtschaftlichen Veränderungen verbunden sind. Solche »großen Krisen« waren die Weltwirtschaftskrise Ende der 1920er/Anfang der 1930er Jahre, die Krise 1973 bis 1975, die die neoliberale, von Globalisierung und Finanzkapital geprägte Phase des Kapitalismus einleitete, und die weltweite Finanz- und Wirtschaftskrise 2008/2009. Durch solche großen Krisen und ökonomischen Strukturveränderungen wird auch der Verlauf der Konjunkturzyklen modifiziert.

Seit der Krise der 1970er Jahre ist in großen Teilen der kapitalistischen Welt eine längerfristige, über einzelne Zyklen hinaus gehende »strukturelle Überakkumulation« eingetreten.

Strukturelle Überakkumulation bedeutet, dass die Überakkumulation nicht nur periodisch auftritt, sondern chronisch über die Konjunkturzyklen hinweg anhält. Eine hinreichende Entwertung überakkumulierten Kapitals in den Krisen findet nicht statt. Das überschüssige Kapital wird auf den liberalisierten und internationalisierten Finanzmärkten angelegt und führt zu immer neuen spekulativen Blasen und internationalen Finanzkrisen. Anhaltende Massenerwerbslosigkeit und Umverteilung zu Lasten der Löhne schwächten die Entwicklung der Nachfrage und des wirtschaftlichen Wachstums.

4.6 Erwerbslosigkeit und soziale Spaltungen

Armut und soziale Ungleichheit kennzeichnen die Gesellschaften seit vielen Jahrtausenden. Doch solange die Menschen in familiären Arbeits- und Lebenszusammenhängen und örtlichen Gemeinschaften eingebunden waren, hatten diese ein Interesse, möglichst alle an der Arbeit zu beteiligen. Erst mit der »Freisetzung« der Menschen aus feudalen oder anderen vorkapitalistischen Verhältnissen entstand die soziale Klasse der »doppelt freien« LohnarbeiterInnen, die darauf angewiesen sind, »Arbeitgeber« zu finden, denen sie ihre Arbeitskraft verkaufen können und die in den Zustand der modernen Erwerbsarbeitslosigkeit fallen, wenn ihnen das nicht gelingt.

Massenerwerbslosigkeit, die massenhafte Ausgrenzung von Teilen der Bevölkerung vom gesellschaftlichen Arbeitsprozess, ist ein Phänomen, das erst seit der Entwicklung des Kapitalismus auftritt.

Auch in regionaler Hinsicht führen kapitalistische Marktprozesse nicht zu einem tendenziellen Ausgleich, wie es die Apologeten (Fürsprecher) der bürgerlichen Verhältnisse behaupten, sondern zu einer sehr ungleichmäßigen Entwicklung. Auf der einen Seite gibt es prosperierende, wachsende und ihren Wohlstand steigernde Regionen, auf der anderen zurückbleibende, teilweise verelendende Regionen und Bevölkerungsgruppen.

Die Tendenz zu sozialer Spaltung und Ausdifferenzierung ist ein Kennzeichen der kapitalistischen Produktionsweise.

Neoliberale und keynesianische Positionen zum Arbeitsmarkt

Die Ideologen der kapitalistischen Marktwirtschaft behaupten nun, an Arbeitslosigkeit seien die Erwerbslosen eigentlich selbst schuld. Denn auch auf dem »Arbeitsmarkt« sollten Angebot und Nachfrage dafür sorgen, dass sich »markträumende« Preise bilden, zu denen alle AnbieterInnen von Arbeitskraft jemanden finden, der sie beschäftigt. Der Lohn muss dazu niedriger sein als die zusätzliche Wertschöpfung, die die »Arbeitgeber« von der Arbeitskraft erwarten. Erwerbslosigkeit ist in dieser Sicht »freiwillig«, denn sie beruht darauf, dass die Menschen schlicht zu hohe Löhne verlangen. Verantwortlich für Massenarbeitslosigkeit sind dann Gewerkschaften oder der Staat, die dies durch Tarifverträge, Gesetze oder Sozialleistungsansprüche erzwingen oder befördern.

Daraus folgt die neoliberale Strategie zum Abbau der Arbeitslosigkeit: Die Löhne vor allem für vermeintlich wenig produktive Arbeitskräfte sind zu senken. Tariflicher und arbeitsrechtlicher Schutz sind abzubauen, Sozialleistungen zu senken und Erwerbslose zu zwingen, auch schlecht bezahlte Jobangebote anzunehmen. Um auch Löhne zu ermöglichen, die unter dem Existenzminimum liegen, müssen diese nötigenfalls durch staatliche Fürsorgeleistungen als »Kombilohn« aufgestockt werden. Qualifizierung zur Steigerung der »Produktivität« ja, aber nur wenn es sich voraussichtlich betriebswirtschaftlich lohnt und keine »Geldverschwendung« für wahrscheinlich aussichtslose Fälle im Bodensatz der Langzeiterwerbslosigkeit bedeutet. Und wenn die Erwerbslosen schon nicht bereit oder in der Lage sind, für weniger Lohn gut genug zu arbeiten und sich hinreichend zu bemühen, soll die Erwerbslosigkeit zumindest so billig wie möglich gehalten werden.

Diese neoliberale Politik ist inhuman und unsozial (mehr zum Neoliberalismus in Kapitel 5.4). Sie ist aber auch gesamtwirtschaftlich schädlich und ungeeignet, die Massenerwerbslosigkeit zu überwinden. Denn kapitalistische Marktökonomie tendiert keineswegs zu einem allgemeinen Gleichgewicht mit Vollbeschäftigung, sondern die unzureichende Entwicklung der zahlungsfähigen Nachfrage führt immer wieder zu Unterauslastung der Produktionspotenziale und insbesondere auch zu Massenerwerbslosigkeit.

Niedrigere Löhne können dies nicht beseitigen, sondern verschärfen tendenziell das Problem. Denn Löhne bilden zugleich die größte Quelle gesamtwirtschaftlicher Nachfrage, und diese würde so weiter geschwächt. Niedrigere Löhne können lediglich dazu beitragen, im Wettbewerb zu Lasten anderer Unternehmen oder mit wachsenden Exportüberschüssen zu Lasten anderer Länder Arbeitsplätze zu gewinnen, die dann dort verloren gehen. Eine solche Wirtschaftspolitik zu Lasten anderer Länder nennt man »Beggar-my-neighbour«-Politik.

Zudem kann eine »Produktivität« einzelnen Beschäftigten überhaupt nicht zugerechnet werden. Der Wirkungsgrad der Arbeit ist immer Ergebnis des gesellschaftlichen Arbeitsprozesses. Der Lohn ist zudem – wie wir gesehen haben – nicht das Entgelt für die geleistete Arbeit, sondern für die Reproduktionskosten der Arbeitskraft. Ob zusätzliche Arbeitskräfte eingestellt werden, hängt nicht von einer vermeintlich ihnen persönlich innewohnenden »Produktivität« ab, sondern davon, ob sie für eine Produktion gebraucht werden, die eine zahlungsfähige Nachfrage befriedigt und zugleich als Ganzes dem Unternehmen Profit bringt.

Der »Arbeitsmarkt« ist nicht unabhängig zu betrachten, sondern abhängig von der Entwicklung der Gütermärkte, also der gesamtwirtschaftlichen Produktion und Verwendung.

Außerdem führen niedrigere Löhne anders als im naiven neoklassischen Modell nicht zu einem geringeren Arbeitskräfteangebot. Dieses Modell geht davon aus, dass niedrigere Löhne dazu führen, dass weniger Menschen erwerbstätig sein wollen, weil sich Arbeiten dann weniger lohnt und der Anreiz damit geringer ist. Tatsächlich führen niedrige Löhne aber häufig sogar zu vermehrtem Arbeitskraftangebot. Denn die Menschen arbeiten eben nicht bloß freiwillig und können es alternativ auch bleiben lassen, sondern sind darauf angewiesen, ihren Lebensunterhalt zu verdienen. Viele müssen

Theorie des Arbeitsmarktes

- Neoliberale: Arbeitslosigkeit ist Resultat zu hoher, nicht »markträumender« Löhne.
- Gewerkschaften: Arbeitslosigkeit ist Resultat zu geringer Arbeitskraftnachfrage in Folge von Wachstumsschwäche (und falscher Verteilung der gesellschaftlichen Arbeitszeit).
- Löhne sind nicht nur Kosten, sondern auch zentral für die gesamtwirtschaftliche Nachfrage.

daher bei schlechteren Löhnen noch mehr arbeiten als zuvor, oder es suchen zusätzlich auch vorher nicht oder weniger erwerbstätige Familienmitglieder vermehrt Erwerbsarbeit.

Das war jetzt (abgesehen von den Bemerkungen über Produktivität und Lohn) eine keynesianische, auf den vom englischen Ökonomen John Maynard Keynes in den 1920er und 1930er Jahren entwickelten Theorien beruhende Argumentation. Keynes war ein Liberaler, er kritisierte die kapitalistische Marktwirtschaft nicht prinzipiell. Er erkannte aber, dass es gesamtwirtschaftliche Zusammenhänge gibt, die in Widerspruch zu einzelwirtschaftlich sinnvoll erscheinenden Verhaltensweisen stehen, etwa bei den Löhnen oder beim »Sparparadoxon«: Wenn ein Einzelner mehr spart, steigen sein Vermögen und Zinseinkommen. Wenn aber alle mehr sparen und das Geld nicht realwirtschaftlich investiert wird, sinkt die gesamtwirtschaftliche Nachfrage. Damit sinken Produktion, Beschäftigung und Einkommen und im Ergebnis auch die gesamtwirtschaftliche Ersparnisbildung. Keynes betrieb keine »Vulgärökonomie«, seine Erkenntnisse sind auch für GewerkschafterInnen und Linke sehr aufschlussreich und nützlich.

»Die hervorstechenden Fehler der Wirtschaftsgesellschaft, in der wir leben, sind ihr Versagen, für Vollbeschäftigung zu sorgen, und ihre willkürliche und ungerechte Verteilung des Reichtums und der Einkommen.« (J.M. Keynes: Allgemeine Theorie der Beschäftigung, des Zinses und des Geldes, Berlin 2009, S. 314)

Kapitalakkumulation und industrielle Reservearmee

Marx hatte im Rahmen seiner Kritik der politischen Ökonomie schon im 19. Jahrhundert entwickelt, dass kapitalistische Produktion tendenziell Massenerwerbslosigkeit hervorbringt. Das Kapital hat den Trieb, die Aneignung von Mehrwert immer weiter zu steigern und das Kapital zu vergrößern. Da Mehrwert auf der Ausbeutung lebendiger Arbeit beruht, folgt daraus zunächst die Tendenz, die Anwendung von Lohnarbeit und damit die Zahl der Lohnarbeitenden immer weiter zu steigern. Tatsächlich sehen wir ein massives Anwachsen der Beschäftigung und damit der ArbeiterInnenklasse, da wo das Kapital kräftig wachsende zahlungsfähige Nachfrage findet und neue profitable Märkte erschließen kann. Auf der anderen Seite steigert das Kapital aber fortwährend die Produktivität der von ihm angewendeten Arbeit. Die gleiche oder auch wachsende Produktion kann dann von weniger Arbeitenden erbracht werden und dieser Prozess der Rationalisierung macht bisher Beschäftigte überflüssig. Durch den Einsatz technisch immer weiter entwickelter und umfangreicherer Produktionsanlagen wachsen die Aufwendungen für das Sachkapital relativ zur Zahl der beschäftigten Arbeitskräfte immer mehr an. Das heißt, die Kapitalintensität steigt. Es ist eine immer größere Akkumulation von Kapital notwendig, um die Beschäftigtenzahl zu steigern oder auch nur zu halten. Wenn die Akkumulation dahinter zurückbleibt und die Produktion langsamer ansteigt als die Produktivität, werden im Verlauf der Akkumulation fortwährend Arbeitskräfte »freigesetzt«.

Kapitalistische Akkumulation bringt immer wieder eine gegenüber den gewinnbringenden Beschäftigungsmöglichkeiten »relative Überbevölkerung« = Erwerbsarbeitslosigkeit hervor, eine für die weitere Akkumulation des Kapitals bei Bedarf verfügbare »industrielle Reservearmee« (Marx).

»Je größer der gesellschaftliche Reichtum, das funktionierende Kapital, Umfang und Energie seines Wachstums, also auch die absolute Größe des Proletariats und die Produktivkraft seiner Arbeit, desto größer die Arbeitslosenarmee. Die überall einsetzbare Arbeitskraft wird durch dieselben Ursachen entwickelt wie die Expansivkraft des Kapitals. Die verhältnismäßige Größe der industriellen Reservearmee wächst also mit den Potenzen des Reichtums. Je größer aber diese Arbeitslosenarmee im Verhältnis zur aktiven Arbeiterarmee, desto massenhafter die chronische Arbeiter-Übervölkerung, deren Elend im umgekehrten Verhältnis zu ihrer Arbeitsqual steht. Je größer endlich die Armenschicht in der Arbeiterklasse und die industrielle Reservearmee, desto größer die offizielle Zahl der Armen. Dies ist das absolute, allgemeine Gesetz der kapitalistischen Akkumulation. Es wird gleich allen anderen Gesetzen in seiner Verwirklichung durch mannigfache Umstände modifiziert, deren Analyse nicht hierher gehört.« (Karl Marx: Das Kapital I, MEW 23, S. 673f.)

Tatsächlich haben, mehr noch als beim tendenziellen Fall der Profitraten, die modifizierenden und entgegenwirkenden Umstände offenbar eine entscheidende Bedeutung. In den entwickelten kapitalistischen Ländern gab es sowohl Phasen extremer Massenerwerbslosigkeit im Gefolge tiefer Wirtschaftskrisen als auch von nahezu Vollbeschäftigung in Phasen starken Wachstums. Mit der Entwicklung von sozialen Sicherungssystemen wurde das offene materielle Elend von Erwerbslosen eingedämmt. Mit dem Wachstum des allgemeinen Produktivitäts- und Lohnniveaus stieg auch das Lebensniveau der Erwerbslosen, sie sind aber weiterhin – und in Zeiten des Neoliberalismus verschärft – von relativer Armut betroffen. Ähnliches lässt sich von der Lage von Erwerbsunfähigen und von aus Altersgründen nicht mehr oder nur noch geringfügig Erwerbstätigen sagen.

Es ist eine Frage der wirtschaftlichen Entwicklung, der Sozialpolitik und der gesellschaftlichen Kräfteverhältnisse, wie sich die Erwerbslosigkeit und ihre sozialen Folgen konkret entwickeln.

Wachstum und Beschäftigung in Deutschland

In der Geschichte der BRD gab es zunächst einen raschen Abbau der hohen Nachkriegserwerbslosigkeit im Zuge des »Wirtschaftswunders« mit jährlichen Wachstumsraten des Bruttoinlandsprodukts zumeist über fünf Prozent. Von Ende der 1950er Jahre bis zur Krise 1974/75 herrschte weitgehend Vollbeschäftigung. Die Arbeitslosenzahlen waren gering und es gab verbreiteten Arbeitskräftemangel, auf den Wirtschaft und Staat mit der Anwerbung von »Gastarbeitern« reagierten. Der kurzzeitige Anstieg der Arbeitslosigkeit auf eine halbe Million in der Krise 1966/67 wurde durch Exportsteigerungen und einen Anstieg der Konsumnachfrage rasch überwunden. Organisationsgrad und Durchsetzungsmacht der Gewerkschaften stiegen an und ausgehend von einem niedrigen Ausgangsniveau ebenso die Lohnquote (siehe Abbildung 21).

Abbildung 21: Wachstum, Krisen und Erwerbslosigkeit in Deutschland

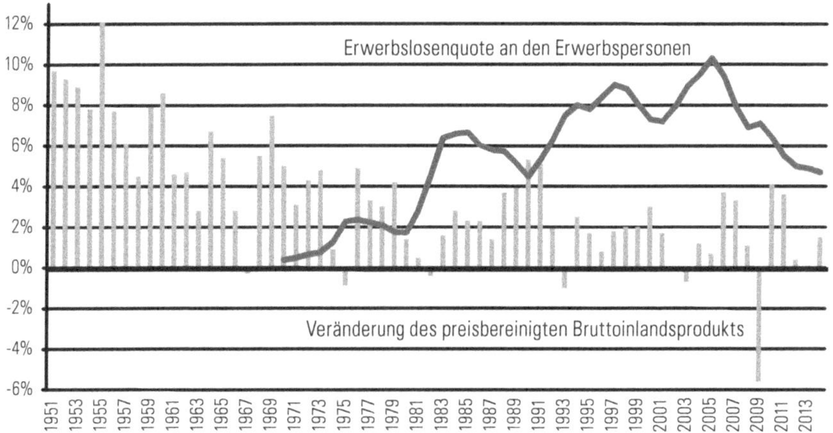

Die Erwerbslosigkeit stieg im Gefolge wirtschaftlicher Krisen kräftig an, mit der Ausnahme 2009, und sank in der Folge von Aufschwungphasen. Der Rückgang seit 2005 ist überwiegend auf zunehmende Teilzeitbeschäftigung zurückzuführen.

Quelle: Volkswirtschaftliche Gesamtrechnung, Januar 2015, bis 1990 Westdeutschland

In der Wirtschaftskrise 1974/75 stieg die registrierte Arbeitslosigkeit erstmals auf über eine Million und ging in den folgenden Jahren nur langsam zurück. Im Gefolge der nächsten Krise 1981/82 stieg die Arbeitslosigkeit auf über zwei Millionen und fiel erst im Vereinigungsboom 1989-91 wieder unter diese Marke (in Westdeutschland). Es folgte die Krise 1992/93. Die Arbeitslosigkeit in Gesamtdeutschland stieg schon ab 1991 in Folge des Zusammenbruchs der ostdeutschen Industrie und des Abbaus des öffentlichen Dienstes und dann im Gefolge der Krise auf über vier Millionen. Erst im Aufschwung Ende der 1990er Jahre sank sie wieder darunter.

2001 bis 2005 folgte eine längere Krisen- und Stagnationsphase. Die Arbeitslosigkeit stieg auf über 4,5 Millionen. 2005 bis 2008 folgte ein Aufschwung, der im historischen Vergleich eher schwach und kurz und auch kein »Erfolg der Agenda 2010« von Kanzler Schröder, sondern konjunkturell bedingt war.

Die Arbeitslosigkeit sank auf etwas über drei Millionen, auch wegen statistischer Veränderungen und weil die Zahl der Menschen im erwerbsfähigen Alter allmählich zu sinken begonnen hatte. In der großen Finanz- und Wirtschaftskrise schrumpfte die Wirtschaftsleistung 2009 um fünf Prozent – in den vorangegangenen Krisen sank sie nur um weniger als ein Prozent. Dennoch stieg die Arbeitslosigkeit nur um wenige Hunderttausend, vor allem wegen des massiven Einsatzes der Kurzarbeit und des Abbaus von Überstunden, Arbeitszeitkonten sowie des Rückgangs der Zahl der erwerbsfähigen Bevölkerung, der Wirkung von Konjunkturprogrammen und des schnellen Wiederanstiegs der Exporte.

Seitdem ist die registrierte Arbeitslosigkeit weiter gesunken und liegt seit 2011 bei knapp drei Millionen. Die international vergleichbare Erwerbslosenstatistik weist noch geringere Zahlen aus (2013 etwa 2,3 Millionen). Allerdings gilt hier schon eine Person als erwerbstätig, die in der letzten Woche vor ihrer Befragung mindestens eine Stunde gegen Entgelt gearbeitet hat. Zwei Millionen Arbeitslose befinden sich in der Grundsicherung, erhalten also nur Hartz IV-Leistungen, eine Million Langzeitarbeitslose sind seit mehr als einem Jahr erwerbslos. Fast 2,5 Millionen weitere Erwerbsfähige beziehen Hartz IV, gelten aber nicht als arbeitslos, darunter auch zahlreiche Aufstocker, also Erwerbstätige mit einem nicht existenzsichernden Niedrigeinkommen. Einschließlich Familienangehöriger sind über sechs Millionen Menschen in Deutschland auf Hartz IV-Leistungen angewiesen.

Die ebenfalls monatlich von der Bundesagentur für Arbeit berichtete »Unterbeschäftigung« erfasst neben den arbeitslos registrierten auch Personen in diversen Maßnahmen, ältere und kranke Arbeitslose usw., die nicht als arbeitslos registriert werden. Ihre Zahl liegt knapp eine Million höher. Dazu kommen noch jeweils etliche hunderttausend Personen, die wegen unzureichender Kinderbetreuungseinrichtungen oder Beanspruchung durch Pflegetätigkeiten dem Arbeitsmarkt nicht zur Verfügung stehen. Etwa eine Mil-

Abbildung 22: Arbeitsangebot und Arbeitsnachfrage im Überblick (Anhaltsgrößen 2013)

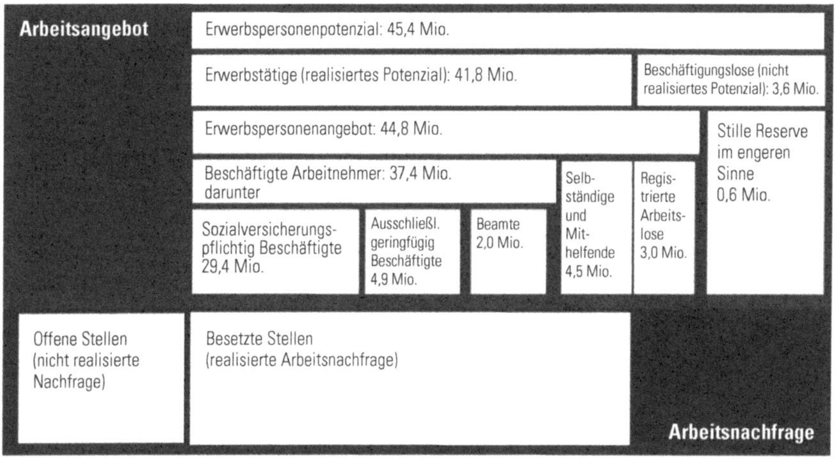

Arbeitsangebot

Erwerbspersonenpotenzial: 45,4 Mio.

Erwerbstätige (realisiertes Potenzial): 41,8 Mio.

Beschäftigungslose (nicht realisiertes Potenzial): 3,6 Mio.

Erwerbspersonenangebot: 44,8 Mio.

Stille Reserve im engeren Sinne 0,6 Mio.

Beschäftigte Arbeitnehmer: 37,4 Mio. darunter

Sozialversicherungspflichtig Beschäftigte 29,4 Mio.

Ausschließl. geringfügig Beschäftigte 4,9 Mio.

Beamte 2,0 Mio.

Selbständige und Mithelfende 4,5 Mio.

Registrierte Arbeitslose 3,0 Mio.

Offene Stellen (nicht realisierte Nachfrage)

Besetzte Stellen (realisierte Arbeitsnachfrage)

Arbeitsnachfrage

Das Diagramm verdeutlicht grundlegende Begriffe und Proportionen des Arbeitsmarktes mit Zahlenangaben von 2013, einige werden in unterschiedlichen Datenquellen unterschiedlich ausgewiesen.

Quelle: IAQ. Darstellung in Anlehnung an Bundesagentur für Arbeit (2013): Arbeitsmarktbericht 2012, S. 31. Bei den Daten handelt es sich um Anhaltsgrößen, die einen Überblick über die Struktur des Arbeitsmarktes geben.

lion gehören zur »stillen Reserve«, die zwar gerne erwerbstätig sein würden, aber aktuell nicht zur Verfügung stehen und deshalb nicht als arbeitslos registriert sind.

Über drei Millionen Menschen bezeichnen sich als unterbeschäftigt in dem Sinne, dass sie gerne mehr arbeiten würden, um ein höheres Einkommen zu erzielen. Gleichzeitig bezeichnen sich fast eine Million Menschen als »überbeschäftigt« und würden gerne weniger arbeiten. Es fehlen also weiterhin in Deutschland etwa fünf Millionen Voll-Arbeitsplätze (siehe Abbildung 22).

Die Beschäftigung – genauer: das (Erwerbs-)Arbeitsvolumen (Summe der Stunden im Jahr) – nimmt dann zu, wenn die Wachstumsrate des Bruttoinlandsprodukts höher ist als die Wachstumsrate der Arbeitsproduktivität je Stunde.

Im Normalfall sinkt in Krisen und Phasen schwachen Wirtschaftswachstums die Beschäftigung und die Arbeitslosenzahl steigt, während die Beschäftigung in Aufschwungphasen mit kräftigem Wachstum steigt. In den letzten Jahrzehnten ist der gesamtwirtschaftliche Produktivitätszuwachs geringer geworden, es reichen mittlerweile Wachstumsraten des Bruttoinlandsprodukts von

Abbildung 23: Beschäftigungsentwicklung in Deutschland 2000-2013
Veränderung gegenüber dem Jahr 2000 (als 100 gesetzt)

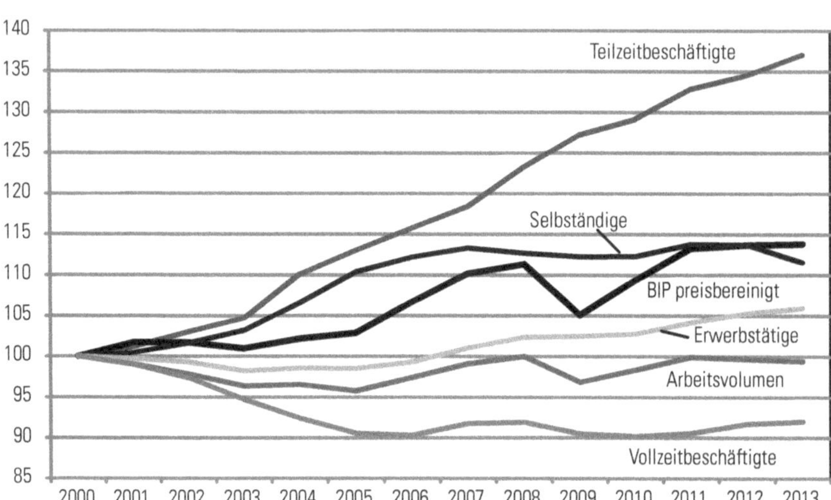

Das Diagramm zeigt den Zusammenhang der Entwicklung von Bruttoinlandsprodukt und Erwerbsarbeitsvolumen sowie die Entwicklung der Erwerbstätigkeit in verschiedenen Formen, vor allem die Zunahme der Teilzeitbeschäftigung.

Quelle: Institut für Arbeitsmarkt- und Berufsforschung 2014, eigene Berechnungen

um die ein Prozent für ein Wachstum der Beschäftigung. »Jobless Growth« wegen beschleunigter Rationalisierung war in den letzten Jahrzehnten mithin kein gravierendes Problem. Zur Wachstumsfrage unter ökologischen Aspekten siehe Kapitel 6.1.

Ob und wie stark die Erwerbstätigenzahl wächst, hängt weiter davon ab, wie sich die durchschnittliche Arbeitszeit verändert. In Deutschland war im Jahr 2013 im Vergleich mit 2000 das Arbeitsvolumen etwa unverändert, die Erwerbstätigenzahl aber um knapp zweieinhalb Millionen gestiegen (siehe Abbildung 23). Dahinter steckt ein starker Anstieg der Zahl der Teilzeit- und geringfügig Beschäftigten um vier Millionen. Die Zahl der Vollzeitbeschäftigten lag dagegen zwei Millionen niedriger als im Jahr 2000. Eine Arbeitszeitverkürzung der Vollzeitbeschäftigten gab es dagegen nicht, teilweise sind die effektiv geleisteten Arbeitsstunden sogar leicht gestiegen.[6]

---

[6] Daten zur Entwicklung der Erwerbstätigkeit und Erwerbslosigkeit in Deutschland sowie weitere Links finden sich beim Institut für Arbeitsmarkt- und Berufsforschung: www.iab.de/de/daten/arbeitsmarktentwicklung.aspx sowie hier: www.sozialpolitik-aktuell.de/arbeitsmarkt-datensammlung.html

Abbildung 24: Atypisch beschäftigt – schnell prekär

Im Vergleich zu normal Beschäftigten ist das Risiko

für einen Prekaritätslohn arbeiten zu müssen, als

befristet Vollzeitbeschäftigte

unbefristet Teilzeitbeschäftigte

Leiharbeiter, Leiharbeiterin

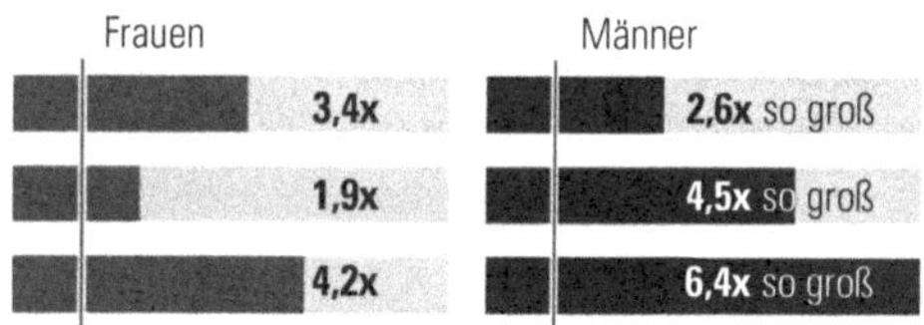

wie bei einem Normalarbeitsverhältnis

nach einem Jahr arbeitslos zu werden, als

befristet Vollzeitbeschäftigte

unbefristet Teilzeitbeschäftigte

Leiharbeiter, Leiharbeiterin

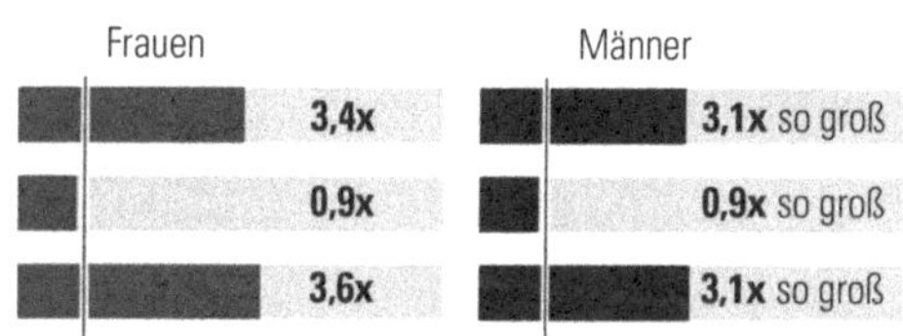

wie bei einem Normalarbeitsverhältnis

Von Prekarisierung oder Prekarität, also nicht existenzsichernder und sozial ungesicherter Arbeit betroffen oder bedroht sind überproportional in verschiedenen Formen »atypisch«, also nicht in unbefristeter Vollzeit Beschäftigte.

Quelle: Brehmer, Seifert | Hans Böckler Stiftung 2009

Wie sich die Erwerbslosigkeit verändert, hängt außerdem davon ab, wie sich die Zahl der Erwerbsarbeit suchenden Personen verändert. In den vergangenen Jahrzehnten ist das Erwerbspersonenpotenzial in Deutschland um etliche Millionen gewachsen, vor allem durch die höhere Erwerbsbeteiligung der Frauen und durch Zuwanderung. In den kommenden Jahrzehnten ist aufgrund der Bevölkerungsentwicklung eher mit einem Rückgang zu rechnen. Inwieweit dies durch verstärkte Zuwanderung ausgeglichen wird, ist unklar.

Von zentraler Bedeutung sind aber auch die Struktur und Qualität der Erwerbsarbeit. Der Anteil der Befristungen an den sozialversicherungspflichtig Beschäftigten stieg auf über neun Prozent, wobei jüngere Beschäftigte weit überproportional betroffen sind. Über 40% der Neueinstellungen erfolgen nur befristet. Die Leiharbeit hat sich seit dem Jahr 2000 auf knapp eine Million Beschäftigte fast verdreifacht. Zunehmend werden Werkverträge und Scheinselbständigkeit eingesetzt, um Tarifverträge zu umgehen und Arbeitnehmerrechte auszuhöhlen. Der Anteil der Niedriglohnbeschäftigten, die weniger als zwei Drittel des mittleren Stundenlohns bekommen, an allen abhängig Beschäftigten ist seit den 1990er Jahren von unter 20 auf über 24% gestiegen (siehe Abbildung 24).

Reproduktion und Akkumulation des Kapitals – Ergebnisse und Tendenzen

- (tendenziell sich erweiternde) Reproduktion (v.a. der produzierten Produktionsmittel, aber auch der Arbeitskraft) sowie der kapitalistischen Produktionsverhältnisse
- Akkumulation von Kapital als Zweck und Mittel, Wachstumszwang
- expansive Tendenz, kapitalistische Landnahme
- ständige Revolutionierung der Produktivkräfte
- Ersatz lebendiger Arbeit durch Maschinerie
- fortschreitende Vergesellschaftung der Produktion (bei Externalisierung humaner, sozialer und ökologischer Kosten)
- Tendenzieller Fall der Durchschnittsprofitrate
- Krisen, Überproduktion
- Produktion »relativer Überbevölkerung«, Erwerbsarbeitslosigkeit
- Polarisierung, ungleiche Entwicklung/regionale Disparitäten, Ausgrenzung, soziale Unsicherheit und Prekarisierung
- fortschreitende (Über-)Beanspruchung der natürlichen Ressourcen und ökologischen Systeme
- Konzentration und Zentralisation des Kapitals
- Entwicklung des Kreditsystems und Finanzkapitals
- Weltmarkt und Internationalisierung für Waren und Kapital (produktives und finanzielles)

5. Moderner Kapitalismus

5.1 Konzentration, Monopolisierung und Finanzkapitalismus

Bisher ging es um allgemeine Merkmale, Gesetzmäßigkeiten und Tendenzen der kapitalistischen Produktionsweise, die diese grundsätzlich und seit Beginn ihrer Entwicklung kennzeichnen. Die Bezüge zur historischen und aktuellen Realität dienten der Illustration und der Anwendung der Erkenntnisse auf gegenwärtige Entwicklungen und Diskussionen. Im Folgenden geht es um Entwicklungen und Veränderungen des Kapitalismus, die spezifisch für bestimmte historische Epochen und Regionen der Welt mit hochentwickeltem Kapitalverhältnis sind. Im Kern geht es um Entwicklungen im 20. und 21. Jahrhundert insbesondere in den kapitalistischen Zentren West- und Mittel-Europas sowie Nordamerikas, und speziell in Deutschland.

Diese sind einerseits Resultate allgemeiner Entwicklungstendenzen der Akkumulation des Kapitals, etwa Entwicklungsstufen des kapitalistischen Eigentums und Regulierungssystems, der Produktivkräfte und sektoralen Wirtschaftsstruktur, des Weltmarkts und der Krisen. Andererseits sind die konkreten Ausprägungen, Entwicklungen und politischen Gestaltungen nicht vorbestimmt, sondern abhängig von geschichtlichen, gesellschaftlichen und kulturellen Traditionen, Klassenkämpfen und anderen sozialen Auseinandersetzungen.

Konzentration und Zentralisation des Kapitals

Die Akkumulation des Kapitals und das darauf beruhende Wachstum der Unternehmen bedeutet eine zunehmende Konzentration von Kapital in den Händen der Kapitalisten. Auf der anderen Seite steht aber eine andauernde Zersplitterung des gesellschaftlichen Kapitals.

Es kommt zu Aufteilungen etwa in Folge von Erbschaften, und ständig werden neue Unternehmen gegründet – aus bestehenden heraus oder durch Bildung ganz neuer Kapitale. Insbesondere in neu entstehenden Produktionsbereichen, wenn sie nicht aus technischen Gründen einen sehr großen Kapitaleinsatz erfordern, herrschen zu Beginn eine Vielzahl kleinerer Unternehmen vor.

Im Zuge der Konkurrenz kommt es allerdings neben der einfachen Konzentration durch Akkumulation zu Unternehmenszusammenschlüssen (Fusionen) und Aufkäufen anderer Unternehmen (auf Englisch: Mergers and Acquisitions, M&A). In der Folge wird der Anteil von Großunternehmen an der Wirtschaftsleistung der einzelnen Branchen im Laufe der Zeit immer größer. Die bürgerliche Ökonomie bezeichnet dies als Konzentration, egal ob diese durch internes oder externes Wachstum der Unternehmen zustandegekommen ist.

Marx unterscheidet von der einfachen Konzentration die Zentralisation des Kapitals durch Pleiten, Aufkäufe und Fusionen.

»Es ist Konzentration bereits gebildeter Kapitale, Aufhebung ihrer individuellen Selbständigkeit, Expropriation von Kapitalist durch Kapitalist, Verwandlung vieler kleineren in weniger größere Kapitale. (...) Das Kapital schwillt hier in einer Hand zu großen Massen, weil es dort in vielen Händen verloren geht. Es ist die eigentliche Zentralisation im Unterschied zur Akkumulation und Konzentration. (...) Der Konkurrenzkampf wird durch Verwohlfeilerung [Verbilligung, RK] der Waren geführt. Die Wohlfeilheit der Waren hängt, caeteris paribus (unter sonst gleichen Umständen), von der Produktivität der Arbeit, diese aber von der Stufenleiter der Produktion ab. Die größeren Kapitale schlagen daher die kleineren. (...) Die kleineren Kapitale drängen sich daher in Produktionssphären, deren sich die große Industrie nur noch sporadisch oder unvollkommen bemächtigt hat. Die Konkurrenz rast hier im direkten Verhältnis zur Anzahl und im umgekehrten Verhältnis zur Größe der rivalisierenden Kapitale. Sie endet stets mit dem Untergang vieler kleinerer Kapitalisten, deren Kapitale teils in die Hand des Siegers übergehen, teils untergehen.« (Karl Marx: Das Kapital I, MEW 23, 654f.)

Ein Motor der weiteren Konzentration und Zentralisation des Kapitals sind die Krisen und die dann vermehrt auftretenden Pleiten, Aufkäufe und Zusammenschlüsse von Unternehmen. Zu einem entscheidenden Hebel wird die Entwicklung des Kreditwesens.

Durch das Kreditwesen können große Kapitalmengen zusammengefasst und mobilisiert werden, sodass es »sich schließlich in einen ungeheuren sozialen Mechanismus zur Zentralisation der Kapitale verwandelt« (Karl Marx: Das Kapital I, MEW 23, S. 655). Die Entwicklung immer größerer Unternehmen durch Konzentration und Zentralisation des Kapitals entspricht zugleich den Anforderungen immer gewaltiger werdender Dimensionen moderner industrieller Unternehmungen. Nur so wurde und wird in kapitalistischer Form der Bau und Betrieb von Eisenbahnen, großen Bergwerken, Stahl- und Chemiewerken, heute etwa großer Flugzeuge oder großer Netze der Telekommunikation und des Verkehrs ermöglicht.

Im Ergebnis ist der Anteil der Großunternehmen an Produktion und Umsatz im Laufe der Entwicklung der kapitalistischen Produktionsweise immer weiter gestiegen (siehe Abbildung 25 und 26). In Deutschland gab es laut Unternehmensregister 2011 etwa 3,6 Mio. Unternehmen. 10.400 Unternehmen hatten einen Jahresumsatz von 50 Mio. Euro oder mehr. Diese knapp 0,3% der Unternehmen hatten aber 30% aller sozialversicherungspflichtig Beschäftigten und erzielten über 60% aller Umsätze. Die Monopolkommission erstellt regelmäßig faktenreiche Gutachten zur Entwicklung der Konzentration und

Abbildung 25: Entwicklung des Geschäftsvolumens der 50 größten sowie aller Industrieunternehmen im Zeitraum 1978 bis 2012

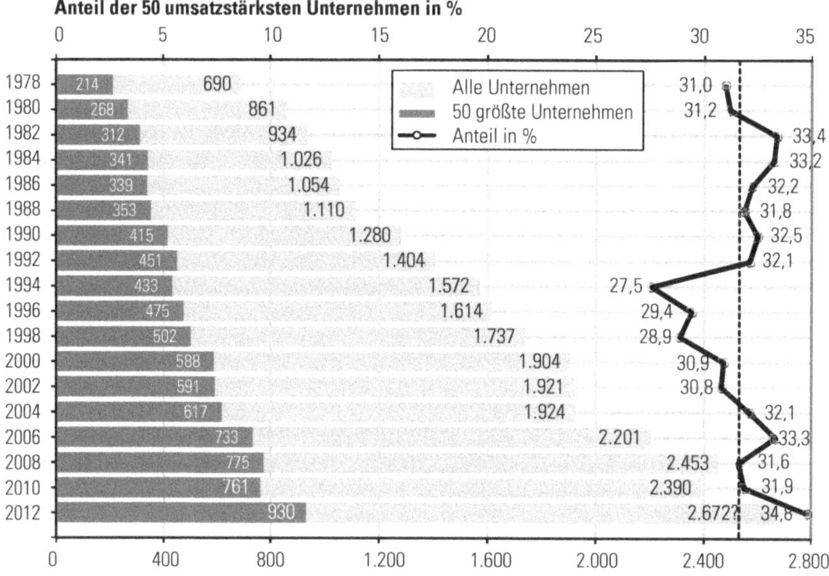

Abbildung 26: Entwicklung des Geschäftsvolumens der zehn größten sowie aller Kreditinstitute im Zeitraum 1978 bis 2012

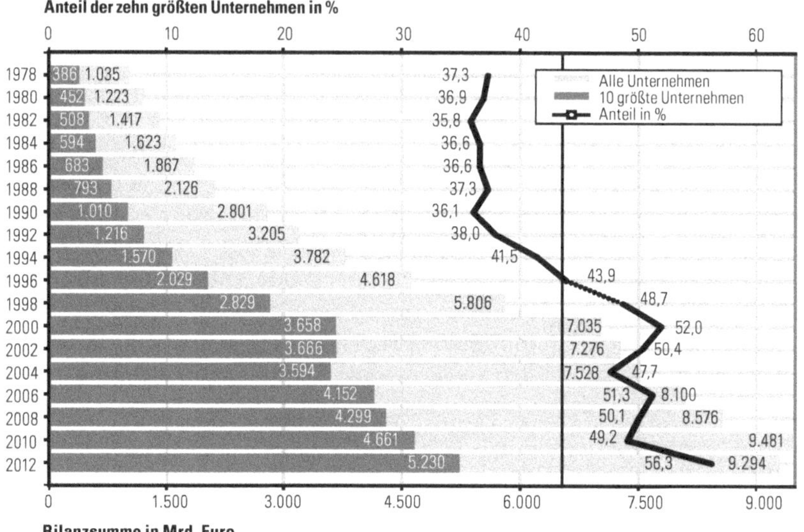

Quelle: Monopolkommission: Hauptgutachten XX, 2012/2013
www.monopolkommission.de/index.php/de/them/konzentrationsbericht

Verflechtungen der Großunternehmen in Deutschland und auch in Europa. Es ist zu beachten, dass nur die inländische Produktion betrachtet wird, durch die wachsende Bedeutung ausländischer Konzerntöchter sowie der Importe wird die globale Entwicklung der Konzentration nicht deutlich.

Aktiengesellschaften und Monopolkapital

In Aktiengesellschaften (AG) werden die Kapitalvermögen einer Vielzahl von Einzelanlegern oder auch anderer Unternehmen zu einem gemeinsamen großen Gesellschaftskapital zusammengefasst. So können gewaltige Kapitalmassen mobilisiert werden, die auf andere Weise nicht aufzubringen wären. Von großer Bedeutung sind dabei traditionell die Großbanken und Versicherungen, die als Kreditgeber, als Verwalter der Aktiendepots und als in großem Umfang auch selbst Anteilseigner der Aktiengesellschaften eng mit diesen verflochten sind.

Die Aktiengesellschaft ist die wichtigste Unternehmensform des großen Kapitals. Ein großer Teil der Aktien des industriellen und anderen gewerblichen Kapitals befindet sich heutzutage im Eigentum oder zumindest in Verwaltung finanzkapitalistischer Fonds oder großer Banken. Dies wird im Anschluss an die marxistischen Theoretiker Hilferding und Lenin als »Finanzkapital« bezeichnet.

Karl Marx sah die Bildung von Kapitalgesellschaften[1] mit einer Vielzahl von Anteilseigentümern im Unterschied zum Privatkapital einzelner Kapitalisten als Durchgangspunkt zu einer höheren Form gesellschaftlich organisierter Produktion, aber auch als Grundlage der Herausbildung neuer Formen von Spekulation und Betrug. Damit das folgende Zitat nicht missinterpretiert wird: Es handelt sich im allgemeineren Sinne weiterhin um kapitalistisches Privateigentum.

»In den Aktiengesellschaften ist die Funktion getrennt vom Kapitaleigentum, also auch die Arbeit gänzlich getrennt vom Eigentum an den Produktionsmitteln und an der Mehrarbeit. Es ist dies Resultat der höchsten Entwicklung der kapitalistischen Produktion ein notwendiger Durchgangspunkt zur Rückverwandlung des Kapitals in Eigentum der Produzenten, aber nicht mehr als das Privateigentum vereinzelter Produzenten, sondern als das Eigentum ihrer als assoziierter, als unmittelbares Gesellschaftseigentum. (...) Es ist dies die Aufhebung der kapitalistischen Produktionsweise innerhalb der kapitalistischen Produktionsweise selbst. (...) Er stellt in gewissen Sphären das Monopol her und fordert daher die Staatseinmischung heraus. Er reproduziert eine neue Finanzaristokratie, eine neue Sorte Parasiten in Gestalt von Pro-

[1] Neben der AG gibt es weitere Formen. Zu Rechtsformen von Unternehmen in Deutschland vgl. www.welt-der-bwl.de/Rechtsformen-Ueberblick. Daneben gibt es die Europäische Aktiengesellschaft SE und ausländische Rechtsformen.

jektenmachern, Gründern und bloß nominellen Direktoren; ein ganzes System des Schwindels und Betrugs mit Bezug auf Gründungen, Aktienausgabe und Aktienhandel. Es ist Privatproduktion ohne die Kontrolle des Privateigentums.« (Karl Marx: Das Kapital III, MEW 25, S. 453f.)

Schon Friedrich Engels wies an dieser Stelle darauf hin, dass sich auf dieser Grundlage noch weitergehende Monopolbildungen durch Kartelle und Trusts abspielen. Gegen solche offenbaren Wettbewerbsbeschränkungen gibt es in Deutschland und der EU mittlerweile Gesetze, Behörden und Gerichte.

Aber auch ohne solche Formen können die Beziehungen zwischen kapitalistischen Großunternehmen und ihren Zulieferern und Abnehmern kaum noch als normale Marktbeziehungen betrachtet werden, wie sie sich zwischen unabhängigen und gleichberechtigten Beteiligten darstellen. Stattdessen sind diese Beziehungen geprägt durch die ökonomische Macht und die Strategien und Vorgaben der Großunternehmen einerseits, ökonomische Abhängigkeit der kleineren Zulieferer und Abnehmer andererseits. Solche beherrschenden Unternehmen werden in der marxistischen Wirtschaftswissenschaft oft »Monopole« genannt. Dabei ist hier nicht zwangsläufig, dass es sich um die einzigen Anbieter oder Nachfrager am Markt handelt, es können auch wenige sein, die eine marktbeherrschende Stellung einnehmen (in der Marktformenlehre: Oligopole).

Die Konkurrenz wird dadurch nicht aufgehoben, sondern nimmt als monopolistische Konkurrenz veränderte Formen an. In seinen Zentren ist der Kapitalismus seit Ende des letzten Jahrhunderts dadurch gekennzeichnet, dass zentrale Branchen monopolistisch strukturiert, also von wenigen großen Kapitalen dominiert sind. Diese verfügen über gewaltige finanzielle und produktive Potentiale zur Planung und Umsetzung strategisch angelegter Konzernentwicklung, Umstrukturierung der Produktion, Entwicklung und Anwendung neuer Technologien, Erschließung neuer Produktionssektoren und Märkte usw. Zugleich haben sie aufgrund ihrer ökonomischen auch politische Macht und üben massiv Einfluss und Druck auf den Staat aus. Die Versuche planmäßiger Entwicklung brechen sich aber oder scheitern immer wieder an der fortbestehenden grundsätzlichen »Anarchie« und Krisenhaftigkeit der kapitalistischen Produktionsweise.

Die Monopolkapitale können die ökonomische Gesamtentwicklung erheblich zu ihren Gunsten beeinflussen und modifizieren. Der Kapitalismus hat sich zum Monopolkapitalismus entwickelt.

Die Begrifflichkeiten und die Frage, ob und wieweit sich durch diese Entwicklungen die Funktionsweise des Kapitalismus verändert hat, sind allerdings innerhalb des Marxismus umstritten.

Finanzkapitalistische Fonds und Shareholder Value
Institutionelle Anleger (Banken, Investmentfonds und Pensionsfonds, Hedgefonds und Private-Equity-Fonds) fassen das Vermögen vieler Anleger zusammen und halten wiederum Anteile an einer Vielzahl von Unternehmen, im Wesentlichen Aktiengesellschaften. Mit Hilfe von Ratingagenturen werden diese Unternehmen ständig beurteilt und klassifiziert, um möglichst hohe Erträge und Wertsteigerungen zu erzielen und Risiken zu minimieren. Zu der im Rahmen der Globalisierung weltweit verschärften Konkurrenz auf den Warenmärkten tritt so verschärfte Konkurrenz um die Finanzmittel der Kapitalanleger.

Die finanzkapitalistischen Fonds sind zu entscheidenden Akteuren auf den Finanzmärkten und für die Einzelkapitale geworden. Die Steigerung des Unternehmenswertes für die Anteilseigner, des Shareholder Value, wird zum entscheidenden Maßstab.

Davon geht ein ständiger Druck in Richtung höherer Profite und dazu geeigneter Kostensenkungen und Umstrukturierungen aus. Diese haben die Grundtendenz, dass die Unternehmen sich auf ihre Kerngeschäftsfelder und Kernkompetenzen konzentrieren, um sich möglichst große Weltmarktanteile zu sichern. Dazu werden andere Unternehmen derselben Branche aufgekauft oder mit ihnen fusioniert. Zur Finanzierung werden verstärkt Wertpapiere direkt an der Börse platziert oder es wird mit eigenen Aktien bezahlt. Dadurch steigt wiederum der Druck, für einen hohen Börsenwert des eigenen Unternehmens zu sorgen, auch um sich vor Übernahmen durch andere zu schützen.

Die gesamte »Wertschöpfungskette« von der Beschaffung über die verschiedenen Produktionsstufen bis zu Vertrieb und Kundenservice sollen für das dominierende Unternehmen so effizient und profitabel wie möglich gestaltet werden. Unternehmensteile und Konzernunternehmen, die nicht zum Kernbereich zählen oder die Rentabilitätsansprüche der Shareholder (Anteilseigner) und des Managements nicht erfüllen, werden ausgelagert oder verkauft, die Leistungen bei anderen, billigeren Anbietern eingekauft (Outsourcing).

Zwischen den verschiedenen Betrieben desselben Unternehmens bzw. Konzerns und den verschiedenen Abteilungen desselben Betriebes werden verstärkt Marktbeziehungen hergestellt oder simuliert, um die Konkurrenz zwischen ihnen als »Profitcenter« zu verstärken. Dadurch werden andere, insbesondere soziale Kriterien immer mehr in den Hintergrund gedrängt. Der Druck auf die Arbeitsbedingungen wächst, auch die einzelnen Beschäftigten und Belegschaften werden immer stärker in Konkurrenz gegeneinander gebracht.

Finanzkapitalismus global und in Deutschland

Die Finanzfonds bringen die abstrakten Bewegungsgesetze des Kapitals, die Konkurrenz, die Profitrate, die Steigerung des Shareholder Value noch reiner und ungehemmter zur Geltung als je zuvor. Regionale und soziale Einbindungen der Unternehmen spielen für sie keine Rolle mehr. Die individuellen Anteilseigentümer wissen meist nicht mal, an welchen Unternehmen sie letztlich beteiligt sind, und dies ändert sich auch fortwährend.

> Die finanzkapitalistischen Fonds können als neue Entwicklungsstufe des kapitalistischen Eigentums aufgefasst werden. Die Finanzkonzerne und Fonds treiben die Zentralisation und Verflechtung des Kapitals auf globaler Ebene weiter voran.

Eine 2011 veröffentlichte Studie der ETH Zürich kam zu dem Ergebnis, dass im Jahr 2007 nur 147 Unternehmen die Kontrolle über 40% der 43.060 transnationalen Unternehmen und mehr als 60% der globalen Umsätze ausübten. 1.318 von diesen bildeten den »Kern« der Weltwirtschaft. Die stärksten Knoten im Netzwerk bildeten Banken und Finanzfonds, die mehrheitlich ihren Sitz in den USA und Großbritannien haben (siehe Abbildung 27). Die Mehrheit der Anteile der großen Aktiengesellschaften befindet sich mittlerweile im Eigentum von Finanzfonds. Seit 2007 dürfte sich allerdings der Anteil damit weniger vernetzter chinesischer Konzerne erhöht haben.

Es gibt aber nicht nur diesen weltweit vernetzten Kern der kapitalistischen Weltwirtschaft, sondern weiterhin eine riesige Zahl und immer neu entste-

Abbildung 27: Hervorhebung einiger der größten transnationalen Konzerne des Finanzsektors 2007

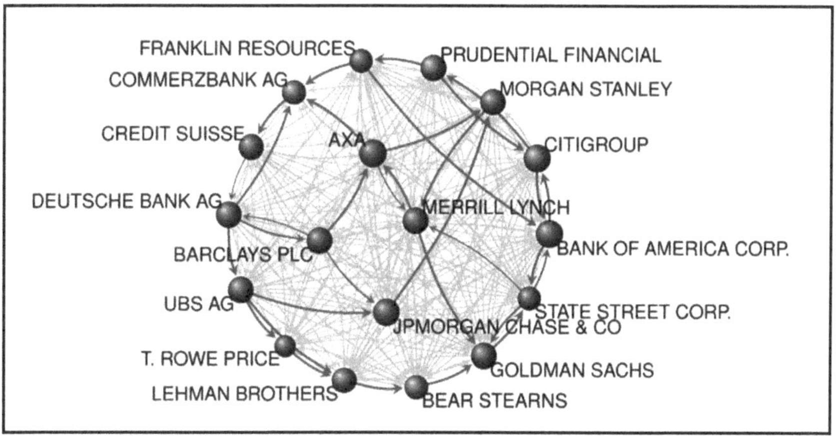

Quelle: Stefania Vitali, James B. Glattfelder, Stefano Battiston: The Network of Global Corporate Control, vgl. www.plosone.org/article/info%3Adoi%2F10.1371%2Fjournal.pone.0025 995#pone-0025995-g002

hende kleinere und mittlere Unternehmen. Wo diese regional und sozial eingebunden sind – auch durch genossenschaftliche oder aber öffentliche Kapitalanteile wie bei VW –, bestehen größere Möglichkeiten für Einwirkungen im Sinne gesellschaftlicher Interessen. Wir haben es mit einer gewaltigen Ausdifferenzierung der kapitalistischen Eigentumsverhältnisse zu tun, wo es nicht nur gleichgerichtete kapitalistische Interessen, sondern auch unterschiedliche und widersprüchliche Interessen zwischen verschiedenen Kapitalfraktionen gibt, an denen soziale Kräfte ansetzen können. Es sollte dabei aber Klarheit bestehen, welches die Machtzentren auf nationaler und internationaler Ebene sind.

Diese Entwicklung muss im Zusammenhang mit den Widersprüchen und Krisenprozessen der kapitalistischen Produktion betrachtet werden. Im Gefolge der anhaltenden Überakkumulation Anlage suchenden Kapitals einerseits und der Liberalisierung der nationalen und internationalen Kapitalmärkte und ihrer globalen informationstechnischen Vernetzung andererseits hat sich die Akkumulation des Geld- und Finanzkapitals gegenüber der realwirtschaftlichen Produktion relativ verselbständigt und aufgebläht. Formen eines Casino-Kapitalismus bildeten sich heraus, mit der Folge wachsender Instabilität der internationalen Finanzmärkte.

Deren Krisen und das Platzen spekulativer Blasen können dann wiederum die Realwirtschaften in tiefe Krisen stürzen (mehr dazu in Kapitel 6.2 im Abschnitt zu Finanzkrisen und Weltwirtschaftskrise.). Einerseits verschärft und verlängert die Anlage von Kapital auf den Finanzmärkten statt in Realinvestitionen die Überakkumulation und damit die ökonomischen Krisenprozesse. Andererseits werden die auf den internationalen Kapitalmärkten möglichen Renditen zum Maßstab auch für die Verwertung von Kapitalanlagen in Industrie und Dienstleistungen. Das Finanzkapital hat damit eine wichtige regulierende Bedeutung für die weltweite Verteilung und Entwicklung des Kapitals, bleibt aber letztlich immer an die Wertschöpfung in der kapitalistischen Produktion gekoppelt.

Die fortschreitende Finanzialisierung der Ökonomie, also die Ausweitung des Finanzsektors und der finanzkapitalistischen Vermittlung und Kontrolle ökonomischer Vorgänge und Aneignung von Mehrwert, verändert die Bewegungsweise der kapitalistischen Produktion. Es bildet sich ein zunehmend finanzmarktgetriebener Kapitalismus oder kurz Finanzkapitalismus heraus.[2]

---

2 Vgl. Paul Windolf: Was ist Finanzmarkt-Kapitalismus? In: Ders. (Hrsg.): Finanzmarkt-Kapitalismus. Kölner Zeitschrift für Soziologie und Sozialpsychologie, Sonderheft 45/2005, S. 20-57. www.uni-trier.de/fileadmin/fb4/prof/SOZ/APO/19-019_01.pdf

Auch die Politik steht unter Druck und hat diese Prozesse staatlich vorangetrieben, vor allem durch die Liberalisierung der Finanzmärkte. In Deutschland hat insbesondere die von SPD und Grüne gebildete Koalition unter Kanzler Schröder in den Jahren von 1998 bis 2005 dazu vieles »geleistet«. Eine wichtige Rolle spielten dabei die Steuersenkungen für Kapitalgesellschaften und Kapitalerträge und insbesondere die Steuerbefreiung für Gewinne aus der Veräußerung von Unternehmensbeteiligungen sowie die Teilprivatisierung der Alterssicherung durch Einführung einer kapitalgedeckten Eigenvorsorge. Dies gab wesentliche Anstöße zur Umstrukturierung und beschleunigten Internationalisierung der zuvor durch überwiegend inländische Verflechtung großer Konzerne und Großbanken gekennzeichnete »Deutschland AG«.[3]

Monopolkapitalismus und Finanzkapital

Monopole: kapitalistische Großunternehmen mit beherrschender Stellung gegenüber anderen Marktteilnehmern (Konkurrenten, Zulieferern oder Abnehmern). Ergebnis der Konzentration und Zentralisation des Kapitals (Monopolisierung).

Monopolkapitalismus: Zentrale, die gesamte Ökonomie prägende Wirtschaftsbereiche sind monopolistisch strukturiert. Ergebnis fortgeschrittener Monopolisierung.

Finanzkapital: miteinander über (z.T. gegenseitige) Beteiligungen verflochtenes Kapital großer Banken oder Versicherungen und industrieller oder Handelskonzerne.

Finanzkapitalistische Fonds als neue Entwicklungsstufe kapitalistischen Eigentums beherrschen zentrale und zunehmende Teile der kapitalistischen Weltwirtschaft.

Finanzialisierung, zunehmende finanzkapitalistische Kontrolle und Mehrwertabschöpfung kennzeichnen die Herausbildung eines finanzmarktgetriebenen oder Finanz-Kapitalismus.

---

[3] Vgl. Paul Windolf: Aufstieg und Auflösung der Deutschland AG (1896-2010), in: Gegenblende 24/2013. www.gegenblende.de/++co++58b1552e-6267-11e3-acb8-52540066f352

5.2 Fiktives Kapital, modernes Geld, Finanzspekulation

Wir haben Akkumulation von Kapital bisher vor allem als Ausweitung von Produktionsanlagen und Produktion betrachtet. Doch Ausgangspunkt und Endpunkt der kapitalistischen Produktion ist immer Geld. Akkumulation von Kapital kann vom einzelnen Kapitalisten oder Unternehmen her betrachtet auch bloße Anhäufung von Geld als Kapital bedeuten, als zinstragendes Kapital oder in Finanzfonds angelegtes Kapital. Diese Anlage von Geldkapital oder Finanzkapital, insbesondere in Wertpapieren verschiedener Art, gewinnt im modernen Finanzmarkt-Kapitalismus zunehmende Bedeutung.

Fiktives Kapital, sein Wert und seine Formen

Der eine Typ von Geldkapital sind Anteilsrechte an Unternehmen oder Immobilien. Sie bilden Eigenkapital (Englisch: equity) und repräsentieren einen Anteil am Wert der Unternehmen. Das sind vor allem Aktien oder andere Anteile an Kapitalgesellschaften, Immobilen- oder Schiffsfonds usw. Die Anteilseigner sind Miteigentümer und daraus resultieren entsprechende Rechte auf Eigentümerversammlungen.

Der zweite Typ von Geld- oder Finanzkapital sind finanzielle Forderungen an andere, Bankguthaben und insbesondere Wertpapiere, in denen solche Forderungen verbrieft sind. Dabei handelt es sich um Schuldpapiere verschiedener Art. Meist bieten sie eine feste oder variable Verzinsung, es kann sich aber auch um komplexe und mehr oder minder spekulative Zertifikate handeln. Immer ist es dabei so, dass derjenige, der das Papier ausgibt (der Emittent), sich verpflichtet, dem Käufer zu bestimmten Zeitpunkten bestimmte Zahlungen zu leisten.

Es sind zwei grundlegende Typen von Geldkapital zu unterscheiden: erstens Anteilsrechte, insbesondere Aktien, und zweitens finanzielle Forderungen, insbesondere Schuldpapiere verschiedener Art.

Doch wie bestimmt sich der Wert oder besser der Preis all dieser Formen von Wertpapieren, die heutzutage meist gar nicht mehr auf Papier, sondern nur noch digital vorliegen, als Positionen in Depots oder auf Konten? Haben sie überhaupt einen Wert im eigentlichen Sinne? Es handelt sich jedenfalls nicht um materielle Dinge oder Dienstleistungen, deren Wert von der gesellschaftlich zu ihrer Produktion notwendigen Arbeit abhängt. Das gilt auch für Anteilsrechte wie Aktien, denn diese und ihr Wert sind etwas anderes als der Wert des materiellen und immateriellen Anlagevermögens, an denen sie einen Eigentumsanteil repräsentieren. Der Kurswert der Aktien entwickelt sich an den Börsen unabhängig vom Substanzwert des Anlagevermögens.

Wertpapiere sind immaterielle Vermögensgegenstände, Rechte auf bestimmte Transaktionen und Konditionen, Ansprüche oder Chancen auf Zinsen, Dividenden, Veräußerungsgewinne oder andere Kapitalerträge. Es ist der zu erwartende Profit, von dem der »Wert« dieser Papiere abhängt. Dieser wird ins Verhältnis gesetzt zu dem für solche Anlagen üblicherweise anzusetzenden Zinssatz. Daraus errechnet sich dann der Wert dieses von Marx so genannten »fiktiven Kapitals«. Die grundlegenden Punkte dazu hat Marx selbst klar formuliert:

»Die Bildung des fiktiven Kapitals nennt man kapitalisieren. Man kapitalisiert jede regelmäßig sich wiederholende Einnahme, indem man sie nach dem Durchschnittszinsfuß berechnet, als Ertrag, den ein Kapital zu diesem Zinsfuß ausgeliehen, abwerfen würde.« (Karl Marx: Das Kapital III, MEW 25, S. 484)

»Die Sache ist einfach: Gesetzt, der Durchschnittszinsfuß sei 5% jährlich. Eine Summe von 500 Pfd.St. würde also jährlich, wenn in zinstragendes Kapital verwandelt, 25 Pfd.St. einbringen. Jede feste jährliche Einnahme von 25 Pfd.St. wird daher als Zins eines Kapitals von 500 Pfd.St. betrachtet.« (Karl Marx: Das Kapital III, MEW 25, S. 482)

Der Wert des fiktiven Kapitals = jährlicher Ertrag dividiert durch den üblichen Zinssatz bzw. multipliziert mit dem Kehrwert dieses Zinssatzes.

Wenn der Wert von bestimmten Vermögenswerten auf diese Weise bestimmt werden soll, ist allerdings jeweils eine für diese Anlageklasse spezifische Durchschnittsrendite anzusetzen. Zu dem Zinssatz für risikolose Anlagen ist dabei zusätzlich ein Aufschlag anzusetzen, der die spezifischen Risiken und Chancen dieser Anlage widerspiegelt. Außerdem spielt bei Schuldverschreibungen die Fristigkeit der Anlage eine Rolle, also wie lange sie noch laufen. Und es geht dabei nicht um aktuellen Ertrag und Zinsniveau, sondern um die für die Restlaufzeiten erwarteten Größen.

Schulden stellen auf diese Weise einen Kapitalwert für den Gläubiger dar. Eine zentrale Rolle als Vermögensanlage spielen Staatsschuldpapiere, die als besonders sicher gelten. Aber auch Unternehmensanleihen spielen eine zunehmend wichtige Rolle und haben bei großen Konzernen vielfach den Bankkredit als wichtigste Fremdfinanzierungsquelle abgelöst.

Fiktiv wird dieses Kapital genannt, weil es eben keinen wirklichen eigenen Wert hat, sondern nur Anspruch auf Zahlungen darstellt oder ein Recht auf einen Anteil an einem realen Kapitalwert.

Der Marktpreis der Schuldpapiere kann sich vom Nennwert erheblich unterscheiden, je nachdem, ob der Zinssatz höher oder niedriger ist als der, der zum jeweils aktuellen Zeitpunkt für eine entsprechende Schuld verlangt würde. Ein Beispiel: Eine Staatsanleihe mit 1000 Euro Nennwert werfe bei einem Jahr Laufzeit 3% Zinsen ab. Dann wird eine frühere Anleihe mit einer Restlaufzeit von ebenfalls einem Jahr, die aber 6% Zinsen abwirft, aktuell einen Kurswert von 1029 Euro haben. Weil sie nach einem Jahr 1000 Euro Nennwert Rückzahlung plus 60 Euro Zins einbringt, also 31 Euro Gewinn. Bezogen auf 1029 Euro Einsatz sind das ebenfalls 3%.

Der wirkliche Reichtum besteht – abgesehen von dem Reichtum, den die Menschen selbst darstellen – nur aus den Sachwerten, also dem Land und dem Anlagevermögen sowie dem Gebrauchsvermögen.

Alle Finanzvermögen dagegen stellen nur fiktives Kapital dar oder Forderungen, die gleichzeitig entsprechende Verbindlichkeiten anderer in gleicher Höhe sind. Wenn jemand eine Million Euro in Bundesanleihen hält oder in Unternehmensanleihen, hat der Bund oder das Unternehmen eine Million Euro Schulden bei ihm/ihr. Der Saldo und damit der Beitrag zum Gesamtvermögen der Gesellschaft, das sowohl die Vermögen der Privaten wie der Unternehmen und des Staates umfasst, ist Null. Nur wenn per Saldo eine Forderung oder eine Verbindlichkeit gegenüber dem Ausland besteht, repräsentiert dies einen zusätzlichen Reichtum oder eine Minderung des Reichtums der Gesellschaft insgesamt. Im Weltmaßstab gleicht sich aber auch dies wieder zu Null aus.

Bei Aktien stellt sich das anders dar, weil sie nicht Schulden, sondern Eigenkapital darstellen. Allerdings besteht der Wert des Unternehmens tatsächlich nur einmal, substanziell im Wert des Anlagevermögens. Die Aktien scheinen nur eigenständig und unabhängig davon Wert zu haben, es findet eine scheinbare »Verdopplung« des Werts des Unternehmens statt. Doch kann auch reales Kapital wie Unternehmen oder Immobilien auf dieselbe Weise wie fiktives Kapital bewertet werden. Genau genommen bedeutet das aber, dass nicht der Wert der Unternehmenssubstanz bestimmt wird, sondern der Wert des Eigentums(rechts) an dem Unternehmen als fiktives Kapital.

In Deutschland legt das Bewertungsgesetz ein »vereinfachtes Ertragswertverfahren« zur Bestimmung des Werts eines Unternehmens fest, das nichts anderes darstellt als die Berechnung des fiktiven Kapitalwerts. Dabei wird der durchschnittliche Jahresbruttoertrag mit einem Kapitalisierungsfaktor multipliziert.

Dieser Faktor wird jährlich unter Berücksichtigung des Zinsniveaus für langfristige öffentliche Anleihen zuzüglich eines Aufschlags von 4,5% ermittelt. Dieser Kapitalwert übersteigt in der Regel den Substanzwert der Summe der einzelnen Güter des Anlagevermögens. Zeitlich unbegrenzte Leistungen werden gesetzlich bewertet mit dem 18,6-Fachen ihres Jahresbetrags, es wird also ein Zinssatz von 5,4% zugrunde gelegt.

2014 betrug der Basiszins im vereinfachten Ertragswertverfahren 2,6%, die angesetzte Gesamtrendite also 7,1% und der Kapitalisierungsfaktor 14,1. Ein Unternehmen, das regelmäßig eine Million Euro Profit abwirft, hatte nach dieser Methode einen Wert von 14,1 Millionen Euro. Im Jahr 2015 beträgt der Basiszins aufgrund des extrem niedrigen Zinsniveaus nur 0,99%, die Gesamtrendite also 5,49%, der Kapitalisierungsfaktor 18,2. Der Ertragswert desselben Unternehmens, das weiterhin jährlich eine Million Euro Profit abwirft, beträgt nun 18,2 Millionen Euro. Hier spiegelt sich in der gesetzlichen Wertbemessung derselbe Effekt wider, der an den Börsen dafür sorgt, dass bei sinkenden Zinsen die Aktienkurse steigen.

Auch der Nennwert der Aktien als Anteil am bilanziellen Grundkapital ist zu unterscheiden von ihrem Kurswert, der aktuell an der Börse festgestellt wird. Die so genannte Börsen- oder Marktkapitalisierung, also der fiktive Gesamtwert der börsennotierten Aktien eines Unternehmens, ergibt sich, wenn der aktuelle Aktienkurs mit der Gesamtzahl der ausgegebenen Aktien multipliziert wird. Er ist zumeist weit höher als das Grundkapital. In der Bilanz der Aktiengesellschaft steht allerdings auf der Passivseite weiterhin nur der Nennwert des Grundkapitals.

So scheint in einem Börsenaufschwung eine wundersame Reichtumsvermehrung vor sich zu gehen. Der Wert der Aktien wird in den Vermögensaufstellungen zum Tagespreis aufgeführt, die explodierende Börsenkapitalisierung der Unternehmen vermittelt so in Phasen der Überspekulation den Eindruck eines gewaltigen Vermögens. Dem steht aber keine reale Wertsteigerung in annähernd gleicher Höhe gegenüber. Das Vermögen steht zum großen Teil nur auf dem Papier.

Der Wert der Aktien als fiktives Kapital wird dabei »fundamental« durch die Gewinne der AG und die Ansprüche der Aktionäre auf Zahlung von Dividenden begründet. Wobei die ausgeschütteten Dividenden zugunsten der Aktionäre auch höher als der Gewinn sein können, zu Lasten des Eigenkapitals. Zum anderen spielen die Höhe und erwartete weitere Entwicklung des Zinsniveaus und die allgemeine Stimmungslage an der Börse eine zentrale Rolle. Wenn das allgemeine Zinsniveau sinkt, steigen bei sonst gleichen Umständen die Kurse der Aktien und der anderen bereits zirkulierenden Wertpapiere.

Ein allgemein niedriges Zinsniveau, wie es seit der Finanzkrise herrscht, begünstigt die Bildung von Vermögenspreisblasen bei Aktien, aber auch Immobilien und anderen Anlagen.

Der Aktienkurs hängt nicht einfach von der tatsächlichen Profitabilität des Unternehmens oder der Aktie ab. Noch wichtiger sind die Erwartungen künftiger Gewinn- und Wertentwicklung der AG. Teilweise haben Unternehmen einen gigantischen Börsenwert, die noch nie Gewinn gemacht haben, sondern im Gegenteil riesige Verluste; solche Unternehmen werden als lohnende Investition aufgrund künftig erwarteter hoher Gewinne erachtet. Wenn die Unternehmensgründer dann ihre Anteile verkaufen, können sie gewaltige Gründergewinne erzielen. Wenn die Unternehmen auch später nie Gewinn machen und die Spekulation scheitert, ist das Kapital entwertet. Tatsächlich stattgefunden hat dann nur eine große Umverteilung: zu Lasten derjenigen, die ihr Geld dort angelegt hatten und nicht rechtzeitig ausgestiegen sind, zugunsten derjenigen, die rechtzeitig mit Gewinn verkauft haben.

Der Börsenkurs ist durch die Rentabilität der Unternehmen und das Zinsniveau bestimmt; seine Schwankungen oder Übertreibungen sind jedoch in hohem Maße spekulativ.

»Die selbständige Bewegung des Werts dieser Eigentumstitel, nicht nur der Staatseffekten, sondern auch der Aktien, bestätigt den Schein, als bildeten sie wirkliches Kapital neben dem Kapital oder dem Anspruch, worauf sie möglicherweise Titel sind. Sie werden nämlich zu Waren, deren Preis eine eigentümliche Bewegung und Festsetzung hat. Ihr Marktwert erhält eine von ihrem Nominalwert verschiedne Bestimmung, ohne daß sich der Wert (wenn auch die Verwertung) des wirklichen Kapitals änderte. (...) Der Marktwert dieser Papiere ist zum Teil spekulativ, da er nicht nur durch die wirkliche Einnahme, sondern durch die erwartete, vorweg berechnete bestimmt ist.« (Karl Marx: Das Kapital III, MEW 25, S. 485)

Geldvermögen gleich Schulden

Aber die Anleger haben doch tatsächlich das Vermögen, das sich auf diese Weise errechnet; sie könnten es ggf. in Geld realisieren und Sachwerte damit kaufen. Steht das nicht im Widerspruch zu dem bisher ausgeführten?

Nein. Wenn jemand sein Finanzvermögen zu spekulativ überhöhtem Wert verkauft, heißt das nur, dass andere die entsprechenden Finanzanlagen kaufen. Es wird kein zusätzlicher Reichtum geschaffen und auch kein nachfragewirksames Geld freigesetzt. Wenn es mehr Nachfrage nach Finanztiteln gibt, als diese angeboten werden, steigt der Kurs. Der fiktive Kapitalwert der Finanzanlagen bläht sich durch Neubewertung auf. Wenn aber mehr Leute verkaufen wollen, im Falle eines Crash sehr viele oder fast alle, sinken die Kurse rapide und das fiktive Vermögen löst sich in Windeseile in fast Nichts auf. Ebenso wenn die Schuldner nicht zahlen können, dann sind auch die auf Krediten, Anleihen usw. beruhenden Vermögen vernichtet. So geschehen in diversen Finanzkrisen.

»Soweit die Entwertung oder Wertsteigerung dieser Papiere unabhängig ist von der Wertbewegung des wirklichen Kapitals, das sie repräsentieren, ist der Reichtum einer Nation gerade so groß vor wie nach der Entwertung oder Wertsteigerung. (...)

Alle diese Papiere stellen in der Tat nichts vor als akkumulierte Ansprüche, Rechtstitel, auf künftige Produktion, deren Geld- oder Kapitalwert entweder gar kein Kapital repräsentiert, wie bei den Staatsschulden, oder von dem Wert des wirklichen Kapitals, das sie vorstellen, unabhängig reguliert wird.

In allen Ländern kapitalistischer Produktion existiert eine ungeheure Masse des sog. zinstragenden Kapitals oder moneyed capital in dieser Form. Und unter Akkumulation des Geldkapitals ist zum großen Teil nichts zu verstehn als Akkumulation dieser Ansprüche auf die Produktion, Akkumulation des

Marktpreises, des illusorischen Kapitalwerts dieser Ansprüche.« (Karl Marx: Das Kapital III, MEW 25, S. 486)

In den letzten Jahrzehnten hat sich im Gefolge der Liberalisierung der Finanzmärkte die Summe der weltweiten Finanzvermögen enorm erhöht. Sie ist mittlerweile mehr als dreimal so hoch wie das weltweite jährliche Bruttoinlandsprodukt. Bei der Interpretation ist aber zu beachten, dass hier eine Bestandsgröße – Geldvermögen – mit einer Flussgröße – BIP in einem Jahr – verglichen wird (siehe Abbildung 28).

Der Anstieg der weltweiten Finanzvermögen drückt keineswegs einen entsprechenden Anstieg des gesellschaftlichen Reichtums aus. Er zeigt vor allem eine vertiefte Finanzialisierung bzw. finanzkapitalistische Durchdringung der globalen Wirtschaft.

Abbildung 28: Globaler Bestand ausstehender Schulden und Aktien

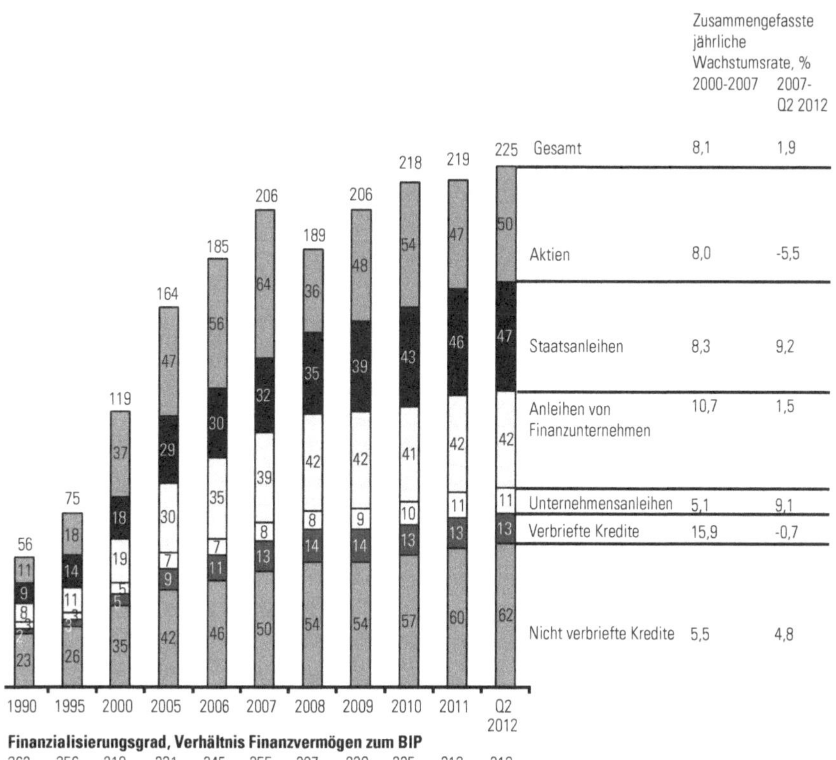

Zahlen zum Jahresende für ein Sample von 183 Ländern, basierend auf Wechselkursen von 2011. Wegen Rundungen ggf. Abweichung von Gesamtsummen.

Quelle: McKinsey Global Institute analysis, 2013

Entscheidend ist die Erkenntnis, dass den Geldvermögen in gleicher Höhe Schulden bzw. Verbindlichkeiten gegenüberstehen. Gesamtwirtschaftlich und weltweit schafft nur der Aufbau zusätzlichen Anlagevermögens zusätzlichen Reichtum. Die Diagramme zum Anstieg des Finanzvermögens geben nur die eine Seite des Bildes wieder, denn den Forderungen aus Schuldtiteln stehen spiegelbildlich Schulden bzw. Verbindlichkeiten gegenüber, die ebenfalls stark anwachsen und eine zunehmende Krisenanfälligkeit hervorrufen. Je höher Unternehmen oder private Haushalte verschuldet sind, desto weniger können sie Einkommensrückgänge und Krisen verkraften.

Die Geldvermögen der einen sind die Schulden anderer. Private Geldvermögen können gesamtwirtschaftlich per Saldo nur wachsen, wenn zugleich die Schulden des Staates oder des Auslands per Saldo wachsen.

Privater Reichtum, im Unterschied zum gesamtgesellschaftlichen Reichtum, kann auch zu Lasten öffentlichen Reichtums durch Privatisierung oder zunehmende Verschuldung des Staates gesteigert werden. Auf der anderen Seite bedeutet das: Wer öffentliche Schulden ernsthaft reduzieren will, muss dies durch Umverteilung von vormals privaten Vermögen an den Staat tun. Der ökonomisch und sozial verträglichste Weg zur schnellen Reduzierung hoher Staatsverschuldung sind Abgaben auf große Vermögen, die nicht nur Einkommen, sondern Vermögensbestand umverteilen. Der andere Weg ist ein erhebliches nominelles wirtschaftliches Wachstum über längere Zeit, einschließlich einer gewissen Inflation, verbunden mit geringer oder keiner Neuverschuldung, sodass die Schuldenlast im Verhältnis zum wachsenden Bruttoinlandsprodukt allmählich abnimmt.

Eine weitere Möglichkeit, die vor allem für gegenüber dem Ausland hoch verschuldete Staaten interessant ist, ist ein Schuldenschnitt. Dabei verzichten Gläubiger auf einen Teil ihrer Forderungen, in der Regel unter dem Druck, dass der Schuldner sie ohnehin nicht zahlen kann oder will. Der Vorteil ist, dass damit auch ausländische Gläubiger am Schuldenabbau beteiligt werden und diese Maßnahme aufgrund des Drucks drohender Zahlungsunfähigkeit leichter durchsetzbar sein kann als eine Vermögensabgabe der Reichen. Ein Nachteil ist, dass auch Anlagen von Nicht-Reichen, z.B. Pensionsfonds und damit Rentenansprüche von Lohnabhängigen, betroffen sein können. Außerdem kann es schwierig werden, anschließend neue Kredite zu bekommen.

Wenn von Verschuldung die Rede ist, muss übrigens immer beachtet werden, was genau gemeint ist: die Verschuldung bzw. der Schuldenstand als Bestandsgröße oder das jährliche Defizit bzw. die Neuverschuldung. Für Deutschland beträgt der Schuldenstand aller Ebenen des Staates insgesamt 2015 etwa 2.000 Mrd. Euro und 72% des BIP. Nettoneuverschuldung findet nicht statt, sondern es wird ein kleiner Überschuss erzielt. Trotzdem werden in jedem Jahr in erheblichem Umfang neue Staatsschuldpapiere ausgegeben, weil alte auslaufen und durch neue ersetzt werden.

Abbildung 29: Gesamtwirtschaftliche Vermögensbilanz für Deutschland 2013

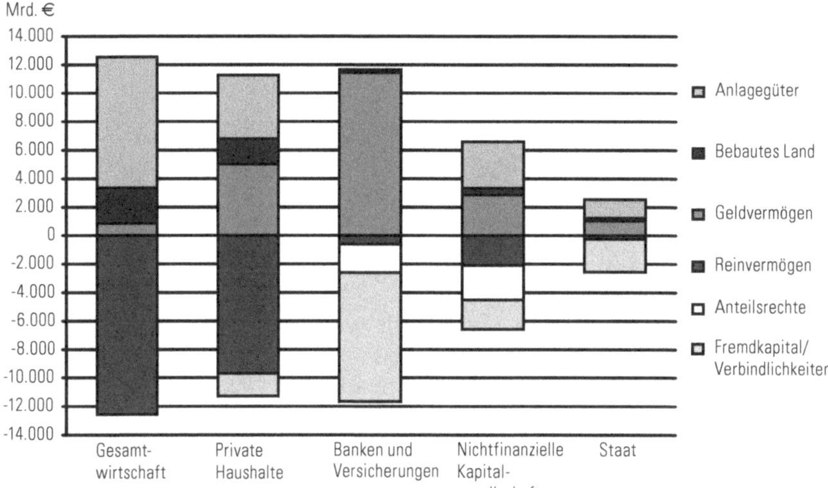

Für Deutschland und in der EU gibt es seit einigen Jahren sektorale und gesamtwirtschaftliche Vermögensbilanzen. Hier sind einheitlich auch bei den Unternehmen und Schuldnern die Eigentumsanteile und die Verbindlichkeiten auf der Passivseite der Bilanzen zu Stichtagswerten bewertet. Sie saldieren sich damit mit den entsprechenden Forderungen auf der Aktivseite, sodass reine Bewertungsveränderungen für die gesamtwirtschaftliche Bilanz keine Auswirkungen haben, abgesehen von Forderungen gegenüber dem Ausland. Die Gesamtwirtschaft bildet die Summe der Sektoren, wobei Geldvermögen und Verbindlichkeiten hier saldiert dargestellt sind, sodass als Geldvermögen der Gesamtwirtschaft nur der Saldo der Forderungen gegenüber dem Ausland übrig bleibt.

Das bebaute Land – es geht hier nicht um die Bauten, diese gehören zu den Anlagegütern – hat keinen Wert in dem Sinne, dass er gesellschaftlich notwendigen Arbeitsaufwand ausdrücken würde, weil es ja gar nicht produziert wurde. Der Wert des Baulands ist hier rein finanziell, im Kern wie der fiktiven Kapitals bestimmt, auf der Basis der Kapitalisierung der damit erzielbaren Erträge. Das ist fragwürdig, weil steigende oder sinkende Immobilienpreise sich damit in der gesamtwirtschaftlichen Bilanz als steigendes oder sinkendes Reinvermögen niederschlagen, auch wenn diese Preisänderungen rein spekulativ bedingt sind.

Positive Reinvermögen sind negativ dargestellt, weil sie der buchungsmäßige Gegenposten zur Summe aus Anlagevermögen, Landvermögen und Saldo der Geldvermögen minus Verbindlichkeiten sind. Die bei den Banken, Versicherungen und anderen Kapitalgesellschaften ausgewiesenen Anteilsrechte sind auf der anderen Seite der Bilanzen Teil der Geldvermögen. Der Sektor Private Haushalte umfasst auch Personenunternehmen sowie Organisationen ohne Erwerbszweck. Die Darstellung ist ohne Gebrauchsvermögen privater Haushalte, dies macht etwa 1000 Mrd. Euro aus. Da der Staat nicht nur Schulden, sondern auch Sachvermögen und Geldvermögen hat, hat er immer noch ein positives Reinvermögen, das allerdings in den letzten Jahrzehnten massiv geschrumpft ist.

Quelle: Statistisches Bundesamt 2014, Sektorale und gesamtwirtschaftliche Vermögensbilanz 1999-2013, eigene Berechnung

Mit noch so viel Finanzvermögen kann im Endeffekt nicht mehr gekauft werden, als an Gütern und Dienstleistungen real produziert wird und zur Verfügung steht.

Nur darin besteht der wirkliche Reichtum: Soweit eine Gesellschaft nicht von der Substanz lebt, was nicht lange gut geht, müssen die konsumierten Güter ständig neu produziert bzw. reproduziert werden. Sozialpolitisch wird das durch das Theorem von Gerhard Mackenroth ausgedrückt:

»Nun gilt der einfache und klare Satz, dass aller Sozialaufwand immer aus dem Volkseinkommen der laufenden Periode gedeckt werden muss. Es gibt gar keine andere Quelle und hat nie eine andere Quelle gegeben, aus der Sozialaufwand fließen könnte, es gibt keine Ansammlung von Periode zu Periode, kein ›Sparen‹ im privatwirtschaftlichen Sinne, es gibt einfach gar nichts anderes als das laufende Volkseinkommen als Quelle für den Sozialaufwand.« (Gerhard Mackenroth: Die Reform der Sozialpolitik durch einen deutschen Sozialplan, in: Schriften des Vereins für Socialpolitik NF, Band 4, Berlin 1952)

Jede Zukunfts- oder Altersvorsorge durch Ansparen von Finanzvermögen ist daher genauso abhängig von der künftigen Produktion und Wertschöpfung wie umlagefinanzierte Sozialversicherungen. Allerdings können Netto-Auslandsvermögen zur finanzkapitalistischen Aneignung auch von in anderen Ländern produzierten Werten führen.

Kapitalgedeckte Vorsorge ist nur eine andere, sozial weniger gestaltbare Methode, eine Umverteilung von Teilen der zukünftig produzierten Werte zu organisieren. Außerdem geht dabei ein erheblicher Anteil des Geldes an die finanzkapitalistischen Vermittler – Banken und Versicherungen – verloren. Dies ist genau der Grund für die Kampagne gegen die gesetzliche Rentenversicherung und für eine kapitalgedeckte Altersvorsorge.

Hohe Zinsen und der Börsenboom Ende des 20. Jahrhunderts boten die Grundlage, auf die Dauer völlig unrealistische Renditen für kapitalgedeckte Altersvorsorge in Aussicht zu stellen und die umlagefinanzierte Rente damit schlecht zu reden.

Finanzspekulation und Derivate

In gewissem Sinne hat jede kapitalistische Investition einen spekulativen Charakter, weil der Erfolg, der Return des eingesetzten Kapitals mit der erwarteten Rendite, unsicher ist. Die Finanzierung auf Kredit dient bei realwirtschaftlichen Investitionen, etwa in neue Maschinen, zunächst der Aufbringung der nötigen Finanzmittel, die aus Eigenkapital nicht hinreichend zur Verfügung stehen. Wegen des Hebeleffekts macht sie die Investition zugleich potenziell profitabler in Bezug auf das Eigenkapital, aber auch riskanter (vgl. Kapitel 4.3).

Beim zunehmenden Einsatz von Krediten zur Finanzierung der Spekulation geht es von vornherein nur darum, das Volumen der Finanzgeschäfte enorm zu vergrößern und damit die Rendite auf das Eigenkapital nach oben zu treiben. Das vergrößert erheblich die Instabilität.

Durch Kreditfinanzierung wird die Spekulation stark vorangetrieben und zugleich das Risiko gesteigert, dass das eingesetzte Kapital komplett verloren geht oder sogar große Zahlungsverpflichtungen stehen bleiben. Wenn diese nicht mehr bedient werden können, stürzen weitere Geldgeber in die Krise. Besonders große Risiken drohen, wenn in Derivate investiert wurde.

Derivate sind abgeleitete (derivative) Finanzinstrumente, Termingeschäfte, Verträge bzw. Wetten, die sich auf die zukünftige Entwicklung eines zugrunde liegenden Basiswerts beziehen.

Bei Derivaten wird für einen zukünftigen Zeitpunkt oder Zeitraum die Zahlung eines festgelegten Preises für eine bestimmte Ware oder einen Vermögenswert vereinbart (Future) oder das Recht (Option) eingeräumt, es für diesen Preis zu erwerben oder zu verkaufen. Ursprünglich dienten solche Verträge der Absicherung (Hedging) gegen mögliche Verlust bringende Preisveränderungen etwa bei Rohstoffen oder Agrarprodukten. Dafür wird eine Prämie bezahlt.

Diese Verträge werden nun aber selbst wieder zu Wertpapieren, die gehandelt werden. Je nachdem, wie sich die Preise des Basiswerts entwickeln und damit die Wahrscheinlichkeit, einen Gewinn oder Verlust zu erzielen, schwankt ihr Wert überproportional. Es sind hoch spekulative Hebelprodukte. Bei manchen Produkten (Futures) kann es dazu kommen, dass bei Fälligkeit über das ursprünglich eingesetzte Kapital hinaus noch zusätzliches nachgeschossen werden muss. Auch solche Geschäfte werden oft kreditfinanziert, was das Risiko auf die Spitze treibt.

Ein vereinfachtes Beispiel: Angenommen, jemand erwirbt die Option, zum Zeitpunkt X eine bestimmte Menge Kupfer (oder Aktien) für 100 Euro zu kaufen. Das ist billig, sagen wir, es kostet einen Euro, wenn der Preis des Kupfers (oder der Aktien) gerade 100 Euro ist und erwartet wird, dass er stabil bleibt. Wenn zum Zeitpunkt X der Kurs aber 110 ist, ist die Option dann 10 Euro wert, der Einsatz also verzehnfacht. Ist der Kurs aber 100 oder weniger, ist die Option wertlos und der eingesetzte Euro verloren. Bei einem Future allerdings bestünde die Verpflichtung, das Kupfer für 100 zu kaufen, auch wenn der Kurs dann nur 90 ist. Das würde sehr teuer und bei größeren Beträgen ruinös.

Dabei gibt es immer eine Gegenpartei, die zu dem vereinbarten Preis liefern oder beliefert werden muss. Wenn im Beispiel der Kurs 110 ist, muss die Gegenpartei dennoch für 100 liefern, der Gewinn des Optionshalters ist ihr

Verlust. Es ist ein Nullsummenspiel, abgesehen von der Vermittlungsprovision, die immer anfällt. Oft ist ein Hedge-Fonds beteiligt, dem es dabei nicht um Hedging geht, sondern darum, mit solchen Geschäften möglichst hohen Profit zu machen, meist mit Fremdkapitaleinsatz.

Die professionellen Händler und insbesondere die großen Fonds machen Geschäfte in verschiedene Richtungen gleichzeitig und verfolgen Strategien, um einen möglichst sicheren Gewinn zu erzielen und Risiken zu begrenzen. Dabei kommen komplexe Computermodelle zur Anwendung. Es gab aber auch schon Fälle, in denen einzelne Händler Milliardenverluste produziert haben. Und es kann schief gehen, wenn über das normale und kalkulierte Maß hinaus große Preisveränderungen bei vielen oder allen Assets (Vermögensanlagen) gleichzeitig eintreten, was bei einer allgemeinen Wirtschaftskrise oder Finanzkrise der Fall ist.

Grundsätzlich besteht an der Börse die Tendenz, dass sich dominierende Trends und Erwartungen und eine Art Herdentrieb der Händler herausbilden, wodurch es oft zu Übertreibungen in die eine oder die andere Richtung kommt.

Im Computerhandel werden kleinste Preisdifferenzen zwischen gleichen Anlagen in extrem kurzen Zeiträumen ausgenutzt (Arbitrage-Geschäfte), wobei mit entsprechend großen Handelsvolumina dennoch große Profite erzielt werden können. All dies führt zu einer gewaltigen Aufblähung der Handelsumsätze mit den verschiedenen Wertpapieren, die sich aber überwiegend für die einzelnen Händler innerhalb kurzer Zeit wegsaldieren – abgesehen von einer im Einzelnen kleinen, in der Summe aber sehr großen Gewinnmarge, die jeweils übrig bleibt.

Schon gar nicht bedeuten die explodierenden Handelsvolumina, dass die Vermögenswerte entsprechend gewachsen sind. Dieser computergestützte Hochfrequenzhandel führt vor allem zu einer stark erhöhten Instabilität, weil bei bestimmten Marktsignalen die Programme einer Vielzahl von Händlern automatisch und gleichgerichtet reagieren und eine sich verstärkende Kettenreaktion auslösen können. Zudem bietet er diverse Manipulationsmöglichkeiten und es können technisch bedingte Fehler auftreten.[4]

Es gibt eine große Zahl verschiedener Derivate und Zertifikate und andere »strukturierte Finanzprodukte«. Das sind Schuldverschreibungen mit »derivativen Komponenten«, die sehr komplex aus mehreren Komponenten zusammengesetzt sein können und ganz spezifische Spekulations- oder auch Absicherungszwecke bedienen. Zudem werden ständig neue »innovative Finanzprodukte« entwickelt und von den Banken und Fonds auf den Markt geworfen. Basiswerte können sein: Aktien, Anleihen, Währungen, Rohstoffe,

4 Vgl. dazu: Andrew Smith: Krieg gegen den Blitztransfer, in: Der Freitag, 9.7.2014, https://www.freitag.de/autoren/the-guardian/krieg-gegen-den-blitztransfer

Agrarprodukte, Immobilien, Kreditverträge, andere Derivate, Kombinationen davon, Indizes darauf, was auch immer. Manche davon werden an Börsen gehandelt, manche außerbörslich (OTC = over the counter) und damit noch weniger kontrolliert und transparent als ohnehin.

Die Spekulationsbewegung ist mit der Konjunkturentwicklung verkoppelt. Je stabiler und stärker das wirtschaftliche Wachstum im konjunkturellen Aufschwung, desto zuversichtlicher werden die Investoren. Und umgekehrt, wenn sich eine Krise ankündigt.

Zunehmendes Kreditvolumen bedeutet Ausweitung der Nachfrage und damit Stärkung des Aufschwungs und steigende Preise. Mit Ausweitung der Investitionen und Kreditfinanzierung kann es aber auch dahin kommen, dass Einnahmen zunehmend zur Zinszahlung verwendet werden, während die Verschuldung weiter steigt. Im Extrem findet ein Übergang zur »Ponzi-Finanzierung« (benannt nach dem Großbetrüger Charles Ponzi) statt, bei der auch die Kreditzinsen aus immer neuen Krediten bezahlt werden. Es werden so immer höhere Schulden aufgehäuft, die nie mehr zurückgezahlt werden können. Irgendwann, meist wenn auch die Konjunktur sich abschwächt, bricht dieser Prozess zusammen und führt zu großen Verlusten und Unternehmenszusammenbrüchen, was die Krisenprozesse verstärkt.

Geld und Geldschöpfung heute

Private, seien es Personen oder Unternehmen, können in zweierlei Weise akut zahlungsunfähig werden: durch Insolvenz, weil sie überschuldet sind und ihre Einnahmen dauerhaft nicht ausreichen, ihren Zahlungsverpflichtungen nachzukommen. Oder durch Illiquidität: Es fehlt an Geld und kurzfristig zu Geld zu machenden Vermögensgegenständen, um die akut fälligen Zahlungen leisten zu können. Auch Unternehmen, die nicht überschuldet sind, können illiquide werden, wenn erwartete Einnahmen ausfallen oder Kredite nicht gewährt oder nicht verlängert werden. Auf der anderen Seite können überschuldete und insoweit eigentlich insolvente Unternehmen oder Personen dies verschleiern, solange sie noch liquide sind, also ihnen Geld zufließt, meist aus Krediten, im Extrem wie bei den oben genannten Ponzi-Finanzierungen.

Für die Frage der Liquiditätsversorgung spielen die Banken eine zentrale Rolle, weil sie durch Kreditvergabe die Liquidität von Unternehmen jederzeit sicherstellen können. Allerdings können auch Banken nicht unbegrenzt Liquidität, also Geld, zur Verfügung stellen.

Banken unterliegen der Bankenaufsicht, die übermäßige und zu riskante Kreditvergabe verhindern soll. Sie müssen Eigenkapitalvorschriften beachten, also einige Prozent Eigenkapital im Verhältnis zur Kreditsumme vorweisen, wobei noch eine Risikogewichtung vorgenommen wird. Und sie müssen auf die ausgereichten Kredite Mindestreserven bei der Zentralbank hinterlegen.

Auf der anderen Seite bekommen die Geschäftsbanken Zentralbankgeld für die Einreichung von Wertpapieren als Sicherheiten.

Die Zentralbank ist die »Bank der Banken« und hat besondere, vom Staat verliehene Rechte und Aufgaben. Alle Banken haben Konten bei der Zentralbank. Sie ist zuständig für die Währungs- und Geldpolitik und verfügt über verschiedene Instrumente, mit denen sie Einfluss auf das Zinsniveau und die finanziellen Bedingungen des Bankensektors nimmt. Sie hält die Währungsreserven eines Landes in Gold und Goldforderungen, Devisen (Guthaben in fremden Währungen) sowie Sonderziehungsrechten und andere Forderungen gegenüber dem Internationalen Währungsfonds.

Ziele und allgemeine Struktur der Zentralbanken werden in der Regel gesetzlich festgelegt. Im Euroraum gibt es auf Grundlage von völkerrechtlichen Verträgen das Eurosystem, das aus den nationalen Zentralbanken der Euro-Länder und der Europäischen Zentralbank (EZB) besteht. Diese bestimmt die gemeinsame Geld- und Währungspolitik. Eigentümer der EZB sind im Verhältnis ihres wirtschaftlichen Gewichts die nationalen Notenbanken, die meist, aber nicht alle, in öffentlichem Besitz sind.

Als vorrangiges Ziel der Europäischen Zentralbank ist die Wahrung der Preisniveaustabilität festgelegt, was die EZB als jährlichen Anstieg des Verbraucherpreisindex um knapp zwei Prozent definiert hat.

Die Unterstützung der allgemeinen Wirtschaftspolitik der EU ist nur nachrangig. In ihrem konkreten Handeln ist die EZB unabhängig und unterliegt keiner demokratischen Steuerung und Kontrolle, obwohl ihre Entscheidungen massiven Einfluss auf die wirtschaftliche Entwicklung des Euroraums und seiner Mitgliedstaaten haben.

Die Zentralbank legt fest, zu welchen Zinssätzen und weiteren Bedingungen sich die Banken Geld bei ihr beschaffen können. Sie kann in großem Umfang Wertpapiere von den Banken als Sicherheiten für Kredite annehmen oder auch kaufen und verkaufen. Die Zentralbanken erzielen üblicherweise Gewinne aus ihrer Tätigkeit, die nach bestimmten Regeln an den Staatshaushalt ausgeschüttet werden. Ihr zentrales Privileg ist das alleinige Monopol auf die Ausgabe von Banknoten, die gesetzliches Zahlungsmittel sind.

Nun ist landläufig oft davon die Rede, dass die Zentralbanken »Geld drucken«. Dies bedeutet aber nicht, dass sie entsprechend zusätzliche Banknoten in Verkehr bringen. Sondern es geht normalerweise darum, dass sie zusätzliches Zentralbankgeld schaffen, indem sie Wertpapiere kaufen oder auf andere Weise den Banken zusätzliches Zentralbankgeld zukommen lassen. Wenn davon die Rede ist, dass die Zentralbanken »Liquidität« in den Markt pumpen, dann ist dies damit gemeint. Dies führt zu entsprechend höheren Geldguthaben von Nichtbanken oder zu Zentralbankguthaben der Banken, auf deren Grundlage diese zusätzliche Kredite vergeben und damit mehr Geld auf die Konten der Nichtbanken bringen können. Diese können und sollen dieses Geld dann für Käufe von Gütern und Dienstleistungen ausgeben, also die effektive Nachfrage steigern und damit die Wirtschaft ankurbeln und höhere Preise ermöglichen.

Wertpapierankaufprogramme der Zentralbanken in großer Dimension werden »Quantitative Easing« (monetäre Lockerung) genannt. Sie sind das ultimative Mittel, wenn die Zentralbankzinsen bereits nahe Null liegen, um frisches Geld in die Wirtschaft zu pumpen. Insbesondere soll damit ein sinkendes Preisniveau (Deflation) oder eine zu niedrige Inflationsrate bekämpft werden. Das ist sinnvoll, weil Deflation mit großen ökonomischen Problemen und oft anhaltender Stagnation verbunden ist. Insbesondere wird es immer schwerer, bestehende Schulden zu bedienen, wenn Preise und damit auch Einkommen sinken. Zugleich sinkt die Bereitschaft, Geld auszugeben oder sich neu zu verschulden, und damit die effektive Nachfrage.

Ob »quantitative easing« die erwünschten Wirkungen hat, ist unsicher. Es kann auch sein, dass die Ausweitung der Zentralbankgeldmenge ohne Ausweitung der effektiven Nachfrage verpufft. Dies passiert, wenn die Banken keine zusätzlichen Kredite vergeben, weil sie selbst Eigenkapitalprobleme haben, weil ihnen die Risiken zu hoch erscheinen, oder weil die Unternehmen keine Kredite für zusätzliche Investitionen nachfragen. Zu erwarten ist jedoch in jedem Fall, dass durch niedrige Zinsen und Wertpapieraufkaufprogramme der Zentralbank der Wechselkurs der Währung sinkt und damit Exporte auf dem Weltmarkt verbilligt und so stimuliert werden.

Es besteht eine gesetzliche Verpflichtung, das von der Zentralbank ausgegebene Geld für alle Zahlungen anzunehmen. Das von den Geschäftsbanken durch Kreditgewährung geschöpfte Buchgeld, insbesondere Sichtguthaben auf Girokonten, sind streng genommen nur Forderungen auf Bargeld. Faktisch werden sie aber im Geschäftsverkehr zwischen Nichtbanken wie Bargeld behandelt und gelten deshalb üblicherweise auch als Geld. Es gibt verschieden breit definierte Geldmengenbegriffe, die im Wesentlichen solche Forderungen umfassen, die unterschiedlich leicht innerhalb der nächsten zwei Jahre für Zahlungen flüssig gemacht werden können (M1 bis M3, die Zentralbankgeldmenge heißt M0).

Das Bargeld und die Zentralbankgeldguthaben der Banken sind heute das eigentliche Geld, auch Geldbasis genannt. Es ist das gesetzliche Zahlungsmittel. Dazu kommt das Buchgeld = Forderungen auf Bargeld.

Doch welchen Wert hat dieses Geld? Es hat selbst im engeren Sinne gar keinen Wert, der Materialwert ist vernachlässigbar, aber man kann werthaltige Waren damit kaufen. Eigentum an diesem Geld ist der Anspruch auf einen Anteil an der gesamtwirtschaftlichen Produktion bzw. dem Warenangebot, jetzt oder zu einem späteren Zeitpunkt. Doch wie groß ist dieser Anspruch, wie viele Waren und Dienstleistungen kann man für ein bestimmtes Quantum Geld kaufen? Wie ist also das Preisniveau bestimmt, wovon hängt das ab?

Einerseits davon, zu welchen Preisen die Waren angeboten werden, und zweitens davon, in welchem Verhältnis dazu die effektive Nachfrage als Geldsumme steht. Die Preiserwartungen beruhen auf dem Wert der Waren, also der darin vergegenständlichten gesellschaftlich notwendigen Arbeit, bzw. kapitalistisch modifiziert und in Geldeinheiten ausgedrückt den Produktionskosten und dem Durchschnittsprofit. Die effektive Nachfrage hängt von den Einkommen ab und davon, wie viel davon gespart und wie viel andererseits auf Kredit ausgegeben und insbesondere investiert wird. Dieses Verhältnis zwischen Warenangebot und effektiver Nachfrage bestimmt dann, inwieweit die erwarteten Preise auch realisiert werden können oder ob Waren unter ihrem Wert verkauft werden müssen oder über ihrem Wert verkauft werden können.

Es ist keineswegs die »Geldmenge« als solche, in welcher Definition auch immer, die das Preisniveau bestimmt. Es kommt vielmehr auf die effektive Nachfrage und auf die Kostenentwicklung an.

Geld, das nicht realwirtschaftlich für Güter und Dienstleistungen nachfragewirksam ausgegeben wird, sondern im Finanzsektor verbleibt bzw. für Wertpapiere oder andere Vermögensgüter aus dem Bestand ausgegeben wird, führt lediglich zu steigenden Preisen für diese Vermögensgüter. Dies vergrößert nebenbei die Ungleichheit der Vermögensverteilung. Ob die Expansion der Geldmenge durch »quantitative easing« daher die gewünschte Wirkung auf die Realwirtschaft hat, also steigendes allgemeines Preisniveau und Wachstum, oder lediglich Vermögenspreisblasen weiter aufpumpt, hängt von weiteren konkreten Bedingungen ab. Sicherer und wirksamer wäre auf jeden Fall, das zusätzliche Zentralbankgeld nicht den Banken zur Verfügung zu stellen, sondern direkt oder indirekt etwa dem Staat für zusätzliche Ausgaben.[5] Oder für Lohnerhöhungen deutlich über den Produktivitätszuwachs hinaus zu sorgen, die sowohl die Nachfrage als auch die Kosten erhöhen.

Das heißt aber auch, dass Befürchtungen übermäßiger Inflation bloß wegen einer Expansion der Zentralbankgeldmenge unbegründet sind. Zudem kann die Zentralbank von ihr geschaffenes zusätzliches Zentralbankgeld auch wieder »einsammeln«, indem sie Wertpapiere wieder verkauft. Damit fließt Zentralbankgeld zu ihr zurück und wird genau so vernichtet wie es vorher »gedruckt« wurde. Diese Operation entzieht allerdings der Wirtschaft potenziell auch Nachfrage und schränkt damit mögliches Wachstum ein.

[5] Vgl. Norbert Häring: TINA ist doof. 10 Wege für die EZB, Geld in Umlauf zu bringen, www.norberthaering.de/index.php/de/newsblog2/27-german/news/158-tina-ist-doof-10-wege-fuer-die-ezb-geld-in-umlauf-zu-bringen-ohne-die-reichen-noch-reicher-zu-machen-und-die-armen-den-naechsten-crash-ausbaden-zu-lassen.

Geldschöpfung durch die Geschäftsbanken erfolgt durch Kreditvergabe an Nichtbanken, gewissermaßen aus dem Nichts. Das geschaffene Buchgeld auf dem Konto sind Forderungen des Kreditnehmers gegenüber der Bank, denen Verbindlichkeiten in Form des Kredits gegenüber stehen.

Bankguthaben sind Verbindlichkeiten der Banken gegenüber ihren Kunden. Dies führt zu einer entsprechenden Ausweitung der Geldmengenaggregate, aber nicht des gesamtwirtschaftlichen Vermögens, weil zusätzliche Forderungen und Verbindlichkeiten sich wegsaldieren. Vorherige Ersparnis ist in einer Geldwirtschaft für diesen Prozess nicht nötig, zusätzliche Ersparnis ergibt sich als Resultat: Die Kreditnehmer können mit dem Geld realwirtschaftliche Ausgaben tätigen und so die effektive Nachfrage steigern. Dies führt zu höherer Produktion bzw. Wertschöpfung und damit zu höheren Einkommen. Dadurch und nur dann steigt auch der gesamtwirtschaftliche Reichtum. Das gilt, wenn unausgelastete Kapazitäten, also Produktionsanlagen und Arbeitskräfte vorhanden sind, ansonsten würden die Preise steigen. Am Günstigsten ist dabei, wenn realwirtschaftliche Investitionen vorgenommen werden, die die Produktions- und Lebensbedingungen einer Gesellschaft dauerhaft verbessern.

Auch Bargeld und anderes Zentralbankgeld wird in der Bilanz der Zentralbank gebucht wie eine Verbindlichkeit der Zentralbank. Es besteht jedoch der Unterschied, dass die Zentralbank niemandem die Rückzahlung dieses Geldes schuldet. Die Zentralbanken haben große Reserven in ihren Bilanzen, und sie können nicht pleite gehen. Es besteht daher prinzipiell eine Reihe von Möglichkeiten für eine andere Zentralbankpolitik als die gegenwärtig herrschende, die vor allem die Interessen der Geschäftsbanken und Vermögensbesitzer verfolgt. Das gilt insbesondere in Bezug auf die Europäische Zentralbank und ihre Politik in der Eurokrise (mehr dazu im Kapitel 6.3 zu EU und Euro-Krise).[6]

5.3 Kapitalistischer Staat, Demokratie, Sozialstaat

In der öffentlichen politischen Diskussion und insbesondere bei Neoliberalen erscheint der Staat oft als ein Gegenpol zu »Wirtschaft« und »Markt«. Aber in der Realität gibt es keine funktionierende Wirtschaft ohne einen funktio-

6 Vgl. Dario Sefano Dell'Aquila/Stephan Kaufmann/Jannis Milios: Blackbox EZB. www.rosalux.de/publication/40678/blackbox-ezb.html. Eine verständliche Darstellung der Funktionsweise des Geld- und Bankensystems bietet Norbert Häring: http://norberthaering.de/index.php/de/ueber-das-geld.

nierenden Staat. Es geht lediglich darum, wie und in wessen Interessen der Staat funktioniert.

Kapitalistischer Staat und »Stamokap«

Kapitalistische Produktion ist von Anfang an darauf angewiesen, dass ihre gesellschaftlichen Voraussetzungen, insbesondere das Privateigentum und die Gewerbe- und Vertragsfreiheit, staatlich gesichert werden. Auf der anderen Seite beruht der Staat auf den bestehenden ökonomischen und gesellschaftlichen Strukturen und ist insbesondere darauf angewiesen und ausgerichtet, eine positive wirtschaftliche Entwicklung zu fördern und gesellschaftliche Stabilität zu gewährleisten. Damit reproduziert er unter normalen Umständen die bestehenden gesellschaftlichen Herrschaftsverhältnisse. Friedrich Engels hat dies zugespitzt so ausgedrückt:

»Und der moderne Staat ist wieder nur die Organisation, welche sich die bürgerliche Gesellschaft gibt, um die allgemeinen äußern Bedingungen der kapitalistischen Produktionsweise aufrechtzuerhalten gegen Übergriffe sowohl der Arbeiter wie der einzelnen Kapitalisten. Der moderne Staat, was auch seine Form, ist eine wesentlich kapitalistische Maschine, Staat der Kapitalisten, der ideelle Gesamtkapitalist.« (Friedrich Engels: Die Entwicklung des Sozialismus von der Utopie zur Wissenschaft, MEW 19, S. 222)

Im modernen Kapitalismus sichert der Staat die rechtlichen und gesellschaftlichen Bedingungen der Kapitalherrschaft und übernimmt darüber hinaus eine zentrale Rolle im ökonomischen und sozialen Regulierungssystem.

Der Staat stellt produktionsbezogene und soziale Infrastrukturen bereit und greift umfassend in die wirtschaftlichen Prozesse und die Verteilung des gesellschaftlichen Reichtums ein. Zur Finanzierung erhebt der Staat Steuern und Abgaben und er verschuldet sich.

Staatsschulden stellen eine zentrale und normalerweise besonders sichere Anlageklasse für private Vermögensbildung, Banken und finanzkapitalistische Fonds dar. Die ökonomische Bedeutung des modernen Staates ergibt sich schon aus dem rein quantitativen Gewicht seiner Einnahmen und Ausgaben (zu letzteren siehe Abbildung 30).

Die Interventionen des Staates in die Ökonomie dienen einerseits dazu, das Gesamtsystem zu stabilisieren und Krisen entgegenzuwirken. Dies vollzieht sich aber unter intensiver Einflussnahme von und in vielfältiger Verflechtung mit monopolkapitalistischen Großunternehmen und Banken. Diese setzen ihre ökonomische Macht in politische Macht um und profitieren von den wirtschaftspolitischen Aktivitäten des Staates in der Regel am meisten. Dabei geht es weniger (aber auch) um Bestechung und ähnliche Praktiken als darum, dass die Großunternehmen in der Lage sind, ihre Kapitalverwertungsinteressen als Sachzwang und zugleich im Interesse der Sicherung von Arbeitsplät-

Abbildung 30: Ausgaben von Staat und Sozialversicherungen in Deutschland 2013

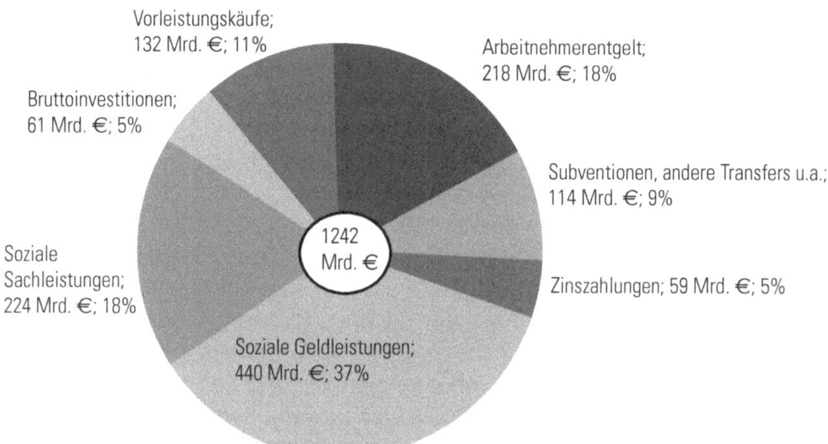

Der Anteil der Ausgaben von Staat und Sozialversicherungen am BIP (die »Staatsquote«) beträgt etwa 44%. Davon sind 43% (= 19% am BIP) Ausgaben der Sozialversicherungen, die weitestgehend den Versicherten und ihren Angehörigen zufließen. Hinzu kommen weitere Sozialleistungen. Ausgaben für Personal, Investitionen und Sachkäufe machen zusammen unter 15% am BIP aus.

Quelle: Statistisches Bundesamt, September 2014, Volkswirtschaftliche Gesamtrechnung, eigene Berechnung

zen darzustellen. Zudem sind sie am besten in der Lage, sich öffentliche Forschungsförderung und andere Subventionen nutzbar zu machen.

Der Staat vertritt die kapitalistischen Gesamtinteressen wie auch in großem Maße die Interessen einflussreicher einzelner Kapitale und Kapitalgruppen, insbesondere auch auf internationalem Terrain als imperialistischer Staat. Diese Struktur hat sich seit dem zweiten Drittel des 20. Jahrhunderts herausgebildet und wird als staatsmonopolistischer Kapitalismus bezeichnet (SMK oder Stamokap). Ob und wieweit diese Theorie zur Erklärung des modernen Kapitalismus taugt, ist aber umstritten, auch weil sie im Marxismus-Leninismus der realsozialistischen Staaten überhöht und dogmatisiert wurde.

Die Regulierung im Rahmen der Monopolbildung und ihre Weiterentwicklung zur staatsmonopolistischen Regulierung sind Ausdruck der wachsenden Vergesellschaftung der kapitalistischen Produktion. Sie sind der Versuch, den Grundwiderspruch des Kapitalismus im Rahmen des Kapitalismus zu bewältigen. Aufgrund der fortwirkenden Gesetzmäßigkeiten der kapitalistischen Ökonomie und der Widersprüche zwischen einzelkapitalistischen, monopolistischen Branchen- und gesamtwirtschaftlichen Interessen ist dieser Versuch nur zeitweise erfolgreich. Gleichzeitig ist die wirtschaftspolitische Regulierung zum Konfliktgegenstand der Klassenauseinandersetzungen geworden.

Kräfteverhältnisse, Klassenherrschaft und Demokratie

Es gibt keine einseitige und ausschließliche Abhängigkeit des Staates vom Großkapital, das zudem auch verschiedene Fraktionen aufweist. Der Staat steht zugleich unter der Einwirkung der anderen gesellschaftlichen Klassen und Kräfte. Er hat grundsätzliche eine relative Selbständigkeit gegenüber der Ökonomie und den sozialökonomischen Interessen. Das gilt in besonderer Weise, wenn es sich um ein demokratisch verfasstes Staatswesen handelt.

Demokratie bedeutet ja eigentlich »Herrschaft des Staatsvolkes«. Die Volkssouveränität als tragendes Verfassungsprinzip soll sich dabei in freien Wahlen und Abstimmungen auf der Basis staatsbürgerlicher Grundrechte und -freiheiten Ausdruck verschaffen. Das Volk, im Wesentlichen die dauerhaft auf einem Staatsgebiet lebende Bevölkerung, soll so direkt oder indirekt durch Parlamente über die Gesetze und die Regierung eines Landes bestimmen. Linke und GewerkschafterInnen sollten dabei an einem normativen Demokratiebegriff festhalten und Demokratie nicht auf ein rein formales Verfahren reduzieren.

Dabei sollte die zugrunde liegende Gleichheit der Menschen sich nicht nur in formal gleichem Wahlrecht ausdrücken, sondern real möglichst gleiche Chancen zur Durchsetzung der Interessen beinhalten, sodass sich in der Regel die Interessen der Mehrheit durchsetzen (bei Schutz der Minderheiten). Wobei die Artikulation der Interessen selbst schon ein gesellschaftlicher und von Machtverhältnissen beeinflusster Prozess ist.

Als Beschreibung der real existierenden sich demokratisch nennenden Staaten und zur Erklärung realen staatlichen Handelns und politischer Entwicklungen wäre eine solche normativ begründete Vorstellung allerdings hoch naiv und ungeeignet. Um ihr näher zu kommen, müssten die Machtungleichheiten überwunden oder zumindest zurückgedrängt werden, die aus der privaten Kontrolle kleiner Minderheiten über die wichtigsten Produktionsmittel, den Finanzsektor, Massenmedien usw. und aus der extremen Konzentration großer Vermögen und hoher Einkommen resultieren.

Entscheidend für das konkrete Handeln der staatlichen Organe sind gesellschaftliche und politische Kräfteverhältnisse. Dafür sind parlamentarische und Regierungskonstellationen ein ganz wichtiger Faktor, aber keineswegs der einzige oder letztlich entscheidende. Entscheidend sind ökonomisch und gesellschaftlich begründete Machtressourcen der verschiedenen gesellschaftlichen Klassen und Gruppen, die ihren Interessen[7] sehr unterschiedlich große

---

[7] Wenn hier und im Folgenden von sozialen Kriterien und Interessen die Rede ist, sind nicht nur Verhältnisse zwischen Kapital und Lohnarbeit oder zwischen Arm und Reich gemeint. Es geht ebenso um Gleichheit und Gerechtigkeit auch zwischen

politische Durchsetzungskraft vermitteln.[8] Zudem ist der Staat in verschiedene Ebenen, Abteilungen und Einrichtungen zersplittert, die jeweils eigenen rechtlichen, finanziellen, personellen usw. Vorgaben, Logiken und Bedingungen unterliegen. Der Staat ist also kein einheitliches Subjekt, die einzelnen staatlichen Körperschaften handeln allerdings durchaus als rechtsfähige Subjekte.

Der marxistische Theoretiker Nicos Poulantzas bezeichnete den Staat als »materielle Verdichtung gesellschaftlicher Kräfteverhältnisse«. Dabei gibt es im kapitalistischen Staat eine normalerweise auch politisch herrschende bürgerlich-kapitalistische Klasse, wer auch immer gerade die Regierung stellt.

Das gilt, solange die wichtigsten Produktionsmittel (im weiteren Sinne) in privat-kapitalistischer Hand sind, solange das Finanzwesen als zentrales Regulationssystem des modernen Kapitalismus kapitalistisch beherrscht ist und solange die Fraktionen und Netzwerke des großen Kapitals und der bürgerlichen Eliten es hinbekommen, so etwas wie ein dominierendes bürgerliches Klasseninteresse zu formieren und im Großen und Ganzen durchzusetzen, so unvollkommen und teils in sich widersprüchlich das auch sein mag.

Auf die Dauer und insbesondere in Demokratien ist dafür Hegemonie, ideologische Vorherrschaft auch gegenüber den Volksklassen wichtig. Doch Herrschaft funktioniert auch, wenn die ideologischen Leitbilder angeknackst sind, wie wir das seit der großen Finanzkrise erleben. Dafür spielt die Konstruktion der Staatsapparate eine wichtige Rolle. Wir sehen in den letzten Jahrzehnten zudem, wie die Verpflichtungen und Strukturen der Europäischen Union und internationale Freihandels- und Investitionsschutzverträge zu einem zentralen Instrument der herrschenden Klassen ausgebaut worden sind, um kapitalistische Politik auch gegen den Willen von Parlaments- oder Bevölkerungsmehrheiten durchzusetzen.

Die politische Beteiligung der Massen und vor allem der unteren Schichten wird missachtet und nimmt ab. Prokapitalistische Politik wird als alternativlos dargestellt. Kanzlerin Merkel formulierte es als ihre politische Zielsetzung, die Demokratie »marktkonform« zu machen. Kritisch sprechen der britische Politikwissenschaftler Colin Crouch von einer Entwicklung zur »Postdemokratie«, der Philosoph Jürgen Habermas von »Fassadendemokratie« und

---

Menschen unterschiedlichen Geschlechts, Nationalität, Kultur, sexueller Orientierung etc. und zwischen den Lebensbedingungen in unterschiedlichen Regionen und Staaten. Die Zusammenfassung all dieser Kriterien und Interessen bedeutet aber nicht, dass es zwischen diesen keine Widersprüche, Konflikte und Auseinandersetzungen gibt.

[8] Mehr dazu in Kapitel 3.5 im Unterabschnitt »Gesellschaftliche Kräfteverhältnisse und Klassenkampf«.

der marxistische Politikwissenschaftler Frank Deppe von einer Transformation des demokratischen hin zum »autoritären Kapitalismus«.

Sozialstaat in Deutschland

Auf der anderen Seite sind auch die Strukturen wichtig und prägend für den heutigen Staat, in denen sich der historische Einfluss der lohnabhängigen Klasse und demokratischer Kräfte niedergeschlagen hat. Neben dem demokratischen Rechtsstaat zählt dazu insbesondere der Sozialstaat im weitesten Sinne: die gesetzlichen Sozialversicherungen und das gesamte Sozialleistungssystem, die öffentlichen Dienstleistungen und die öffentliche Daseinsvorsorge, Bildungs- und Wissenschaftseinrichtungen, die Umverteilung über das Steuersystem, Arbeitnehmerschutzrechte und sonstige soziale Rechte, Verbraucherschutz, Koalitionsfreiheit, Tarifrecht, Betriebsverfassung, Mitbestimmung usw. Öffentliche Unternehmen und Einrichtungen bieten zumindest die Möglichkeit demokratischer Kontrolle und der Ausrichtung des Zwecks und der Führungsorgane an demokratisch bestimmten Zielsetzungen statt an Profitinteressen.

Die Institutionen und Organisationen des Sozialstaats haben eine große Bedeutung für die Einzelnen, aber auch für die gesellschaftlichen Strukturen und Kräfteverhältnisse, für die Klassenformierung, für die Verteilungs- und Produktionsverhältnisse. Kapitalistische Kräfte versuchen ständig, diese Institutionen in ihrem Sinne einzuschränken und in die vorherrschende Markt- und Profitorientierung einzupassen. Demgegenüber sind Gewerkschaften sowie soziale und demokratische Organisationen und Bewegungen ständig damit beschäftigt, diese Angriffe abzuwehren und eine Weiterentwicklung dieser Einrichtungen im Interesse der Lohnabhängigen und im Sinne sozialer, ökologischer und anderer demokratischer Ziele durchzusetzen.[9]

Neben der Auseinandersetzung mit dem Kapital in Betrieben, Unternehmen und in Tarifauseinandersetzungen ist die Wirtschafts-, Finanz- und Sozialpolitik ein zentrales Feld, auf dem sich alltäglicher Klassenkampf abspielt. Dabei ist eine völlige Beseitigung des Sozialstaats nicht die Agenda der herrschenden Klasse, weil dieser auch stabilisierende Wirkungen für das System hat. Aber das ist eben nicht alles.

Der Sozialstaat im weitesten Sinne bedeutet auch eine Einschränkung und Zurückdrängung kapitalistischer Herrschaft. In gewissem Sinne kann man den Sozialstaat als ein »sozialistisches Element« bezeichnen, das schon im Kapitalismus durchgesetzt worden ist.

---

[9] Eine tiefschürfende Darstellung der historischen Entwicklung leistet Robert Castel: Die Metamorphosen der sozialen Frage. Eine Chronik der Lohnarbeit, Konstanz 2008. Eine ausführliche Besprechung findet sich hier: www.socialnet.de/rezensionen/6340.php

Abbildung 31: Struktur der Sozialleistungen nach Leistungsarten 2013

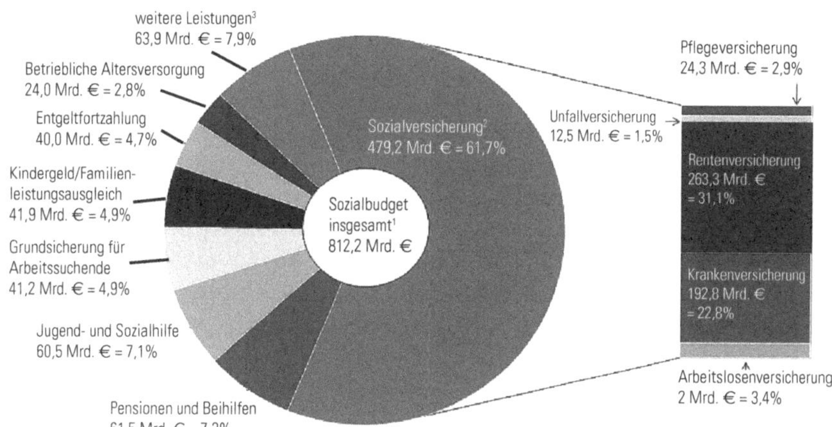

* geschätzte Werte
[1] Sozialbudget insgesamt und Allgemeine Systeme konsolidiert um Beiträge des Staates
[2] ohne wechselseitige Verrechnung der einzelnen Institutionen. Summenbildung deshalb nicht möglich
[3] u.a. Wohngeld, BAföG, Elterngeld, Entschädigungen

Das System der sozialen Sicherung in Deutschland weist eine Vielzahl unterschiedlicher Leistungen auf. Es ist wesentlich durch die gesetzlichen Sozialversicherungen geprägt. Insgesamt werden für soziale Leistungen knapp 30% des Bruttoinlandsprodukts umverteilt oder verwendet.

Quelle: Bundesministerium für Arbeit und Soziales (2014), Sozialbudget; IAQ

Das gilt insbesondere, soweit er eine Einschränkung des Kapitalismus auf dem Arbeitsmarkt zur Folge hat, den Charakter der Arbeitskraft als Ware einschränkt, indem er sozialen Schutz gegenüber Arbeitgeberwillkür und Sicherheit auch im Falle von Erwerbslosigkeit, Krankheit und anderen Problemlagen bietet. Dieser kapitalistische Sozialstaat ist bei aller Einschränkung immer noch eine Realität, nicht nur eine »Sozialstaatsillusion«, wie es einige marxistische Kritiker nannten.

In der BRD ist der Sozialstaat insbesondere in der ersten Hälfte der 1970er Jahre durch verbesserte Leistungen ausgeweitet worden. Seitdem beträgt der Anteil der Sozialleistungen am Bruttoinlandsprodukt (Sozialleistungsquote) über 25%. Den größten Batzen machen Renten- und Pensionszahlungen und Leistungen für Kranke aus. Im Gefolge der deutschen Einheit mit massivem Arbeitsplatzabbau in Ostdeutschland stieg die Sozialleistungsquote erneut etwas an. Im Gefolge der Leistungskürzungen der »Agenda 2010« wurden die Ausgaben gedrückt, ein vorübergehender Anstieg 2009 war krisenbedingt.

Der Sozialstaat hat auch mit Eigentumsverhältnissen zu tun. Sozialversicherungsansprüche haben einen eigentumsähnlichen Charakter und Schutz. Der Sozialstaat hat enorme Auswirkungen auf die Einkommens- und Vermögensverteilung. Die von Finanzkapital und Neoliberalen heftig vorangetriebene Demontage der auf Umlagefinanzierung beruhenden Sozialversicherungen und die Ausweitung kapitalgedeckter Vorsorgesysteme wiederum tragen erheblich zur Aufblähung des Finanzkapitals und des kapitalistischen Finanzsektors bei. Die soziale Sicherung wird dabei geschwächt, ihr werden Einkommensanteile entzogen, auch für unnötige Verwaltungskosten und Profitansprüche privater Versicherungen. Kapitaldeckung ändert nichts daran, dass der Sozialaufwand immer aus der laufenden Wertschöpfung finanziert werden muss, also aus dem durch Erwerbsarbeit produzierten Bruttoinlandsprodukt bzw. dem Bruttonationaleinkommen.

Staat im Kapitalismus:

- Gewährleistung der gesellschaftlichen bzw. rechtlichen Voraussetzungen der kapitalistischen Produktion und Herrschaft
- Gewährleistung der notwendigen Infrastruktur
- Regulierung der wirtschaftlichen Prozesse
- Umverteilung von Einkommen und soziale Integration
- »ideeller Gesamtkapitalist« (Engels) und »Verdichtung gesellschaftlicher Kräfteverhältnisse« (Poulantzas)

Staatsmonopolistischer Kapitalismus:

- Verflechtung von Monopolen/beherrschenden Großunternehmen und Staatsapparat
- starke Einflussnahme der Großunternehmen auf die staatliche Politik
- Staat als Interessenvertreter des großen Kapitals

Sozialstaat

- kollektive Regulierung der Arbeitsbeziehungen und des Arbeitsmarkts
- Entwicklung sozialer Sicherungssysteme
- Ausbau des Bildungswesens
- öffentliche Dienstleistungen und Daseinsvorsorge
- »sozialistisches Element« und Feld von Klassenkämpfen

5.4 Fordismus und Neoliberalismus

Die Entwicklung des Kapitalismus im 20. Jahrhundert vollzog sich im Zusammenhang mit weitreichenden Veränderungen in der ökonomischen und sozialen Reproduktion, ihren technischen Grundlagen sowie den staatlichen Regulierungen und vorherrschenden Ideologien. Zunächst wurde der »Fordismus« als Verbindung von Massenproduktion und Massenkonsum zum bestimmenden Moment der kapitalistischen Industrialisierung – allerdings in Kombination oder Konkurrenz zur Militarisierung großer Bereiche der Volkswirtschaften.

Fordistische Regulationsweise und »soziale Marktwirtschaft«

Den Begriff »Fordismus« hat erstmals Antonio Gramsci um 1930 in die marxistische Debatte eingebracht. Daran anschließend ist er zu einem wichtigen Begriff der seit den 1970er Jahren entwickelten Regulationstheorie geworden. Diese marxistisch inspirierte Theorieschule untersucht insbesondere, wie trotz aller Krisenhaftigkeit der Gesamtzusammenhang und die Reproduktion der kapitalistischen Gesellschaft stabilisiert werden. Es geht um den Zusammenhang von Ökonomie, staatlicher Herrschaft und Regulierung und Hegemonie. Dabei werden verschiedene historisch aufeinander folgende oder auch in verschiedenen Ländern parallel bestehende Akkumulationsregime unterschieden, in denen Produktion und Konsumtion auf bestimmte Weise miteinander verbunden sind. Es werden dabei jeweils besonders prägende und neue Elemente der ökonomischen und gesellschaftlichen Verhältnisse hervorgehoben.

Der »Fordismus« war geprägt durch Massenproduktion und Massenkonsum auf der Basis stetig steigender Löhne.

Die Akkumulationsregime werden stabilisiert durch bestimmte soziale und staatliche Institutionen, Lebensweisen, Kulturen und dominierende Bewusstseinsformen (siehe Abbildung 32). Besonders wichtig ist dabei, wie das Lohnverhältnis und die Reproduktion, die Unternehmen und Märkte, die wirtschaftliche Rolle des Staates und der Weltmarkt reguliert sind. Dieser gesellschaftliche Gesamtrahmen wird Regulationsweise genannt.

Mit dem Fordismus stieg die ökonomische Bedeutung der lohnabhängigen Massen auf den Märkten und es entwickelten sich die ökonomischen Spielräume für eine lange Periode steigenden Lebensstandards und Konsumniveaus in den entwickelten kapitalistischen Ländern. Damit wurde zugleich die notwendige Nachfrage für die Realisierung der gewaltig wachsenden Produktion organisiert. Zuvor spielte Nachfrage in- und ausländischer nichtkapitalistischer Klassen eine wichtige, aber immer unzureichendere Rolle. Dies war allerdings auch verbunden mit einer neuen Dimension ökologischer Belastungen (z.B. durch den Individualverkehr) und einer einseitigen Orientierung vieler Lohnabhängiger auf Steigerung ihres individuellen Konsums und Privateigentums.

Die Entwicklung des Fordismus ist eng verbunden mit der der Gewerkschaften und der politischen ArbeiterInnenbewegung, insbesondere des sozialdemokratischen Reformismus.

Abbildung 32: Historische Abfolge aus regulationstheoretischer Perspektive

Zeit	Logik	Akkumulations-regime	Regulations-modus	Ära	Leit-technologie
bis ca. 1850		Handwerkliche Einzelfertigung	Nachtwächter-staat; Stände-gesellschaft	vorindustriell	Maschini-sierung
bis ca. 1925	Exten-sivie-rung	Kleinindustrielle Serienfertigung	Liberalismus; Klassen-gesellschaft	Manchester-Kapitalismus	Elektri-fizierung; Chemie
bis ca. 1975	Inten-sivie-rung	Großindustri-elle Massen-produktion; Taylorismus	Wohlfahrtsstaat; Mittelstands-Gesellschaft; Korporatismus	Fordismus	Erdöl; Auto
seit ca. 1975	Flexi-bilisie-rung	Flexible Spezialisierung; Netzwerkunter-nehmen; Outsourcing	Neoliberalismus; Pluralisierung der Lebensstile; Prekarisierung	Post-fordismus	Mikro-elektronik; Informa-tions-technik

Quelle: Erweitert nach dem Entwurf von H.H. Blotevogel 1998

Die Klassenbeziehungen (Löhne, Arbeitszeiten, ArbeitnehmerInnenrechte im weiteren Sinne) und der Arbeitsmarkt wurden weitgehend kollektiv – tarifvertraglich und gesetzlich – reguliert, die Einkommen der aktiven und insbesondere die der nicht (mehr) erwerbstätigen Angehörigen der ArbeiterInnenklasse in erheblichem Maße über Sozialversicherungen und Staat vermittelt.

Arbeitnehmerrechte und Sozialstaat beziehungsweise Wohlfahrtsstaat sind das Ergebnis des Aufstiegs der Lohnabhängigen zur Mehrheitsklasse der Gesellschaft und des Erstarkens ihrer Gewerkschaften und politischen Organisationen im 19. und 20. Jahrhundert. Basis war eine starke Organisierung insbesondere in den industriellen Großbetrieben und den davon geprägten Städten und Regionen. In den west- und nordeuropäischen Ländern erlangte der sozialdemokratische Reformismus eine starke gesellschaftliche Stellung und prägenden Einfluss auf die Entwicklung des Sozialstaates.

Den Höhepunkt ihrer Gestaltungsmacht erlangten die sozialen Kräfte in der Phase des »Wirtschaftswunders« nach dem Zweiten Weltkrieg. Starkes Wachstum brachte annähernde Vollbeschäftigung. Die Löhne stiegen kräftig und sorgten durch wachsenden Konsum für die Auslastung der fortlaufend erweiterten Produktionskapazitäten. Dadurch stiegen auch die Gewinne kräftig, die Profitrate bezogen auf den stark steigenden Kapitalwert sank allerdings. Soziale Sicherungssysteme, Arbeitnehmerrechte und öffentliche Daseinsvorsorge wurden ausgebaut.

Abbildung 33: Das »magische Viereck« der Wirtschaftspolitik

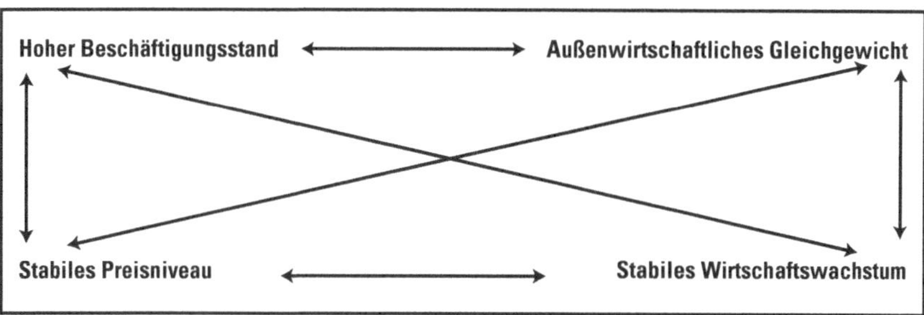

Wirtschaftspolitisch dominierte der Keynesianismus. Durch aktive Finanzpolitik sollten insbesondere in konjunkturellen Schwächephasen die öffentliche Nachfrage gesteigert und die Masseneinkommen sozialstaatlich stabilisiert werden, um ein möglichst stetiges Wirtschaftswachstum und einen hohen Beschäftigungsstand zu sichern. In Deutschland schlug sich das 1967 im formell immer noch gültigen Stabilitäts- und Wachstumsgesetz nieder, in dem das »magische Viereck« wirtschaftspolitischer Ziele verankert ist (siehe Abbildung 33).

Die »soziale Marktwirtschaft« war eine Art asymmetrischer Klassenkompromiss zwischen den Kräften von Kapital und Arbeit.

Die Früchte des wachsenden Wohlstands sollten beiden Seiten zugute kommen. Die Entwicklung und soziale Öffnung des Bildungswesens, des Gesundheitswesens, des Sozialstaats im weitesten Sinne in den 1960er bis 1980er Jahren sind Ergebnisse des Einflusses der ArbeiterInnenklasse auf den Staat. Die Klassenkompromisse blieben aber immer asymmetrisch, die ökonomische und gesellschaftliche Herrschaft des Kapitals war ungebrochen. Eine wesentliche Rolle spielte dabei auch die Systemkonkurrenz zum real existierenden Sozialismus, der dazu herausforderte, immer auch eine soziale Überlegenheit der kapitalistischen Wirtschafts- und Gesellschaftsordnung zu demonstrieren.

Die neoliberale Konterrevolution und Ideologie

In den Krisen der 1970er Jahre endete dieses »goldene Zeitalter«. Das 1944 in Bretton Woods vereinbarte Weltwährungssystem mit seinen festen, an den Dollar gebundenen Wechselkursen zerbrach 1973. Die Massenerwerbslosigkeit als Dauerphänomen kehrte zurück. Dies schwächte in den folgenden Jahrzehnten zusammen mit dem Bedeutungsrückgang traditionell gewerkschaftlich gut organisierter Industriebereiche und dem von der fortschreitenden Internationalisierung ausgehenden Druck nachhaltig die Stellung der abhängig Beschäftigten und der Gewerkschaften.

Schwaches Wachstum bzw. Stagnation verband sich mit gestiegenen Inflationsraten zur »Stagflation«. Auch die staatliche Verschuldung nahm zu. Das Kapital suchte profitablere Anlage, als sie unter diesen Bedingungen in der inländischen Realwirtschaft möglich war, zunehmend auf Finanzmärkten und international. Es drängte immer stärker auf Liberalisierung dieser vorher stark regulierten Wirtschaftstätigkeiten. Unter anderem gab es bis in die 1970er Jahre verbreitet Kontrollen und Beschränkungen des internationalen Kapitalverkehrs. Die Verteilungsspielräume wurden enger, die Konflikte härter.

Seit den 1970er Jahren kündigte die herrschende Klasse den fordistisch-wohlfahrtsstaatlichen Kompromiss auf und ging zu einer aggressiven Politik der Umverteilung von unten nach oben und des Abbaus sozialer Regulierungen über.

Seit der weltweiten ökonomischen Krise Mitte der 1970er Jahre befindet sich die ArbeiterInnenbewegung in einer defensiven Situation und ist in national unterschiedlichem Maße mit dem Abbau bereits erreichter sozialer Standards und Regulierungen konfrontiert. Besonders stark ist der Druck jeweils in Phasen der Rezession bzw. Krise, wenn die Finanzlage der öffentlichen Haushalte sich zusätzlich verschlechtert.

Im Verlauf der 1990er Jahre hat die gesellschaftspolitische Offensive der kapitalorientierten Kräfte eine erhöhte Dynamik bekommen. Ein wichtiger Hintergrund dafür war der Zusammenbruch des »real existierenden Sozialismus« in Ost- und Mitteleuropa. Der Kapitalismus erfasste nun nahezu die gesamte Erde, USA und NATO mussten keine Rücksichten mehr auf eine andere Weltmacht nehmen. Auch sozial- und gesellschaftspolitisch brauchte das Kapital weniger Rücksichten zu nehmen, erschien doch der Kapitalismus nun als »das Ende der Geschichte«. Die bisherigen sozialistisch motivierten Systemalternativen hatten sich als unterlegen erwiesen und waren gescheitert.

Der Neoliberalismus wurde zur vorherrschenden Ideologie. Er deutete die kapitalistischen Krisenprozesse als Resultate übermäßiger sozialer Regulierung und Umverteilung und behauptete die grundsätzliche Überlegenheit von Marktsteuerung und Privateigentum.

Die Maximen des Neoliberalismus lauten: Die Einschränkung der Marktfreiheit und Konkurrenz sei schädlich. Die Wirtschaft müsse von den »überbordenden« Kosten des Sozialstaats entlastet werden. Gewerkschaften und Sozialstaat hätten dafür gesorgt, dass Flexibilität und Anpassungsbereitschaft der ArbeitnehmerInnen zu gering und die Löhne insbesondere für niedrig qualifizierte Arbeit zu hoch seien. Insbesondere die so genannten Lohnnebenkosten, also im Kern die Sozialversicherungsbeiträge als gesetzlich regulierte Lohnbestandteile zur sozialen Absicherung, seien in der bisherigen Höhe nicht mehr tragbar. Regulative und finanzielle Belastungen hätten die internationale Wettbewerbsfähigkeit untergraben, was Hauptgrund für die anhaltende

Arbeitslosigkeit sei. Gefordert werden Sozialabbau und verstärkter Druck auf SozialleistungsempfängerInnen, Steuersenkungen insbesondere für Unternehmen und »Leistungsträger«, Deregulierung, Privatisierung öffentlichen Eigentums und sozialer Sicherung, Förderung von Eigenverantwortung und von Eliten, möglichst vollständige Unterordnung der Politik unter die Interessen und Anforderungen der Wirtschaft – und damit Abbau und Entwertung von Demokratie. Zu einer solchen Politik gebe es »keine Alternative« (TINA = There is no alternative), wenn eine neue Wachstumskonstellation erreicht werden solle.

Der Neoliberalismus drückte aber nicht nur Interessen des Kapitals aus, sondern sprach individuell aufstiegsorientierte Teile der Lohnabhängigen an. Mit der Ausdifferenzierung der Wirtschaftsstrukturen, Beschäftigungsverhältnisse, Arbeitsformen und höherer Qualifikation wachsender Teile der Lohnabhängigen veränderten sich auch die Klassenstrukturen, Milieus und Bewusstseinsformen. Gewerkschaftlich-sozialdemokratisch geprägte Milieus wurden schwächer oder veränderten ihre kulturelle und politische Orientierung. Individualität, Flexibilität, Eigenverantwortung erhielten zunehmende Bedeutung und positive Bewertung, ohne dass die sozialen Bedingungen dafür berücksichtigt wurden. Denn für die große Mehrheit der Lohnabhängigen ermöglicht erst ein entwickelter Sozialstaat ein hohes Maß an Freiheit, sozialer Sicherheit und Entfaltungsmöglichkeiten. Der Neoliberalismus griff diese Orientierungen auf und richtete sie gegen die traditionellen und angeblich gestrigen, die individuelle Freiheit einschränkenden Strukturen und Organisationen von Sozialstaat, Tarifverträgen, Gewerkschaften. Im Gefolge des wachsenden Lebensstandards waren zudem wachsende Teile der Bevölkerung kleine Eigentümer geworden, mit Sparguthaben, Eigenheim, Lebensversicherung, vielleicht sogar Aktien, und damit anfällig für daran anknüpfende Ideologien und Politik. Eine wichtige Rolle spielt die immer mehr kapitalistisch beherrschte Landschaft der Massenmedien, einschließlich wachsender Teile des Internet. Hier werden die öffentlich wahrgenommenen und diskutierten Informationen produziert und Themen gesetzt, Erfahrungen (um)gedeutet, herrschende Interpretationen und Meinungen vermittelt, antikapitalistische und sozialistische Auffassungen marginalisiert. Die »neoliberale Konterrevolution« (Milton Friedman) setzte sich in den 1980er Jahren zunächst in Großbritannien unter Margaret Thatcher und in den USA unter Ronald Reagan politisch durch und bestimmte in den folgenden Jahrzehnten zunehmend die Entwicklung in der kapitalistischen Welt.

Der staatliche und gewerkschaftliche Einfluss auf die Wirtschaft wurde zurückgedrängt, das Kapital schrittweise aus dem »Gefängnis« sozialer Regulierungen befreit. Auch die sozialdemokratischen Parteien, die traditionell mit den Gewerkschaften verbunden waren, schwenkten auf den neoliberalen Kurs ein.

Neoliberalismus und Globalisierung als kapitalistisches Klassenprojekt
Die Internationalisierung der Wirtschaft wurde vorangetrieben durch den Abbau von Zollschranken und anderen Handelshemmnissen. Die Europäische Gemeinschaft entwickelte Ende der 1980er Jahre das Projekt des gemeinsamen Binnenmarktes. Der internationale Kapitalverkehr wurde liberalisiert. Die Deregulierung des Finanzsektors ermöglichte die Bildung neuer spekulativer Vermögensanlagen und die Aufblähung der internationalen Finanzmärkte. Internationale Finanzanleger bestimmten zunehmend die Bedingungen für Investitionen. Die Entwicklung neuer Informations- und Kommunikationstechnologien ermöglichte und erforderte eine fortschreitende Beschleunigung des Handels und immer größere Flexibilität der Produktionsprozesse und der Beschäftigten. Systematisch wurde der Druck der Konkurrenz verstärkt.

Vor diesem Hintergrund wurden die Globalisierung und der Globalisierungsdiskurs zu einem zentralen Vehikel der immer ungehemmteren Durchsetzung von Kapitalinteressen. Dabei wird der Eindruck erweckt und behauptet, es handele sich um einen geradezu mit Naturnotwendigkeit ablaufenden, sachzwanghaften und unaufhaltsamen Prozess, der die Umsetzung der vom Neoliberalismus geforderten Politik geradezu erzwinge. Tatsächlich kann von einer wirtschaftspolitischen Ohnmacht jedenfalls der großen Staaten nicht die Rede sein. Stattdessen geht es um eine andere Ausrichtung staatlicher Politik, den Übergang vom Wohlfahrtsstaat zum »nationalen Wettbewerbsstaat«, der seine Aktivitäten in erster Linie in den Dienst der Wettbewerbsfähigkeit des jeweiligen Kapitals stellt.

Auch die bisherige reale Globalisierung hat sich keineswegs gegen die Staaten entwickelt, sondern wurde von den kapitalistischen Zentren gezielt durchgesetzt, insbesondere durch die Liberalisierung des internationalen Kapitalverkehrs sowie Freihandelsvereinbarungen, die Welthandelsorganisation WTO und den Internationalen Währungsfonds IWF. Erst recht ist die ebenfalls zunehmend vom Neoliberalismus geprägte Entwicklung der EU im Sinne einer Liberalisierungs- und Wirtschaftsförderungsgemeinschaft statt einer Sozialunion keineswegs alternativlos gewesen.

Globalisierung erweist sich in der Realität nicht als Sachzwang, sondern als ein neoliberales Klassenprojekt im Interesse des international operierenden Groß- und Finanzkapitals.

Das international beweglich gemachte Kapital nutzt die zunehmende Konkurrenz der Staaten und Regionen als Wirtschaftsstandorte bzw. Anlageorte für Druck auf die Wirtschaftspolitik und die Gewerkschaften. Stärkung der internationalen Wettbewerbsfähigkeit durch Senkung der Lohnkosten, Steuern und Sozialausgaben sowie Abbau sozialer und arbeitsrechtlicher Regulierungen wird zum Leitmotiv »angebotsorientierter« Wirtschaftspolitik. Öffentliche Unternehmen und Infrastrukturen wie Post und Telekommunikation, Verkehrsunternehmen, Elektrizitäts- und Wasserversorgung, Abfallentsorgung, Wohnungsunternehmen, Banken, Industrieunternehmen wurden in großem Umfang privatisiert. Durch Privatisierung und Marktöffnung bisher öffentlich bestimmter Sektoren wurden diese als profitable Anlagefelder für privates Kapital erschlossen und der Konkurrenz ausgesetzt, anstatt sie sozialstaatlich zu entwickeln. Auch Gesundheitswesen, Alterssicherung, Hochschulen und Bildungseinrichtungen werden zunehmendem Privatisierungsdruck unterworfen.

Gleichzeitig forcieren Konzerne, Kapitalanleger und neoliberal orientierte politische Kräfte einen internationalen Steuersenkungswettlauf zugunsten der »mobilen« Einkommen aus Unternehmen und Vermögen. Die finanzpolitischen Spielräume der Staaten wurden damit eingeschränkt und auch von dieser Seite der Druck in Richtung Sozialstaatsabbau erhöht. Zugleich wurden die Steuer- und Abgabenbelastungen der Beschäftigten und der Mehrheit der Bevölkerung erhöht, ohne dass sich die öffentlichen Leistungen verbesserten. Dies bot Anknüpfungspunkte für weitere Propaganda gegen den Sozialstaat und für »mehr Netto vom Brutto«. Dabei wurde und wird das berechtigte Interesse der Beschäftigten, gerade auch der schlechter bezahlten, an höheren verfügbaren Einkommen instrumentalisiert und missbraucht.

Die Steuersenkungspolitik begünstigt weit überproportional Unternehmen, Kapitalbesitzer und hohe Einkommen und trocknet gleichzeitig die öffentlichen Finanzen aus. Unter dem darauf folgenden Abbau öffentlicher und sozialer Leistungen leiden vor allem die Ärmeren.

In Deutschland waren es sozialdemokratisch-grüne Bundesregierungen, die die bisher härtesten Schritte eines neoliberalen Umbaus vorgenommen haben: massive Steuersenkungen für Reiche und Konzerne, Liberalisierung der Finanzmärkte, Kürzung und Teilprivatisierung der Rente, mit Hartz-Reformen und Agenda 2010 Leistungsabbau und verstärkter Druck auf die Erwerbslosen und damit zugleich auf die Löhne, Förderung von Niedriglöhnen und Schwächung der Tarife durch Erleichterung der Leiharbeit usw. Die Gewerkschaften waren zunächst desorientiert und gelähmt, erst verzögert und teils halbherzig entwickelten sie Gegenaktivitäten.

Das Ergebnis der neoliberalen Offensive war weltweit eine Umverteilung von unten nach oben. Der Anteil der Gewinne und Kapitaleinkommen stieg kräftig an und die Vermögen konzentrieren sich zunehmend beim Finanzkapital und den Superreichen. In den kapitalistischen Ländern sind weltweit seit Mitte der 1970er Jahre die Lohnquoten, also der Anteil der Löhne am Nationaleinkommen, erheblich gefallen. Unter den abhängig Beschäftigten nahm die Lohnspreizung zu: Es sanken die niedrigen Löhne und erhöhte sich der Anteil des Niedriglohnsektors, während die höheren Einkommen wuchsen, am stärksten die Management. In Deutschland stiegen die bedarfsgewichteten preisbereinigten Nettoeinkommen des reichsten Prozents um die Hälfte,

Abbildung 34: Einkommensanteil der obersten 0,1 Prozent in angelsächsischen Ländern, 1910-2010

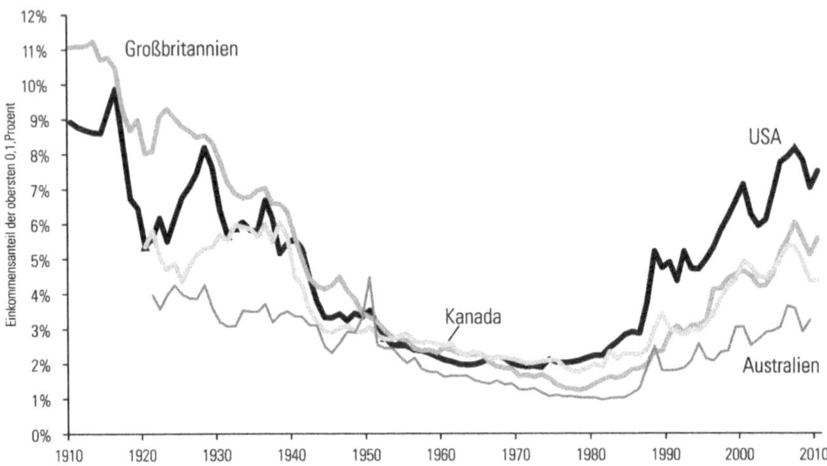

Seit den Krisen der 1970er Jahre und der fortschreitendes Durchsetzung des Neoliberalismus hat sich der Einkommensanteil des reichsten Tausendstels mehr als verdreifacht. In den USA ist ihr Durchschnittseinkommen vom 20-Fachen auf mehr als das 70-Fache des Durchschnittseinkommens gestiegen

Quelle: http://piketty.pse.ens.fr/en/capital21c2

während die ärmere Hälfte der Bevölkerung mehrere Prozentpunkte verlor. Die sozialen Spaltungen und Widersprüche sind gewachsen.

Der tiefe Kriseneinbruch 2008 und 2009 hat in Deutschland nur zu einer vorübergehenden Schwächung des Neoliberalismus geführt. Es gab eine Kurskorrektur hin zu einer wieder stärkeren Betonung staatlicher Eingriffe und Regulierung – allerdings im Sinne einer Sicherung der Profite und Fortsetzung des bisherigen Kurses unter den neuen Bedingungen. Auf europäischer Ebene wurde die »Euro-Krise« sogar zu einem Vehikel, um zunächst in den Krisenstaaten eine harte neoliberale Politik zur Demontage sozialstaatlicher und gewerkschaftlicher Errungenschaften und Machtpositionen durchzusetzen. Dies geschah ohne Rücksicht auf die sozialen Folgen und unter weitgehender Missachtung gesellschaftlicher Widerstände und der Demokratie. In der neuen Economic Governance wurde eine neoliberale Ausrichtung der Wirtschaftspolitik dann für die gesamte EU festgeschrieben (mehr dazu im Kapitel 6.3. zur Euro-Krise).

Die Hegemonie und Zustimmung breiter Teile der Bevölkerung zu neoliberaler Politik ist geschwächt, aber nicht die institutionell und auf kapitalistische Klassenmacht gestützte Durchsetzung neoliberaler Politik. Von vornherein war die neoliberale »Entstaatlichungs«-Propaganda ja nicht gegen den Staat insgesamt gerichtet, sondern nur gegen den Sozialstaat. Die repressive

Abbildung 35: Vergleich Fordismus – Post-Fordismus

Rigides Akkumulationsregime und »fordistischer« Modus der sozialen Regulation	**Flexibles Akkumulationsregime und »postfordistischer« Modus der sozialen Regulation**
Produktionsprozess	
Basis: Economies of scale Massenproduktion homogener, standardisierter Produkte Umfangreiche Lagerhaltung Qualitätssicherung ex-post Vertikale Integration Unternehmen als autonome Akteure	Basis: Economies of scope Flexible Produktion heterogener Produkte in kleinen Losgrößen Geringe Lagerhaltung Qualitätssicherung integriert Vertikale Desintegration zwischenbetriebliche Kooperation und Abhängigkeit
Arbeit	
Zerlegung der Arbeitsvorgänge Bezahlung nach Stellenmerkmalen Bürokratische Hierarchien Hohe Berufsspezialisierung Trennung zwischen Ausbildung und Beruf Geringe Verantwortung des Einzelnen Duale Arbeitsmärkte Regelarbeitszeit (Tag, Woche, Jahr, Leben)	»Multiple tasks« Bezahlung nach Leistung (Bonus) Flache Hierarchien Hohe Einsatzflexibilität Kontinuierliches On-the-job-Training Gruppenarbeit Multi-segmentierte Arbeitsmärkte Flexible Arbeitszeiten, hoher Anteil von Teilzeitjobs
Staat	
Kollektives Handeln (und Verhandeln) Wohlfahrtsstaat (Sozialisierung der Wohlfahrt) Zentralisierung (Nationalstaat) Staat und Stadt als Versorger Raumordnung und Landesplanung Indirekte Steuerung der Wirtschaft (Globalsteuerung) Nationale Regionalpolitik	Individualisiertes Handeln (lokales und firmen-bezogenes Verhandeln) »Unternehmer«-, »Nachtwächter«- und »Suppenküchen«-Staat Dezentralisierung (Gemeinden, Regionen) Staat und Stadt als Unternehmer Flexible Entwicklungspolitik Direkte Staatsinterventionen (Projektförderung und Projektmanagement) Regionalisierte Strukturpolitik
Ideologie/Kultur/Verhaltensnormen	
Massenkonsum von standardisierten Konsumgütern: »Mittelschicht- Kultur« Homogener Lebensstil (»Normalität« als kulturelle Norm) Starre Zeitregimes (Arbeiten, Schlafen, Einkaufen etc.) Normhaushalt Kleinfamilie »Moderne« Ideologie: Sozialisierung, Gleichheit	Heterogene Konsummuster, insbes. von Dienstleistungen: u.a. »Yuppie-Kultur« Heterogenität der Lebensstile (Vielfalt der Kulturen) Flexible Zeitstrukturen »Neue Haushaltstypen« (Singles, Partnerschaften auf Zeit usw.) »Postmoderne« Ideologie: Individualisierung, Freiheit

Quelle: nach H.H. Blotevogel, Stadtplanung in der Postmoderne 2002

Seite des Staates, Sicherheitsapparate, Geheimdienste, Militär waren ebenso wenig gemeint wie der Einsatz des Staates zur Wirtschaftsförderung und zur internationalen Durchsetzung kapitalistischer Interessen. Wenn Neoliberale und Neokonservative vom globalen Kampf für »Freiheit« und »Demokratie« sprechen, meinen sie tatsächlich die Beseitigung von Hindernissen für die freie Entfaltung des Kapitals. Freiheitsrechte der Einzelnen gegenüber dem Staat und Demokratie im Sinne der politischen Gestaltung gesellschaftlicher Verhältnisse auf der Basis des Willens der Mehrheit der Bevölkerung, gar im Interesse der Mehrheit, sind ihnen ein Gräuel. Gegen Diktatur, Repression und Krieg im Interesse des internationalen Kapitals haben Neokonservative weniger Einwände.

Das Resultat des Rufs nach »mehr Markt« ist die beschleunigte globale Konzentration und Zentralisation des Kapitals. Der »Post-Fordismus« entpuppt sich immer mehr als ein autoritärer, monopolistischer Finanzkapitalismus.

Eine Gegenüberstellung der Merkmale von Fordismus und Post-Fordismus findet sich in Abbildung 35, Formen der Regulierung des modernen Kapitalismus werden in Abbildung 36 veranschaulicht.

Abbildung 36: Regulierungssystem des modernen Kapitalismus

Staat: Systemerhaltung und Regulierung

Imperialismus

Welt-Markt

Sozialstaat

Soziale und politische Auseinandersetzungen, Klassenkämpfe usw.

Staats-monopolistischer Kapitalismus

Fordismus

Lohnabhängige/Volksmassen: Reproduktion des Lebens und der Arbeitskraft

Lohnarbeit / Mehrwertproduktion

Kapital/Monopolkapital: Reproduktion und Akkumulation von Kapital

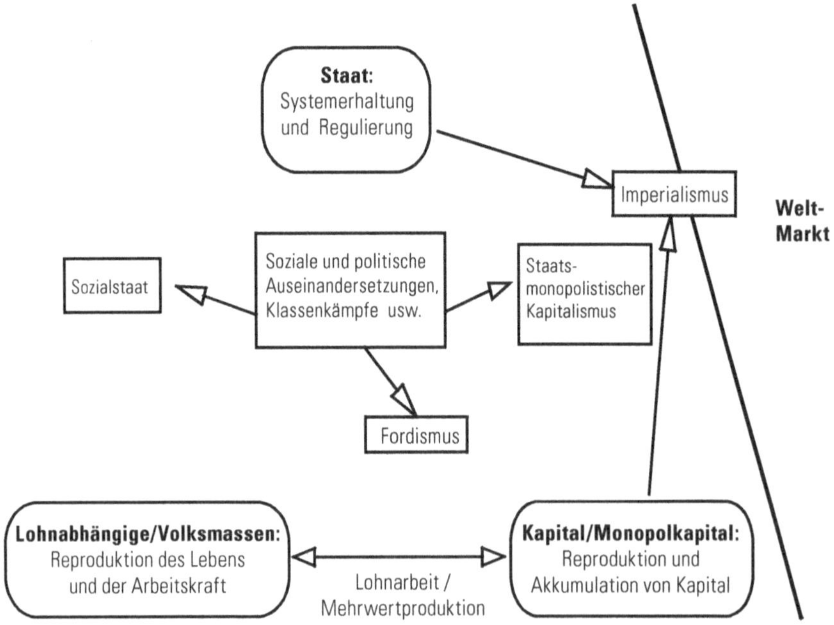

5.5 Imperialismus und kapitalistische Globalisierung

»Hand in Hand mit dieser Zentralisation oder der Expropriation vieler Kapitalisten durch wenige entwickelt sich die kooperative Form des Arbeitsprozesses auf stets wachsender Stufenleiter, die bewusste technische Anwendung der Wissenschaft, die planmäßige Ausbeutung der Erde, die Verwandlung der Arbeitsmittel in nur gemeinsam verwendbare Arbeitsmittel, die Ökonomisierung aller Produktionsmittel durch ihren Gebrauch als Produktionsmittel kombinierter, gesellschaftlicher Arbeit, die Verschlingung aller Völker in das Netz des Weltmarkts und damit der internationale Charakter des kapitalistischen Regimes.« (Karl Marx: Das Kapital I, MEW 23, S. 790)

Imperialismus heute

Die Entwicklung des Weltmarkts und die Internationalisierung der Ökonomie sind von vornherein in der kapitalistischen Produktionsweise angelegt. Der Übergang zum Monopolkapitalismus war auch verbunden mit weltweitem Expansionsdrang der Großunternehmen und der aufstrebenden kapitalistischen Nationalstaaten, also mit der Herausbildung des modernen Imperialismus. Das bestimmt das Handeln und die Konflikte der großen kapitalistischen Staaten untereinander und gegenüber anderen Ländern seit dem 19. Jahrhundert bis heute, hat aber seine Formen stark gewandelt.

Kern des modernen Imperialismus ist der internationale Expansionsdrang des großen Kapitals und die Durchsetzung dieser Interessen mittels staatlicher Macht und gegebenenfalls Gewalt.

Bereits Rosa Luxemburg betonte die Eroberung fremder Märkte zur Überwindung der inländischen Nachfragegrenzen. Immer wichtiger wurde neben dem Warenhandel der Kapitalexport, um international Profite zu erwirtschaften, Tochtergesellschaften und ökonomische Verflechtungen und Abhängigkeiten aufzubauen. Dabei verläuft die Entwicklung zwischen verschiedenen kapitalistischen Ländern ungleichmäßig und ungleichzeitig, woraus ökonomische und politische Interessenwidersprüche und Konflikte entstehen. Darauf wies im Anschluss an Hilferding vor allem Lenin in seiner Imperialismustheorie hin. Diese Konflikte waren wesentlicher Hintergrund der Weltkriege des 20. Jahrhunderts.

Nach dem Zweiten Weltkrieg war die Entwicklung stark durch die Existenz und Entwicklung der realsozialistischen Staaten und die Blockkonfrontation mit atomarer Abschreckung geprägt und modifiziert. Das blockierte viele Entwicklungsmöglichkeiten und brachte die Welt mehrfach an den Rand einer Katastrophe, hatte aber auch eine stabilisierende und die kapitalistischen Staaten zivilisierende Wirkung, jedenfalls in den Zentren. Viele erwarteten, dass nach dem Zusammenbruch des realsozialistischen Staatensystems am Ende des 20. Jahrhunderts eine Phase weltweiter Abrüstung und der Stärkung internationaler Kooperation und gemeinsamer Entwicklung folgen würde. Davon kann nicht die Rede sein, ebenso wenig allerdings von dem von Neokonservativen erhofften »Ende der Geschichte« mit dem endgültigen Sieg des US-dominierten »Westens«.

Die globale Vorherrschaft der zunächst einzigen Supermacht USA stützt sich immer weniger auf überragende ökonomische Stärke, sondern auf Kontrolle über den Dollar als faktisches Weltgeld und das internationale Finanzsystem sowie auf militärische Überlegenheit und Bündnissysteme, insbesondere die NATO. Geopolitisch wird eine Kontrolle über möglichst große Teile der Erde, insbesondere auch Eurasiens und der Weltmeere, angestrebt. Die Einflussbereiche Russlands und Chinas werden einzudämmen versucht. Zudem vollzieht sich eine fortschreitende US-dominierte Internationalisierung der finanzkapitalistischen Oligarchien und herrschenden Klassen der »westlichen« und mit ihnen verflochtenen Länder.

Eine wichtige Rolle spielt der gewaltige militärisch-industrielle Komplex, der sich besonders stark in den USA herausgebildet hat. Eine riesige und sehr profitable Rüstungsindustrie ist eng mit den entsprechenden staatlichen Stellen verflochten und übt auch in Parlamenten und Regierungen einen starken Einfluss in Richtung hoher Rüstungsausgaben aus. Allein die USA tätigen fast 40% und die NATO weit über die Hälfte der weltweiten Rüstungsausgaben. Militärische Interventionen und Kriege in allen Teilen der Welt erhöhen den Umsatz der Rüstungsindustrie. Über den Waffenexport rüsten die Konzerne direkt oder indirekt alle beteiligten Seiten aus, führend dabei die USA, Russland, Deutschland, Frankreich und Großbritannien.[10]

Heute sind die transnationalen Konzerne die ökonomischen Hauptakteure auf dem Weltmarkt und bei der Beherrschung der Ökonomie der weniger entwickelten Länder der Erde.

Die transnationalen Konzerne bestimmen auf dem Weltmarkt die Preise, geben vor, was angebaut und gefördert wird, und dominieren die Handelsketten und Zulieferer. Die Ressourcen der weniger entwickelten Länder werden fortschreitend in Waren verwandelt und für die kapitalistische Weltmarktproduktion eingesetzt. Die ursprünglichen Besitzer werden faktisch enteignet, etwa durch Vertreibung von ihrem Land oder indem Gene patentiert werden und Saatgut von internationalen Nahrungsmittelkonzernen gekauft werden muss. Die kapitalistischen Staaten sorgen dafür oder sind bestrebt, dass ihre Unternehmen weltweit Zugriff auf alle Ressourcen haben, dass sie ihr Kapital weltweit investieren und verwerten sowie auf allen Märkten ihre Produkte absetzen können. Der moderne Imperialismus ist längst nicht mehr auf klassischen Kolonialismus angewiesen, sondern stützt sich auf die Zusam-

[10] Vgl. als zentrale Datenquelle das Stockholm International Peace Research Institute SIPRI: www.sipri.org/databases.

menarbeit inländischer Eliten und der Staaten in den meisten Ländern der Welt, deren Interessen mit denen des internationalen Kapitals verflochten sind. Oft ist das verbunden mit extremer Ausbeutung der Arbeitskräfte, Ausplünderung der Naturreichtümer, Landraub und Korruption, wodurch eine Entwicklung dieser Länder massiv behindert wird. Der Imperialismus stützt sich vor allem auf ökonomische Abhängigkeit und Verschuldung und eine beherrschende Rolle in den internationalen Handels- und Finanzinstitutionen WTO, Weltbank, Internationaler Währungsfonds usw.

Allerdings ist auch der Einsatz von Sanktionen und Gewalt – von Blockaden über Subversion und »low intensity warfare« bis zum offenen Krieg – weiterhin ein gebräuchliches Mittel, um kapitalistische Interessen durchzusetzen. Oft geschieht dies unter dem Vorwand des »Kampfes gegen den Terrorismus« oder gegen »Schurkenstaaten«. Tatsächlich geht es dabei hauptsächlich weder um Menschenrechte noch um »freedom and democracy«. Wenn sie den imperialistischen Interessen nützlich sind, wurden und werden sogar extrem repressive Systeme gestützt, wie etwa auf der arabischen Halbinsel oder im 20. Jahrhundert diverse lateinamerikanische Diktaturen.

Staaten, die sich der Ein- und Unterordnung unter die von den USA und den ihnen verbundenen imperialistischen Mächten der EU und Japan dominierte kapitalistische Weltwirtschaft widersetzen, werden als »Störenfriede« betrachtet und mit allen Mitteln gefügig zu machen versucht.

Auf der Liste der »Störenfriede« stehen links regierte Staaten Lateinamerikas, der Iran und weitere kleinere Staaten, zunehmend aber auch Russland und China. Vielfach werden Maßnahmen ergriffen, um einen »Regime Change« durchsetzen. Insbesondere die USA sind hierbei als bei weitem stärkste und aggressivste imperialistische Macht mit ihren weltweiten militärischen Stützpunkten und Einsatzmöglichkeiten sowie ihren Überwachungstechniken und geheimdienstlichen Operationen aktiv. Dazu werden Oppositionskräfte finanziell und propagandistisch unterstützt, nötigenfalls auch Aufstände und Bürgerkriege vorangetrieben oder Militärinterventionen durchgeführt. Diese sind zwar oft in der Lage, bisherige Herrschaftssysteme zu zerstören, nicht aber stabile Gesellschaften und Staaten aufzubauen.

Vor diesem Hintergrund entwickeln sich auf sozialen Problemen und kulturellen Modernisierungskonflikten aufbauende religiös-fundamentalistische sowie terroristische Bewegungen und Strukturen zu regionalen Machtfaktoren. Nicht selten werden sie vom Westen oder mit ihm verbündeten Staaten und ihren Eliten im Kampf gegen geopolitische Rivalen unterstützt und zu instrumentalisieren versucht. Die von den Kriegen und Bürgerkriegen verursachten Flüchtlingsströme tragen zur Destabilisierung der Nachbarstaaten bei und verstärken zudem die Migrationsbewegungen in die Zentren des Kapitalismus.

Kapitalistische Globalisierung

Die ökonomischen Abhängigkeiten und Verflechtungen der nationalen Ökonomien im Weltmarkt haben sich in den letzten Jahrzehnten massiv verstärkt. Seit dem Zusammenbruch des sowjetisch dominierten Staatssozialismus und der Öffnungs- und Modernisierungspolitik Chinas erstrecken sie sich fast auf den gesamten Erdball. Dabei werden standardisierte Produktionslinien mit Niedriglöhnen und fehlenden oder niedrigen Sozial- und Umweltstandards in zumeist küstennahe Städte der ärmeren Länder vor allem Asiens verlagert oder für die EU nach Ost-Mitteleuropa und für die USA nach Mexiko (Offshoring).

Großunternehmen bauen als transnationale Konzerne verzweigte internationale Wertschöpfungsketten und Vertriebssysteme auf, um möglichst kostengünstig produzieren und weltweit ihre Waren anbieten zu können.

Der internationale Warenaustausch und auch die Direktinvestitionen sind seit den 1980er Jahren noch einmal verstärkt angewachsen. Eine treibende Rolle beim Abbau von Zoll- und nicht-tarifären Handelsschranken in immer weiteren Bereichen spielte die auf Basis des schon 1948 in Kraft getretenen Allgemeinen Zoll- und Handelsabkommens 1995 gegründete Welthandelsorganisation WTO. Eine wichtige Rolle spielen auch regionale Wirtschaftsgemeinschaften wie insbesondere die EU. Die Krise 2008/2009 brachte einen merklichen Rückschlag, änderte aber nicht den grundlegenden Trend, dass der Welthandel stärker wächst als die Wirtschaftsleistung.

Die Hauptströme des Welthandels verlaufen zwischen den verschiedenen Ländern der traditionellen kapitalistischen Zentren Europa, Nordamerika und Japan sowie den neuen Industriestandorten Ostasiens.

Den weit überwiegenden Teil des Welthandels machen weiterhin Güter aus, doch der Anteil der Dienstleistungen wächst. Es handelt sich zum großen Teil um intra-industriellen Handel und um die Lieferung von Vorleistungen für Weltmarktproduktionen, die zum überwiegenden Teil durch transnationale Konzerne abgewickelt werden. Ein großer Teil des Welthandels findet zwischen Tochtergesellschaften derselben Konzerne statt oder in Netzwerken bzw. Gruppen von Unternehmen in verschiedenen Ländern, mit denen die einzelnen transnationalen Konzerne ihre globalen Wertschöpfungsketten (GVC: global value chains) organisieren.[11]

Seit etlichen Jahren wächst dabei zunehmend die Bedeutung sich entwickelnder Staaten und Regionen vor allem in Asien und insbesondere die Rolle Chinas. China ist bereits zum weltgrößten Exporteur geworden und hat ge-

---

[11] Vgl. Michael Krätke: Globale Wertschöpfungsketten in und nach der Großen Krise, in: spw 4/2013; www.spw.de/data/spw_197_kraetke.pdf.

messen an der Kaufkraft die USA auch als weltgrößte Volkswirtschaft eingeholt. Zusammen mit anderen sich entwickelnden und auf eine gewisse Eigenständigkeit gegenüber den alten imperialistischen Mächten bedachten Staaten bildet es in der BRICS-Gruppe (Brasilien, Russland, Indien, China, Südafrika) ein stärker werdendes Gegengewicht zur alten »Triade« Nordamerika, EU und Japan (siehe Abbildung 37).

Militärisch und in seiner weltpolitischen Rolle ist China aber noch lange nicht ebenbürtig. In China und Russland vollzieht sich eine kapitalistische Entwicklung mit einer starken Rolle eines autoritären Staates, der demokratische Rechte einschränkt bzw. unterdrückt. Die inneren Verhältnisse in diesen Staaten sind repressiver als in den entwickelten westlichen Zentren des Kapitalismus, doch auf internationalem Terrain spielen sie eine weniger aggressive Rolle als diese. Die Konfrontations- und Sanktionspolitik des Westens gegen Russland verstärkt dessen Verbindung mit China.

Die BRICS-Staaten und weitere sich entwickelnde Länder verweigern sich fortschreitend der Vorherrschaft des westlichen Imperialismus und bauen alternative ökonomische und politische Kooperationsstrukturen auf, um ihre Entwicklung selbstbestimmt vorantreiben zu können.

Die internationalen Austauschbeziehungen sind von großen Ungleichgewichten gekennzeichnet (siehe Abbildung 38). Während Deutschland und China in den letzten Jahren jährliche Überschüsse in der Handelsbilanz von jeweils mehr als 200 Mrd. US-Dollar aufweisen, die Öl- und Gasexporteure Russland und Saudi-Arabien Überschüsse in der Größenordnung von je 150 bis 200 Mrd. US-Dollar erzielen, verzeichnen die USA ein Defizit von über 500 Mrd. US-Dollar. Indien und neuerdings Japan haben ein Defizit von über 100 Mrd. US-Dollar. Bei den USA stehen dem per Saldo Kapitaleinkommen aus dem Ausland von über 200 Mrd. US-Dollar gegenüber, bei Japan wird der Importüberschuss dadurch sogar überkompensiert. Auch Deutschland erzielt mittlerweile Kapitaleinkommen aus dem Ausland in Höhe von knapp 100 Mrd. US-Dollar pro Jahr. Diese Kapitaleinkommen sind Resultat der in den vergangenen Jahrzehnten getätigten Kapitalexporte und insbesondere der Direktinvestitionen in Unternehmen im Ausland. Hier weisen die USA weiterhin den größten Nettoüberschuss auf, dann kommen Deutschland und Japan.[12]

Der weltweite Gesamtbestand der ausländischen Direktinvestitionen betrug 2013 nach Angaben der UNCTAD etwa 26 Billionen US-Dollar. Hauptherkunftsländer waren mit großem Vorsprung die USA (6,3 Bill. $), dann Großbritannien (1,9 Bill. $), Deutschland (1,7 Bill. $), Frankreich (1,6 Bill. $), Hongkong (1,4 Bill. $), Schweiz (1,3 Bill. $), Niederlande (1,1 Bill. $), Belgien und Japan (je 1 Bill. $). China lag erst bei 0,6 Bill. $. Bei den Zielländern lagen die USA (4,9 Bill. $) vor Großbritannien (1,6 Bill. $), Hongkong (1,4 Bill. $), Frankreich

[12] Quellen: OECD Economic Outlook Annex Tables Nov. 2014, IMF World Economic Outlook Database July 2014

Abbildung 37: Extrapolation der weltweiten preisbereinigten Wirtschaftsleistung und Exporte 2000-2030
(in Milliarden US-Dollar zu Preisen von 2005)

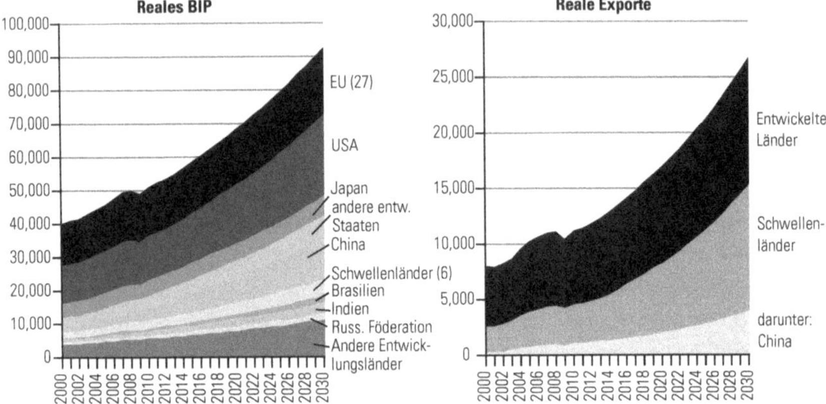

Nach Schätzungen der WTO wird sich das weltweite reale Bruttoinlandsprodukt in den nächsten 15 Jahren um fast drei Viertel erhöhen, der reale Export mehr als verdoppeln. Dabei sinkt der Anteil der entwickelten Länder erheblich. Das deutsche BIP betrug 2013 also knapp 5% des weltweiten, der deutsche Export knapp 8%. Davon geht etwa die Hälfte in andere EU-Staaten.

Quelle: WTO World Trade Report 2013, S. 91

Abbildung 38: Anteil des Handels zwischen den Regionen am Welthandel 2011 (in %)

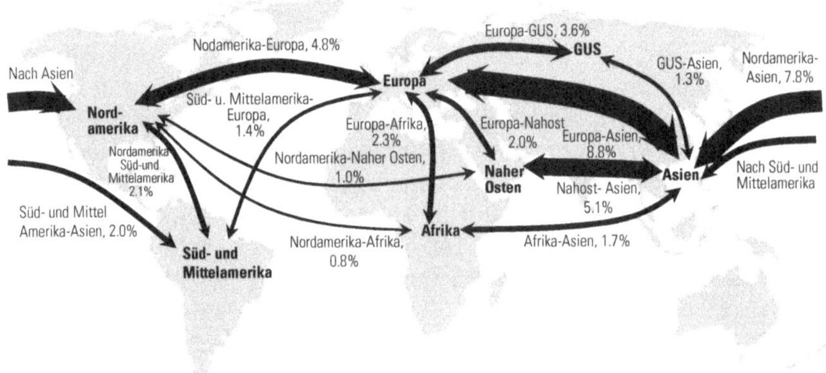

Die Zentren des Welthandels sind Ostasien, die Europäische Union und Nordamerika, wobei Ostasien mit China an Gewicht zunimmt.

Quelle: WTO World Trade Report 2013, S. 77

(1,1 Bill. $) und China (1 Bill. $). Der Zufluss an Direktinvestitionen betrug im Jahr 2013 über 1,4 Billionen Dollar. Dabei lagen China und Russland als Zielländer nach den USA auf den Plätzen 2 und 3, bei den Herkunftsländern nach USA und Japan auf den Plätzen 4 und 5. Russland dürfte allerdings ab 2014 in Folge der stark gesunkenen Ölpreise und in der Folge des Ukraine-Konflikts deutlich zurückgefallen sein.

Dass die USA ihre seit den 1980er Jahren anhaltenden und immer größer gewordenen Außenhandelsdefizite finanzieren können, ist nicht allein mit ihren Direktinvestitionen und ihrer industriellen Stärke zu erklären, sondern beruht auf der besonderen Rolle des US-Dollar.

Der US-Dollar ist die dominierende Währung auf dem Weltmarkt, den Finanzmärkten und bei den Währungsreserven. Der Dollar ist faktisches Weltgeld. Die USA sind in der eigenen Währung verschuldet und können anders als alle anderen Länder nie ein Problem mit ihrer internationalen Zahlungsfähigkeit haben, weil ihre Zentralbank jederzeit neues Quasi-Weltgeld schaffen kann. Die großen internationalen Finanzplätze und -transaktionen gehen über den Dollar und die USA. Keine große international tätige Bank kann es sich erlauben, auf diesen Märkten nicht präsent zu sein.

Da die USA die Regeln auf diesen Märkten bestimmen und sich sogar anmaßen, dass diese weltweit für alle Akteure gelten, die in Dollar handeln, sind sie in der Lage, höchst wirksame finanzielle Sanktionen gegen Banken, Unternehmen und fremde Staaten weltweit zu exekutieren. Man denke nur an Sanktionen gegen europäische Banken wegen Finanzgeschäften mit Kuba oder die Sanktionen gegen den Iran. Nebenbei sind die USA und der US-Dollar auch Ziel für hunderte Milliarden US-Dollar weltweiter Schwarzgelder jährlich. Und zu guter Letzt ist die weitaus überlegene militärische Stärke der USA der Garant dafür, dass Anlagen in US-Dollar eine ganz besondere Sicherheit haben – unter der Voraussetzung allerdings, dass die Eigentümer sich an die von den USA und ihren Verbündeten bzw. den von ihnen beherrschten internationalen Institutionen gesetzten Regeln halten.

Bei aller »Multipolarität« oder einer vermeintlichen Übernationalität des kapitalistischen »Empire«, wie sie etwa die Theoretiker Hardt und Negri in ihrem gleichnamigen Buch behaupten, sind die USA bzw. das US-basierte Finanzkapital eindeutig die imperialistische Hauptmacht auf dem Globus.

TTIP, CETA, TPP, TISA und Co. – Freihandels- und Investitionsabkommen und Globalisierungsideologie

Eine stark wachsende Bedeutung gewinnen in letzter Zeit die internationalen Handels- und Investitionsabkommen. Davon gibt es bereits über 3000, ganz überwiegend bilaterale Abkommen. Dabei geht es nicht nur um Abbau von Zollschranken, sondern zunehmend um so genannte nichttarifäre Handelshemmnisse, die beseitigt werden sollen, etwa Produktstandards. Es geht

Abbildung 39: Trends in unterzeichneten Internationalen Investitions-Abkommen (IIA)

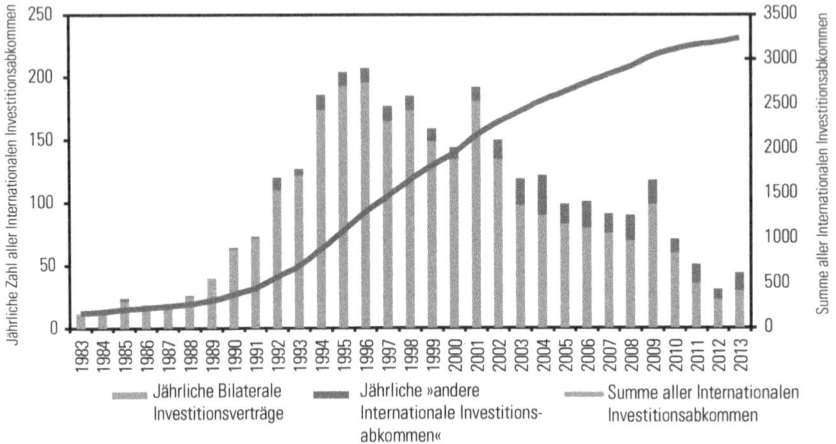

Quelle: Unctad World Investment Report 2014, S. 115

um einen Schutz von Auslandsinvestitionen vor entschädigungslosen Enteignungen, Benachteiligungen und Schädigungen verschiedenster Art, um Marktöffnungen auch bisher öffentlich organisierter Sektoren und das Recht auf Gewinntransfer ins Ausland. In den letzten Jahren sind zunehmend multilaterale, oft größere Weltregionen umfassende (megaregionale) Verträge abgeschlossen oder Verhandlungen dazu aufgenommen worden. Auch der Regelungsumfang der Verträge ist stark ausgeweitet worden, etwa durch umfassende und vorbeugende Verbote bestimmter öffentlicher Eingriffe. Allein die EU verhandelte im Jahr 2013 über 20 solcher Abkommen.

Die demokratischen Gestaltungsmöglichkeiten der Staaten sollen durch die Freihandels- und Investitionsabkommen substanziell und zumindest von der Zielsetzung her unumkehrbar eingeschränkt werden.

Dazu dienen »Standstill-« und »Ratchet«-Klauseln (Sperrklinken): Wenn bestimmte Sektoren einmal für den kapitalistischen Markt und private Unternehmen geöffnet worden sind, darf dies nicht wieder rückgängig gemacht werden. Zu diesen neuen Verträgen gehören das geplante CETA zwischen der EU und Kanada, das TTIP zwischen der EU und den USA und das TPP zwischen den USA und einer größeren Zahl von pazifischen Staaten, aber unter Ausschluss von China (s. Abbildung 39 und 40).[13]

[13] Weitere Informationen zur Kritik der kapitalistischen Globalisierung und zu den geplanten Abkommen und Aktivitäten dagegen finden sich bei Attac: www.attac.de und beim Bündnis TTIP-Unfairhandelbar: www.ttip-unfairhandelbar.de

Abbildung 40: Beteiligung an zentralen großregionalen Abkommen und OECD-Mitgliedschaft

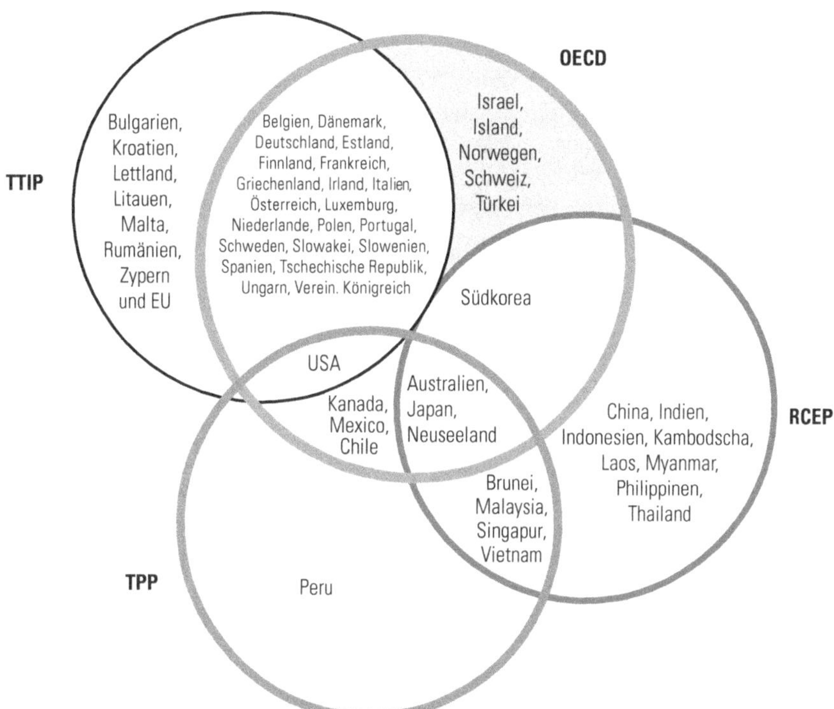

OECD = Organisation for Economic Co-operation and Development, TTIP = Transatlantic Trade and Investment Partnership, TPP = Trans-Pacific Partnership, RCEP = Regional Comprehensive Economic Partnership

Die USA stehen im Schnittpunkt mehrerer internationaler Freihandels- und Investitionsabkommen, bei denen China jeweils außen vor gehalten wird. China versucht dagegen ein anderes asiatisch-pazifisches Abkommen zu entwickeln.

Quelle: UNCTAD World Investment Report 2014, S. 122

Zu diesen vom »Westen« vorangetriebenen Abkommen gehören regelmäßig Regelungen über Investorenschutz durch außergerichtliche Schiedsverfahren (ISDS = Investor-State Dispute Settlement). Was einem Staat da blühen kann, hat 2014 das Urteil gezeigt, demnach Russland die ehemaligen Eigentümer des zerschlagenen Yukos-Konzerns mit 50 Mrd. US-Dollar zu entschädigen habe. Es erfolgte auf Basis des Energie-Charta-Vertrages, ebenso wie die Klage von Vattenfall gegen Deutschland wegen des Atomausstiegs. Ein neues Element der Verträge sind Vereinbarungen über die regulatorische Kooperation, also Beteiligung der internationalen Kapitallobby bei der Weiterentwicklung von rechtlichen Regulierungen, noch bevor diese in den Parlamenten auch nur diskutiert werden.

Ein Hintergrund für diese Abkommen ist das Scheitern des Multilateralen Investitionsabkommens MAI Ende der 1990er Jahre und das Stocken der multilateralen Verhandlungen in der WTO. Das Problem der kapitalistischen Zentren ist, dass die ärmeren und sich entwickelnden Staaten nicht mehr bereit sind, sich umstandslos deren Vorstellungen zu unterwerfen, sondern eigene Bedingungen und Forderungen stellen. Dann versuchen die entwickelten kapitalistischen Staaten das eben bilateral oder mit ausgewählten Partnerstaaten hinter verschlossenen Türen in ihrem Sinne zu regeln, um damit Standards vorzugeben und den Rest der Welt unter Zugzwang zu setzen.[14] Zentral sind dabei die Investitionsschutzregelungen, die dann auch gegenüber China und anderen Staaten durchgesetzt werden sollen; es geht nicht um Arbeits- und Sozialstandards.

Dies gilt auch für das geplante Abkommen über Dienstleistungshandel TISA, das von der EU und 23 weiteren selbst ernannten »Really Good Friends of Services« verhandelt wird und weitreichende Liberalisierungen festschreiben soll. Das TTIP soll dabei den transatlantischen Wirtschaftsraum stärken und zusammen mit den anderen Abkommen der USA einen dominanten Weltmarktblock gegenüber China zusammenschmieden, als eine Art »Wirtschafts-NATO« (Hillary Clinton).

Es geht bei den Freihandels- und Investitionsabkommen nicht nur um Handel, sondern um die dauerhafte Sicherung groß- und finanzkapitalistischer Interessen und die Festigung der Dominanz der bisherigen kapitalistischen Zentren in der Weltwirtschaft. So geht Imperialismus heute.

Den Bevölkerungen und den binnenmarktorientierten Teilen der Wirtschaft werden die Abkommen mit angeblichen Wachstums- und Wohlstandseffekten verkauft. Doch selbst die in fragwürdigen Studien ermittelten Wirkungen sind geringfügig und rücken in den Hintergrund, dass andere Länder gleichzeitig Verluste hinnehmen müssten. Auch innerhalb der einzelnen Länder konzentrieren sich die Gewinne bei den international tätigen Konzernen und besser gestellten Bevölkerungsgruppen, während die Verluste und Probleme eher die Mehrheit treffen.

Es wird die alte Freihandelsideologie wieder aufgewärmt. Dabei zeigen nahezu alle Beispiele erfolgreicher wirtschaftlicher Entwicklung (zuletzt China), dass eine gewisse Kontrolle der Außenwirtschaft zum Schutz einheimischer Produktion und die Möglichkeit staatlicher Regulierungen dafür zentral waren und sind. Freihandel führt dagegen in den weniger entwickelten Ländern dazu, dass durch die Konkurrenz aus Ländern mit höherer Produktivität, Tech-

[14] Vgl. Gabriela Simon: Mit TTIP gegen den Rest der Welt, in: Telepolis 2.2.2015, www.heise.de/tp/artikel/43/43991/1.html.

nik und ökonomischer und politischer Macht einheimische Produktionen niederkonkurriert werden und lediglich eine abhängige Weltmarktintegration im Interesse transnationaler Konzerne stattfindet. Abgesehen davon ist eine weitere massive Ausweitung internationaler und insbesondere interkontinentaler Warenströme und Personenverkehre für höchstens minimale ökonomische Vorteile auch aus ökologischen Gründen negativ zu beurteilen.

Gleichzeitig steigt in den entwickelten Ländern der Druck auf historisch erkämpfte Arbeits-, Sozial- und Umweltstandards.

Soziale und ökologische Standards sind in diesen Abkommen nicht vorgesehen. Selbst wenn sie ausdrücklich zulässig sind, werden sie durch die Abkommen untergraben. Denn der Abbau von Handelsschranken erschwert es, sie gegen die verschärfte Konkurrenz aus Ländern ohne solche Standards und ohne starke Gewerkschaften zu halten, ebenso wie der Druck auf die Löhne vor allem weniger qualifizierter Beschäftigtengruppen erhöht wird. Besonders problematisch ist das bei Dienstleistungen, z.B. über das Internet abgewickelter Informationsarbeit, und bei Entsendung von Arbeitskräften. Das international bewegliche Kapital nutzt die Konkurrenz der Staaten und Regionen als Wirtschaftsstandorte bzw. Anlageorte für Druck auf die Wirtschaftspolitik und die Gewerkschaften, die Verwertungsbedingungen des Kapitals zu verbessern und auf sozial und ökologisch motivierte Belastungen und Regulierungen zu verzichten (»Standortpolitik«).

Demgegenüber sind die internationale Zusammenarbeit der Gewerkschaften und anderer demokratischer Bewegungen und ihre Fähigkeit, dem koordiniert zu begegnen und auf internationalem Niveau gültige soziale und ökologische Regulierungen durchzusetzen, mit großen Schwierigkeiten konfrontiert und völlig unzureichend entwickelt. Zumeist geht es um Abwehrkämpfe gegen die Zerschlagung oder Erosion historisch erkämpfter Rechte und Standards und um die Durchsetzung von internationalen Mindestnormen, die aber hinter den in den reifen kapitalistischen Staaten erreichten Standards weit zurückbleiben. Selbst die von der Internationalen Arbeitsorganisation ILO postulierten Kernarbeitsnormen werden in den meisten Ländern nicht beachtet. Auch die USA haben nur zwei davon ratifiziert (Nr. 105 und Nr. 182), die für gewerkschaftliche Betätigung zentralen Nr. 87 und Nr. 98 hingegen nicht (siehe Abbildung 41).

Das Grundproblem bleibt, dass demokratische und soziale Gestaltung immer Regulierung und eine Beschränkung der Freiheit des Kapitals bzw. der Unternehmen bedeutet. Dies kann nur durch handlungsfähige Staaten durchgesetzt werden, die in ihrem Handeln über eine relative Selbständigkeit gegenüber den Kapitalisten und erst recht gegenüber ausländischen Konzernen verfügen. Die Formierung und Interessenartikulation der lohnabhängigen und anderen unteren Klassen vollzieht sich im Wesentlichen auf der nationalstaatlichen Ebene und findet auch nur hier gewisse Durchsetzungs-

Abbildung 41: ILO Kernprinzipien/ILO Kernarbeitsnormen

ILO Kernprinzipien	ILO Kernarbeitsnormen
Vereinigungsfreiheit	No. 29 (1930) Zwangs- und Pflichtarbeit
	No. 87 (1948) Vereinigungsfreiheit und Schutz der Vereinigungsrechte
Abschaffung der Zwangsarbeit	No. 98 (1949) Vereinigungsrecht und Recht zu Kollektivverhandlungen
	No. 100 (1951) Gleichheit des Entgelts
Beseitigung der Kinderarbeit	No. 105 (1957) Abschaffung der Zwangsarbeit
	No. 111 (1958) Diskriminierung in Beschäftigung und Beruf
Gleichheit	No. 138 (1973) Mindestalter für die Zulassung zur Beschäftigung
	No. 182 (1999) Schlimmste Formen der Kinderarbeit

Quelle: Die Internationale Arbeitsorganisation (ILO).
Ein Wegweiser für Gewerkschafter_innen

möglichkeiten, sei es im Rahmen demokratischer Strukturen oder durch andere Formen der Machtentfaltung wie Streiks, Massendemonstrationen oder politische Bewegungen.

Die kapitalistische Globalisierung erschwert soziale Regulierungen zur Durchsetzung der Interessen der arbeitenden Klassen in den entwickelten und noch mehr in den weniger entwickelten Ländern massiv und ist genau darauf auch gerichtet.

Aus Sicht des internationalen Kapitals sollen die Staaten die Sicherung des kapitalistischen Eigentums und Marktes und eine grundlegende gesellschaftliche Reproduktion gewährleisten, aber die Ausbeutung von Menschen und Natur ansonsten möglichst wenig einschränken. Bei besonders schwachen und korrupten Staaten regeln das die Konzerne auch selbst.[15] Die internationalen Institutionen (WTO, IWF, Weltbank u.a.) und Abkommen, die rein theoretisch auch verbindliche soziale und ökologische Standards festlegen könnten, sind genau auf das Gegenteil gerichtet. Sie schreiben die Freiheiten des Kapitals fest und beschränken massiv die Spielräume der Staaten, diese durch soziale Regulierungen einzuschränken.

[15] Vgl. etwa die Artikelserie von Malte Daniljuk, »Schwache Staaten schaffen« und andere Texte in Telepolis, hier insbesondere: Nigeria: Die Förderinseln sichern. www.heise.de/tp/artikel/43/43024/1.html

Imperialismus und Globalisierung

- Beherrschung und Ausrichtung der Ökonomie auch der weniger entwickelten Länder auf die Interessen des international operierenden Kapitals und insbesondere des Finanzkapitals und der Transnationalen Konzerne.
- Zunächst kolonialistisch/militärisch durchgesetzt, beruht der Imperialismus heute überwiegend auf ökonomischen Abhängigkeiten nebst Einbindung inländischer Eliten sowie auf internationalen Verträgen und von den kapitalistischen Zentren dominierten Institutionen der Weltwirtschaft, v.a. IWF und WTO.
- International vernetzte Wertschöpfungsketten und Vertriebssysteme.
- US-Hegemonie auf Basis der Weltgeldrolle des US-Dollar und überlegener Militärmacht.
- Zunehmende Internationalisierung, Konkurrenz innerhalb und zwischen den Hauptzentren des Kapitalismus.
- Wachsendes Gewicht Chinas und anderer aufholender Ökonomien der BRICS-Staaten.
- Große internationale Ungleichgewichte und Krisenpotenziale.
- Das Kapital nutzt die Internationalisierung für den Abbau sozialer und ökologischer Regulierungen mit Hinweis auf die Wettbewerbsfähigkeit des Wirtschaftsstandorts.
- Wachsende Bedeutung bilateraler und multilateraler Freihandels- und Investitionsschutzverträge wie TTIP, CETA, TTP, TISA.
- Internationale Kooperation der Gewerkschaften und internationale soziale und ökologische Regulierungen sind unzureichend; kapitalistische Globalisierung schwächt die Interessendurchsetzung der arbeitenden Klassen weltweit.

5.6 Wissenschaftlich-technische Revolution (WTR), Digitalisierung und High-Tech-Kapitalismus

Die Ausbreitung der kapitalistischen Produktionsweise ist bekanntlich mit der industriellen Revolution des 18. und 19. Jahrhundert verbunden. Deren Ausgangspunkt war, wie Marx betont, die Werkzeugmaschine, nicht etwa die Dampfmaschine. Erst die Übertragung der Fähigkeit der Hand, ein Werkzeug zu führen, auf eine Maschine ermöglichte deren Antrieb zunächst durch Tier- oder Wasserkraft, später durch Dampf und Elektrizität, und damit die gewaltige Beschleunigung und Ausdehnung des Umfangs der Bearbeitung der Gegenstände.

Stufen der industriellen und wissenschaftlich-technischen Revolution
Im Unterschied zu allen früheren Produktionsweisen, die sich im Wesentlichen auf unveränderter Produktivkraftgrundlage reproduzierten, ist die kapitalistische von Beginn an eine revolutionäre Produktionsweise, die beständig die Produktivkräfte weiter entwickelt und umwälzt. Die Wissenschaft und ihre Anwendung in den technischen Systemen werden dabei zunehmend zum Schlüsselfaktor der Produktivkraftentwicklung. Dies bezieht sich auf immer weiter verbesserte Maschinen, neue Energiequellen und -systeme, neue Werkstoffe und Industriezweige, Verkehrs- und Kommunikationssysteme. Es gibt verschiedene Beschreibungen und Periodisierungen dieser Entwicklung als zweite, dann dritte und jetzt vierte industrielle Revolution (siehe Abbildung 42).

In der marxistischen Diskussion ist seit Mitte des 20. Jahrhunderts von der wissenschaftlich-technischen Revolution (WTR) die Rede. Dabei geht es um die Automatisierung der unmittelbaren Steuerung und Regelung von Maschinen und Anlagen.

Durch die Entwicklung der mikroelektronischen Informationsverarbeitungs- und Kommunikationstechnologien wurde die Automatisierung von Maschinensystemen und Datenverarbeitungsprozessen enorm beschleunigt. Auch bisher »geistige Arbeit« konnte rationalisiert und automatisiert werden. Im

Abbildung 42: Die vier Stufen der industriellen Revolution

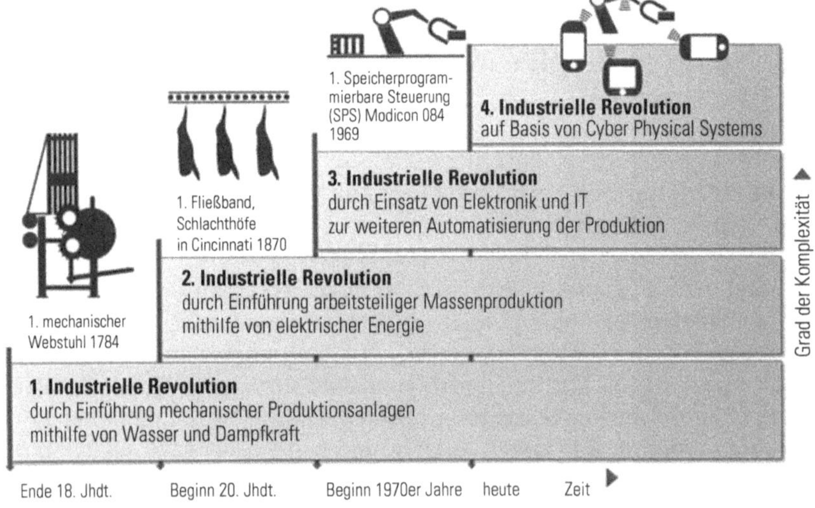

Quelle: DFKI 2011, hier: Forschungsunion Wirtschaft – Wissenschaft und acatech – Deutsche Akademie der Technikwissenschaften e.V.: Umsetzungsempfehlungen für das Zukunftsprojekt Industrie 4.0, 2013

Mittelpunkt der Umwälzungen steht die Informatisierung, die Erzeugung und Nutzung von technisch übermittelbaren und bearbeitbaren Informationen, auf Grundlage ihrer Digitalisierung. Wolfgang Fritz Haug hat dafür den Begriff High-Tech-Kapitalismus geprägt.

Digitalisierung bedeutet die Codierung bzw. Umwandlung von Informationen oder analogen Signalen in gestufte elektronische (oder optische) Signale, die dann automatisiert weiter verarbeitet und übertragen werden können. Auf dieser Basis ist auch extreme Miniaturisierung möglich, weil die Signale letztlich an extrem kleine Materiebewegungen gekoppelt werden können. Durch die starke Verbilligung und massenhafte Verbreitung der Computer und die beschleunigte Nutzung des Internet wurden die Umwälzungen immer weiter bis hin zum Konsumenten vorangetrieben. Diese Technologien verändern die Wirtschaftsstrukturen insgesamt und damit die ökonomischen und Arbeitsbedingungen in tendenziell allen Bereichen. Es kommt zu einer zunehmenden Intensivierung, Beschleunigung und Flexibilisierung der gesellschaftlichen Kommunikation, Produktion und Distribution (Verteilung der Produkte). Neue Produkte und Medien werden entwickelt, neue Möglichkeiten und Räume der Kommunikation zwischen Menschen eröffnet, neue Kunst- und Kulturformen ermöglicht.

Allgemein erhöhen sich im modernen Kapitalismus die Anforderungen an die Flexibilität der Produktionsprozesse und die Qualität von Gütern und Diensten (Spezial- und Kleinserienproduktion, »just in time«), an die Qualifikation und Flexibilität der Arbeitskräfte, an die Produktivität der Arbeit und der gesamten Betriebsführung (»lean production«) sowie an die Leistungsfähigkeit der Infrastrukturen. Die zur Entwicklung und Fertigung neuer Produkte erforderlichen Kapitalvorschüsse können in zentralen Bereichen oft nur noch mit massiver Förderung des Staates oder durch supranationale Kooperation von Konzernen und Staaten aufgebracht werden. Sie können nur dann amortisiert werden, wenn anschließend erhebliche Weltmarktanteile erobert werden (Luft- und Raumfahrt, neue Chipgenerationen, Atomtechnik usw.). Es kommt zu einer zunehmenden Ausdifferenzierung der Wirtschaftsstrukturen (Spezialisierung der Betriebe, abnehmende Fertigungstiefe, zunehmende Standortteilung) bei weiter fortschreitender Verflechtung der Unternehmen untereinander und mit staatlichen Stellen insbesondere in Schlüsselsektoren der technologischen Entwicklung.

> Auf Basis der WTR erhöhen sich Anforderungen an Flexibilität und Qualität der Produktion, der Arbeitskräfte und Infrastrukturen. Die Ausdifferenzierung und objektive Vergesellschaftung von Arbeit und Produktion schreiten voran. Damit entwickeln sich auch neue Widersprüche zur weiterhin privaten Produktion und Aneignung.

Entgegen den Hoffnungen einiger auf eine neue Etappe von Wachstum und Wohlstand, werden die Grundcharakteristika und die Krisenhaftigkeit der kapitalistischen Produktionsweise keineswegs aufgehoben. Es entwickeln sich vielmehr neue ökonomische, gesellschaftliche und internationale Widersprüche und Anforderungen. Und es entwickeln sich neue Krisenpotenziale, sei es durch Zuspitzung der ökonomischen Widersprüche, den möglichen Ausfall technischer Kommunikations- und Steuerungssysteme oder die kaum noch kontrollierbare Beschleunigung automatisierter Prozesse. Ein Beispiel dafür sind die vom Computerhandel an Börsen ausgelösten Crashs. Digitalisierung, Mikroelektronik und Internet bilden auch die technische Grundlage der globalen Finanzspekulation und der dadurch ausgelösten weltweiten Krisen.

Kapitalistische Informationsprodukte, geistiges Eigentum und Informationsrente

Ein zentrales Problem ist die kapitalistische Ökonomie der Informationsprodukte. Gemeint sind Software, Musik, Video, Datenbanken, Bücher, Konstruktionspläne, Design, genetische Information usw. Dabei gilt nicht das konkrete Medium, in dem die Information materialisiert ist, als das eigentliche Produkt, sondern der Informationsgehalt, aus dem dann mit den geeigneten Geräten die gewünschten Prozesse generiert werden können. Die einzelnen stofflichen Exemplare oder gar digitale Kopien sind zwar zu geringen Kosten leicht in beliebiger Menge herstellbar, aber dennoch oder gerade deswegen unterscheiden sie sich von »normalen« Waren. Bei diesen hängt der Wert hauptsächlich vom zur Reproduktion der einzelnen materiellen Exemplare notwendigen Arbeitsaufwand ab. Aufwand für Entwicklung und Design der Ware fließt anteilig in den Wert der einzelnen Warenexemplare ein.

Der Wert von Informationswaren hängt entscheidend von dem Wert ihres Informationsgehaltes bzw. des darin verkörperten »geistigen Eigentums« ab und nicht von dem zur Reproduktion einzelner Exemplare bzw. Kopien notwendigen Aufwand.

Der Wert der Informationsgehalte schlägt sich im Wert des »geistigen Eigentums« und der daran hängenden Verwertungsrechte, der »intellectual property rights« (IPR), nieder. Im Mittelpunkt stehen dabei Patente und Markenrechte sowie Urheberrechte bzw. Copyrights. Die Verwertungsrechte bestehen wesentlich in dem Monopol, das Werk zu vervielfältigen, zu verbreiten, auszustellen oder es in anderer Form gewerblich zu nutzen bzw. die durch ein Patent geschützten Produkte herzustellen oder geschützte Verfahren anzuwenden, um Marken und Muster zu nutzen usw. Wenn andere ökonomische Akteure derart geschützte Objekte nutzen wollen, müssen sie dazu beim Eigentümer des Verwertungsrechts eine Lizenz kaufen und dafür bezahlen.

Bei digitalisierten Informationsprodukten ist es einerseits besonders schwierig für die Unternehmen, die unbezahlte Verbreitung und Nutzung zu verhindern. Auf der anderen Seite sparen sie einen großen Teil der früher nötigen Aufwendungen für Produktion und Distribution, weil die zusätzlichen Kosten für weitere Kopien gering sind bzw. bei Downloads aus dem Internet überhaupt nicht ins Gewicht fallen. Die Grenzkosten einer zusätzlichen digitalen Kopie oder der Nutzung der Informationen oder Medieninhalte über das Internet sind nahe Null. Nach Überschreiten der verkauften Auflage, die nötig ist, um die Entwicklungs- und anderen Anlaufkosten zu decken (break even point), realisiert jede weitere verkaufte Kopie und Lizenz einen extrem hohen Profitanteil am Verkaufspreis. Dies ermöglicht dann bei besonders hohen Auflagen die Realisierung riesiger Extraprofite, die weit über die Realisierung des bei der Produktion erzeugten Werts einschließlich eines »normalen« Kapitalprofits hinausgehen.

Bei digitalisierten Informationsprodukten sind die Grenzkosten einer zusätzlichen Kopie oder Lizenz nahe Null. Das ermöglicht bei hohen Auflagen sehr hohe Profite – und erfordert aus Sicht des Kapitals besonderen Schutz vor »Piraterie«.

Daraus resultieren enorme Anstrengungen, das eigene Produkt möglichst weit zu verbreiten, am besten global. Die möglichst weltweite Sicherung der »intellectual property rights« gegen unbefugte Herstellung bzw. Vervielfältigung der darauf beruhenden Produkte (»Diebstahl geistigen Eigentums«) ist daher ein zentrales Anliegen der Industrie und der Medien- und Kulturwirtschaft auch im Rahmen der internationalen Handelsverträge (TRIPS-Abkommen = Agreement on Trade-Related Aspects of Intellectual Property Rights). Das weitergehende ACTA (Anti-Produktpiraterie-Handelsabkommen) wurde nach internationalen Protesten 2012 vom EU-Parlament abgelehnt, die Themen stehen aber bei den in Verhandlung befindlichen Abkommen CETA, TTIP, TPP und TISA erneut zur Debatte.

Zur ökonomischen Dimension: Die neuerdings in der Volkswirtschaftlichen Gesamtrechnung als Investitionen gebuchten Aufwendungen für Forschung und Entwicklung machen in Deutschland etwa 2,5% des Bruttoinlandsprodukts aus. Die Aufwendungen für Investitionen in Software und Datenbanken machen etwa 0,8% aus. Zusammen waren das 2013 gut 90 Mrd. Euro oder knapp 17% aller Investitionen. Die »Kultur- und Kreativwirtschaft«, deren größte Branchen Software/Games, Werbung und Presse sind, erzielt in Deutschland eine Wertschöpfung von relativ stabil etwa 2,3% des Bruttoinlandsprodukts, 2013 waren das 65 Mrd. Euro. Dort arbeiten etwa 1,6 Mio. Erwerbstätige, knapp 4% von allen. Etwa die Hälfte sind sozialversicherungspflichtig beschäftigt, etwa 250.000 selbständig. Dazu kommen über eine halbe Million geringfügig Beschäftigte und 200.000 geringfügig selbständig Tätige, was einen erheblich überdurchschnittlichen Anteil ausmacht.

Kulturell und kreativ tätig sind mit 430.000 nur weniger als 40% der Beschäftigten in der Kultur- und Kreativwirtschaft tätig. Dazu kommen allerdings über 1,5 Mio. kulturell und kreativ tätige Beschäftigte in Unternehmen

Abbildung 43: Die Kultur- und Kreativökonomie

Quelle: Monitoring zu wirtschaftlichen Eckdaten der Kultur- und Kreativwirtschaft 2013, Bundesministerium für Wirtschaft und Energie, 2014, S. 9

anderer Wirtschaftsbereiche oder beim Staat, zusammen etwa zwei Millionen (siehe Abbildung 43). Diese Beschäftigten sind stark in einigen großen Städten konzentriert.[16]

Vor dem Hintergrund ihrer gewachsenen Bedeutung für die moderne Wirtschaft wird in der bürgerlichen Ökonomie Informationen oder Wissen zunehmend der Charakter einer neuen, eigenständigen Quelle von Wertschöpfung neben den »klassischen« Produktionsfaktoren Arbeit, Kapital und Boden zugeschrieben. Wobei ja auch diese klassische Darstellung eine Mystifizierung ist, wie in Kapitel 4.3 dargestellt. Doch wie sind die Besonderheiten und Profite in der Produktion dieser Waren und Leistungen im Rahmen einer auf Marx aufbauenden Kritik der politischen Ökonomie zu erklären?

Es muss auch bei Informationswaren zwischen Wertschöpfung, also Produktion von Wert, und der Aneignung von Wert unterschieden werden. Als Wertschöpfung ist die bei der Produktion der Informationsgehalte bzw. der Werke geleistete Arbeit zu betrachten.

Zu der Werte schaffenden Arbeit gehört hier die künstlerische und wissenschaftliche Arbeit, Arbeit in Forschung und Entwicklung, Produktion von Medieninhalten und andere Arbeit für Medienproduktionen usw., einschließlich aller dabei unterstützenden und verwaltenden Arbeit.

Dabei sind zwei Besonderheiten zu beachten: 1. Da es um die Erzeugung einmaliger neuer Informationsgehalte bzw. Werke geht, ist es schwierig, eine gesellschaftlich notwendige Quantität der Arbeit zu bestimmen. Es können aber ähnliche Produkte als Maßstab herangezogen werden und gerade bei moderner, in größeren Einrichtungen und Unternehmen organisierter Ent-

[16] Vgl. Monitoring zu wirtschaftlichen Eckdaten der Kultur- und Kreativwirtschaft 2013, Hrsg. Bundesministerium für Wirtschaft und Energie, 2014, www.bmwi.de/DE/Mediathek/publikationen,did=673896.html

wicklungsarbeit kommt es weniger auf individuelle Genialität als auf die Anzahl und Qualifikation der Beschäftigten an. 2. In welcher Quantität sich der so produzierte Wert im Wert der einzelnen auf dieser Grundlage produzierten und verkauften Waren bzw. Nutzungslizenzen niederschlägt, hängt entscheidend von der Auflage ab. Das kann bei weniger erfolgreichen Produkten dazu führen, dass mit dem kalkulierten oder erzielten Preis eine Realisierung des produzierten Werts nicht oder nur teilweise gelingt. Die Arbeit hat sich dann nachträglich als nicht oder nur teilweise als gesellschaftlich notwendig erwiesen, war insoweit verschwendet und hat keinen Wert geschaffen.

Wichtiger ist der bereits genannte Punkt, dass bei besonders hohen Auflagen gewaltige Extraprofite erzielt werden können. Das gilt insbesondere dann, wenn Konzerne es schaffen, ihre Produkte zu einem Standard zu machen, an dem viele Millionen NutzerInnen nicht vorbeikommen, wie etwa Microsoft, Apple, Google oder Facebook. Dann können enorme Monopolprofite erzielt oder erwartet werden, die in keinem Verhältnis zur Wertschöpfung oder zum Kapitaleinsatz im Unternehmen mehr stehen, sondern auf ihrer durch die entsprechenden intellektuellen Eigentumsrechte begründeten Monopolposition beruhen.

Die von bestimmten Konzernen geschaffenen geistigen Eigentumsrechte stellen ökonomisch betrachtet ein dauerhaftes Monopol in Bezug auf die Nutzung bestimmter Produktionsbedingungen dar.

Die Dauerhaftigkeit der daraus resultierenden Einkommen ist zwar wegen der ständigen Weiterentwicklung und Neuproduktion von Software, Medieninhalten usw. begrenzt, aber in der Regel bilden die bisherigen Produkte und Rechte auch die Basis für Entwicklung und Verbreitung neuer Produkte (Pfadabhängigkeit).

Wir können nun an Marx' Analyse der Grundrente im Kapitalismus anknüpfen. Ökonomische Renten können allgemein als Entgelte für die Nutzung nicht beliebig reproduzierbarer Produktionsbedingungen bzw. Monopole betrachtet werden, die deren Eigentümern zufließen. Werttheoretisch betrachtet stellen sie eine Aneignung bzw. Umverteilung gesellschaftlicher Wertschöpfung aus anderen Wirtschaftsbereichen zugunsten der Eigentümer der den Renteneinkommen zugrunde liegenden Eigentumsrechte dar. Ökonomisch am bedeutsamsten sind hier weiterhin Grundrenten, die einen wesentlichen Anteil der Mieten und Pachten ausmachen.

Die aufgrund geistiger Eigentumsrechte erzielten Profite lassen sich als Informationsrenten und die geistigen Eigentumsrechte als besondere Einkommensquelle neben Kapital, Arbeit und Boden analysieren.

Solche Informationsrenten sind nicht nur die Quelle von Extraprofiten kapitalistischer Unternehmen, sondern auch von exorbitanten Einkommen herausragender Künstler, Text- oder Softwareautoren, Staranwälte usw. Diese

Stars und die besonders erfolgreichen Kapitalisten dieser Bereiche bilden eine Rentiersklasse der Informationsökonomie.[17]

Ein Hauptinteresse im »Informationskapitalismus« besteht darin, die private Monopolisierung intellektueller Eigentumsrechte durchzusetzen und eine technisch mögliche billige Verbreitung und Nutzung darauf beruhender digitalisierter Güter zu verhindern. Damit wird in großem Umfang mögliche Gebrauchswertaneignung unterbunden und erhebliche Teile der Bevölkerungen werden ausgeschlossen. Dies führt zu erheblichen Widerständen und Umgehung der entsprechenden Verbote.

Das Problem dabei ist, dass damit oft nicht nur die Profite von Medienkonzernen, sondern auch die berechtigten Ansprüche von Urhebern auf Entgelt für ihre Arbeit missachtet werden. Diese stehen ohnehin unter starkem Druck der Medienkonzerne und anderen Verwertungsunternehmen. Die Kapitalisten versuchen zudem, bisher öffentlich zugängliche Informationsgüter privater Verwertung zu unterwerfen oder zu beseitigen, um Raum für kapitalistische Angebote zu schaffen. Ein krasses Beispiel dafür ist die Einschränkung der digitalen Verbreitung von Medieninhalten, die von öffentlich-rechtlichen Medienanstalten produziert wurden.

Durch die kapitalistische Kontrolle über die Produktion und Nutzung von Informationsprodukten wird gesellschaftlicher Reichtum beschränkt und die UrheberInnen werden als Arbeitskräfte ökonomisch unter Druck gesetzt.

Damit wird die Verbreitung und Anwendung der Produkte (bisher) allgemeiner Arbeit und damit die Entwicklung der Produktivkräfte und des Reichtums insgesamt beschränkt. Es vertieft sich so der Widerspruch zwischen gesellschaftlichem Charakter der Produktion und privat-kapitalistischer Aneignung. Es entwickeln sich neue Konflikte um die rechtliche und soziale Gestaltung der Produktion, Aneignung und Nutzung von Informationsprodukten als »commons«, d.h. Gemeingüter, oder als proprietäre Güter, also Privateigentum, Waren, deren Nutzung nur mit Erlaubnis des Eigentümers und normalerweise gegen Zahlung eines Entgelts zulässig ist.

Internet-Wirtschaft und Industrie 4.0

Das Internet und insbesondere das »Web 2.0«, in dem die NutzerInnen nicht nur Inhalte konsumieren, sondern selbst auch Inhalte beitragen und das Netz interaktiv etwa für Bestellungen nutzen, ist aber nicht nur für Informations-

[17] Diese Ausführungen beruhen auf Ralf Krämer: Informationsrente, in: Historisch-Kritisches Wörterbuch des Marxismus, Band 6/II, wo das Thema noch weiter ausgeführt ist. Auch die exorbitanten Einkommen anderer Stars, etwa im Sport, können als besondere »Renten« betrachtet werden, die sie sich aufgrund ihrer Sonderposition, die nicht beliebig durch andere ersetzt werden kann, aneignen.

produkte immer wichtiger. Immer größere Anteile der Handelsumsätze und auch der Kommunikation zwischen Unternehmen werden durch das Internet vermittelt. Wird nicht allmählich überhaupt die gesamte Produktionsweise zunehmend von Informatisierung und Digitalisierung dominiert? Welche Rolle spielen materielle Produktion und Arbeit, insbesondere Erwerbsarbeit in Industrie und nicht-digitalen Dienstleistungen perspektivisch überhaupt noch?

Sicherlich ergreift die Digitalisierung zunehmend alle Bereiche der Wirtschaft, der Arbeit und des Lebens. Insbesondere die Produktion von Medien wird digitalisiert, aber auch sie erfordert weiterhin Arbeit, die in hohem Maße als Erwerbsarbeit organisiert ist. Vor allem aber müssen die Menschen immer noch essen, wohnen, sich kleiden, räumlich mobil sein usw., und das erfordert materielle, nichtdigitale Produkte. Informations- und Kommunikationstechniken und insbesondere das Internet ermöglichen hier eine Automatisierung vieler Produktions- und Distributionsprozesse, vor allem ihrer Steuerung. Aber verschwindet dadurch die Arbeit? GewerkschafterInnen und Linke müssen die neuen Entwicklungen aufmerksam beachten, sich dabei aber um ein realistisches Bild bemühen, statt Übertreibungen aufzusitzen.

Zunächst ist auch hier zwischen der Produktion und der Realisierung von Wert zu unterscheiden. Und es muss der Umsatz eines Wirtschaftsbereichs unterschieden werden von der Wertschöpfung, die dort geleistet wird. Besonders groß ist der Unterschied beim Handel, wo die Wertschöpfung weniger als ein Sechstel des Umsatzes ausmacht.

Tatsächlich wird die Realisierung wachsender Anteile der Wertschöpfung online organisiert, aber die Wertschöpfung durch Produktion der gehandelten Waren findet ganz überwiegend weiterhin offline statt. Diese Arbeit verschwindet aus dem Blick, aber nicht aus der Realität.

So steht in einer Publikation der Bundesregierung: »Die Internetwirtschaft weist im Jahr 2013 einen Umsatz von knapp 85 Milliarden Euro aus. Gemessen am Bruttoinlandsprodukt (BIP) entspricht dieser Wert einem Anteil von rund 3,1 Prozent.«[18] Das vergleicht Äpfel mit Birnen, denn das BIP ist ein Maß der Bruttowertschöpfung, nicht des Umsatzes. Da Handel via Internet oder mit Internet-bezogener Hardware wie Smartphones und Computern einen großen Teil des Umsatzes der »Internetwirtschaft« ausmacht, ist das ein sehr großer Unterschied.

Und auch die Wertschöpfung von Unternehmen wie Amazon oder Zalando selbst findet keineswegs im Internet bzw. durch Programmierung und Betrieb der Online-Plattformen statt, sondern besteht ganz überwiegend da-

[18] Monitoring-Report Digitale Wirtschaft 2014, Hrsg. Bundesministerium für Wirtschaft und Energie, 2014, S. 27, www.bmwi.de/DE/Mediathek/publikationen,did=675398.html

rin, dass tausende schlecht bezahlte Menschen Waren in Pakete packen und versenden. Der zum Teil spekulativ massiv überhöhte Börsenwert von Internet-Startup-Firmen ist schon gar kein Ausdruck der dort produzierten Wertschöpfung. Noch wichtiger ist allerdings, dass die gehandelten Produkte ganz überwiegend in ganz normalen Fabriken überall auf der Welt hergestellt werden, in denen nach wie vor Millionen Menschen arbeiten.[19]

Es stellt sich dann die Frage, inwieweit die materielle Produktion der Waren selbst perspektivisch automatisiert wird und dann auch diese Arbeit weitgehend wegfällt. In letzter Zeit steht hier im Blickpunkt der Debatte die »Industrie 4.0«, die eine »vierte industrielle Revolution« herbeiführen soll. Hier wird auch die aktive Rolle der staatlichen Förderpolitik im (staatsmonopolistischen) Kapitalismus besonders deutlich, denn es handelt sich um ein zentrales Projekt der Hightech-Strategie der Bundesregierung.

Im Mittelpunkt steht die »intelligente Fabrik« (siehe Abbildung 44), in der »intelligente« Produkte, Maschinen und Betriebsmittel eigenständig Informationen austauschen, Aktionen auslösen und sich gegenseitig selbständig in Echtzeit steuern können. Das jeweilige Produkt soll, gefüttert mit Informationen über sich selbst, seinen eigenen Fertigungsprozess optimieren können. Dadurch soll die Flexibilität der Produktion enorm gesteigert werden und insbesondere individualisierte Serienproduktion, z.B. Autos mit individuell ausgewählten Ausstattungsvarianten, effizienter gestaltet werden. Im laufenden Betrieb und über die gesamte Wertschöpfungskette sollen ständig Personal-, Energie- und Kapitalkosten kontrolliert und minimiert werden. Ziel ist die Sicherung und Steigerung der Wettbewerbsfähigkeit auf den Weltmärkten.

Es geht dabei nicht nur um die Fabrik selbst, sondern darum, die gesamte Produktion und ihre vor- und nachgelagerten Elemente und Prozesse (Maschinen, Serviceroboter, Logistik-, Lager-, Planungssysteme und Betriebsmittel) über das »Internet der Dinge« und ein »Internet der Dienste« miteinander zu vernetzen. Dies erstreckt sich auch auf die Energieversorgung, intelligente Energienetze (Smart Grids) bis hin zu modernen Mobilitätskonzepten (Smart Mobility, Smart Logistics) (siehe Abbildung 45). Medium dieser Verknüpfung sind Systeme mit eingebetteter Software (Cyber-Physical-Systems), die über Sensoren und Aktoren verfügen und Daten erfassen, auswerten und speichern können. Ganz wichtig sind dabei RFID-Systeme (radio-frequency identification), eine Technologie für Sender-Empfänger-Systeme zum automatischen und berührungslosen Identifizieren und Lokalisieren von Objekten mit Radiowellen, die immer kleiner und billiger werden.

[19] Vgl. Sabine Pfeiffer: Wert, Web und Arbeit, www.gegenblende.de/++co++6b4b7f06-0358-11e4-bbae-52540066f352

Abbildung 44: Vernetzung der Smart Factory in der Industrie 4.0

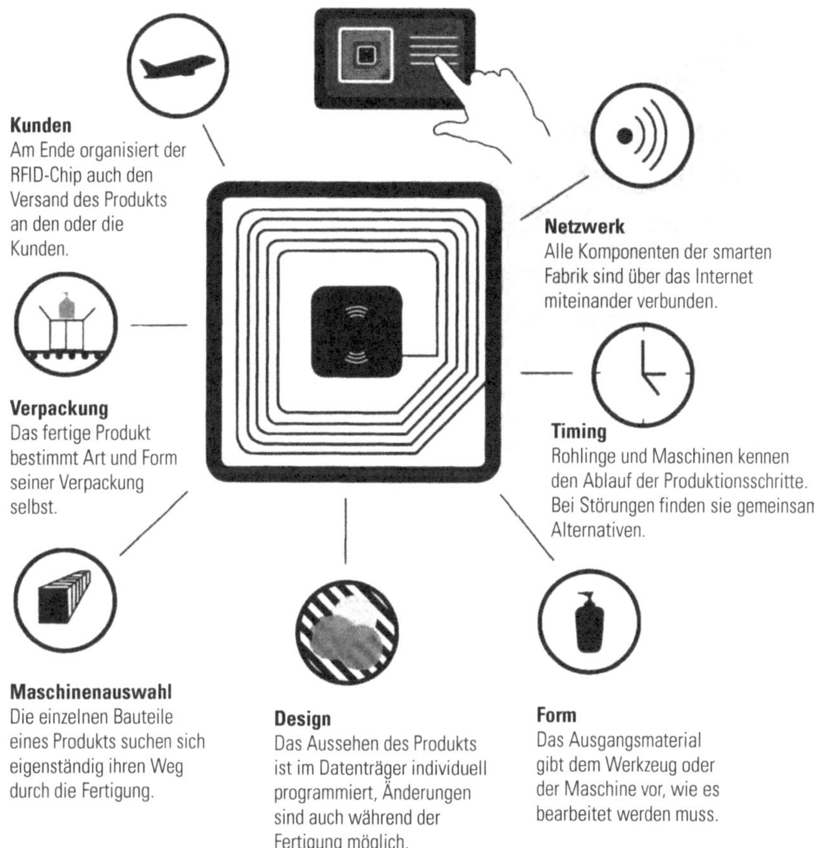

Das Schaubild zeigt die Vernetzung von Produktions- und Distributionsprozessen, die mit Hilfe von RFID-Chips organisiert werden sollen. Es weist Fetischisierungen auf, weil den Dingen Tätigkeiten zugeschrieben werden (»Produkt bestimmt«, »Bauteile suchen«, »Rohlinge und Maschinen kennen«...), was real Prozesse auf der Grundlage menschlicher Programmierungen sind.

Quelle: Industrie 4.0, Deutsche Bank Research, Februar 2014, S. 5

Diese neuen Sprünge der Produktivkraftentwicklung bieten Möglichkeiten für bessere und neue Produkte, geringere Energie- und Stoffverbräuche und Umweltbelastungen, Kommunikation und Konsum. Sie führen aber auch zu neuen Belastungen und Problemen und werfen große Risiken auf, etwa durch »Big Data«, die damit verbundene Erfassung bzw. Produktion, Speicherung und Verarbeitung gigantischer Datenmengen und Informationen über das

Abbildung 45: Industrie 4.0 und die Smart Factory als Teil des Internets der Dinge und Dienste

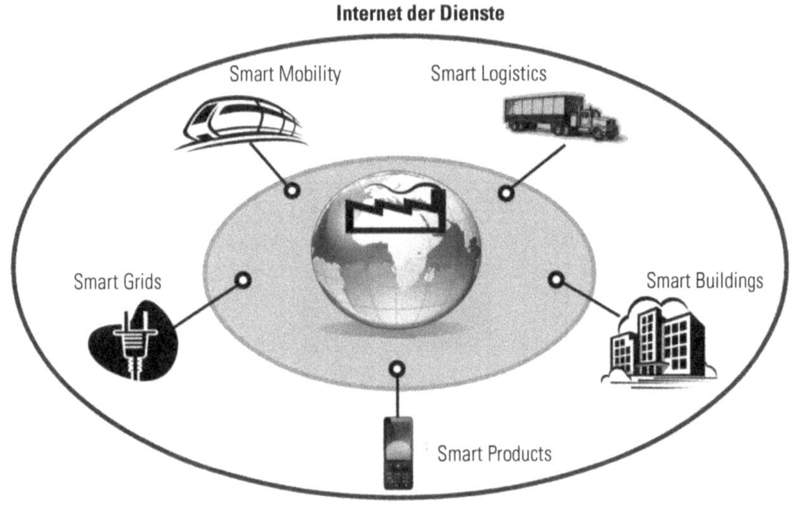

Die »intelligente Fabrik« soll ein zentrales Element eines übergreifenden Zusammenhangs »intelligenter« Dinge und »intelligenter« Dienstleistungen sein, die über das Internet mehr oder minder automatisiert miteinander verknüpft sind.

Quelle: Industrie 4.0, Deutsche Bank Research, Februar 2014, S. 4

Verhalten der Menschen. Bei vielen Produkten und Fertigungsprozessen sind sehr große qualitative Veränderungen zu erwarten, etliche Tätigkeiten können automatisiert und wegrationalisiert werden. Doch es gilt auch: »Resümiert man die vorliegenden Befunde (...), so wird zunächst deutlich, dass die Perspektive einer vollständigen Automatisierung und der menschenleeren Fabrik aus technologischen und ökonomischen Gründen keine realistische Perspektive darstellen kann.«[20]

Die Durchsetzung der Industrie 4.0 in »smart factories« kann absehbar nur begrenzte Bereiche der Gesamtwirtschaft erfassen. Diese Fabriken können auch keineswegs ohne menschliche Arbeit funktionieren.

[20] Hartmut Hirsch-Kreinsen: Welche Auswirkungen hat »Industrie 4.0« auf die Arbeitswelt?, Friedrich-Ebert-Stiftung WISO direkt, 2014.

Das Ende der auf dem Wert beruhenden Produktion?

Dennoch gibt die Entwicklung der »Industrie 4.0«-Projekte jenen Diskussionen einen erneuten Schub, in denen schon länger über das Ende der Arbeit oder jedenfalls der Produktion des Werts durch abstrakte Arbeit spekuliert wird. Es scheint sich hier die Verwirklichung der Vision eines automatisierten Maschinensystems vorzubereiten, das Karl Marx nahezu prophetisch bereits vor etwa 160 Jahren beschrieb. Marx verband dies mit weitreichenden Spekulationen über das Ende der kapitalistischen Ökonomie.

»Die Arbeit erscheint nicht mehr so sehr als in den Produktionsprozeß eingeschlossen, als sich der Mensch vielmehr als Wächter und Regulator zum Produktionsprozeß selbst verhält. (Was von der Maschinerie gilt ebenso von der Kombination der menschlichen Tätigkeit und der Entwicklung des menschlichen Verkehrs.) Es ist nicht mehr der Arbeiter, der modifizierten Naturgegenstand als Mittelglied zwischen das Objekt und sich einschiebt; sondern den Naturprozeß, den er in einen industriellen umwandelt, schiebt er als Mittel zwischen sich und die unorganische Natur, deren er sich bemeistert. Er tritt neben den Produktionsprozeß, statt sein Hauptagent zu sein. In dieser Umwandlung ist es weder die unmittelbare Arbeit, die der Mensch selbst verrichtet, noch die Zeit, die er arbeitet, sondern die Aneignung seiner eignen allgemeinen Produktivkraft, sein Verständnis der Natur und die Beherrschung derselben durch sein Dasein als Gesellschaftskörper — in einem Wort die Entwicklung des gesellschaftlichen Individuums, die als der große Grundpfeiler der Produktion und des Reichtums erscheint. Der *Diebstahl an fremder Arbeitszeit, worauf der jetzige Reichtum beruht*, erscheint miserable Grundlage gegen diese neuentwickelte, durch die große Industrie selbst geschaffne. Sobald die Arbeit in unmittelbarer Form aufgehört hat, die große Quelle des Reichtums zu sein, hört und muß aufhören, die Arbeitszeit sein Maß zu sein und daher der Tauschwert [das Maß) des Gebrauchswerts. Die *Surplusarbeit der Masse* hat aufgehört, Bedingung für die Entwicklung des allgemeinen Reichtums zu sein, ebenso wie die *Nichtarbeit der wenigen* für die Entwicklung der allgemeinen Mächte des menschlichen Kopfes. Damit bricht die auf dem Tauschwert ruhende Produktion zusammen.« (Karl Marx: Grundrisse der Kritik der Politischen Ökonomie, MEW 42, S. 601)

Diese Passage wird gerne verwendet, um vermeintlich mit Marx zu begründen, dass schon heute die Arbeit gar nicht mehr die Quelle der Wertschöpfung sei. Jedenfalls nicht die aktuelle lebendige Arbeit, sondern höchstens die historisch bereits geleistete allgemeine Arbeit der Wissenschaft und Erfindungen sowie die bereits geschaffenen Produktivkräfte und Infrastrukturen der Gesellschaft. Doch schreibt Marx das tatsächlich und vor allem, stimmt das?

Zunächst geht es um den »Reichtum«, also die Gebrauchswerte, nicht den Wert. Marx schreibt in diesen von ihm nicht zur Veröffentlichung gedachten Vorarbeiten zum Kapital nicht, dass Arbeit nicht mehr die Quelle der Wertschöpfung sei, sondern dass der Tauschwert dann nicht mehr relevant sei und deshalb die Warenproduktion zusammenbrechen würde. Dies ist offensichtlich bisher nicht der Fall. Offenbar sind die Potenzen des Kapitals, die Produktivkräfte voranzutreiben, noch längst nicht ausgereizt und eine überlegene sozialistische Organisation drängt sich nicht auf, jedenfalls nicht als quasi zwingende Konsequenz der technologischen Entwicklung.

Zwar gibt es neben Open Source und freier Software mittlerweile auch Open Design und freie Hardware und 3D-Drucker, aber das sind Nischen. Noch weniger als die meisten Menschen ihre Bücher selbst ausdrucken, statt sie zu kaufen, werden sie ihre Haushaltsgegenstände oder andere Konsumartikel selbst drucken. Dass Papierbücher zunehmend durch E-Books ersetzt werden, ist eine andere Frage. Man kann jedoch nicht aus E-Tassen trinken oder auf E-Sofas sitzen. Auch immer bessere und billigere 3D-Drucker und andere computergesteuerte Kleinmaschinen werden daran absehbar nichts ändern. Sie können nur in begrenzten Fällen qualitativ und preislich mit den Produkten der modernen Industrie mithalten. Oder sie sind in ihren teuren Profi-Varianten selbst Elemente der Industrie oder spezialisierter kommerzieller Dienstleistungen, um spezielle Teile zu fertigen. Die Drucker und Maschinen sind Waren (auch bei »freier Hardware« sind ja nur die Baupläne entgeltfrei), zur Herstellung der Produkte sind meist weitere Waren als Vorleistungen erforderlich, und die Produkte werden selbst meist als Waren produziert und sind keineswegs ökonomisch »wertlos«.

Zur Produktion der industriellen Waren ist heute viel weniger Arbeit pro Stück nötig als früher, die einzelnen Exemplare sind also weniger wertvoll. Aber weiterhin wird Arbeit benötigt und die Produktion durch den Wert und die Ökonomie der Arbeitszeit gesteuert.

Solange die Produkte als Waren produziert und verkauft werden, ist es immer die dazu gesellschaftlich notwendige Arbeit, die ihren Wert begründet und damit auch die Einkommen zum Kauf der Waren. Einzelne Produktionsschritte und Einzelproduktionen können automatisiert werden, aber niemals der gesellschaftliche (Re-)Produktionsprozess insgesamt. Die neuen Informations- und Kommunikationstechniken zeichnen sich dadurch aus, dass sie nicht nur breite Rationalisierung ermöglichen, sondern auch selbst immer billiger geworden sind. Die Kosten für das fixe konstante Kapital wurden dadurch gesenkt. Der Anstieg der organischen Wertzusammensetzung des Kapitals wurde dadurch gebremst, in einigen Bereichen sank die Wertzusammensetzung des Kapitals sogar seit den 1980er Jahren. Dies hat wesentlich dazu beigetragen, dass die Profitrate stabilisiert und sogar wieder gesteigert werden konnte.

Selbstverständlich ist die enorme Produktivität der Arbeit auch vorrangig kein Verdienst der heute arbeitenden Individuen, sondern Resultat der historischen Entwicklung der Menschheit und des Gesamtsystems der gesellschaftlichen Produktivkräfte. Doch Wertschöpfung und eine Reproduktion des gesellschaftlichen Lebens erfolgen auf dieser Grundlage nur dann, wenn diese gesellschaftlichen Produktivkräfte von lebendiger Arbeit angewendet und nutzbar gemacht werden.

Die lebendige Arbeit verschwindet auch mit automatisierten Maschinensystemen nicht – nicht aus der Fabrik und schon gar nicht aus dem gesellschaftlichen (Re-)Produktionsprozess insgesamt. Gesamtwirtschaftlich hat sich der Fortschritt der Arbeitsproduktivität sogar verlangsamt.

In den 1970er Jahren stieg die Arbeitsproduktivität je Stunde in Deutschland noch um knapp vier Prozent jährlich. Im neuen Jahrhundert sind es bisher nur etwa ein Prozent, in der Industrie drei Prozent – trotz aller wissenschaftlich-technischen Fortschritte. Diese schwache Produktivitätsentwicklung hat allerdings mit der Ausweitung von Niedriglohnbeschäftigung und mit dem sektoralen Strukturwandel zu tun und mit der insgesamt schwachen Wirtschafts- und Investitionsentwicklung. Wenn in bestimmten Zweigen besonders starke Produktivitätszuwächse stattfinden, der Bedarf an den Produkten dieses Wirtschaftszweigs aber nicht in gleichem Maße wächst, dann wird der Anteil dieses Zweiges an der gesamtwirtschaftlichen Wertschöpfung und Beschäftigung immer kleiner und dann fallen auch weitere Produktivitätssteigerungen in diesem Zweig gesamtwirtschaftlich immer weniger ins Gewicht.

Wenn durch Digitalisierung innerhalb von 20 Jahren ein Drittel aller Arbeitslätze (nicht nur in der Industrie) verloren gingen, entspräche das einem durchschnittlichen jährlichen Produktivitätszuwachs von 2,1%, ein Verlust der Hälfte entspräche 3,5%. Das könnte durch höhere Masseneinkommen und/oder Arbeitszeitverkürzung durchaus ohne zunehmende Erwerbslosigkeit bewältigt werden. Zumal der dargestellte Effekt des Strukturwandels bewirkt, dass relativ weniger automatisierbare Tätigkeiten und Wirtschaftszweige ihren Anteil ausdehnen und so die gesamtwirtschaftliche Produktivitätssteigerung erheblich geringer wäre.

Es bleibt dabei, dass Erwerbslosigkeit eine Frage der ökonomischen Entwicklung ist und nicht der technischen. Aller Voraussicht nach bleibt die Arbeit auch in der spezifischen Form der Lohnarbeit und der Erwerbsarbeit allgemein dominierend. Sie verändert sich lediglich und der Anteil der Arbeit an der unmittelbaren materiellen Fertigung nimmt ab. Welche Auswirkungen das auf die Ausgestaltung der Arbeitsverhältnisse und die Verteilungsverhältnisse hat, ist wie immer eine Frage der ökonomischen und politischen Kräfteverhältnisse und Gestaltung.

Wissenschaftlich-technische Revolution und High-Tech-Kapitalismus

- EDV-gestützte Automatisierung und Kommunikation
- Wissenschaft als Schlüsselfaktor der Produktivkraftentwicklung
- neue Energie- und Werkstoff- und Produktionstechnologien
- Flexibilisierung und Beschleunigung der Produktion und Distribution, Individualisierung, »lean production«, »just in time«
- verstärkte Ausdifferenzierung der Produktion, abnehmende Fertigungstiefe, zunehmende Standortteilung und Verkehr
- verstärkte Internationalisierung und internationale Wertschöpfungsketten
- höhere Anforderungen an
  - Flexibilität und Qualität der Produktion
  - Qualifikationen und Flexibilität der Beschäftigten
  - Infrastrukturen, v.a. Kommunikation und Verkehr
  - staatliche Förderung von Forschung und Entwicklung
  - staatliche Subventionierung der Produktion und Absatzsicherung
- verstärkte Ausrichtung der staatlichen Politik auf diese Interessen des Kapitals: Angebotsorientierung, Orientierung auf Steigerung der internationalen Wettbewerbsfähigkeit
- Digitale Informationsprodukte, intellektuelle Eigentumsrechte und Informationsrenten
- Internet und E-Commerce
- Industrie 4.0, Smart Factory, Smart Products, Smart Mobility und Logistics, Smart Buildings und Grids (»Intelligente« Fabrik, Produkte, Mobilität und Logistik, Gebäude und Netze)
- Internet der Dinge und Internet der Dienste
- Gesamtwirtschaftlich wird der Produktionszuwachs trotz allem langsamer. Warenproduktion bleibt die Regel.

5.7 Wandel der Arbeit und Dienstleistungen

Mit der wissenschaftlich-technischen Revolution verändern sich die Inhalte, Bedingungen und Formen der gesellschaftlichen Arbeit. Im Mittelpunkt steht dabei die wachsende Bedeutung von Informationsarbeit im weitesten Sinne, und das heißt unter den modernen Bedingungen Arbeit mit digitalisierten Informationen und entsprechenden informations- und kommunikationstechnischen Arbeitsmitteln. Mittlerweile dürften gut zwei Drittel der Erwerbstätigen beruflich Computer oder mobile Geräte wie Notebooks, Tablets und Smartphones nutzen, weitestgehend mit Internetanschluss.

Arbeitsmarkt und Berufsfelder in den nächsten Jahrzehnten

Dabei muss man unterscheiden, ob die digitale Informationsarbeit als solche die hauptsächliche Tätigkeit darstellt oder ob sie eher begleitend zur Verwaltung, Vorbereitung, Unterstützung und Koordination der hauptsächlichen Arbeit dient. Letzteres erfasst tendenziell fast alle Arbeitsbereiche. Überwiegend am Computer dürften etwa ein Viertel der Erwerbstätigen arbeiten. Nachdem die Informationsarbeit weitgehend digitalisiert ist, dürfte dieser Anteil sich jetzt bei Weiterentwicklung der Technik stabilisieren oder sogar sinken, etwa im kaufmännischen und Verwaltungsbereich, wo es zunehmende Rationalisierung gibt.

Für Deutschland haben das Institut für Arbeitsmarkt- und Berufsforschung (IAB) und das Bundesinstitut für Berufsbildung (BIBB) 2012 und 2014 gemeinsame Projektionen zur Entwicklung des Arbeitsmarktes und der Berufsfelder bis 2030 aufbauend auf den bisherigen Trends veröffentlicht.[21] Dabei ergibt sich ein zunehmender Bedarf vor allem bei Gesundheits- und Sozialberufen, die kaum rationalisierbar sind, und ein Überangebot an Arbeitskräften vor allem bei Büroberufen. Der Rückgang der Gesamtbeschäftigung resultiert aus dem angenommenen Bevölkerungsrückgang.

Abbildung 46: Entwicklung ausgewählter Arbeitsmarktgrößen in Deutschland 2005 bis 2030

Jahr	2005	2010	2020	2030
Bevölkerung in Mio.	80,8	80,2	79,9	78,7
Erwerbsfähige Bevölkerung in Mio.[1]	59,1	57,2	56,4	53,3
Erwerbspersonen in Mio.	43,5	43,5	43,6	41,8
Erwerbstätige in Mio.	39,0	40,6	41,6	40,4
Erwerbtätigenquote[2]	66,0%	71,0%	73,8%	75,8%
Arbeitnehmer in Mio.[3]	34,6	36,1	36,9	35,6
Arbeitsvolumen der Arbeitnehmer in Mio.	46,3	47,8	48,4	46,8
Jahresarbeitszeit der Arbeitnehmer in Std.	1.341	1.323	1.311	1.314

1) Bevölkerung im Alter von 15 bis unter 70 Jahren
2) Erwerbstätige bezogen auf die erwerbsfähige Bevölkerung
3) Erwerbstätige ohne Selbständige

Quelle: Mikrozensen und Volkswirtschaftliche Gesamtrechnung des Statistischen Bundesamtes. Berechnung und Darstellung QuBe-Projekt, 3. Welle; BIBB-Report 23/14, S. 3

[21] Vgl. Qualifikations- und Berufsfeldprojektion bis 2030, IAB-Kurzbericht 18/2012, http://doku.iab.de/kurzber/2012/kb1812.pdf und Bundesinstitut für Berufsbildung: BIBB-Report 23/2014, www.bibb.de/dokumente/pdf/a14_BIBBreport_2014_23.pdf

Abbildung 47: Benötigtes Arbeitsvolumen nach Berufshauptfeldern 2000 bis 2030 in Mrd. Stunden

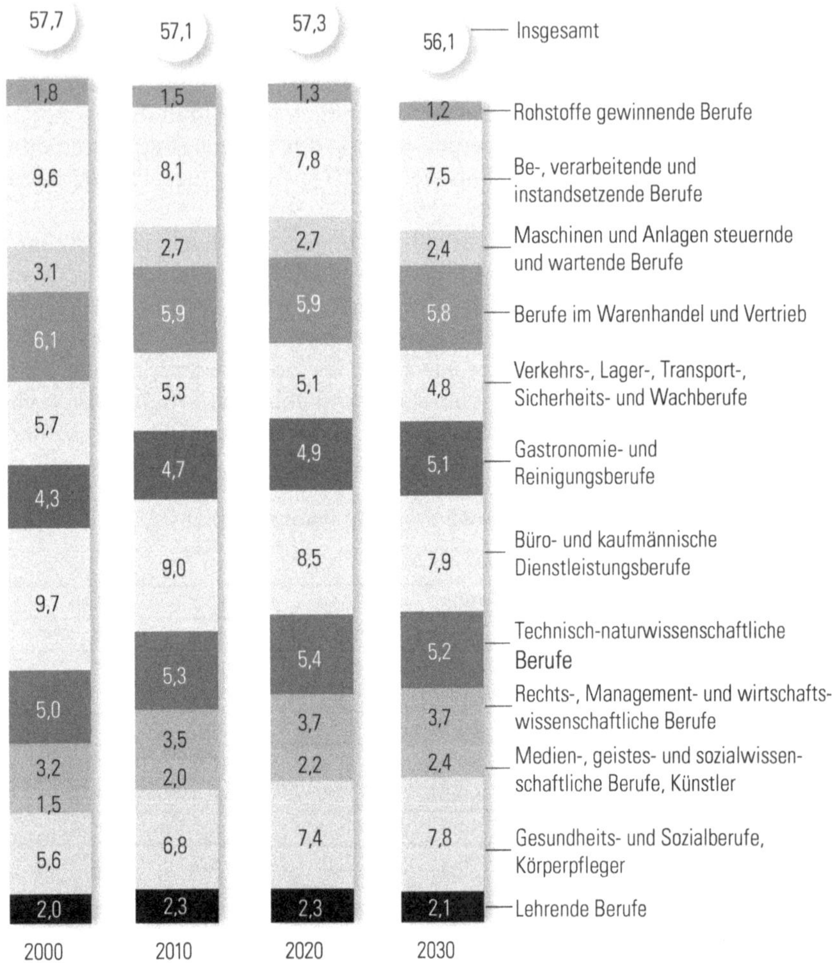

Quelle: Qualifikations- und Berufsfeldprojektion bs 2030, IAB-Kurzbericht 18/2012 http://doku.iab.de/kurzber/2012/kb1812.pdf, S. 3

Das ist selbstverständlich alles mit großen Unsicherheiten verbunden. Noch nicht klar absehbare neue technologische Sprünge (etwa automatisierte Fahrzeuge und Logistik) oder auch ökonomische Krisenprozesse mit hoher Erwerbslosigkeit oder große internationale Umbrüche und Massenwanderungen sind nicht einkalkuliert. Man muss aber davon ausgehen, dass alle technologischen Umwälzungen sich nur sukzessive über Jahrzehnte hin durchsetzen. Für eine Gesamtbetrachtung sind die Studien des IAB und BIBB allemal realistischer als Untersuchungen, die v.a. bestimmte Techniken oder Sektoren untersuchen.

In den kommenden Jahrzehnten ist eine zunehmende Erwerbsquote und eine Verschiebung der Beschäftigtenstruktur zugunsten personenbezogener und wissensbasierter Dienstleistungen zu erwarten. Tätigkeiten mit geringen Qualifikationsanforderungen werden weiter abnehmen, aber keineswegs verschwinden.

Internetbasierte und flexible Arbeit und indirekte Steuerung

Die neuen Techniken führen allerdings zu gravierenden qualitativen Veränderungen vieler Arbeitsverhältnisse. Eine zentrale Rolle spielen Internet-basierte Plattformen, die die Anbieter und Nachfrager bestimmter Leistungen in Kontakt bringen. Das können Handwerksleistungen sein, besonders weitreichend sind die Möglichkeiten allerdings bei digitaler Arbeit aller Art, die damit aus betrieblichen Zusammenhängen gelöst werden kann. Dazu betreiben große Unternehmen insbesondere im Softwarebereich zunehmend auch eigene Plattformen. Die Stichworte dafür sind »Cloudworking«, bei dem die Arbeitsprodukte in der virtuellen Datenwolke mit weltweiter Zugriffsmöglichkeit erstellt und abgelegt werden, und »Crowdsourcing«, die Auslagerung traditionell innerbetrieblich erledigter Aufgaben an eine über das Internet verknüpfte Menge externer AnbieterInnen, die dort um die Aufträge konkurrieren.[22]

Dabei bleiben potenziell alle erkämpften Standards für Entgelte, Arbeitsbedingungen und soziale Sicherung auf der Strecke. Denn die AuftragnehmerInnen sind ja keine abhängig Beschäftigten, sondern Selbständige, die Werke oder Dienstleistungen anbieten. Sie sind zwar, auf Basis von deren enormer Verbilligung, die Eigentümer ihrer informations- und kommunikationstechnischen Produktionsmittel, aber sie bleiben ökonomisch abhängig von den kapitalistischen Unternehmen, die ihre Arbeitsergebnisse kaufen und verwerten. In veränderter Form erscheint es wie eine Wiedergeburt der von Marx beschriebenen kapitalistischen Heimarbeit bzw. »modernen Hausarbeit«:

»Neben den Fabrikarbeitern, Manufakturarbeitern und Handwerkern, die es in großen Massen räumlich konzentriert und direkt kommandiert, bewegt das Kapital durch unsichtbare Fäden eine andere Armee in den großen Städten und über das flache Land zerstreuter Heimarbeiter. Beispiel: die Hemdenfabrik der Herren Tillie zu Londonderry, Irland, die 1.000 Fabrikarbeiter und 9.000 auf dem Land zerstreute Heimarbeiter beschäftigt.« (Karl Marx: Kapital I, MEW 23, S. 485)

[22] Einen guten Einblick vermittelt die Internetplattform www.clickworker.com.

Die neuen Techniken ermöglichen Rationalisierungsschübe in Finanzdienstleistungen und Logistik, Buchhaltung und Verwaltung, gemeinsame »Workspaces« im Internet sowie virtuelle Marktplätze für Güter, Dienstleistungen und Kapital. Es wird möglich, immer mehr Arbeiten per Werkvertrag an »freie Mitarbeiter« zu vergeben oder Outsourcing an fremde oder ausgegliederte Unternehmen zu betreiben. Viele internationale Konzerne betreiben mittlerweile Callcenter oder Tochterbetriebe für Forschung und Entwicklung, Softwareprogrammierung, Buchhaltung und Rechnungswesen usw. in osteuropäischen oder asiatischen Ländern. Dadurch sind zunehmend auch qualifizierte Angestellte in Bereichen von »Informationsarbeit« von Arbeitsplatzverlagerung oder Lohndumping betroffen. Insbesondere die »Kreativwirtschaft« nutzt dabei aus, dass es ein Überangebot an meist jüngeren Menschen gibt, die kreativ arbeiten wollen. Noch ohne Familie sind sie flexibel, belastbar und vielfach bereit, als vermeintlichen Einstieg solche Zumutungen zu akzeptieren. Das geht bis zur jahrelangen Arbeit ausgebildeter Menschen als PraktikantInnen fast ohne Entgelt.

Die Auswirkungen auf die Beschäftigten sind aber widersprüchlich. Selbständigkeit befreit von starren Arbeitszeitregelungen und dem Direktionsrecht von »Arbeitgebern«. Ähnliches gilt für die zunehmende mehr oder minder teilautonom oder im Team selbstorganisierte Projektarbeit. Das finden viele vor allem jüngere Menschen attraktiv, und von neoliberalen Ideologien wird dies hochgejubelt. Geregelte Arbeitsverhältnisse werden als uncool und von gestern dargestellt. Statt gesetzlichen Regelungen, kollektiver Gestaltung, Tarifverträgen und Sozialversicherungen werden individuelle Freiheit, Selbstverantwortung und Selbstbestimmung bei der Gestaltung von Arbeitsbedingungen und bei der Zukunftsvorsorge propagiert.

Neue Arbeitsformen befreien oft von starren Vorgaben, aber ebenso von erkämpften Beschränkungen kapitalistischer Ausbeutung, von Arbeitnehmerrechten, Mitbestimmung und sozialen Sicherheiten. Es geht nicht um Selbstbestimmung, sondern um indirekte Steuerung.

Dabei werden die Beschäftigten verantwortlich gemacht für erfolgreiche Arbeit und Produkte, ohne dass sie die Kontrolle über die Bedingungen der Produktion hätten. Im IKT-Netzwerk kann außerdem die Arbeit intensiver denn je kontrolliert und bewertet werden. Der Druck der Kunden bzw. »des Marktes« lastet nicht mehr vorrangig auf den Kapitalisten, sondern wird auf die Beschäftigten weitergeleitet, einschließlich damit verbundener Risiken, wenn etwas nicht wie geplant klappt. »Vermarktlichung« findet so innerhalb von Unternehmen statt. Die Deregulierung der Arbeitszeit, »Vertrauensarbeitszeit« und die ständige Erreichbarkeit mit Handy und Internet führt zur Entgrenzung der Arbeit, bis zur Arbeit rund um die Uhr.

In der Konkurrenz um Aufträge und Jobs haben abgesehen von kurzen Phasen des Booms und knapper Arbeitskräfte die Kapitalisten die Trumpfkarten. Die »Arbeitskraftunternehmer« werden zu ordinären Arbeitskraftanbietern und im Extrem zu modernen Tagelöhnern, die sich gegenseitig unterbieten. Für längerfristige Lebensplanung, Familie und Vorsorge haben sie weder Geld noch Zeit noch hinreichende Planungssicherheit. Stress und gesundheitliche, vor allem psychische Belastungen bis hin zum um sich greifenden »Burn-out« nehmen zu. Mit solchen Erfahrungen wächst allerdings bei vielen Beschäftigten auch die Erkenntnis der Notwendigkeit sozialer Regulierung und gewerkschaftlicher Organisierung.

Neben Tendenzen zu erhöhten Qualifikationsanforderungen und vielfältiger Tätigkeit gibt es auch Gefahren eines »Taylorismus 4.0«. Die Beschäftigten würden zu abhängigen vernetzten Rädchen in einer Cyberfabrik.

In der Fabrik sind die Beschäftigten einerseits mit erhöhten Komplexitäts-, Problemlösungs-, Lern- und vor allem auch Flexibilitätsanforderungen konfrontiert. Es steigt der Bedarf an Überblickswissen und Verständnis über das Zusammenspiel aller Akteure im Wertschöpfungsprozess. Auf der anderen Seite gibt es neotayloristische Tendenzen, auf der neuen technischen Grundlage die Arbeit in kleine Einheiten zu zerteilen und zu standardisieren, die dann digital quantifiziert werden.

Outsourcing und »Share Economy«

Eine weitere wichtige Entwicklung ist die fortschreitende Auslagerung von industrienahen Dienstleistungen. Das führt oft zu unterschiedlichen Lohn- und Arbeitsbedingungen im selben Betrieb, Tarifverträge und Mitbestimmungsstrukturen werden unterlaufen.

Zum Beispiel wachsen Facility Services (etwa Reinigung oder Werkschutz) und technische Services (wie etwa die Instandhaltung und Wartung von Anlagen und Maschinen bis hin zu so genannten Betreiberdiensten) immer weiter in die Kernprozesse der Unternehmen hinein. Externe Serviceanbieter und Logistikunternehmen sind auf dem Werksgelände von produzierenden Unternehmen präsent. Für die produzierenden Unternehmen hat dies mehrere Vorteile: Einerseits können sie Lohnkosten einsparen und Risiken vermeiden, andererseits Flexibilität steigern und ein Umfeld abhängiger Unternehmen aufbauen. Es entwickelt sich eine »hybride Wertschöpfung«, bei der die Leistungserstellung in einem Netzwerk koordiniert wird, mit »Mehr-Arbeitgeber-Beziehungen«, organisiert mit Leiharbeit oder Werkverträgen.

Ein in diesem Zusammenhang anzusprechendes Phänomen sind auch die mit Internet und Smartphones stark wachsenden Leistungen der so genannten Sharing Economy oder Share Economy. Ideologisch überhöht geht es vermeintlich darum, anstatt sich auf den Besitz von Gütern wie Autos, Wohnungen usw. zu fixieren, sie mit anderen zu »teilen«, ihnen den Zugang und die Nutzung zu ermöglichen, wenn man sie selber gerade nicht braucht – und damit geradezu die Eigentumsorientierung des Kapitalismus in Frage zu stellen. Tatsächlich kann damit der gesellschaftliche Bedarf an bestimmten Gütern vermindert und ihre Nutzung ökonomisiert werden, wenn sie seltener ungenutzt herumstehen. Das kann ökologische Belastungen und auch gesamtwirtschaftliche Kosten vermindern.

Es geht bei der »Share-Ökonomie« nicht um das »Teilen«, sondern überwiegend darum, auch bisher als Konsumgut genutztes Privateigentum teilweise oder ganz in Kapital zu verwandeln und zu vermieten und damit verbunden bezahlte Dienstleistungen anzubieten. Transnationale Konzerne sind dort mittlerweile die großen Player.

Die Konzerne vermitteln mit ihren Internet-Plattformen Privaträume als Ferienwohnungen, Autos mit oder ohne FahrerIn, Kleidung, Werkzeug usw., kassieren dafür von Zigtausenden oder Millionen Beteiligten Vermittlungsgebühren und machen dabei hohe Profite oder erwarten sie für die Zukunft.

Damit sind eine Vielzahl von Problemen verbunden, etwa Steuer- und Sozialbeitragshinterziehung, Verdrängung von Mietern, Sicherheits- und Qualitätsprobleme usw. Es werden dann eben nicht nur von den regelmäßigen BewohnerInnen ansonsten vorübergehend ungenutzte Wohnungen vermietet, sondern es werden bisherige Mietwohnungen umgewandelt in kommerziell vermietete Ferienwohnungen, weil das profitabler ist. Es ist ein weiterer Mechanismus, Menschen in Solo-Selbständige zu verwandeln, sei es nur als Nebenjob, sei es als Hauptbeschäftigung. Damit sind dann alle bekannten Probleme fehlender Kontrolle von Arbeitsbedingungen und sozialer Absicherung für die Beschäftigten und des Drucks auf Löhne und Arbeitsbedingungen in anderen Betrieben verbunden. Die Kapitalisten und ihre wissenschaftlichen, politischen und publizistischen Vor- und Nachbeter behaupten, die dargestellten Auflösungen sozial regulierter Beschäftigungsverhältnisse seien Folgen der technologischen Entwicklungen. Doch sind sie tatsächlich notwendiges Resultat der neuen Produktivkräfte? Oder ist das Hauptproblem die kapitalistische Anwendung der neuen Techniken zum Zwecke der Steigerung des absoluten und relativen Mehrwerts und der Erhöhung der Profitrate durch Senkung der Fixkapitalkosten? Geht es nicht vor allem um Interessenkonflikte und Machtfragen? Warum sollten die mit den neuen Techniken möglichen Verbesserungen der Produktivität, Qualität, Flexibilität und Steuerung und der Kommunikation nicht auch unter öffentlicher Kontrolle und mit sozial gestalteten Beschäftigungsverhältnissen möglich sein?

Wachsende Bedeutung von Dienstleistungen

Seit der industriellen Revolution verändern sich die wirtschaftlichen Strukturen ständig und weitgehend. Landwirtschaftliche und auch bestimmte industrielle Produkte und Dienstleistungen werden nur in begrenzten Mengen benötigt. Die kapitalistische Produktion steigert dynamisch die Arbeitsproduktivität und setzt dadurch Beschäftigte aus ihren bisherigen Tätigkeiten frei. Zugleich werden aber ständig neue Produkte und Dienstleistungen entwickelt und nachgefragt und bieten neue Beschäftigungsfelder. Im Ergebnis wächst zunächst der Anteil der industriellen Produktion an Beschäftigung und Wertschöpfung an. Später geht er dann in Folge der überdurchschnittlich starken Produktivitätssteigerungen dort, der Ausgliederung von unternehmensbezogenen Dienstleistungen und der Ausweitung in Erwerbsarbeit erbrachter personenbezogener und sozialer Dienstleistungen zurück.

In Deutschland ist allerdings seit Mitte der 1990er Jahre der Anteil der Industrie an der Wertschöpfung relativ stabil und auch ihr Anteil an der Beschäftigung nur noch wenig gesunken (siehe Abbildung 48). Das ist eine deutsche Besonderheit und liegt an der zunehmend extremen Exportorientierung und der besonderen Rolle der deutschen Industrie in der internationalen Arbeitsteilung. Als Gesamttendenz ist eine weitergehende Ausdifferenzierung der Wertschöpfungsketten, wirtschaftlichen Strukturen und gesellschaftlichen Arbeitsteilung zu beobachten.

Der Anteil der Dienstleistungen an der Gesamtwirtschaft steigt seit Mitte des 20. Jahrhunderts an. Dadurch wird die Industrie allerdings nicht verdrängt. Wir können von einer industriellen Dienstleistungsgesellschaft sprechen.

Der Begriff der Dienstleistungen fasst sehr unterschiedliche Sektoren zusammen. Das Produkt der Dienstleistung ist kein eigenständiges materielles Ding, das als solches in den ökonomischen Austausch einginge. Dies kann darin begründet sein, dass die Arbeitsgegenstände im Eigentum der Kunden sind, wie bei Reparatur- und Transportleistungen, oder bei personenbezogenen und sozialen Dienstleistungen gar nicht eigentumsfähig sind, oder dass es sich um Informationen und Medieninhalte handelt. Im Handel werden nicht die gehandelten Waren bearbeitet, sondern ihr Eigentümerwechsel. Wobei es bei der Zuordnung der Beschäftigten zu einem Wirtschaftsbereich nicht auf die einzelne Tätigkeit ankommt, sondern auf die Haupttätigkeit der Wirtschaftseinheit. Wenn eine Person in der Buchhaltung eines Industriebetriebs arbeitet, zählt sie als Industriebeschäftigte. Wird die Buchhaltung in ein eigenes Unternehmen ausgegliedert, gehört es zum Dienstleistungssektor.

Im 18. Jahrhundert behaupteten Ökonomen, nur die Landwirtschaft sei produktiv. Heute noch behaupten einige, nur die Produktion von materiellen Gütern sei Wertschöpfung. Dienstleistungen trügen dazu nur indirekt bei, als Vorleistungen für industrielle Produktion. Doch ebenso liefern erhebliche Teile der Industrie Vorleistungen für Dienstleistungen, etwa im Gastgewerbe, im Wohnungsbereich, im Gesundheitswesen, der Telekommunikation oder bei Medien und Kultur. In entwickelten Gesellschaften sind alle Wirtschaftsbereiche gegenseitig voneinander – und vom internationalen Austausch – abhängig.

Abbildung 48: Erwerbstätige nach Wirtschaftszweigen 2000 bis 2030 in Mio. Personen

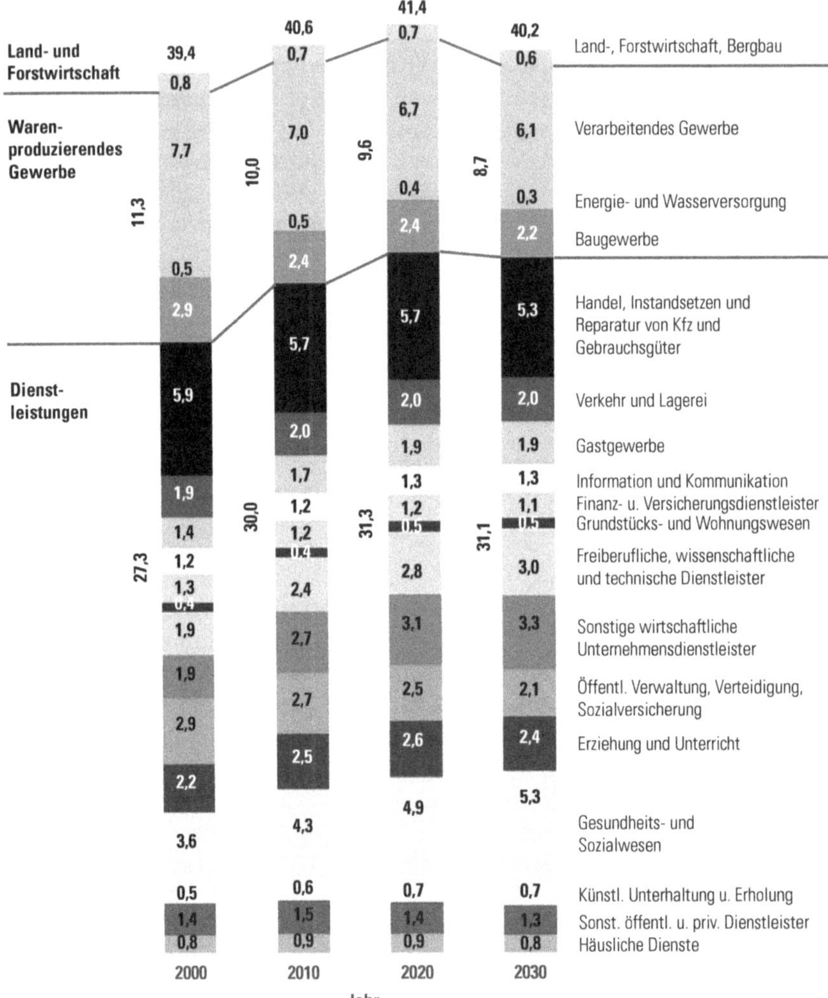

Quelle: Bundesinstitut für Berufsbildung: BIBB-Report 23/2014: www.bibb.de/dokumente/pdf/a14_BIBBreport_2014_23.pdf

Gesellschaftlich notwendige Erwerbsarbeit und damit Wertschöpfung wird nicht nur in der materiellen Warenproduktion erbracht, sondern ebenso in der Produktion von Dienstleistungen. Dabei wird absehbar auch weiterhin Lohnarbeit in Vollzeit dominieren.

Ein Unterschied besteht allerdings bei öffentlichen Dienstleistungen, weil diese nicht verkauft, sondern aus Zwangsabgaben finanziert werden. Dadurch werden nicht nur die frei verfügbaren Einkommen gemindert, sondern auch dem Kapital wichtige Dienstleistungsbereiche als potenzielle Felder der Mehrwertproduktion und -aneignung entzogen. Auch die Arbeitsbedingungen und Löhne in den öffentlichen oder öffentlich finanzierten und regulierten Dienstleistungen sind (oder waren) oftmals besser als bei privaten Anbietern mit schwacher Verankerung der Gewerkschaften, und das strahlt auch aus auf die Bedingungen im privaten Sektor.

Es ist daher ein zentrales Ziel kapitalorientierter Politik im modernen Kapitalismus, die öffentlichen Dienstleistungen möglichst zu privatisieren, sie finanziell auszutrocknen und die Arbeitsbedingungen zu verschlechtern, und sie so weit wie möglich zurückzudrängen, um Verwertungsmöglichkeiten des privaten Kapitals zu erweitern. Demokratie und Sozialstaatlichkeit, oder was davon noch übrig ist, sind dadurch zunehmend gefährdet.

6. Krisen und Perspektiven

6.1 Ökologische Krise und Wachstumsfrage

Bei der Analyse der Ware haben wir bereits festgestellt, dass sie einen Doppelcharakter hat, nämlich Trägerin von Wert und Gebrauchswert zu sein. In der kapitalistischen Produktion ist der Mehrwert bzw. Profit das zentrale Motiv. Die Produktion von Gebrauchswerten ist nur Bedingung, aber nicht unmittelbarer Zweck der kapitalistischen Produktion. Allerdings kauft niemand Waren ohne Gebrauchswert, sie hätten keinen Wert und brächten keinen Profit. Erst recht ist allerdings die Rücksicht auf oder gar Förderung der natürlichen oder sozialen Umwelt nicht der Zweck kapitalistischer Produktion. Sie spielt für die Regulierung der Produktion zunächst einmal überhaupt keine Rolle und wird daher hemmungslos missachtet, insbesondere wenn Kosten eingespart werden können.

Die kapitalistische Produktion ist auf Akkumulation ausgerichtet, um den Profit möglichst zu steigern. Wenn die Unternehmen nicht wachsen, sind sie von Untergang oder Übernahme bedroht. Unternehmen nutzen deshalb eine Vielzahl von Methoden, für ihr Warenangebot zu werben und es den KonsumentInnen schmackhaft zu machen. Sie versuchen kollektiven Konsum zurückzudrängen und Strukturen, Kulturen und Bewusstseinsformen zu schaffen, die Bedürfnisse nach immer mehr und neuen Waren hervorbringen, die die kapitalistische Produktion dann profitabel erfüllen kann, selbstverständlich nur denen, die es sich leisten können.

Kapitalistische Produktion und Natur

Mit dieser Grundstruktur sind viele soziale und individuelle Probleme und Deformationen verbunden. Auch auf die menschliche Natur, gesundheitliche und psychische Belastungen wird wenig Rücksicht genommen, wenn sie im Wege stehen. Andererseits hat die kapitalistische Produktionsweise einen menschheitsgeschichtlich bisher ungekannten Reichtum an produzierten Gebrauchswerten hervorgebracht.

Vielfach wird kritisiert, ein großer Teil des Warenangebots sei eigentlich überflüssig oder gar schädlich. Doch wer sollte das entscheiden? Die Waren werden produziert, weil die KäuferInnen sie haben wollen und dafür bezahlen. Die Gesellschaft müsste demokratisch entscheiden, sie zu verbieten oder anderweitig unattraktiv zu machen, was regelmäßig eine Menge Probleme und Widerstände aufwirft. Zudem gibt es sehr unterschiedliche Auffassungen darüber, welche Waren das betreffen sollte. Auch bei öffentlichen Ausgaben gibt es sehr unterschiedliche Meinungen darüber, welche vielleicht unnötig sind.

Der Mensch lebt immer als Teil und im Austausch mit der ihn umgebenden Natur, die Marx »de[n] unorganische[n] Leib des Menschen« genannt hat (Karl Marx: Ökonomisch-philosophische Manuskripte, MEW 40, S. 560).

»Der Mensch kann in seiner Produktion nur verfahren, wie die Natur selbst, d.h. nur die Formen der Stoffe ändern. Noch mehr. In dieser Arbeit der Formung selbst wird er beständig unterstützt von Naturkräften. Arbeit ist also nicht die einzige Quelle der von ihr produzierten Gebrauchswerte, des stofflichen Reichtums. Die Arbeit ist sein Vater, wie William Petty sagt, und die Erde seine Mutter.« (Karl Marx: Das Kapital I, MEW 23, S. 57f.)

Bei der Produktion, Verteilung und Verwendung von Gütern und Dienstleistungen werden der Natur Rohstoffe entnommen, es wird Energie eingesetzt, Bodenfläche genutzt, Produkte und Schadstoffe und sonstige Emissionen werden in die Umwelt abgegeben. Die kapitalistische Produktion nutzt dabei die Natur nicht nur als Gratisquelle für Rohstoffe und Kräfte wie Sonne, Wasser, Wind, sondern auch als kostenlose Deponie für Abfall, Abwasser und Abgase aller Art. Sie ist dabei gegenüber ihren sozialen und ökologischen Nebenwirkungen und Kosten aus sich heraus gleichgültig, berücksichtigt sie nicht in der Kalkulation, wenn sie sich weder im Gebrauchswert noch im Wert der Ware oder in Kosten der Produktion niederschlagen. Diese in der Regel negativen Wirkungen der Produktion – oder auch des Konsums der Waren – nennt man externe Effekte.

Soziale und ökologische Kosten werden auf die Natur oder die Allgemeinheit bzw. betroffene Individuen oder Gruppen abgewälzt. Sie werden größer, wenn die Gesellschaft nicht durch Gegenwehr der Betroffenen, tarifliche und staatliche Regelungen entgegenwirkt.

Das Problem stellt sich nicht erst im Kapitalismus, sondern auch schon in früheren Produktionsweisen und Gesellschaften. Friedrich Engels wies auf die ungeplanten Nebenwirkungen menschlicher Eingriffe in die Natur hin:

»Schmeicheln wir uns indes nicht zu sehr mit unseren menschlichen Siegen über die Natur. Für jeden solchen Sieg rächt sie sich an uns. Jeder hat in erster Linie zwar die Folgen, auf die wir gerechnet, aber in zweiter und dritter Linie hat er ganz andere, unvorhergesehene Wirkungen, die nur zu oft jene ersten Folgen wieder aufheben. Die Leute, die in Mesopotamien, Griechenland, Kleinasien und anderswo die Wälder ausrotteten, um urbares Land zu gewinnen, träumten nicht, dass sie damit den Grund zur jetzigen Verödung dieser Länder legten, indem sie ihnen mit den Wäldern die Ansammlungszentren und Behälter der Feuchtigkeit entzogen.« (Friedrich Engels: Der Anteil der Arbeit an der Menschwerdung des Affen, MEW 20, S. 452)

Die kapitalistische Produktionsweise zeichnet sich nun gegenüber früheren durch enorm beschleunigtes Wachstum der Produktion und die Verwandlung immer weiterer Güter in Waren aus. Immer neue Regionen der Welt werden erobert, ihre natürlichen und menschlichen Ressourcen der Kapitalverwertung nutzbar gemacht bzw. in Wert gesetzt. Wenn hohe Profite locken, entwickelt das Kapital dabei eine extreme Rücksichtslosigkeit und oft gewalttätigen und zerstörerischen Umgang mit Menschen und Natur.

Im Ergebnis entwickelt die kapitalistische Produktion nicht nur die Produktivkräfte, sondern auch die Schädigung und Zerstörung der Natur auf ein menschheitsgeschichtlich noch nie da gewesenes Niveau. Letztlich werden nicht nur regional begrenzt, sondern global natürliche Kreisläufe und Gleichgewichte gestört und irreversible Schäden angerichtet. Archäologen in ferner Zukunft werden das »Kapitalozän« als eine erdgeschichtliche Periode verzeichnen können, in der in kürzester Zeit gravierende Veränderungen der Erdoberfläche festzustellen sind. Den Begriff »Kapitalozän« hat Elmar Altvater als Alternative zum »Anthropozän« vorgeschlagen, um deutlich zu machen, dass es spezifisch die vom Kapitalverhältnis bestimmte Periode der Menschheit ist, die dafür verantwortlich ist.

Die bevorstehende Klimakatastrophe

Vor der industriellen Revolution und der Entwicklung des Kapitalismus fielen die menschlich verursachten Emissionen von Treibhausgasen gegenüber den natürlichen nicht ins Gewicht. Doch seitdem hat sich der menschlich verursachte Kohlendioxidausstoß mehr als verhundertfacht. Der CO_2-Gehalt der Atmosphäre wurde in weit höherem Umfang gesteigert, als er in den letzten hunderttausenden Jahren im Wechsel der Eis- und Warmzeiten geschwankt hat, auf mittlerweile über 400 ppm (parts per million, Teile pro Million).

In der Folge verändert sich weltweit das Klima. In den letzten 150 Jahren ist die globale Durchschnittstemperatur an der Erdoberfläche um knapp ein Grad Celsius gestiegen, dieser Prozess verläuft erheblich schneller als alle bekannten Erwärmungsphasen der letzten 65 Millionen Jahre (siehe Abbildung 49). Schon jetzt gibt es vermehrt Wetterextreme wie schwere Stürme, Überschwemmungen, beschleunigte Wüstenbildung sowie Abschmelzen von Gletschern. Der Meeresspiegel ist seit 1870 um etwa 30 cm gestiegen. Bis zum Ende des 21. Jahrhunderts ist ein weiterer Anstieg um einen halben bis einen Meter wahrscheinlich.

Anders als in der Vergangenheit sind diese »Nebenwirkungen« der menschlichen Eingriffe in die Natur heutzutage durchaus vorhersehbar, wenn auch hinsichtlich Ausmaß und genauem Verlauf noch erhebliche Unsicherheiten bestehen. Die Menschheit hätte auch die technischen und wirtschaftlichen Möglichkeiten, diese Entwicklungen zu bremsen und die Folgen zu mindern. Dazu müsste ein rascher und umfassender Ausstieg aus fossiler Energienutzung und Umstieg auf erneuerbare Energiequellen erfolgen. Insbesondere muss die Kohle und Öl-Verbrennung massiv heruntergefahren werden.

In einem durchaus machbaren Szenario der Internationalen Energie-Agentur IEA 450 soll die CO_2-Konzentration auf 450 ppm und damit der globale Temperaturanstieg auf etwa zwei Grad begrenzt werden. Auch dann wäre der

Abbildung 49: CO_2-Konzentration seit den Wechseln der Eis- und Warmzeiten

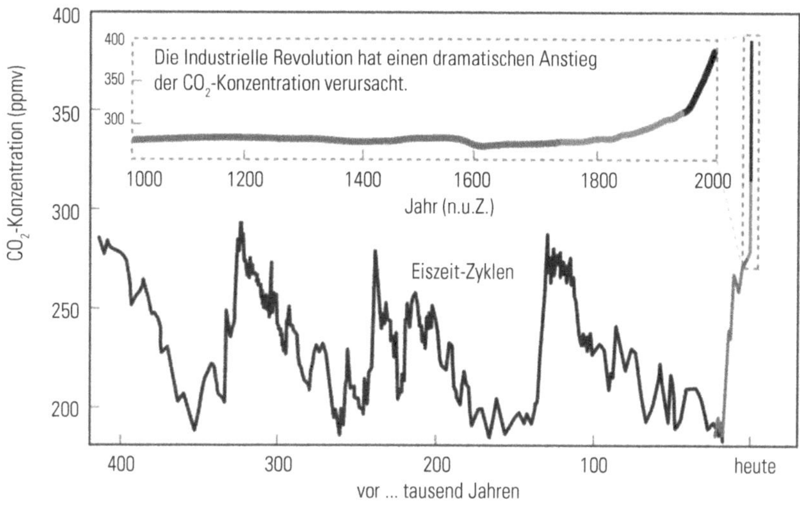

Die industrielle Revolution hat einen dramatischen Anstieg der CO_2-Konzentration verursacht.

Quelle: MET Office. www.metoffice.gov.uk/climate-change/guide/faq question 6

Umbau ein Jahrhundertprojekt. Ob das reicht, ist fraglich, denn selbst dann würde sich aufgrund thermischer Ausdehnung des Wassers und fortgesetzter Schmelze von Eismassen etwa der Westantarktis der Anstieg des Meeresspiegels wahrscheinlich noch über mehrere Jahrhunderte, vielleicht Jahrtausende, fortsetzen und mehrere Meter erreichen. Damit wird der Verlust des Lebensraums hunderter Millionen Menschen verbunden sein.

Es ist nicht nur möglich, sondern hoch wahrscheinlich, dass in einigen Jahrhunderten Städte wie Shanghai, Hamburg oder New York nicht mehr am, sondern im Meer liegen.

Obwohl das bekannt ist und auch internationale Konferenzen dazu stattfinden, ist ein global wirksames Umsteuern nicht in Sicht. Die bisherigen Entwicklungen und realistischen Prognosen liegen am oberen Rand der früheren Projektionen und weit über dem IEA-450-Szenario. Die großen Ölkonzerne, die Öl exportierenden Staaten, die auf billige fossile Energieversorgung aufgebauten Industrien und Volkswirtschaften und ihre Staaten, an der Spitze wieder die USA, verhindern die notwendigen anspruchsvollen und verbindlichen Vereinbarungen. Dabei haben sie die Unterstützung großer Teile ihrer Bevölkerungen. Viele Menschen befürchten höhere Preise, wirtschaftliche Nachteile bis hin zum Arbeitsplatzverlust und Einbußen an Lebensstandard.

Um den Klimawandel einigermaßen unter Kontrolle zu halten, müssten zwei Drittel der heute schon bekannten und halbwegs wirtschaftlich förderbaren fossilen Energieträger im Boden bleiben, statt gefördert und verbrannt zu werden, von künftig noch neu erkundeten Ressourcen ganz zu schweigen. Wer kann sich das unter kapitalistischen Bedingungen als realistisch vorstellen, wenn sogar extrem umweltbelastende oder riskante Gewinnung aus Ölsanden oder Vorkommen unter der Tiefsee oder Gas-Fracking vorangetrieben werden?

Die kapitalistische Struktur der Gesellschaften und des Weltmarkts steht einem planvoll abgestimmten, Krisen vermeidenden und die Kosten gerecht verteilenden sozial-ökologischen Umbau diametral entgegen.

Die größten Schäden haben die Länder Süd- und Südostasiens zu erwarten. Eine Studie der OECD prognostiziert ihnen für 2060 eine Minderung ihres jährlichen Bruttoinlandsprodukts (BIP) um sechs Prozentpunkte, während die entwickelten OECD-Länder bis dahin wirtschaftlich kaum geschädigt würden. Die aufsteigenden und stark wachsenden Länder des globalen Südens wiederum weisen zu Recht darauf hin, dass die altindustriellen Länder der OECD den weitaus größten Anteil der bisherigen Emissionen zu verantworten haben und pro Kopf immer noch weit mehr emittieren (siehe Abbildung 50). Zudem verfügen sie über die weitaus größeren Möglichkeiten zum Umsteuern. Sie müssten daher nicht nur vorangehen, sondern auch den größeren Teil der Kosten des Umbaus tragen. Dazu sind die kapitalistischen Staaten und Gesellschaften des globalen Nordens aber nicht bereit.

Unter Linken ist es weitgehend Konsens, dass ein massives Schrumpfen des Ressourcenverbrauchs und der Schadstoffemissionen notwendig ist. Dabei geht es nicht nur um Energie und Klimagase, sondern auch um eine Vielzahl weiterer knapper Ressourcen und schädlicher Stoffe oder Prozesse. Die gesamte Produktivkraftbasis muss umgebaut werden, wobei auf den vorhandenen Strukturen dennoch aufgebaut werden muss, weil die gesellschaftliche Reproduktion ja ununterbrochen weiterlaufen muss. Der notwendige Umbau betrifft zudem die Konsum- und Lebensweisen der Menschen, die die natürlichen Ressourcen übermäßig beanspruchen.

Dabei stellen sich zahlreiche Probleme. Eine Überwindung des Kapitalismus ist in der nächsten Zeit nicht absehbar, ein Umbau muss aber so schnell wie möglich vollzogen werden. Andererseits würde eine Überwindung der kapitalistischen Eigentums- und Produktionsverhältnisse allein die Probleme noch nicht lösen.

Auch nichtkapitalistische Produktion ist keine Gewähr für ökologische und humane Verträglichkeit. Im real existiert habenden Sozialismus wurde die Umwelt relativ zum Niveau der Reichtumsproduktion noch stärker beansprucht und belastet. Die Effizienz der Nutzung natürlicher Ressourcen war geringer.

Abbildung 50: CO_2-Emissionen aus der Nutzung von Energie steigen weiter

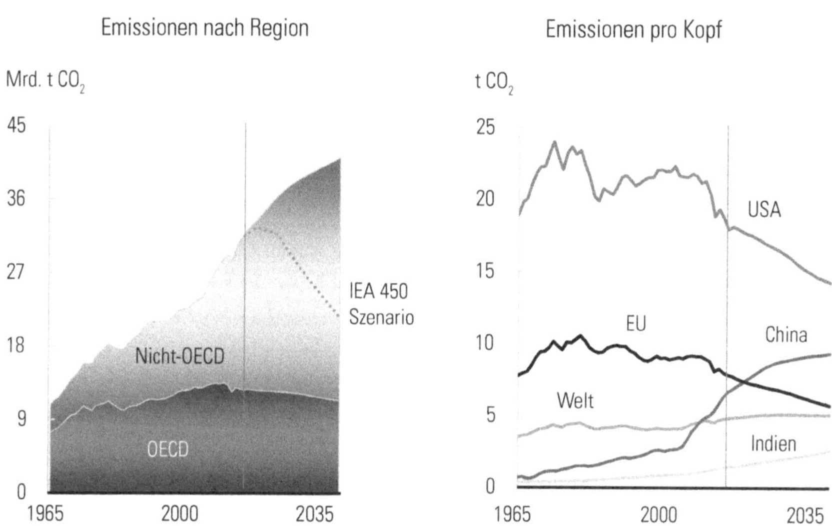

Die ärmeren und aufstrebenden Länder haben mittlerweile einen höheren Gesamtverbrauch als die reichen Länder der OECD. Sie haben allerdings auch eine weitaus höhere Bevölkerungszahl, pro Kopf liegen weiterhin die USA vorn. Im Falle Chinas ist zu beachten, dass ein großer Teil der Emission aus der Produktion von Waren stammt, die in den reicheren Ländern konsumiert werden.

Quelle: BP Energy Outlook 2035, 2014

Es ist auch im Kapitalismus durchaus möglich und bereits gelungen, erhebliche soziale und auch ökologische Verbesserungen durchzusetzen, wenn es dafür genügend gesellschaftlichen Druck gibt. Das reicht aber nicht aus.

Die kapitalistische Konkurrenz nötigt auch zur Einsparung von Rohstoff- und Energiekosten, dies kann genutzt werden. Das reicht aber offenbar bei weitem nicht aus. Kapitalistisches, auf den Profit ausgerichtetes Wachstum gerät immer wieder in Konflikt mit den Erfordernissen einer ökologisch oder auch sozial und human begründeten Beschränkung und Steuerung wirtschaftlicher Aktivitäten. Auch die Orientierung der Individuen auf privates Eigentum und Konsum, Konkurrenz, soziale Ungleichheit und Unsicherheit und die daraus resultierenden Bewusstseinshaltungen, die der Kapitalismus systematisch hervorbringt, fördern Egoismus und Gleichgültigkeit gegenüber ökologischen Anforderungen. Die Lösung der ökologischen wie der sozialen Frage erfordert daher veränderte Gesellschaften, die nicht mehr vorrangig vom Profitprinzip getrieben werden.

Sozial-ökologischer Umbau und die Wachstumsfrage

Es geht also um einen sozial-ökologischen Umbau oder eine Transformation, die bereits im Kapitalismus beginnt und darüber hinausweist. Eine wichtige Kontroverse ist dabei die Haltung zur Frage des wirtschaftlichen Wachstums, konkreter zum Wachstum des BIP.

»Wirtschaftsfreundliche« Kräfte behandeln das BIP und sein Wachstum wie einen Selbstzweck und stellen es fälschlich als einen Wohlstandsindikator dar. Unangemessen ist aber auch eine negative Fetischisierung des BIP.

Die politische Orientierung auf Steigerung des BIP ist nicht der Grund für eine ökologisch rücksichtslose Wachstumsentwicklung, sondern diese resultiert aus den inneren Gesetzmäßigkeiten der kapitalistischen Produktionsweise selbst. Die herrschende wirtschaftspolitische Ausrichtung auf Förderung eines weitgehend ungesteuerten und ökologisch wie sozial rücksichtslosen kapitalistischen Wachstums reflektiert die kapitalistischen Produktions- und Machtverhältnisse und die darin sich durchsetzenden Interessen des Industrie- und Finanzkapitals. Diese werden dargestellt als Interessen der Allgemeinheit an Beschäftigung und wachsenden Einkommen und die herrschende Politik als im Grundsatz alternativlos zu diesem Zweck.

Das BIP ist nur ein statistisches Maß und wir sollten deutlich herausstellen, was es ausdrückt und was nicht. Das BIP ist kein Maß für die Umweltzerstörung durch die Produktion. Es ist eine Geldgröße, die im Kern die Summe der Wertschöpfung bzw. produzierten Einkommen darstellt. BIP-Wachstum bedeutet mehr oder produktivere Erwerbsarbeit, nicht unbedingt mehr Produktion materieller Güter, mehr Stoffwechsel mit der Natur, mehr Energieeinsatz oder höhere Umweltbelastung (mehr zum BIP im Kapitel 4.2). Bisher besteht allerdings ein klarer positiver Zusammenhang zwischen der Höhe des BIP und den stofflichen Umsätzen der Gesellschaft.

Es gibt aber eine relative Entkopplung (siehe Abbildung 51). Die Effizienz der Ressourcennutzung und Schadstoffvermeidung ist gestiegen. Da in Deutschland die Ressourcenproduktivität in vielen Bereichen schneller steigt als das BIP, ist der Gesamtverbrauch der meisten Ressourcen und die Freisetzung der meisten Schadstoffe rückläufig. Die notwendigen massiven Reduzierungen sind mit der Fortsetzung der bisherigen Trends und Politik aber nicht zu schaffen. Andererseits ist es nicht möglich, diese Reduzierungen durch eine Schrumpfung des BIP zu erreichen, denn das würde einen völligen wirtschaftlichen und sozialen Zusammenbruch und Verarmung bedeuten. Wir konnten in den letzten Jahren in südeuropäischen Ländern wie Griechenland sehen, was eine solche Schrumpfung bedeutet, obwohl diese viel geringer war als die erforderliche Ressourcen- und Schadstoffreduzierung.

Aus wirtschaftlichen, sozialen und politischen Gründen führt kein Weg daran vorbei, den notwendigen grundlegenden ökologischen Umbau so zu ge-

Abbildung 51: Gesamtwirtschaftliche Umweltnutzung seit 2000

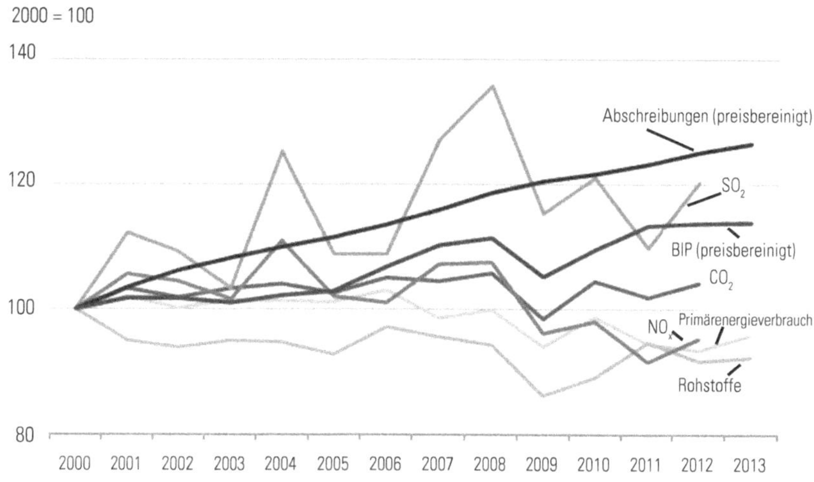

Quelle: Statistisches Bundesamt: Umweltnutzung und Wirtschaft 2014, S. 26

stalten, dass die Einkommen und Lebensbedingungen der Mehrheit der Menschen dabei nicht verschlechtert, möglichst sogar verbessert werden. Das ist auch in hohem Maße möglich. Zusätzliche Wertschöpfung und damit höheres BIP kann grundsätzlich auch mit einer erheblichen Verringerung der Umweltbelastung verbunden werden, wenn zusätzliche Erwerbsarbeit zur Vermeidung oder Beseitigung von Umweltbelastungen organisiert wird, etwa im Recycling, für den vollständigen Umstieg auf erneuerbare Energien, auf öffentlich organisierte gemeinsame Nutzung von Verkehrsmitteln und anderen Infrastrukturen, ökologische Landwirtschaft und für andere Aktivitäten des ökologischen Umbaus.

Es geht nicht nur um Ressourceneffizienz im Sinne von weniger Ressourcenaufwand für die Produktion der gleichen Güter. Dies wird häufig durch eine Steigerung der Masse der Güter wieder aufgefressen (Rebound-Effekt). Noch wichtiger ist, dass andere Güter und vor allem Dienstleistungen produziert und konsumiert werden, die weniger oder keine Beanspruchung natürlicher Ressourcen oder Senken erfordern. Selektives Wachstum umweltverträglicher Bereiche muss verbunden werden mit gezieltem Schrumpfen umweltbelastender Produktionen und Konsumformen.

Strukturwandel in Richtung der Dienstleistungen kann zu wachsendem BIP bei sinkender materieller Produktion und starker Verminderung der Naturbeanspruchung genutzt werden. Schon heute erfordert die Wertschöpfung durch Dienstleistungen nur einen Bruchteil der Ressourcen industrieller Produktion (siehe Abbildung 52). Es muss allerdings beachtet werden, dass die Umweltbelastungen unserer Lebensweise nicht im Rahmen weiter

Abbildung 52: Primärenergieintensität nach Produktionsbereichen 2011
Energieverbrauch (MJ) je EUR Bruttowertschöpfung (jeweilige Preise)

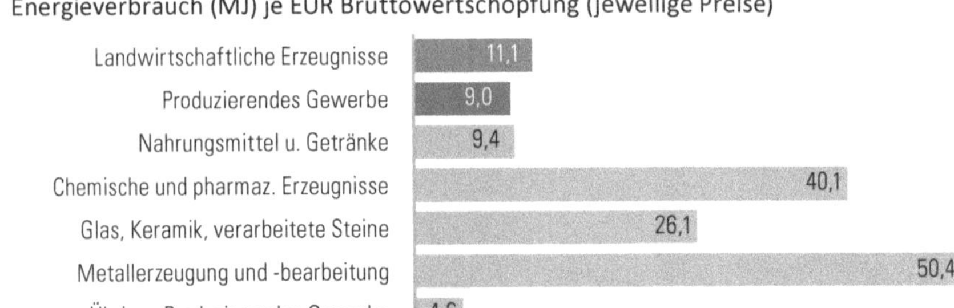

Quelle: Statistisches Bundesamt: Umweltnutzung und Wirtschaft 2014, S. 49

intensivierter Globalisierung lediglich auf ärmere Länder in anderen Teilen der Welt verschoben werden.

Zu beachten ist, dass auch Lebens- und Produktionsprozesse, die keinen ökonomischen Wert bzw. Einkommen schaffen, eine stofflich-energetische Seite haben. Ein Drittel des Primärenergieverbrauchs in Deutschland geht auf das Konto der privaten Haushalte, die Belastungen aus dem Verkehr gehen sogar zum überwiegenden Teil auf die Haushalte zurück. Bei einer das BIP steigernden Ausweitung von öffentlichem Verkehr, Bildung und sozialen Dienstleistungen muss gegengerechnet werden, welche Einsparungen dadurch in privaten Haushalten erfolgen. Personell gut ausgestattete Ganztagsschulen mit Mittagsverpflegung dürften eine geringere Umweltbelastung bedeuten, als wenn tausend Kleinfamilien einzeln kochen und vorher – schlimmstenfalls mit dem Auto – Lebensmittel eingekauft haben. Zugleich sind sie mit höherer ökonomischer Wertschöpfung verbunden.

Die Frage lautet, in welchem Umfang eine Entkopplung von Wertschöpfung und Naturbeanspruchung realistisch ist. Schließlich ist die Reduzierung der Belastungen auf einen Bruchteil notwendig. Wenn das BIP weiter wächst, erfordert das umso stärkere Erhöhungen der Ressourcenproduktivität. Soziale Gerechtigkeit und die wachsende Weltbevölkerung erfordern, dass in den ärmeren Ländern der Erde Produktion und Konsum noch erheblich wachsen. Dies zu schaffen und dabei gleichzeitig die Naturbeanspruchung im notwendigen Maße zu vermindern, erscheint fast unmöglich. Doch inwieweit das gelingt, ist eine praktische Frage, nicht eine theoretisch zu beantwortende. Ein radikaler sozial-ökologischer Umbau der Produktion und Lebensweise hat bisher noch nicht stattgefunden. Ein bloßes Nullwachstum oder Schrumpfen des BIP bringt es jedenfalls nicht.

Nullwachstum oder bloßes Schrumpfen des BIP bedeutet nur, dass die laufende Überbeanspruchung der Natur im gleichen oder wenig geringeren Umfang fortgesetzt wird. Notwendig ist stattdessen ein möglichst rascher und tiefgreifender ökologischer Umbau.

Der Umbau muss die Produktions- und Lebensweise auf neue Grundlagen stellen, sodass nur noch ein Bruchteil der bisherigen Stoff- und Energieflüsse erfolgt. Diese sollten weitgehend aus regenerativen Quellen stammen, und die Produkte sollten nach ihrer Nutzung ebenfalls weitgehend wieder in Produktions- oder Naturkreisläufe eingehen. Dies erfordert in den kommenden Jahren und Jahrzehnten große Investitionen und erheblichen Arbeitsaufwand, also Wertschöpfung und damit Beiträge zum BIP. Zugleich müssen gerechtere Verteilungsverhältnisse durchgesetzt und besonders verschwenderischer Luxuskonsum beendet werden.

Eine Entkopplung von BIP und Umweltbeanspruchung mag schwierig sein, die Entkopplung von BIP und Masseneinkommen, Beschäftigung und Sozialstaat ist aber noch viel weniger möglich. Krise, steigende Erwerbslosigkeit und sinkende Einkommen sowie zunehmende öffentliche Verschuldung erschweren die Durchsetzung einer sozial und ökologisch ausgerichteten Politik enorm. Ökologische Politik und linke Wirtschafts- und Beschäftigungspolitik – die BIP-Wachstum bedeutet – gegeneinander zu stellen, ist daher in der Sache und politisch falsch. Es spaltet, statt notwendige Bündnisse zu bilden, und schwächt damit die Durchsetzungschancen sozial-ökologischen Umbaus, statt sie zu stärken.[1]

Ohne eine stärkere Rolle des Staates als Regulator und als ökonomischer Akteur, der den Umbau organisiert und vorantreibt, wird es nicht gehen. Ein sozial-ökologischer Umbau muss deshalb mit einer beschäftigungsorientierten Wirtschafts-, Sozial- und Finanzpolitik verbunden werden. Zentral ist ein ökologisch ausgerichtetes Zukunftsinvestitionsprogramm. Die notwendige sozial-ökologische Transformation ist keine nur umweltpolitische Herausforderung, sondern vor allem eine gesellschaftspolitische.

---

1 Mehr dazu: Vorschläge für einen sozial-ökologischen Umbau als Projekt von Gewerkschaften, Umwelt- und sozialen Bewegungen. http://wipo.verdi.de/++file++54cb819baa698e7ed7000474/download/Sozial%C3%B6kologischer_Umbau_Projekt.pdf sowie: Ralf Krämer/Herbert Schui: Wachstum!?, in: Sozialismus 7-8/2010, Supplement. www.sozialismus.de/fileadmin/users/sozialismus/pdf/Sozialismus_Supplement_7-2010_Kraemer_Schui_Wachstum.pdf

6.2 Finanzkrisen und Weltwirtschaftskrise

Der Kapitalismus ist seit jeher von periodischen Krisen geprägt, die auf der Überakkumulation von Kapital und Überproduktion von Waren bzw. Überkapazitäten relativ zur dahinter zurückbleibenden Nachfrage beruhen (vgl. Kapitel 4.5). Daneben und damit oft eng verbunden treten Finanzkrisen auf, die wesentlich auf der Spekulation mit Vermögensanlagen (Englisch: assets) verschiedener Art beruhen, insbesondere mit Devisen, Aktien, Staatsschuldpapieren und Immobilien, Rohstoffen und darauf aufbauenden Wertpapieren aller Art. Finanzkrisen gab es schon vor dem Kapitalismus, herausragend die holländische Tulpenspekulationskrise der 1630er Jahre, weil es Wucher- und Handelskapital schon länger gibt.

Mit der Liberalisierung und zunehmenden Internationalisierung der Finanzmärkte durch den Neoliberalismus sind Finanzkrisen in den letzten Jahrzehnten häufiger geworden.

Spekulationsblasen, Finanz-, Währungs-, Wirtschaftskrisen
Finanzinvestoren suchen ständig weltweit nach den profitabelsten Anlagemöglichkeiten, umso mehr, als die Überakkumulation von Kapital die realwirtschaftliche Investition im eigenen Land wenig lohnend erscheinen lässt. Unterschiedliche Zinssätze und Entwicklungen der Aktienkurse und Immobilienpreise, unterschiedliche realwirtschaftliche Perspektiven oder sogar nur die bloße Erwartung entsprechender Veränderungen führen zu gewaltigen internationalen Finanzströmen. Mit dem massiven Zustrom von Kapital entstehen schnell spekulative Blasen, in denen die Preise der Vermögensanlagen übermäßig steigen. Der Anstieg der Preise verstärkt sich dabei selbst, weil er die Erwartung eines weiteren Anstiegs und ein Herdenverhalten der Anleger hervorruft.

Irgendwann kommt aber unvermeidlich der Preisanstieg zum Ende, weil zugrunde liegende ökonomische Bedingungen sich ändern, Krisenprozesse oder auch nur Wachstumsschwächen auftreten und die übersteigerten Erwartungen damit enttäuscht werden. So wurde die große Weltwirtschaftskrise 1929 durch den Aktien-Crash an der Wall Street ausgelöst. Die Ursachen lagen aber tiefer in der Überakkumulation begründet.

Wenn eine Spekulationsblase platzt, kann dies selbstverstärkende Effekte haben und Panikreaktionen auslösen. Resultat können tiefe und lang andauernde Wirtschaftskrisen sein, für einzelne Länder oder auch für die Weltwirtschaft insgesamt.

Mit dem Zusammenbruch des Währungssystems fester Wechselkurse Anfang der 1970er Jahre und der anschließenden Liberalisierung der internationalen Finanzmärkte gewannen diese immer größere Bedeutung. Im Gefolge der Ölpreisschübe 1973/74 und 1979/80 flossen den Öl exportierenden Staaten riesige Finanzmengen zu und es bedurfte eines »Recycling der Petrodollars« in den weltweiten Wirtschaftskreislauf.

Auch in den kapitalistischen Metropolen kam es in Folge der Überakkumulation und Abschwächung des Wachstums zu einem Überschuss an Anlage suchendem Kapital, das in hohem Maße in aufstrebende Entwicklungsländer floss. Ende der 1970er Jahre gingen die USA zu einer Hochzinspolitik über, um die Inflation und den internationalen Wertverfall des Dollar zu bekämpfen. In der Folge waren diese Länder nicht mehr in der Lage, ihre stark steigenden Belastungen aus dem Schuldendienst zu tragen, und es kam zur großen Schuldenkrise der weniger entwickelten Länder 1982.

Es folgten weitere Währungs- und Finanzkrisen: die Krise der mexikanischen Wirtschaft 1994, die Südostasien-Krise 1997, die Krisen Südamerikas und Russlands 1998, die Krise der Türkei 2000-2001. Schweden erlitt Anfang der 1990er Jahre eine Bankenkrise in Folge der Deregulierung des Kreditmarktes. In Japan entwickelte sich in den 1980er Jahren eine riesige Immobilienpreisblase, die massiv durch zufließendes internationales Kapital angetrieben wurde. Als sie 1990 platzte, brachen die Immobilienpreise auf ein Viertel und die Aktienkurse auf ein Drittel ein, der Bankensektor stand vor dem Zusammenbruch. Japan, vorher ein Wachstumszentrum der Weltwirtschaft, versank in einer Deflation und anschließenden Depression bzw. Stagnation, aus der es sich bis heute nicht völlig erholt hat.

Gegen Ende der 1990er Jahre entwickelte sich aus der völlig übertriebenen Euphorie über die Entwicklungschancen der in neuen Technologien und insbesondere im Internet engagierten Unternehmen (»New Economy«) eine gigantische Aktienspekulationsblase, die so genannte Dotcom- oder New-Economy-Blase. Innerhalb weniger Jahre verdreifachten sich die Aktienkurse in den USA und Europa, die der High-Tech-Unternehmen vervielfachten sich noch weit stärker. Viele Unternehmen hatten jedoch gigantische Verluste angehäuft, die durch Aktienemissionen finanziert wurden. Im März 2000 begannen die Kurse zu sinken und der Markt brach zusammen. Im Verlauf von drei Jahren sanken die Aktienindizes auf etwa ein Drittel. Die zyklische Wirtschaftskrise wurde dadurch vertieft und verlängert. Vor allem die massenhaft geworbenen Kleinanleger machten oft große Verluste, während die meisten Profis rechtzeitig aus dem Markt gegangen waren oder sich abgesichert hatten.

Die große Finanz- und Weltwirtschaftskrise 2007 bis 2009

In den Jahren 2007 bis 2009 entluden sich die weltweiten Widersprüche der kapitalistischen Ökonomie und insbesondere die enorm angewachsene Überakkumulation von Geldkapital in einer tiefen, weltweiten Finanz- und Wirtschaftskrise. Ausgangspunkt war das Platzen der Immobilienpreisblase in den USA.

Die Immobilienpreise waren zuvor jahrelang in einem selbst verstärkenden Prozess angestiegen, von 1999 bis 2006 hatten sie sich verdoppelt. Dies ermöglichte vielen Leuten, ihre Wohnungen mit immer höheren Hypothekendarlehen (mit Immobilien besicherte Kredite) zu belasten und mit dem Geld einen steigenden Konsum zu finanzieren. Auch die Kreditkartenschulden stiegen an. Immer öfter wurden Kredite auch Personen angedreht, die sich das eigentlich gar nicht leisten konnten, weil ihr Eigenkapital zu gering und ihre Einkommen zu niedrig oder zu unsicher waren. Sie wurden geködert mit vor allem zu Beginn sehr niedrigen Zinsen und Tilgungen. Als 2006 die Häuserpreise in den USA zu fallen begannen, stürzte das Kartenhaus zusammen. Immer mehr Schuldner waren nicht mehr in der Lage, Zinsen und Tilgungen zu zahlen. Die Immobilien fielen an die Banken, die sie zu verkaufen versuchten, was das Sinken der Häuserpreise beschleunigte. Bis 2009 stürzten sie um ein Drittel ab.

Folge der US-Immobilienkrise war eine Banken- und Finanzkrise in den USA und in der Folge den anderen kapitalistischen Zentren, die in eine umfassende Weltwirtschaftskrise überging, vergleichbar der Krise 80 Jahre zuvor.

Immer mehr Banken waren gezwungen, notleidende, also nicht mehr einbringbare Immobilienkredite und darauf beruhende Wertpapiere in ihren Bilanzen abzuschreiben. Wenn solche Forderungen abgeschrieben werden, bedeutet das, dass eine Wertberichtigung vorgenommen und dies in der Bilanz als entsprechender Verlust ausgewiesen werden muss, auch wenn die Wertpapiere nicht verkauft und der Verlust damit nicht realisiert wurde. Privatleute können solche Verluste, die erst einmal nur auf dem Papier stehen, ignorieren und auf bessere Zeiten hoffen, wenn sie das Geld nicht akut brauchen und gute Nerven haben. Ein wirksamer Verlust tritt erst auf, wenn das Papier fällig wird. Banken und andere Unternehmen hingegen müssen Wertverluste sofort gewinnmindernd in ihrer Bilanz ausweisen (wenn sie nicht zum langfristigen Anlagevermögen gehören).[2] Durch diese Verluste wurde ihr bilanzielles Eigenkapital zunehmend aufgezehrt, die Folge waren Krisen und Insolvenzen von Banken, Immobilienfinanzierern und Hedgefonds. Deshalb sind hinreichend hohe Anforderungen an die Absicherung solcher Forderungen durch Eigenkapital wichtig, um die Widerstandsfähigkeit gegen Verluste zu erhöhen.

Die Banken begannen untereinander an ihrer Zahlungsfähigkeit zu zweifeln, die Zinsen auf dem Interbankenmarkt stiegen 2007 stark an. Im September 2008 musste die Großbank Lehman Brothers Insolvenz anmelden. Damit

---

[2] Das ist das Niederstwertprinzip in der Bilanzbuchhaltung, wobei für Banken dabei besondere Regelungen bestehen, insbesondere auch zur Anerkennung von Wertpapieren als Sicherheiten durch die Zentralbank.

Abbildung 53: Wachstumsraten des preisbereinigten BIP

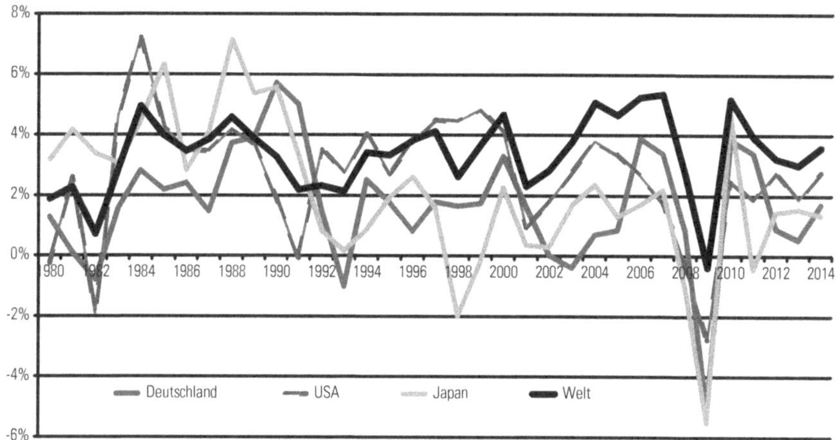

Die große Krise 2008/2009 war weitaus tiefer als die vorangegangenen Krisen Anfang der 1980er, der 1990er und der 2000er Jahre.

Quelle: IWF, World Econonomic Outlook Database, Oktober 2014

brach der Interbankenhandel, bei dem sich die Banken untereinander kurzfristig Geld leihen und verleihen, vollends zusammen und die Banken- und Finanzkrise eskalierte.

Die von den USA 2007 und 2008 ausgehende Finanzkrise führte in Folge der intensiven ökonomischen und finanziellen Verflechtungen und Wechselbeziehungen in großem Tempo zu einer weltweiten Krise. Und zwar nicht nur zu einer Finanzkrise, also einer Krise der Banken, Finanzfonds und Finanzanlagen, sondern zu einer allgemeinen Wirtschaftskrise 2008/2009, der schwersten und umfassendsten seit der großen Weltwirtschaftskrise Ende der 1920er/Anfang der 1930er Jahre. Erstmals seit dem Zweiten Weltkrieg sank die Wirtschaftsleistung, das preisbereinigte Bruttoinlandsprodukt, im Weltmaßstab – bei den entwickelten Ländern um dreieinhalb Prozent, im Euro-Raum um viereinhalb Prozent, in Deutschland um über fünf Prozent (siehe Abbildung 53).

Die Finanzkrise verband sich dabei mit einer konjunkturellen Krise und verschärfte diese enorm. Die Kreditvergabe an Unternehmen und private Haushalte schrumpfte drastisch zusammen. So wie eine Ausweitung der Kredite das wirtschaftliche Wachstum antreibt, bremst der Abbau von Verschuldung das Wachstum ab bzw. führt zu einem krisenhaften Schrumpfungsprozess. Verschuldete Haushalte und Unternehmen mussten ihre Ausgaben stark einschränken und ihre Schulden abzubauen versuchen. Die Banken konnten aufgrund der Verluste und damit der Schwächung ihres Eigenkapitals und des Zusammenbruchs des Interbankenmarktes kaum noch Kredite vergeben.

Die Investitionen der Unternehmen schrumpften massiv, weil angesichts der Krise und unsicheren Erwartungen Investitionen nicht aussichtsreich erschienen oder weil sie keine Finanzierung von Banken bekamen. Die zahlungsfähige Gesamtnachfrage wurde so massiv reduziert, in der Folge sank die Produktion, Arbeitslosigkeit stieg, Einkommen gingen zurück, die Krise vertiefte sich. Insbesondere auch die Nachfrage nach von Deutschland und anderen Industriestaaten exportierten Waren, besonders nach Investitionsgütern, sank. Deutschland war daher zu Beginn sogar besonders heftig von der Krise betroffen.

Es war offensichtlich, dass diese Krise durch den Zusammenbruch der Nachfrage und der Finanzierung bedingt war. Banken, Unternehmen und Haushalte mussten ihre prekär gewordene Verschuldung abbauen und so ihre Bilanzen (Englisch: balance sheets) wieder in Ordnung bringen. Das schwächt über längere Zeit die Nachfrage und beinhaltet das Risiko, in eine längere Phase von Deflation und Stagnation zu rutschen (balance sheet recession), so wie es Japan seit Anfang der 1990er Jahre erlebt.

Finanzkrisen sind meist schwerer und dauern länger als konjunkturelle Krisen, weil der Abbau der Verschuldung und fauler Kredite Zeit kostet und dabei Investitionen und die gesamtwirtschaftliche Nachfrage schwächt.

Es waren nicht die von den Neoliberalen mantrahaft immer wieder als vermeintliche Ursachen von Wachstumsschwäche und Krisen beschworenen Probleme der Angebotsseite und der Wettbewerbsfähigkeit, also der Produktionsbedingungen des Profits, etwa zu hohe Löhne und zu viel Regulierung; im Gegenteil, es war offensichtlich, dass der Neoliberalismus und insbesondere die Deregulierung des Finanzsektors die Grundsteine der Krise gelegt hatten, und dass massive und schnelle staatliche Interventionen unabdingbar waren, um einen fortschreitenden wirtschaftlichen Zusammenbruch aufzuhalten.

In dieser Situation griffen die Regierungen der kapitalistischen Zentren zu Maßnahmen, die sie kurz vorher noch als keynesianisches oder gar sozialistisches Teufelszeug abgelehnt hatten. Es wurden bedeutende Konjunkturprogramme aufgelegt, um durch erhöhte staatliche oder private Ausgaben, die durch Steuersenkungen oder Anreize wie in Deutschland z.B. die »Abwrackprämie« gesteigert wurden, die effektive Nachfrage zu stabilisieren. Auch China legte ein massives Konjunkturprogramm auf, um die Exportrückgänge auszugleichen. Zahlungsunfähige Banken wurden durch »Rettungsprogramme« vom Staat vor dem Zusammenbruch bewahrt, also mit staatlichem Geld und Bürgschaften ausgestattet, um ihre riesigen Verluste zu decken oder abzusichern. »Faule«, kaum noch werthaltige Anlagen wurden in »bad banks« geschoben, die verbleibenden Banken mit neuem Kapital ausgestattet und so saniert. Es wurden auch Verstaatlichungen von Banken durchgeführt, in den USA häufiger als in Europa. Kontrollen und Regulierungen wurden verschärft. In Deutschland mussten erst die IKB und einige Landesbanken gerettet werden und dann als größte Krisenfälle die Hypo Real Estate und die Commerzbank, der 2009 die Dresdner Bank einverleibt wurde.

Die Zentralbanken stellten den Banken nahezu unbegrenzt Liquidität, also Zentralbankgeld zur Verfügung, um ihre notwendige Refinanzierung zu ermöglichen, die über den Finanzmarkt nicht mehr funktionierte. Und zwar zu Zinsen, die sie auf nahe Null gesenkt hatten, oder durch Ankauf von Wertpapieren. Die dabei als Sicherheit genommenen oder auch gekauften Wertpapiere hatten teils geringe oder fragwürdige Qualität. So wurde die für die kapitalistische Wirtschaft notwendige Funktionsfähigkeit des Finanzsektors aufrecht erhalten bzw. wiederhergestellt. Gleichzeitig wurden damit Verluste der Banken vom Staat übernommen und die privaten Vermögen staatlich gesichert, die bei einer Pleite (wie bei Lehman Brothers) verloren gegangen wären. Die vorher und später wieder mit diesen Vermögen und von diesen Banken erzielten Gewinne wurden und werden dagegen privat angeeignet. Selbst Zinszahlungen für staatliche Bürgschaften wurden durch geschickte Bilanzgestaltung etwa von der Commerzbank umgangen.

Die keynesianische Therapie funktionierte. Die Krisendynamik wurde gestoppt. Die Krisenursachen wurden aber nicht bereinigt und die Umverteilung von unten nach oben weiter vorangetrieben.

Die USA, China, Deutschland, Großbritannien und viele andere Länder der Welt konnten auf diese Weise ein erneutes wirtschaftliches Wachstum erreichen. Viele Schwellenländer waren ohnehin relativ weniger von der Krise betroffen gewesen und wurden eine Zeit lang zu Motoren der Weltwirtschaft. Eine Ausnahme stellen etliche europäische Länder und der Euro-Raum als Ganzer dar, wo sich nach einer nur kurzen und schwachen Erholung erneut Krisenprozesse durchsetzten (mehr dazu im folgenden Abschnitt).

Die herrschenden kapitalistischen und mehr oder minder neoliberalen Kräfte in den westlichen Ländern behielten die Kontrolle. Die Lasten und Folgen der Krise wurden auf die Mehrheit der Bevölkerung abgewälzt. Die Vermögen wurden weitgehend gerettet und stiegen nach kurzem Rückgang weiter an. Die Ungleichheit wurde weiter gesteigert, die Profiteure der Spekulation und Gewinnexplosion der vorangegangenen Jahre wurden nicht herangezogen. Die Reform des Finanzsektors blieb ohne tiefgreifende Re-Regulierung oder gar Übernahme öffentlicher Kontrolle stecken. Die Spekulation und die Entwicklung neuer Vermögenspreisblasen wurden durch die Zentralbankpolitik des extrem reichlichen und billigen Geldes sogar neu angefacht. Die Grundlagen für die nächsten internationalen Finanz- und Wirtschaftskrisen sind gelegt.

Als besonderes Problem erweist sich, dass durch die Bankenrettungen und die Krise die Staatsverschuldung massiv angestiegen ist. Das wird die Reaktionsfähigkeit der Staaten bei kommenden Krisen erheblich mindern. In gewaltigem Umfang wurden private Schulden in staatliche Schulden überführt. Nur so konnten die angeschwollenen privaten Finanzvermögen gerettet werden – denn wie dargestellt: Zu jedem Finanzvermögen gehört notwendigerweise ein Schuldner. Eine hohe Vermögensabgabe der Reichen wäre der einzige Weg, einen Abbau öffentlicher Schulden ohne erhebliche wirtschaftliche Probleme zu bewerkstelligen.

Der Abbau privater Schulden wurde durch Aufbau öffentlicher Schulden kompensiert, sonst wären mit den privaten Schulden in gleichem Umfang auch die Vermögen vermindert worden.

Hintergrund 1: Verbriefungen und internationale Finanzmärkte

Doch wieso waren deutsche und andere europäische Banken in diesem Maße von einer Krise betroffen, deren Ausgangspunkt auf dem US-Immobilienmarkt lag?

Die US-Finanzindustrie hatte schon seit Jahren zunehmend Wertpapiere auf der Grundlage von mit Hypotheken auf Immobilien besicherten Krediten konstruiert und diese weltweit an Banken und Finanzanleger verkauft. Die Verwandlung von Kreditforderungen oder sonstigen Vermögensanlagen in handelbare Wertpapiere nennt man Verbriefung. Dies hat in den letzten Jahrzehnten stark zugenommen. Für das Anlage suchende Kapital wurden so neue Anlageobjekte geschaffen. Die Banken bekamen auf diese Weise die Risiken der Kredite aus ihren Büchern und zugleich Geld für weitere Kreditvergabe oder andere Geschäfte. Die Verbriefungsmethoden wurden immer weiter getrieben. Aus großen Bündeln verschiedener mit Hypotheken oder anderen Kreditforderungen besicherter Wertpapiere (asset-backed securities, ABS, bei Hypotheken: mortgage-backed securities, MBS) wurden neue Wertpapiere konstruiert, die in Tranchen mit unterschiedlich hohen Renditen und Ausfallrisiken zerlegt wurden (collateral debt obligations, CDO).

Die auf der Basis von US-Kreditforderungen konstruierten Wertpapiere konnten auf den liberalisierten internationalen Finanzmärkten weltweit verkauft und gehandelt werden. Die US-Krise landete so unverzüglich bei den Banken und Finanzfonds in Europa und anderswo.

Ein erheblicher und mit der Krise schnell zunehmender Anteil der verbrieften Hypotheken auf US-Immobilien war von schlechter Qualität (Subprime), also mit erheblichen Ausfallrisiken verbunden. Sie boten aber überdurchschnittliche Renditen und solange der Immobiliensektor boomte, schienen sie relativ sicher zu sein. Dies wurde durch die großen privaten Ratingagenturen bestätigt, die diese Wertpapiere mit guten Ratings versahen. Als Anlagen in Dollar hatten sie international hohe Attraktivität. Die europäischen und insbesondere auch deutsche Banken und von ihnen gegründete Zweckgesellschaften und andere Schattenbanken stürzten sich teilweise geradezu auf diese Wertpapiere, weil sie im Inland keine so profitablen Anlagemöglichkeiten für die wachsenden Kapitalsummen fanden, die sie zu investieren hatten.

Schattenbanken sind Finanzunternehmen, Fonds oder Tochtergesellschaften von Banken, die bankähnliche Geschäfte betreiben, aber keine Banklizenz haben. Sie unterliegen nicht den Eigenkapitalanforderungen und sonstigen Regulierungen der Banken. Zudem sind sie meist in Steueroasen bzw. Schattenfinanzplätzen angesiedelt, die sich durch geringe Regulierung auszeichnen, in der EU etwa die Kanalinseln, Luxemburg und aufgrund seiner günstigen Regelungen für solche Finanzinstitute insbesondere Irland.

Schattenbanken haben keinen Zugang zur Refinanzierung über die Zentralbank und müssen sich ständig über den Geldmarkt refinanzieren. In hohem Maße nutzten sie diese kurzfristige Refinanzierung für die Vergabe langfristiger Kredite und den Kauf der genannten forderungsbesicherten Wertpapiere. Als in der Krise der Wert der Papiere zunehmend verfiel und außerdem die Zinsen für die Refinanzierungsgeschäfte nach oben schossen, schlitterten die Schattenbanken, aber auch normale Banken reihenweise in die Pleite. Schattenbanken waren aber besonders stark betroffen, weil sie weniger reguliert sind und mit weniger Eigenkapital viel exzessiver spekulieren konnten als Banken.

Hintergrund 2: Globale Ungleichgewichte der Leistungsbilanzen

Es ist kein Zufall, dass forderungsbesicherte Wertpapiere aus den USA in diesem großen Umfang weltweit gehandelt wurden und dass gerade auch deutsche Banken und Finanzanleger stark beteiligt waren. Seit den 1990er Jahren sind die weltweiten Ungleichgewichte der Leistungsbilanzen geradezu explodiert. Die Leistungsbilanz eines Landes stellt den Saldo der Exporte und Importe von Gütern (Handelsbilanz) und Dienstleistungen (Dienstleistungsbilanz) sowie sonstiger Einkommensströme gegenüber dem Ausland dar. Seit langem sind die USA weltweit das Land mit den mit Abstand größten Defiziten. Das bedeutet, die USA kaufen permanent viel mehr Waren und Dienstleistungen aus dem Ausland und leisten Zahlungen dahin, als sie ans Ausland liefern und von dort an Zahlungen bekommen. Auf der anderen Seite stehen Länder mit Überschüssen, die ebenfalls immer größer geworden sind. Seit den 2000er Jahren waren Deutschland, China und bis vor einigen Jahren Japan die Länder mit den größten Überschüssen, noch vor den Öl exportierenden Staaten. Für die gesamte Welt gleichen sich Defizite und Überschüsse immer zu Null aus, unter Berücksichtigung von nicht unerheblichen statistischen Erfassungslücken (siehe Abbildung 54).

Einem Defizit in der Leistungsbilanz steht immer ein Überschuss in der internationalen Kapitalbilanz gegenüber, also Zufluss von Kapital aus dem Ausland (Kapitalimport), und umgekehrt (Kapitalexport). Länder, die für mehr Geld im Ausland einkaufen, als sie dahin verkaufen, müssen zum Bezahlen

Abbildung 54: Globale Ungleichgewichte sind explodiert
Leistungsbilanzsalden der größten Überschuss- und Defizitländer in Mrd. US-$

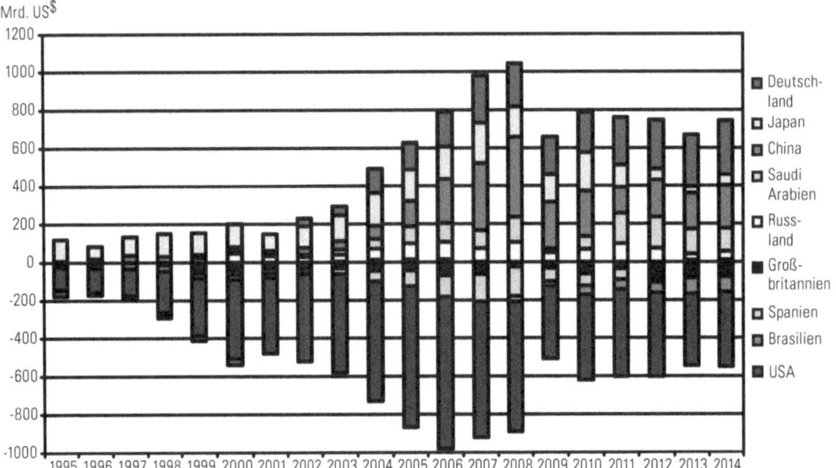

Den Leistungsbilanzüberschüssen Deutschlands, Chinas und anderer Länder stehen riesige Defizite, insbesondere der USA, gegenüber.

Quelle: IWF, World Economic Outlook Database April 2014

entweder Devisenreserven einsetzen, was seine Grenzen hat, oder das notwendige Geld kommt in Form von Kapital aus dem Ausland, und zwar im Endeffekt aus den Überschussländern. Das bedeutet: Personen, Unternehmen oder Staaten aus dem Ausland leihen dem Defizitland Geld oder sie kaufen Wertpapiere aus dem Defizitland. Oder sie tätigen dort Direktinvestitionen, kaufen also Unternehmen, Produktionsanlagen oder Immobilien. Leistungsbilanz und Kapitalbilanz machen zusammen im Wesentlichen die Zahlungsbilanz aus, die rechnerisch immer ausgeglichen ist.[3]

Das wachsende Leistungsbilanzdefizit der USA war notwendigerweise mit wachsender Kreditaufnahme bzw. Verkauf von US-Wertpapieren an ausländische Anleger verbunden, insbesondere aus Deutschland und anderen Überschussländern.

Die wachsenden Leistungsbilanzungleichgewichte und die fortschreitende Vertiefung der finanzkapitalistischen Vermittlung von Geschäften sowie die Spekulation führten zu einer starken Aufblähung der internationalen Finanzflüsse und Schuldenkreisläufe. Die weltweite Finanz- und Wirtschaftskrise 2008/2009 war durch einen scharfen Rückgang dieser internationalen Finanz-

[3] Die Zahlungsbilanzstatistik wird monatlich von der Deutschen Bundesbank veröffentlicht, www.bundesbank.de/

Abbildung 55: Grenzüberschreitende Finanzströme erlebten einen starken Anstieg, dann eine Korrektur nach 2008
Gesamtheit der Finanzströme nach Kategorie, in Bio. US-Dollar

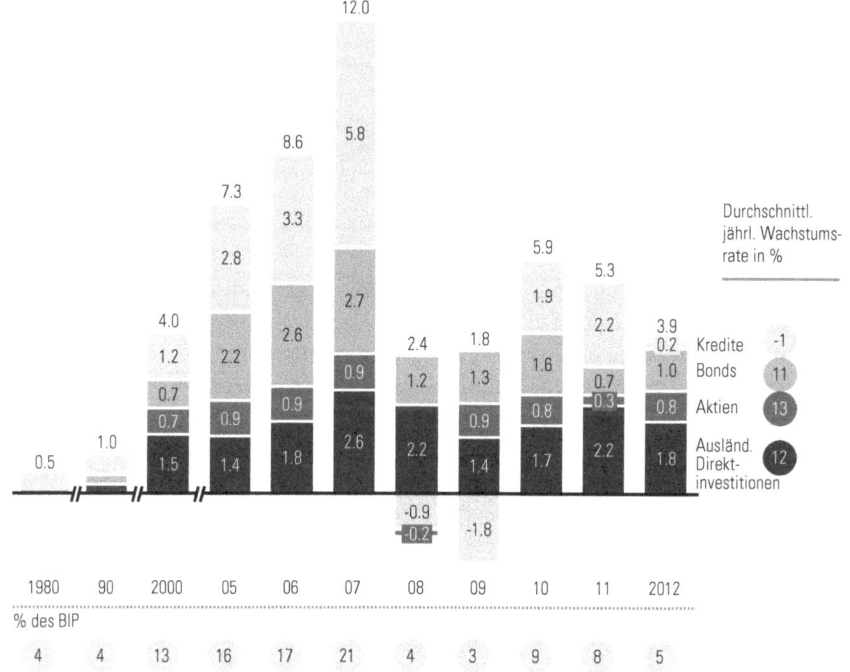

Quelle: McKinsey Global Institute: Global flows in a digital age, 2014, S. 28

ströme gekennzeichnet. Auch die internationalen Ungleichgewichte wurden durch die Krise reduziert, wuchsen aber anschließend wieder und stabilisierten sich auf hohem Niveau.

Hintergrund 3: Verteilungskrise, Verschuldung, Exportüberschüsse
Hintergrund dieser Entwicklung ist wiederum neben der Liberalisierung der Finanzsektoren und internationalen Finanzmärkte durch den Neoliberalismus die fortschreitende Umverteilung und Polarisierung der Einkommens- und Vermögensverteilung. Anhaltendes dynamisches Wachstum der Gesamtwirtschaft erfordert ein entsprechendes Wachstum der effektiven Nachfrage. Sinkende oder jedenfalls hinter der Gewinnentwicklung zurückbleibende Löhne führen zu einer Schwäche der daraus gespeisten inländischen Nachfrage und damit des wirtschaftlichen Wachstums insgesamt und auch der Investitionen. Gleichzeitig wächst der Umfang des Anlage suchenden Kapitals von reichen Privatanlegern, Finanzfonds und Unternehmen, das realwirtschaftlich im Inland nicht hinreichend profitabel investiert werden kann.

Dimensionen und Gründe der Krise

- Konjunkturkrise, Weltfinanzkrise,Strukturkrise, soziale Krise, ökologische Krise, Krise des Weltwirtschaftssystems

Hintergründe:

- Deregulierung/Liberalisierung insbesondere der Finanzmärkte und des Finanzsektors
- globale Ungleichgewichte und Verschuldung
- wachsende Ungleichheit/Polarisierung der Einkommen und Vermögen
- in Deutschland: Binnennachfrageschwäche

Es gibt nun verschiedene Varianten, wie die kapitalistische Ökonomie darauf reagieren kann, neben erhöhtem Luxuskonsum der Kapitalisten. Die eine ist eine erhöhte Verschuldung, und zwar der Lohnabhängigen-Haushalte, der Unternehmen oder des Staates. Insbesondere in den USA wurde die private Verschuldung der Bevölkerung massiv vorangetrieben, aber auch die staatliche Verschuldung unter anderem zur Finanzierung von Rüstung und Kriegen. Auch in Großbritannien, in Spanien und einigen anderen Ländern stieg die Verschuldung der Haushalte und der Unternehmen stark an (dazu mehr im folgenden Abschnitt zur Euro-Krise). Vermehrte Kreditaufnahme steigert die Nachfrage und treibt so das wirtschaftliche Wachstum an. Sie erhöht aber eben auch die Verschuldung, die ein gefährliches Ausmaß annehmen und die Bedrohung durch Krisen stark erhöhen kann.

Durch wachsende Verschuldung wird die effektive Nachfrage gesteigert und die schwache Entwicklung der Löhne kompensiert. Andere Länder realisieren steigende Produktion und Profite durch hohe Exportüberschüsse. Mit Kreditvergabe finanzieren sie zugleich die außenwirtschaftlichen Defizite der Länder mit hoher Verschuldung.

Komplementär dazu ist der Ausweg der Steigerung der Exporte und des Aufbaus wachsender Exportüberschüsse. Diese stellen eine zusätzliche Nachfrage nach im Inland produzierten Waren dar und bescheren der Exportwirtschaft hohe Gewinne. Anhaltende Überschüsse führen zum Aufbau wachsender Auslandsvermögen dieser Volkswirtschaften. Diese starke Ausrichtung der Wirtschaft auf hohe Exportüberschüsse hat insbesondere die Entwicklung Deutschlands, Chinas und Japans geprägt. Ohne die gleichzeitige Existenz und das Wachstum von Defiziten anderer Länder, im Weltmaßstab insbesondere der USA als des großen Warenstaubsaugers, wäre dies nicht möglich gewesen.

Besonders die Wirtschaft der Bundesrepublik Deutschland wurde in extremer Weise auf Exportsteigerung ausgerichtet und davon abhängig. Gleichzeitig wurde durch die hinter der Produktivitätsentwicklung zurückbleibende

Lohnentwicklung die Binnennachfrage eingeschränkt und damit auch der Import gebremst. Den Exportüberschüssen entsprechen enorme Kapitalexporte deutscher Unternehmen, Banken und reicher Geldvermögensbesitzer. Diese haben so in erheblichem Maße zur Finanzierung der US-Verschuldung und damit zur Entwicklung der Weltfinanzkrise beigetragen.

Idealtypisch können von der Nachfrageseite her lohngetriebenes, verschuldungsgetriebenes, investitionsgetriebenes und exportgetriebenes Wachstum unterschieden werden.

Lohngetriebenes Wachstum führt auf die Dauer zu sinkenden Profitraten und zunehmenden Versuchen der Kapitalisten, dem durch verstärkte Lohndrückerei, Rationalisierung oder Verlagerung von Arbeitsplätzen entgegenzuwirken. Zunehmende Verschuldung von Haushalten und Unternehmen führt auf die Dauer zu Verschuldungs- und Finanzkrisen. Überproportionales Investitionswachstum, das häufig zugleich verschuldungsgetrieben ist, führt auf die Dauer zu Überkapazitäten und einem immer größeren Gewicht des zu verwertenden Fixkapitals (steigende organische Zusammensetzung des Kapitals), was die Profitrate drückt. Exportgetriebenes Wachstum führt zu wachsenden Verteilungsungleichheiten und internationalen Ungleichgewichten und daraus resultierenden Krisen.

Für die Lohnabhängigen und die Gesellschaft ist lohngetriebenes Wachstum am günstigsten, auch gesamtwirtschaftlich und international ist es am längsten tragfähig. Aus der Interessenperspektive des Kapitals stellt sich das allerdings anders dar. Es längerfristig aufrecht zu erhalten, erfordert daher fortschreitende Einschränkungen der Macht und Freiheiten des Kapitals und demokratisch-soziale Regulierung und Steuerung der Wirtschaftsentwicklung.

Die Krise ist Verteilungskrise

- Zu geringe Massenkaufkraft/Löhne wurde ausgeglichen durch Verschuldung (in den USA, Südeuropa u.a.) oder Exportüberschüsse (u.a. Deutschland), v.a. in die Verschuldungsländer.
- Die Überschüsse der einen Länder sind die Defizite der anderen.
- Die Finanzvermögen der einen sind die Schulden der anderen, insbes. des Staates.
- Sparen und Verschuldung der Unternehmen, der Haushalte, des Staates und gegenüber dem Ausland gleichen sich per Saldo aus.

6.3 EU und Euro-Krise

Die Europäische Gemeinschaft, seit 2007 als Europäische Union zusammengefasst, entwickelte sich zunächst als Projekt regionaler wirtschaftlicher Integration vor allem industrieller Kernbereiche. Zugleich ging es um die politische Einbindung der beteiligten Staaten, insbesondere der Bundesrepublik Deutschland, in einen europäischen kapitalistischen Westen. Versuche, die EG bzw. EU zur Sozialunion weiterzuentwickeln, stießen auf zahlreiche Widerstände kapitalistischer und wirtschaftsliberaler Kräfte. Mit den Erweiterungen in Südeuropa und besonders durch die Osterweiterung wurden auch die wirtschaftlichen, sozialen und politischen Differenzen zwischen den Mitgliedstaaten so groß, dass eine Ausweitung sozialer Standards oder gar ihre Harmonisierung auf höchstem Niveau noch weniger realistisch wurde, obgleich dies im gemeinsamen Binnenmarkt umso notwendiger gewesen wäre.

Europäischer Binnenmarkt und »Grundfreiheiten«

Zum zentralen Projekt der EU wurde seit den 1990er Jahren auf Basis des Maastricht-Vertrages von 1992 die fortschreitende Durchsetzung und Vertiefung des europäischen Binnenmarktes. Dessen Kern sind die vier »Grundfreiheiten«: des Warenverkehrs, der Personen und besonders der Arbeitskräfte, der Dienstleistungen und des Kapitalverkehrs. Als Ziel formulierte die Lissabon-Strategie 2000 die Entwicklung der EU zum »wettbewerbsfähigsten und dynamischsten wissensbasierten Wirtschaftsraum der Welt«. Das Unionsrecht auf Grundlage der Verträge (Primärrecht) und der Verordnungen, Richtlinien und weiteren Beschlüsse der EU (Sekundärrecht) und seine Auslegung durch den Europäischen Gerichtshof (EUGH) haben in ihren Anwendungsbereichen Vorrang vor dem Recht der Mitgliedstaaten.

In der heutigen EU werden die Binnenmarktfreiheiten des Kapitals über soziale und demokratische Rechte gestellt, auch wenn diese in einzelstaatlichen Gesetzen garantiert sind.

Der Europäische Gerichtshof hat den Vorrang der Binnenmarktfreiheiten in den vergangenen Jahren mit etlichen Urteilen klar gemacht. Die EU-Kommission als Hüterin der Verträge betrachtet es als ihre Aufgabe, die Vertiefung des Binnenmarktes mit immer neuen Richtlinienentwürfen voranzutreiben. Das bedeutet fortschreitende Liberalisierung und Marktöffnung bisher regulierter Bereiche, etwa der Daseinsvorsorge. In den Mitgliedstaaten errungene soziale Rechte und Regulierungen werden fortschreitend unter Druck gesetzt, insbesondere wenn die Unternehmen Regelungen des Herkunftslandes auch in anderen EU-Staaten anwenden können.

Bei der EU-Dienstleistungsrichtlinie konnte gesellschaftlicher Widerstand 2006 das Schlimmste verhindern. Doch die EU-Kommission kommt mit immer neuen Richtlinienentwürfen: zur öffentlichen Vergabe und Konzessionen, zu den Hafendiensten, den Bodendiensten an Flughäfen, zu den Eisenbahnen usw. Auch in der Sozialpolitik, einem Feld, in dem die EU keine formelle Regelungskompetenz hat, macht die Kommission Druck auf die Mitgliedstaaten, um »Flexibilität« und private Anbieter zu fördern und den Sozialstaat zu begrenzen. Bei der Rente geht es um die Erhöhung des Eintrittsalters, die Senkung des Niveaus in Richtung einer Mindestsicherung und die Förderung privater kapitalgedeckter Altersvorsorge. In der Krankenversicherung werden das Zurückschneiden von Leistungskatalogen, höhere Zuzahlungen und die Förderung privater Anbieter vorangetrieben. Auf dem Arbeitsmarkt geht es beschönigend um »Flexicurity«. Gemeint sind weniger Kündigungsschutz, die Lockerung von Arbeitszeitbegrenzungen und ein geringeres Arbeitslosengeld für Langzeiterwerbslose. Mit der »REFIT-Initiative« sollen die Arbeitsgesetzgebungen »entbürokratisiert« werden, was faktisch Abbau von Schutzrechten bedeutet.

1990 wurde zudem beschlossen, als Ergänzung zum Binnenmarkt eine Europäische Währungsunion zu bilden. Auf dieser Grundlage wurde 1999 der Euro als gemeinsame Währung zunächst als Buchgeld, ab 2002 auch als Bargeld eingeführt. Es beteiligten sich daran zunächst zwölf Länder, weitere kamen hinzu, sobald sie die Konvergenzkriterien des Maastricht-Vertrages erfüllt hatten. Seit 2015 sind es 19 Länder, die innerhalb der EU die Euro-Gruppe bzw. den Euro-Raum bilden. Weitere EU-Staaten werden ggf. folgen, nur Großbritannien, Dänemark und Schweden haben sich das Recht auf eine eigene Währung vorbehalten.

Euro-Krise und »Rettungsmaßnahmen«

Seit 2009 wird der Euro-Raum von einer anhaltenden Krise geprägt, die den Bestand der gemeinsamen Währung schon mehrfach in Frage stellte. Ausgangspunkt waren seit Ende 2009 wachsende Probleme Griechenlands, an den Finanzmärkten neue Kredite zur Deckung seiner Staatsdefizite zu bekommen. Internationale Großanleger begannen auf eine Staatspleite und gegen den Euro zu spekulieren. Im Mai 2010 wurde das erste »Rettungspaket« für den Euro geschnürt, aus dem Griechenland seinen Schuldendienst refinanzieren konnte. Durch die Vermeidung einer Insolvenz Griechenlands wurde so erreicht, dass die Vermögen der Gläubiger Griechenlands, insbesondere auch großer Banken in Deutschland, Frankreich und anderen EU-Staaten, gerettet wurden, die ansonsten hätten abgeschrieben werden müssen.

Als so genannter Rettungsschirm wurde die Europäische Finanzstabilisierungsfazilität EFSF und 2012 der Europäischen Stabilitätsmechanismus ESM aufgespannt, mit einer Kapitalausstattung von 700 Mrd. Euro, die nötigenfalls mit Krediten auf 2.000 Milliarden Euro aufgestockt werden kann. Die Nutzung dieser Finanzmittel ist verbunden mit harten Auflagen für die »Programmländer«, öffentliche Ausgaben und Löhne zu kürzen und Privatisierungen und andere neoliberale »Strukturreformen« durchzuführen. Zur Umsetzung und Kontrolle wurde eine »Troika« aus Europäischer Kommission, Europäischer Zentralbank und Internationalem Währungsfonds eingesetzt.

In den folgenden Jahren mussten auch Irland, Portugal und Spanien sowie Zypern den Euro-Rettungsschirm in Anspruch nehmen und sich dafür einem von der Troika beaufsichtigten Kürzungs- und »Reformprogramm« unterwerfen. Griechenland erhielt 2012 einen Schuldenerlass von etwa 30%, seitdem liegen etwa 80% der griechischen Staatsschulden bei öffentlichen Gläubigern, überwiegend den Europäischen Rettungsschirmen und der EZB. In Irland, Spanien und Zypern war der drohende Zusammenbruch der Banken und ihre Rettung durch die Staaten der Grund der Krise.

Neben der Bildung der EU-Rettungsschirme waren die Aktionen der Europäischen Zentralbank (EZB) entscheidend für die bisherige Bewältigung der Euro-Krise. Sie hat im Umfang von mehreren hundert Milliarden Euro Staatsanleihen aufgekauft, um deren Kurse zu stützen und Zinsen zu senken, und den Banken zusätzliche Liquidität zur Verfügung gestellt. Eine zentrale Rolle zur Beruhigung der Finanzmärkte und Stabilisierung des Euro spielte die Äußerung des EZB-Präsidenten Draghi im Juli 2012, die EZB werde und könne alles tun, was notwendig sei, um den Euro zu erhalten. Seitdem sanken die Zinsen für Staatsanleihen von Euro-Staaten auf historisch niedrige Werte ab.

Ein grundlegendes Problem der Euro-Zone wurde damit zunächst in den Hintergrund gedrängt. Eigentlich können nämlich Staaten, die im Wesentlichen in ihrer eigenen Währung verschuldet sind – und Schulden der Euro-Staaten sind im Wesentlichen in Euro –, gar nicht pleite gehen. Denn ihre Zentralbank ist in der Lage, jederzeit genug Liquidität zu schaffen und nötigenfalls selbst die Staatsanleihen zu kaufen. Doch im Euro-System können die Zentralbanken der Einzelstaaten diese Funktion nicht wahrnehmen. Ihre eigene Währung wirkt für die Einzelstaaten und ihre Zentralbanken so wie eine fremde Währung, weil ihre Liquiditätsversorgung von der EZB abhängt. Zudem ist ihnen und der EZB der direkte Ankauf von Staatsanleihen durch die dem Euro-System zugrunde liegenden Verträge verboten. Deshalb waren Spekulationen gegen den Euro möglich und es wurde für Aufkaufprogramme der Umweg über die Geschäftsbanken und die Finanzmärkte genommen. Diese haben davon profitiert, weil sie sehr zinsgünstige Liquidität in Wertpapiere mit höherer Rendite anlegen konnten. In den USA, Japan und Großbritannien dagegen finanzieren die Zentralbanken direkt die Staatsverschuldung.

Die »Rettungspolitik« der Euro-Staaten und der EZB haben Staatspleiten und einen Zerfall des Euro-Raums bisher verhindert und die Vermögen der Gläubiger gerettet. Die ökonomischen und sozialen Krisen dauern indes an oder wurden sogar verschärft.

Die von der Troika kontrollierten »Programmländer« wurden mit neoliberaler Politik der Kürzung der Staats- und Sozialausgaben und der Löhne in ökonomische Krisen und soziale Verelendung gestürzt. Etwa 80% der »Hilfsgelder«

Abbildung 56: Schrumpfende Volkswirtschaften
BIP preisbereinigt, 2007 = 100

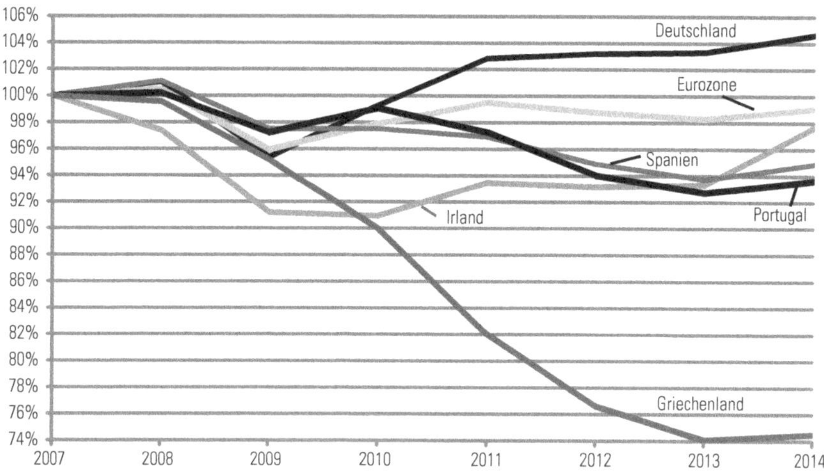

Quelle: Europäische Kommission, Ameco, Februar 2015

für Griechenland flossen in den Finanzsektor, sie wurden weder zur Unterstützung der notleidenden Teile der Bevölkerung noch zur Stärkung der Wirtschaft verwandt. Die Wirtschaftsleistung schrumpfte über mehrere Jahre, im Extremfall Griechenland um ein Viertel. Die Erwerbslosigkeit explodierte, in Griechenland und Spanien auf über 25%, die Jugenderwerbslosigkeit sogar auf etwa 50%. In Griechenland haben große Teile der Bevölkerung keine Gesundheitsversorgung mehr. Trotz der rabiaten Kürzungen bei Löhnen, Renten und Sozialleistungen ist die Staatsverschuldung weiter gestiegen. Einerseits schrumpften auch die Steuereinnahmen, andererseits die Wirtschaftsleistung (siehe Abbildung 56) und damit der Nenner der Verschuldungsquote.

Auch im Euro-Raum und in der EU insgesamt haben die politisch dominierenden Kräfte, getrieben besonders von der deutschen Regierung, als Generallinie eine neoliberale Austeritätspolitik, also eine Spar- oder besser gesagt Kürzungspolitik, durchgesetzt. In der Folge verharrte der Euro-Raum insgesamt in ökonomischer Stagnation. Der Bankensektor ist weiterhin erheblich von ausfallenden Krediten bedroht und krisenanfällig. Die geplante Bankenunion wird erneute Finanzkrisen und die Bedrohung der Staatsfinanzen durch Bankenrettung nicht verhindern können. Die Kreditvergabe der Banken an die Unternehmen ist schwach, was allerdings in hohem Maße an deren schwacher Investitionsneigung aufgrund der schwachen Nachfrage liegt. Seit 2013 ist die Inflationsrate immer tiefer unter die Zielmarke von knapp 2% gerutscht, seit Ende 2014 sinkt der Verbraucherpreisindex: Es droht anhaltende Deflation.

Um der Deflation entgegenzuwirken und die Kreditvergabe für Investitionen anzuschieben, hat die EZB im Januar 2015 beschlossen, von März 2015 bis September 2016 im Umfang von 1,1 Billionen Euro Staatsanleihen und andere Wertpapiere zu kaufen. Diese Politik des »Quantitative Easing« ist allerdings relativ zur Größe des Wirtschaftsraums nicht mehr, als was andere große Notenbanken schon vor Jahren gemacht haben (mehr dazu in Kapitel 5.2 im Abschnitt Geld und Geldschöpfung). Die Leitzinsen wurden bereits 2012 auf nahe Null gesenkt, seit Juni 2014 müssen die Banken sogar einen Strafzins von 0,1% bzw. seit September 2014 0,2% zahlen, wenn sie überschüssige Liquidität bei der EZB parken. Das Anleihenkaufprogramm hat problematische Nebenwirkungen: Die Preise für Vermögensanlagen und damit die Ungleichheit der Verteilungsverhältnisse werden erhöht, während normale Spareinlagen nichts mehr abwerfen. Der Euro verliert gegenüber anderen Währungen an Wert, was die Gefahr eines internationalen Abwertungswettlaufs erhöht. Vor allem aber ist nicht zu erwarten, dass die angestrebte Wirkung erzielt und die Krise damit überwunden wird. Der Euro-Raum befindet sich in der schon von Keynes beschriebenen Situation einer Liquiditätsfalle: Zusätzliche Liquidität allein führt nicht zu höheren Ausgaben und damit auch nicht zu steigenden Preisen. Das Zinsniveau ist bereits so niedrig, dass wirksame weitere Senkungen nicht mehr möglich sind. Die Geldpolitik ist weitgehend machtlos. Notwendig ist eine massive Ausweitung der Nachfrage durch expansive Finanzpolitik, also steigende Staatsausgaben, und durch steigende Löhne. Das Anleihenkaufprogramm der EZB ist aber daran geknüpft, dass die Krisenstaaten an der ihnen aufgezwungenen Kürzungs- und Schrumpfpolitik festhalten.[4]

Das Zwei-Billionen-Euro-Programm der EZB wirkt einerseits stabilisierend gegen Crash und große Krise, andererseits hat es negative Wirkungen, denn es setzt die Austerität und Umverteilung nach oben fort. Die Finanzierung öffentlicher Ausgaben durch die EZB wäre die weit bessere Alternative.

Es ist angesichts dieser real widersprüchlichen Wirkungen der Politik nicht verwunderlich, dass es auch in gewerkschaftlichen und linken Kreisen unterschiedliche Bewertungen gibt. Auf jeden Fall gäbe es die weitaus sozialere

[4] Rudolf Hickel hat dazu eine instruktive Präsentation erstellt: http://rhickel.iaw.uni-bremen.de/ccm/homepages/hickel/aktuelles/ezb-billionenprogramm--eine-praesentation-zu-chancen-und-risiken/. Vgl. zur kritischen Darstellung auch Norbert Häring: www.norberthaering.de/index.php/de/newsblog2/27-german/news/220-anleihekaeufe-der-ezb-fuer-dummies#1-weiterlesen. Vgl. zur Politik und Rolle der EZB und der Aushebelung der Demokratie bei der Durchsetzung der Austeritätspolitik, auch die weiterführenden Links am Schluss: http://norberthaering.de/index.php/de/newsblog2/27-german/news/204-draghi-interview#1-weiterlesen

und wirksamere Alternative, das zusätzliche Geld nicht den Banken, sondern direkt oder über eine zwischengeschaltete öffentliche Bank den Staaten der EU zur Finanzierung öffentlicher Zukunftsinvestitionsprogramme und anderer notwendiger Ausgaben zu geben. Entscheidend zur Überwindung der Stagnation bleibt die Beendigung der Austeritätspolitik. Die im Februar 2015 gebildete neue Regierung Griechenlands unter Führung der Linkspartei Syriza ist daher ein Hoffnungsschimmer und ein Ansporn für die sozialen Kräfte der ganzen Euro-Zone, weil sie auf ein Ende der Kürzungspolitik nicht nur in Bezug auf Griechenland drängt.

Hintergrund: Ökonomische Ungleichgewichte und deutsche Lohndrückerei (und etwas Saldenmechanik)

Die neoliberale Propaganda versucht den Leuten weiszumachen, dass die Staatsverschuldung und speziell die übermäßigen Ausgaben der Krisenstaaten der Grund und Kern der Euro-Krise sind. Die Griechen, Spanier, Portugiesen hätten über ihre Verhältnisse gelebt. Dabei haben tatsächlich weder die Mehrheit der Menschen noch die Staaten zu viel ausgegeben. Nur reiche Minderheiten haben über die Verhältnisse gelebt und außerdem viel zu wenig Steuern gezahlt, legal und auch auf kriminelle Weise. Die Verschuldung der EU-Staaten stieg erst in Folge der Finanzkrise und der damit verbundenen Belastungen, insbesondere der Kosten der Bankenrettungen, stark an (siehe Abbildung 57). Die Verschuldung Japans liegt schon seit langem weit höher, ohne dass dies zu Finanzierungsproblemen führte.

Abbildung 57: Staatsverschuldung in EU-Staaten in % des BIP

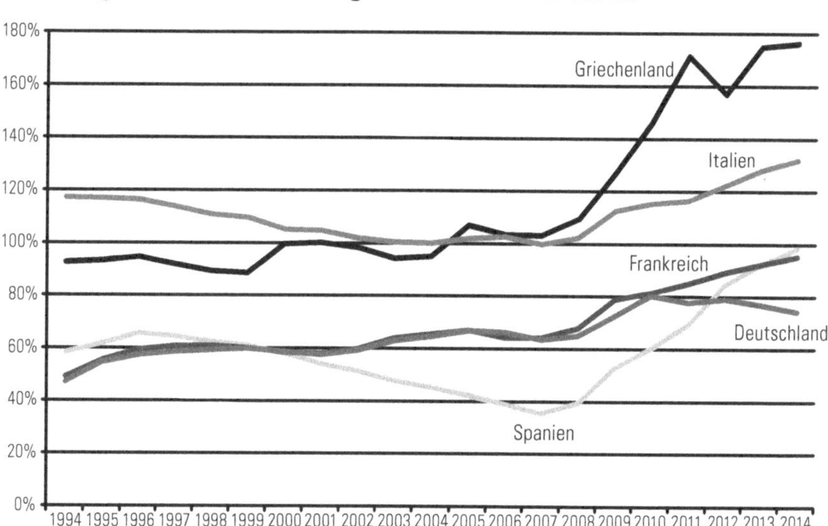

Quelle: EU Ameco Datenbank, Februar 2015

Der Hintergrund der Euro-Krise sind letztlich außenwirtschaftliche Ungleichgewichte und internationale Verschuldungsverhältnisse zwischen den Euro-Ländern, die sich seit Beginn der Währungsunion aufgebaut haben.

In den 2000er Jahren entwickelte sich eine Polarisierung der außenwirtschaftlichen Positionen zwischen verschiedenen Ländern des Euro-Raums. Auf der einen Seite stand vor allem Deutschland, das seine Export- und Leistungsbilanzüberschüsse immer weiter steigerte. Seit 2006 betragen diese durchgängig über sechs Prozent des Bruttoinlandsprodukts, von 150 Mrd. Euro im Jahr steigend auf über 200 Mrd. in 2014. Auf der anderen Seite standen Griechenland, Portugal, Spanien und ab 2006 auch Frankreich mit wachsenden Defiziten (siehe Abbildung 58).[5]

Genau dies sind dann die Krisenstaaten, denn das Problem ist die internationale Verschuldung. Laufende Leistungsbilanzdefizite bedeuten immer höhere internationale Verschuldung der gesamten Volkswirtschaft. Die Defizite betrugen im Fall Griechenland in der Spitze über 15% des BIP, bei Spanien und Portugal über 9%. Das französische Defizit ist seit 2011 der Summe nach höher, macht aufgrund der Größe des Landes aber bislang nur 2% des BIP aus. Auf der anderen Seite bedeuten laufende Leistungsbilanzüberschüsse stetigen Ausbau einer internationalen Gläubigerposition.

Abbildung 58: Handelsungleichgewichte im Euro-Raum
Leistungsbilanzsalden in Mrd. Euro

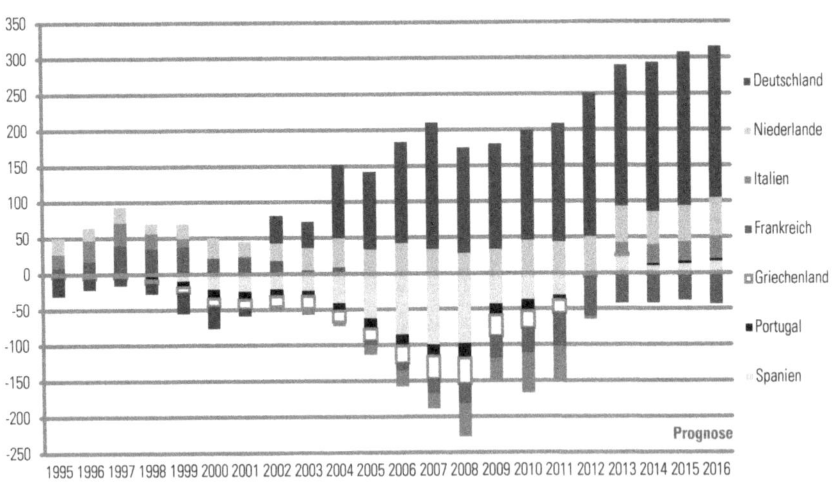

Quelle: Europäische Kommission, Ameco, Februar 2015

5 Alle Daten entstammen der AMECO-Datenbank der EU, http://ec.europa.eu/economy_finance/db_indicators/ameco/index_en.htm

Wie kam und kommt das zustande? Hat das etwas mit den Lohnentwicklungen zu tun, genauer gesagt mit der unterschiedlichen Entwicklung der Lohnstückkosten (siehe Abbildung 59)? Diese steigen dann, wenn die Löhne stärker steigen als die Arbeitsproduktivität. Die herrschende Auffassung der neuen Economic Governance der EU ist, dass es in den Krisenländern deutlich zu hohe Lohnzuwächse gab und diese deshalb gestoppt und zurückgedreht werden müssen. Deshalb wurde und wird massiver Druck auf die Krisenstaaten und zunehmend auch auf Frankreich und Italien und im Rahmen der Governance tendenziell auf alle Länder gemacht, nicht nur in Richtung auf Kürzung öffentlicher Ausgaben, sondern ebenso auf Maßnahmen zur Senkung der Löhne und Dämpfung künftiger Lohnentwicklungen. Das führt allerdings nicht nur zu Sozialabbau und Umverteilung zugunsten des Kapitals, sondern auch zu wirtschaftlichen Krisen und wachsender Arbeitslosigkeit.

Tatsächlich stiegen die Lohnstückkosten etwa Spaniens und Griechenlands bis zur Krise erheblich an, insbesondere weit stärker als die Deutschlands. Seit 2009 wurden dann in den Krisenländern die Löhne massiv gedrückt, die Lohnstückkosten sanken. Auf der anderen Seite bewegte sich die Lohnstückkostenentwicklung in Deutschland bis 2008 um die Nulllinie. Erst seit der Krise ist die Lohnentwicklung in Deutschland besser geworden, sodass die Lohnstückkosten hierzulande wieder steigen. Dieser Anstieg reicht aber nicht aus, um den Rückstand und die Ungleichgewichte abzubauen und eine sinnvolle Entwicklung des Preisniveaus zu erreichen.

Abbildung 59: Lohnstückkosten in Europa

Entwicklung der Lohnkosten nach Abzug der Produktivitätssteigerung

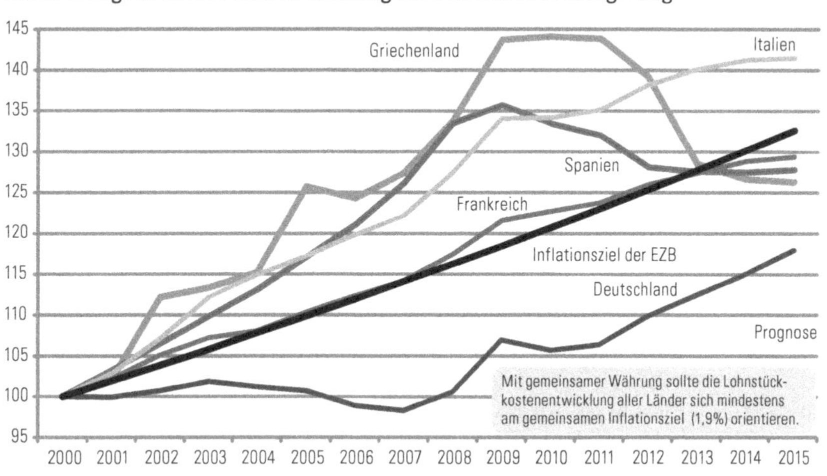

Quelle: Europäische Kommission (Ameco) und eigene Berechnung, Februar 2015, Nominale Lohnstückkosten Gesamtwirtschaft, 2000 = 100 gesetzt

Man muss sich grundlegend Folgendes klarmachen, wenn man die Entwicklung der Lohnstückkosten beurteilt. Der Maßstab oder Benchmark für die Entwicklung der Lohnstückkosten ist keineswegs die Nulllinie. Das sehen höchstens Unternehmer und Neoliberale so. Die Messlatte für eine halbwegs stabile Entwicklung ohne Veränderung der Verteilungsverhältnisse zwischen Lohnarbeit und Kapital ist eine kontinuierliche Steigerung der Lohnstückkosten etwa in Höhe der Zielinflationsrate. Preisstabilität im Sinne ökonomisch sinnvoller Preisentwicklung ist eben nicht eine Inflationsrate von Null, was latent Deflation bedeutet, sondern deutlich darüber. Die EZB hat dies mit knapp zwei Prozent konkretisiert.

Bei der Divergenz der Lohnstückkostenentwicklung im Euro-Raum besteht das Hauptproblem in den viel zu geringen Lohnzuwächsen in Deutschland.

Die scharfe Austeritäts-, also Ausgaben- und Lohnkürzungspolitik hat die Krise im Südeuropa massiv verschärft und viele Millionen Menschen ins Elend gestürzt. Aber, so sagt die Kommission, dies funktioniere: Die außenwirtschaftlichen Defizite der Krisenländer gehen zurück, teils werden sogar Überschüsse erzielt (vgl. Abbildung 58); das Tal der Tränen sei bald zu Ende, es gehe wieder aufwärts. Das ist erstens zynisch gegenüber dem angerichteten Elend, das keineswegs unvermeidlich war, und zweitens sehr geschönt. Denn ob und wie dauerhaft es aufwärts geht, ist sehr fraglich. Die Zerstörungen an Wohlstand und Wirtschaftsleistung werden auf jeden Fall sehr lange Zeit nicht kompensiert werden können. Es handelt sich aber auch um eine einseitige und in mehrfacher Hinsicht falsche Sicht.

Denn der Abbau des Außenhandelsdefizits der Krisenländer liegt in hohem Maße am Rückgang der Importe durch die schrumpfende Wirtschaft und die sinkenden Einkommen. Auch die sinkenden Ölpreise spielen eine Rolle. Das bietet aber keinen Weg zu einer dauerhaften ökonomischen Stärkung oder gar zu einem sozial und ökologisch ausgerichteten qualitativen Wachstum. Dafür müsste die Leistungsfähigkeit der Wirtschaft und auch der Exportsektoren dieser Länder nachhaltig gestärkt werden. Die Energiewende zu Wind- und Solarenergie muss vorangetrieben werden, auch um dauerhaft Importe zu sparen. Dazu braucht es große Investitionen und nicht Kürzungspolitik.

Auch in Bezug auf Deutschland sind die stagnierenden Lohnkosten natürlich nicht der einzige Grund für die hohen Exporte und Überschüsse. Das wird von den Industriegewerkschaften betont. Die deutsche Industrie hat eine starke Weltmarktposition in zentralen Bereichen von Fahrzeugbau, Maschinenbau, Chemie, Elektrotechnik, und sie hat vom Wachstum und den Investitionen anderer Länder profitiert. Im vergangenen Jahrzehnt waren das auch die heutigen Krisenländer, Spanien etwa. Im laufenden Jahrzehnt sind es China und andere Schwellenländer gewesen. Das hat vor allem mit qualitativen Merkmalen der deutschen Industrieproduktion zu tun, die Löhne in diesen Bereichen sind absolut betrachtet relativ hoch.

Die starke Position der deutschen Industrie gibt es schon länger. Gleichwohl sind die Exportüberschüsse erst seit der Währungsunion explodiert. Deutschland hatte schon früher geringere Inflationsraten und Lohnsteigerungen als andere Länder, insbesondere in Südeuropa. Aber das wurde immer wieder durch Aufwertungen der DM kompensiert. Dadurch stiegen die Preise für deutsche Produkte auf dem Weltmarkt. Gleichzeitig stieg die Kaufkraft der Bevölkerung in Deutschland, Importe und Auslandsaufenthalte wurden billiger. Das fiel im Euro-Raum aus, es gab keinen Ausgleich mehr für die schwache deutsche Lohnentwicklung, die Ungleichgewichte wurden immer größer. Mittlerweile hat Deutschland Überschüsse auch in Bereichen, wo das offensichtlich mit Lohndumping zu tun hat, etwa in der Fleischverarbeitung.

Die Löhne speisen direkt als Nettolöhne und indirekt über die daraus finanzierten Sozialeinkommen den Hauptteil der Konsumnachfrage und damit einen großen Teil der inländischen Gesamtnachfrage. Denn selbst in Deutschland arbeiten drei Viertel der Beschäftigten nicht für den Export, sondern für die inländische Nachfrage. Und diese hängt vor allem an den Löhnen und an den öffentlichen und sozialen Ausgaben. Im vergangenen Jahrzehnt stagnierte aufgrund der schlechten Lohnentwicklung die Konsumnachfrage hierzulande. Zugleich wurden die sozialstaatlichen Ausgaben beschränkt und relativ zur Wirtschaftsleistung abgebaut. Im Ergebnis war die Wirtschafts- und Beschäftigungsentwicklung in den 2000er Jahren in Deutschland trotz der steigenden Exporte schwächer als in den meisten anderen Staaten der EU. Das bedeutete in der Konsequenz auch stark gedämpfte Importnachfrage. Der Überschuss ist ja die Differenz aus Exporten und Importen. Wären die deutschen Importe – dazu zählen auch Ausgaben deutscher Touristen im Ausland – ebenso kräftig gestiegen wie die Exporte, gäbe es keinen immer größeren Überschuss.

> Die schwache Entwicklung der Löhne und Binnennachfrage verstärkte die Auslandsorientierung der deutschen Wirtschaft. Die Exportsteigerungen wurden nicht in heimische Kaufkraft umgesetzt, sondern in explodierende Unternehmensgewinne und Auslandsinvestitionen.

Die stark steigenden Gewinne wurden nicht im Inland investiert, sondern flossen zunehmend direkt oder über die Finanzmärkte ins Ausland. Und zwar zu einem großen Teil auch in die heutigen Krisenländer. Die dort steigenden Defizite mussten ja finanziert werden, und zwar über die internationalen Finanzmärkte, letztlich aus Ländern mit Überschüssen, also insbesondere auch aus Deutschland. Es ist dann überhaupt nicht zufällig, dass gerade auch die deutschen Banken massive Forderungspositionen gegenüber den Krisenländern aufgebaut hatten, die durch die Euro-Krise bedroht waren und durch die so genannte Rettungspolitik dann »gerettet« wurden.

Abbildung 60: Beiträge der Sektoren zum Finanzierungssaldo der Eurozone
(als Prozentsatz des BIP, basierend auf der Summe von jeweils vier Quartalen)

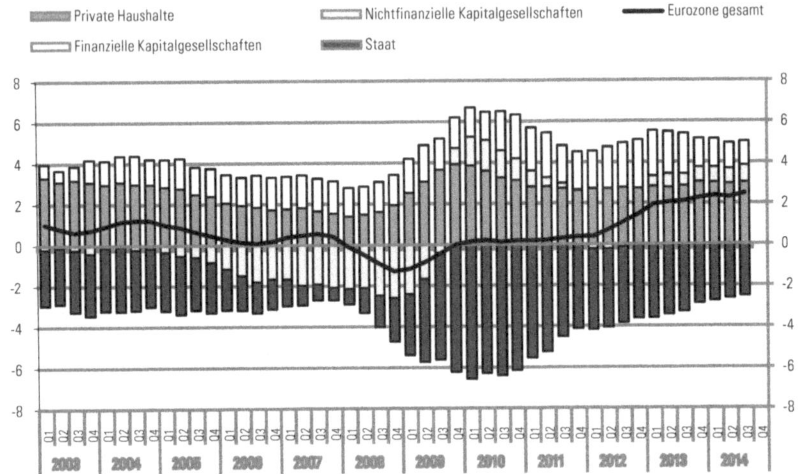

Grundlegende Zusammenhänge volkswirtschaftlicher und sektoraler Saldenmechanik sollten nicht ignoriert werden. Die Summe der Überschüsse und Defizite aller Sektoren und Staaten ist weltweit immer Null. Die Grafik zeigt, dass in der Eurozone mittlerweile alle Sektoren außer den Staaten Überschüsse erzielen. Die Linie »Eurozone gesamt« stellt die seit 2012 kräftig wachsenden Überschüsse der Eurozone = Verschuldung der übrigen Welt dar. Wenn künftig die öffentlichen Haushalte kaum noch Neuverschuldung aufnehmen sollen, wie es der Fiskalpakt verlangt, ist dies nur möglich, wenn andere Sektoren – private Haushalte oder Unternehmen – ihre Überschüsse bzw. Geldersparnisbildung vermindern bzw. sich verstärkt verschulden, oder wenn die Verschuldung ausländischer Wirtschaftseinheiten massiv zunimmt. Wenn

Die andere Seite der Entwicklung der Ungleichgewichte im Euro-Raum ist der stark verschuldungsgetriebene Boom, der vor der Krise in den heutigen Krisenländern stattfand. Auch das hatte mit der Währungsunion zu tun, weil relativ zu der dort höheren Inflationsrate die Zinsen sehr niedrig, viel niedriger als früher waren, und dies begünstigte die Verschuldung. Die Vermögenden, Unternehmen und Banken aus Deutschland und anderen Ländern suchten und fanden dort Anlagemöglichkeiten für ihr Geldkapital.

Der starke Kapitalzustrom, der etwa in Spanien massiv in Bauinvestitionen ging, trieb dort die Nachfrage und das Wachstum an und ermöglichte ein wachsendes Leistungsbilanzdefizit. Wobei das letztlich eine Spekulationsblase war, die dort aufgepumpt wurde. In der Krise platzte sie und trieb reihenweise Banken in die Zahlungsunfähigkeit, zumal diese viele langfristige

dies nicht geschmeidig passiert, führt eine Politik des forcierten Verschuldungsabbaus durch Ausgabenkürzungen fast unvermeidlich in eine Abwärtsspirale von Depression und Deflation. Denn wenn die geringeren Ausgaben des Staates nicht durch höhere Ausgaben anderer Sektoren ausgeglichen werden, schrumpfen Produktion und Einkommen, bis ungeplant die private Geldvermögensbildung reduziert wird und die staatliche Verschuldung doch höher ausfällt, und so der Saldo wieder Null ist (vgl. dazu in Kapitel 4.2 den Abschnitt Investitionen und Wachstum).

Deutschland ist bereits in der Situation, dass der Staat eine »schwarze Null« erzielt. Gleichzeitig bauen die Haushalte und die Unternehmen in großem Umfang weiteres Geldvermögen auf. Der Überschuss gegenüber dem Rest der Welt beträgt über 7% am BIP, noch 2% höher als der durchschnittliche Vermögensaufbau der Privaten in der Eurozone, wie es die Grafik zeigt. Dass ein solch riesiger Überschuss gegenüber dem Rest der Welt auch für die mehr als dreimal so große Eurozone zu erzielen ist, und dass die anderen Staaten der Welt die entsprechenden Defizite widerstandslos hinnehmen, ist völlig unrealistisch. Eine solche Politik der EU provoziert geradezu weltweite Währungskriege und Finanzkrisen. Deshalb darf es keine Orientierung der EU am vermeintlich positiven Beispiel Deutschland geben, sondern vor allem Deutschland muss sein Wirtschaftsmodell ändern.

Für eine dauerhaft tragfähige Wirtschaftsentwicklung ist es unumgänglich, dass die deutschen Haushalte mehr ausgeben und weniger sparen, was vor allem höhere Lohnzuwächse und eine weniger ungleiche Einkommensverteilung erfordert. Die Unternehmen müssen sich wieder verschulden, um damit inländische Investitionen zu finanzieren. Der Staat muss bereit sein, künftig wieder eine gewisse Verschuldung als Gegenposition zu privater Geldvermögensbildung einzugehen. Andernfalls beruht das Wachstum im Kern auf der zunehmenden Verschuldung anderer Länder. Wer eine solche Wirtschaftsentwicklung betreibt, hat wenig Recht, sich zu beschweren, wenn andere Länder irgendwann ihre Schulden nicht mehr zahlen können und einen Schuldenschnitt fordern; oder sich das gleiche Resultat – eine massiver Entwertung deutscher und europäischer Auslandsforderungen – im Zuge weltweiter Finanzkrisen ergibt.

Quelle: Eurostat, Europäische Sektorkonten, Schaubild S1-8; http://ec.europa.eu/eurostat/web/sector-accounts/detailed-charts/contributions-sectors

Finanzierungen mit kurzfristigen Krediten refinanziert hatten. Folge des Platzens der Immobilienblase war eine tiefe Rezession mit Massenentlassungen in der Bauwirtschaft und die Notwendigkeit von Bankenrettungen mit sehr hohen Kosten für den Staatshaushalt.

Vor diesem Hintergrund muss man auch die Lohnentwicklung in den Krisenländern betrachten. Diese war keineswegs exorbitant, wenn man sich die Reallöhne anschaut. Die Lohnzuwächse liefen vielfach den Preissteigerungen nur hinterher. Auch in diesen Ländern stiegen die Gewinne. Es gab keineswegs eine Umverteilung zugunsten der Löhne und zu Lasten der Profite und Vermögenseinkommen, in den meisten Ländern sank die bereinigte Lohnquote. Sie sank allerdings weniger heftig als in Deutschland, wo die Lohnentwicklung in den 2000er Jahren besonders mies war.

Erst seit 2009 sieht die deutsche Lohnentwicklung ein bisschen besser aus. Der Mindestlohn dürfte weiter stabilisierend wirken, auch wenn er sehr niedrig ist. Anders als die meisten anderen Länder wird auf Deutschland gegenwärtig auch keinen Druck der EU-Kommission ausgeübt, die Löhne zu senken. Im Gegenteil, in ihrem Bericht zu den Ungleichgewichten in Bezug auf Deutschland vom Februar 2014 schreibt die Kommission einiges Richtiges, wenngleich das sehr geschminkt und oft neoliberal verpackt formuliert wird. Das geht bis zu solchen Formulierungen:

»Der Zuwachs bei den Unternehmensersparnissen ist vor dem Hintergrund des durch Lohnzurückhaltung gestützten kräftigen Anstiegs der Betriebsgewinne vor der Krise zu sehen. Genutzt wurde dieser Ersparniszuwachs nicht für Investitionen, sondern für den Erwerb finanzieller Vermögenswerte und zum Schuldenabbau. (...) Angesichts der soliden öffentlichen Haushalte wäre Deutschland gut beraten, die ausgesprochen niedrigen Zinsen als Gelegenheit für Investitionen in solide zukunftsorientierte Projekte zu nutzen. Wichtig wird es insbesondere sein, die in den letzten Jahren bereits verstärkten Bildungsausgaben und Investitionen in die Infrastruktur weiter aufzustocken. (...) Um die Binnennachfrage weiter zu stärken, sollten geeignete Bedingungen zur Begünstigung des Lohnwachstums geschaffen werden.«[6]

Die soziale Alternative zur Kürzungspolitik waren und sind erhöhte Lohnzuwächse in Deutschland verbunden mit EU-weiten Aufbau- und Investitionsprogrammen, die möglichst durch Abgaben auf die Millionenvermögen finanziert werden sollten.

Daran gemessen sind die Lohnzuwächse in Deutschland auch seit 2009 weiterhin zu gering. Richtig wären gesamtwirtschaftliche Lohnsteigerungen, die etliche Jahre klar über der Summe aus Trendproduktivitätszuwachs von 1 bis 1,5% plus Zielinflationsrate von 2% liegen, also möglichst bei mindestens 4% pro Jahr, um eine Angleichung der Lohnstückkosten nach oben hinzubekommen. Und in den Krisenländern müsste es mindestens stabile, nicht sinkende Löhne geben, um Krisen und Deflation zu verhindern. Diese Orientierungen treffen auf entschiedenen Widerstand der Kapitalseite und der Neoliberalen. Hierzulande machen die harten Neoliberalen schon wieder verstärkt Kampagne, weil ihnen die bescheidenen Korrekturen am Umverteilungskurs von unten nach oben der letzten Jahrzehnte, die die Große Koalition mit Mindestlohn und kleinen Rentenverbesserungen vorgenommen hat, schon zu weit gehen.

Politischen Druck auf Deutschland in Richtung kräftiger Ausdehnung öffentlicher Ausgaben macht die EU-Kommission allerdings nicht. Stattdessen schlug der neue Kommissionspräsident Jean-Claude Juncker Anfang 2015 ein

---

[6] http://ec.europa.eu/economy_finance/economic_governance/documents/ocp174.pdf

Investitionsprogramm vor, das vor allem privates Kapital mobilisieren und ihm dazu eine sichere Rendite deutlich über den Zinsen auf Staatsanleihen garantieren soll. An der Austeritätspolitik wird grundsätzlich festgehalten.

Neoliberale Economic Governance in der EU

Die Entwicklung der Ungleichgewichte und die Krise des Euro-Raums haben ihren Grund in Konstruktionsfehlern der Wirtschafts- und Währungsunion von Beginn an. Der Euro-Raum vereint eine Vielzahl von Ländern, deren wirtschaftliche Entwicklung in Niveau, Struktur und Dynamik sehr unterschiedlich ist. Dazu kommen unterschiedliche soziale Strukturen und Traditionen, die sich auch in traditionell unterschiedlichen Dynamiken der Lohn- und Preisentwicklung ausdrücken. Es ist fraglich, ob eine solche Währungsunion überhaupt dauerhaft funktionieren kann. Notwendig wären jedenfalls Mechanismen, um diese Divergenzen zu kontrollieren, ihnen entgegenzuwirken oder sie auszugleichen, eine – möglichst demokratische – Koordinierung der Wirtschaftspolitik und der Lohnentwicklung. Dies war jedoch nicht vorgesehen. Stattdessen gab es eine einseitige Fixierung auf die Frage der Staatsverschuldung in Form der Maastricht-Kriterien, demzufolge der staatliche Schuldenstand nicht über 60% des BIP und das jährliche Haushaltsdefizit nicht über 3% des BIP betragen darf. Die Fragen der privaten Verschuldung von Unternehmen und Haushalten wurden dagegen ebenso völlig vernachlässigt wie die Regulierung des Finanzsektors.

In der Euro-Krise wurde offensichtlich, dass eine verstärkte Koordination und Mechanismen gegen makroökonomische Ungleichgewichte unumgänglich sind. Dabei haben die wirtschaftlich herrschenden und die politisch regierenden Kräfte in den Zentren der EU und insbesondere Deutschlands ihre Machtpositionen genutzt, um die neoliberale Politik und Konstruktion der EU weiter zu festigen.

Die Profiteure der Politik der letzten Jahrzehnte blieben ungeschoren und bereichern sich weiter. Dabei wird zugleich die Demokratie missachtet und beschädigt, weil die Anforderungen an die Politik der Mitgliedstaaten ohne Rücksicht auf die Interessen und auch gegen den mehrheitlichen Willen der Bevölkerung in den betroffenen Ländern durchgesetzt werden.

> Die ökonomischen und politischen Eliten nutzten die Krise der EU für die Institutionalisierung neoliberaler Politik im Rahmen der Economic Governance. Das ist in EU-Recht gegossener Klassenkampf von oben.

Die Economic Governance der EU, wie sie 2011 bis 2013 mit dem »Sixpack«, Fiskalpakt und diversen weiteren Beschlüssen und Verordnungen verankert wurde, ist darauf gerichtet, zugespitzte Krisen zu vermeiden, aber den Kurs der Umverteilung zugunsten der Gewinne und Vermögen fortzusetzen. Die ganzen Benchmarks der Economic Governance der EU, festgeschrieben in den Verordnungen zum Abbau der außenwirtschaftliche Ungleichgewichte

(1174/2011 und 1176/2011) und zugehörigem »Scoreboard« (Indikatorenset), sind asymmetrisch.

Bekämpft werden zu hohe, nicht zu niedrige Lohnzuwächse, bekämpft werden Defizite, nicht Überschüsse.[7] Dabei wäre es zur Vermeidung von Ungleichgewichten und Krisen nötig, Überschüsse gleichermaßen anzugehen wie Defizite. Konkret würde dies bedeuten, Deutschland zu verpflichten, höhere Staatsausgaben und Lohnsteigerungen vorzunehmen. Durch die Bekämpfung prekärer Arbeit, höhere Mindestlöhne und Stärkung der Arbeitnehmerrechte, der Gewerkschaften und Tarifverträge gäbe es dazu durchaus politische Mittel. Im Unterschied zur Kürzungspolitik würde das voraussichtlich auch auf breite Zustimmung in der Bevölkerung stoßen.

Dies würde aber dem entgegenstehen, was in den Texten der EU »Erhöhung der Wettbewerbsfähigkeit« heißt und faktisch das höchste Ziel zu sein scheint. Es ist nur eine schöner klingende Umschreibung für Steigerung der Unternehmensgewinne. Wir erleben einen neuen lohnpolitischen Interventionismus, der einseitig auf die fortgesetzte Senkung der Lohnkosten und Dämpfung der Lohnentwicklung gerichtet ist. Dabei geht es nicht nur um Senkung der Löhne im öffentlichen Sektor und der Mindestlöhne in Krisenstaaten, sondern allgemein um Schwächung der Gewerkschaften und der Tarifverträge, Dezentralisierung bzw. Verbetrieblichung der Lohnfindung, Erleichterung des Unterlaufens von Tarifverträgen, Abschaffung automatischer Lohnanpassung an die Inflation, Flexibilisierung der Arbeitsmärkte und Abbau von Schutzrechten der Beschäftigten. Die politische Auseinandersetzung um die wirtschafts- und lohnpolitische Koordinierung im Euro-Raum geht nicht um mehr oder weniger Koordinierung, sondern es geht um die Ausrichtung dieser Koordinierung. Die kapitalorientierten und mehr oder minder neoliberalen Kräfte in der EU wollen eine Koordinierung für stetig steigende Gewinne und Privatvermögen und weltweite Expansion der Unternehmen. Gewerkschaften und Linke wollen eine Koordinierung für stetig steigenden Wohlstand für alle. Das sind Interessengegensätze. Hinzu kommt in Bezug auf die lohnpolitische Koordinierung allerdings, inwieweit Gewerkschaften dazu überhaupt in der Lage sind, diese hinzubekommen. Also ob sie sich einerseits überhaupt auf abgestimmte Forderungen verständigen können, was auch in Bezug auf die innergewerkschaftliche Demokratie und die Selbstaktivität der KollegInnen schwierig ist, andererseits dies in den jeweiligen tariflichen und politischen Arenen des Klassenkampfs durchzusetzen vermögen.[8]

---

[7] Vgl. http://ec.europa.eu/economy_finance/economic_governance/index_de.htm; http://europa.eu/rapid/press-release_MEMO-13-979_de.htm; http://europa.eu/rapid/press-release_MEMO-13-318_de.htm; http://europa.eu/legislation_summaries/other/ec0019_de.htm

[8] Vgl. zu gewerkschaftlichen Diskussionen über Tarif- und Wirtschaftspolitik in der EU die Beiträge auf dem 10. Workshop Europäische Tarifpolitik von HBS und ver.di

EU-Krisenpolitik bedroht Beschäftigte und Sozialstaat

Kürzungsauflagen für Kredite (seit 2010) aus »Rettungspaketen« für Griechenland, aus EFSF und ESM fordern u.a. Entlassungen und Lohnkürzungen im Öffentlichen Dienst.

»Sixpack« (2011) und »Twopack« (2013): neuer Mechanismus gegen »makroökonomische Ungleichgewichte« – asymmetrisch: nur Länder mit Außenhandelsdefiziten müssen sich »anpassen«, d.h. Lohnkosten senken, Arbeitsmärkte flexibilisieren, Staatsausgaben kürzen. »Härtung« des Stabilitätspakts und Überwachung der Haushaltspolitik der Staaten im »Europäischen Semester«.

Euro Plus Pakt (2011): Druck auf Löhne durch »Dezentralisierung« der Lohnfindung, Lohnentwicklung im öffentlichen Sektor soll »Wettbewerbsfähigkeit« absichern usw., Mindestlöhne runter

Fiskalpakt (2012): Schuldenbremsen für alle Euro-Länder, Vorgaben der EU-Kommission für die nationalen Haushalte.

In der Diskussion: Wettbewerbspakte, Verträge über Strukturreformen

Der Fiskalpakt soll gleichzeitig in allen Staaten der EU einen Abbau der Staatsverschuldung erzwingen, der weitgehend durch Ausgabenkürzungen durchgesetzt wird. Vor allem die Sozialkosten sollen begrenzt und Privatisierungen vorangetrieben werden. Durch eine solche Politik werden antieuropäische Stimmungen geschürt und der Boden für Rechtspopulismus und Nationalismus bereitet. Ein spezielles Problem dabei ist, dass die EU-Verträge und die Verordnungen der EU zur Wirtschafts- und Währungsunion sowie der Fiskalvertrag nur im Konsens aller Mitgliedstaaten änderbar sind, also faktisch nur unter massivem Druck oder überhaupt nicht.

Die EU-Kommission und die Bundesregierung verkaufen jetzt als Erfolg, dass die innereuropäischen Ungleichgewichte geringer werden, obwohl die Überschüsse Deutschlands nicht sinken. Die Entwicklung der letzten Jahre und die Politik der Stärkung der internationalen Wettbewerbsfähigkeit laufen darauf hinaus, den Euro-Raum und die EU insgesamt gegenüber dem Rest der Welt zu einer gewaltigen Überschussregion zu machen. Überspitzt gesagt ist das Ziel, die ganze EU ökonomisch zu einem großen Deutschland zu machen, auf den Weltmärkten andere Länder niederzukonkurrieren und so der europäischen Exportindustrie sprudelnde Gewinne zu bescheren.

---

im Mai 2014, insbesondere Thorsten Schulten zum wettbewerbsorientierten lohnpolitischen Interventionismus der EU: www.boeckler.de/45021_46273.htm

Das kann aber nicht dauerhaft funktionieren. Zum einen kennzeichnet der extrem hohe Export- und Industrieanteil Deutschlands eine besondere Rolle in der internationalen Arbeitsteilung. Diese Rolle können nur einige Länder und nicht alle oder sehr viele haben. Deutschland kann daher nicht realistisch Vorbild für viele andere Länder oder die ganze EU sein. Zum zweiten verfestigt und verstärkt dieser Kurs Ungleichgewichte im Weltmaßstab, weil es ja irgendwo Länder geben muss, konkret die USA und Schwellenländer, die dauerhaft spiegelbildlich Defizite hinnehmen. Das wird sich in künftigen internationalen Finanz-, Währungs- und Wirtschaftskrisen entladen, die nebenbei auch zu erheblicher Vernichtung deutscher und europäischer Auslandsvermögen führen können, die auf diese Weise aufgehäuft werden. Spätestens wenn nach Japan und der EU auch China in einen internationalen Abwertungswettlauf einsteigt, um weiteres Wachstum seiner Exportwirtschaft zu sichern, könnte es dramatisch werden.

Als Folge der Austeritätspolitik und der anhaltenden Überakkumulation von Kapital auf den Finanzmärkten droht der EU ein »verlorenes Jahrzehnt« wirtschaftlicher Stagnation. Es kann auch noch länger dauern, Japan befindet sich seit mehr als 20 Jahren mehr oder minder in dieser Situation. Zugleich wird die ökonomische und soziale Ungleichheit innerhalb und zwischen den Ländern weiter vergrößert. Die expansive und unkonventionelle Politik der Europäischen Zentralbank hat zwar bisher einen Zusammenbruch des Euro verhindert, befördert aber zugleich das Aufpusten neuer Vermögensblasen auf den Finanzmärkten.

Der nächste Crash wird damit möglicherweise nur hinausgezögert. Die nächste zyklische Krise, was auch immer ihr Auslöser sein mag oder mit welchen internationalen Krisenprozessen sie sich verbindet, ist jedenfalls noch in diesem Jahrzehnt zu erwarten, vielleicht schon in den nächsten Jahren (2016, 2017, 2018?). Je nachdem, wie heftig diese Krise wird und wie die politischen Reaktionen darauf sind, kann dann der Fortbestand des Euro akut bedroht sein. Das Problem ist: Auch wenn die Einführung des Euro ein Fehler war, würde ein Zerfall der seit vielen Jahren bestehenden gemeinsamen Währung zunächst zu einer massiven Verschärfung der Krise und Massenerwerbslosigkeit führen, gerade auch in den ökonomisch starken Ländern des Zentrums der EU.

6.4 Neoliberalismus 2.0 oder Richtungswechsel und Reformalternative?

Deutschland ist aufgrund seiner übermäßigen Außenhandelsüberschüsse bei schwacher Entwicklung der Löhne und der Binnennachfrage ein wesentlicher Grund der europäischen und globalen wirtschaftlichen Ungleichgewichte und der Euro-Krise. Die deutsche Bundesregierung ist im EU-Zusammenhang der wichtigste Treiber der Austeritätspolitik und der neoliberalen Economic Governance.

Deutschland war in den letzten Jahrzehnten in vielen Bereichen Vorreiter des neoliberalen Umbaus in Europa. Besonders nach der deutschen Vereinigung wurden in großem Umfang ehemals öffentliche Unternehmen privatisiert und der Marktkonkurrenz unterworfen. Zugleich wurden Tarifverträge, Gewerkschaften sowie die soziale Regulierung geschwächt und die Ungleichheit der Einkommen und Vermögen erhöht. Steuersenkungen für Reiche und Unternehmen sowie die mit der Bewältigung der deutschen Einheit und dann der Finanzkrise mit Bankenrettungen verbundenen Kosten haben die öffentlichen Haushalte ausgetrocknet.

Investitionskürzungen und Personalabbau haben die Infrastruktur und die öffentlichen Leistungen erheblich geschädigt. Bundesländer und viele Kommunen konnten und können ihre wachsenden Aufgaben nur noch unzureichend bewältigen.

Die neoliberale Wirtschaftspolitik ist angebotsorientiert (siehe Abbildung 61). Das bedeutet, dass sie durch Kostensenkung und Produktivitätssteigerung die Produktionsbedingungen des Profits verbessern soll. Die Nachfrageseite bzw. die Bedingungen der Realisierung des Profits erscheinen ihr ebenso wie die Geldpolitik zumindest langfristig nicht als eigenständiger, für das Wachstum relevanter Faktor. In Deutschland hat diese Politik insbesondere in den 2000er Jahren eine Art Teufelskreis (siehe Abbildung 62) hervorgebracht, in dem die politisch vorangetriebene Schwächung der Löhne und Binnennachfrage zu einer Schwächung des gesamtwirtschaftlichen Wachstums führte. Zugleich trieb sie die Prekarisierung der Arbeit und die Auswei-

Abbildung 61: Neoliberale Wirtschaftspolitik: Wettbewerbsfähigkeit steigern

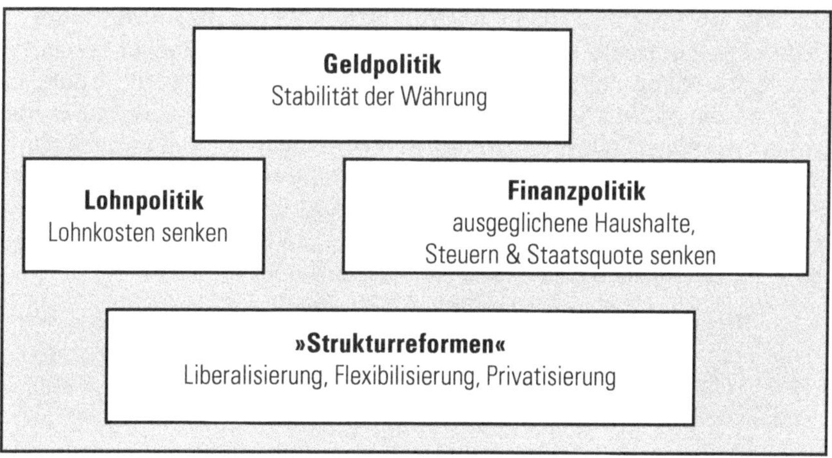

Abbildung 62: Teufelskreis neoliberaler Wirtschaftspolitik

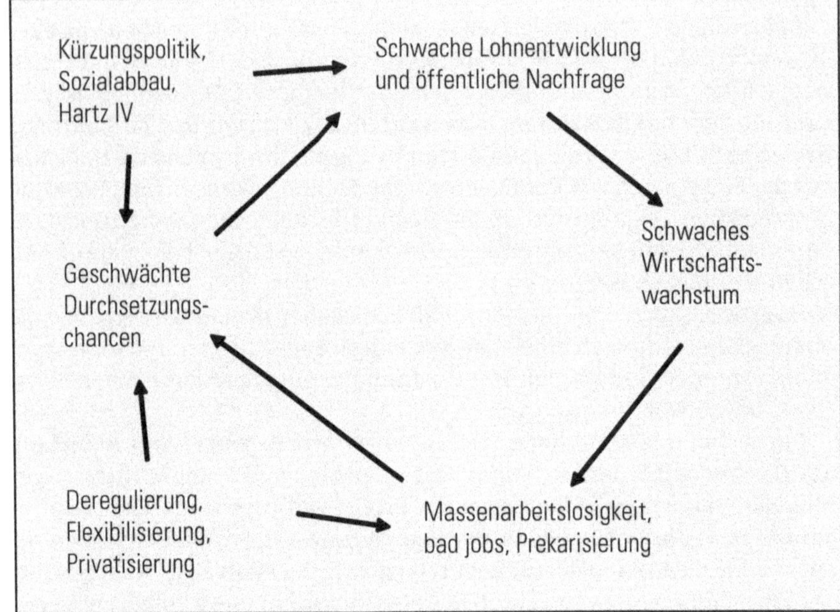

tung von Niedriglohnbereichen voran. Nur die Exportindustrie florierte und die Profite schossen in die Höhe.

Eine neue Etappe neoliberaler Transformation und spaltender Modernisierung

Die von der großen Koalition 2009 ins Grundgesetz geschriebene Schuldenbremse verschärft den Druck, die Ausgaben weiter zu begrenzen. Sie schreibt vor, dass der Bund ab 2016 nur noch 0,35% des BIP und die Bundesländer ab 2020 gar keine strukturelle, also um konjunkturelle Schwankungen bereinigte Neuverschuldung mehr eingehen dürfen. Hatten SPD und GRÜNE im Bundestagswahlkampf 2013 noch eine höhere Besteuerung hoher Einkommen und großer Vermögen gefordert, wenngleich nur halbherzig und unzureichend, haben sie nach ihrer Wahlniederlage diese Forderungen weitgehend fallen gelassen. Im Bundestag tritt nur noch DIE LINKE für steuerliche, sozial- und lohnpolitische Umverteilung von oben nach unten und eine kräftige Ausweitung der öffentlichen Einnahmen und Ausgaben ein.

Der öffentliche Investitionsstau und auch die Schwächen im Bildungsbereich stellen mittlerweile auch aus der Sicht des Kapitals ein Problem dar – und eine Chance, den neoliberalen Umbau von Gesellschaft und Staat qualitativ weiter voranzutreiben.

Es droht eine neue Etappe der neoliberalen Transformation von Gesellschaft und Staat. Eine große Rolle spielen dabei Formen der öffentlich-privaten Partnerschaft (ÖPP) bzw. Public Private Partnership (PPP). Dabei geht es um die Finanzierung und den Betrieb öffentlicher Einrichtungen bzw. Aufgaben durch oder unter Hinzuziehung privaten Kapitals – faktisch eine Teil-Privatisierung. Dazu gibt es eine ganze Reihe verschiedener Modelle. Die Refinanzierung einschließlich der Zinsen für Kredite und der Profite der beteiligten Unternehmen erfolgt durch Zahlungen der Gebietskörperschaften (Miete, Pacht, Nutzungsentgelte usw.) oder durch den privaten Betreibern überlassene Betriebseinnahmen wie Maut.[9]

Das zentrale Argument für solche Modelle lautet, dass nur durch die Mobilisierung privaten Kapitals dringend notwendige Investitionen finanziert werden könnten. Nicht nur die Alternative höherer Steuereinnahmen, auch die Finanzierung durch Kredit wird abgelehnt, obwohl sich das beim gegenwärtigen Niedrigstzinsniveau ohne reale Zinsbelastung geradezu aufdrängt. Aus Sicht der Verfechter von ÖPP ist das Niedrigzinsniveau aber ein weiterer wichtiger Grund für diese Modelle: Sie sollen den Banken und Versicherungen für das von ihnen anzulegende Kapital neue Investitionsfelder bieten, die höhere, aber genauso risikolose Renditen wie Staatsanleihen bringen. Unternehmen und Regierungen behaupten weiterhin, ÖPP-Projekte seien effizienter und damit trotz der privaten Profite auch billiger als direkte öffentliche Ausgaben, obwohl selbst diverse Rechnungshofberichte das Gegenteil belegen.

Der Staatshaushalt wird bei den neuen Formen der privaten Finanzierung eigentlich öffentlicher Investitionen eingesetzt als Garant langfristiger finanzkapitalistischer Profite oberhalb des Zinsniveaus. Es ist eine verdeckte Umverteilung von unten nach oben.

Das ist ein wesentlicher Inhalt sowohl der Pläne von Wirtschaftsminister Gabriel wie des Investitionsplans der EU-Kommission unter Juncker, die 2014 eingestielt wurden.[10] Allerdings fordert auch der DGB schon seit 2012 mit seinem »Marshallplan für Europa« die Mobilisierung privaten Kapitals für ein großes Investitionsprogramm der EU. Der entscheidende Unterschied ist aber, dass dabei ein öffentlich kontrollierter »Europäischer Zukunftsfonds« niedrig verzinste Anleihen ausgeben und damit öffentliche Investitionen und gezielte Förderung privater Investitionen finanzieren soll. Eigenkapital und Schuldendienst sollen aus einer Vermögensabgabe der Reichen und einer Finanztransaktionssteuer finanziert werden. Bereits 2010 hatte der DGB vor-

---

[9] Informationen zu Privatisierung und ÖPP und zu Aktivitäten dagegen bietet der Verein Gemeingut in BürgerInnenhand (GIB): http://www.gemeingut.org/

[10] Vgl. Norbert Häring: Der Autobahnraub von Allianz und Co. ist Teil einer europaweiten Ausplünderungsstrategie: http://norberthaering.de/index.php/de/newsblog2/27-german/news/273-juincker#1-weiterlesen

geschlagen, eine Bank für öffentliche Anleihen zu bilden, die Staatsanleihen kaufen und von der Europäischen Zentralbank refinanziert werden sollte, um das Verbot der Staatsfinanzierung durch die EZB zu umgehen. Es gäbe dabei keine Privatisierung und die Verteilungswirkungen einer solchen Politik wären ganz andere.

Die Durchsetzung der neuen Etappe neoliberaler Politik stützt sich nicht vorrangig auf Hegemonie und Zustimmung der Mehrheit, sondern auf rechtlich-institutionellen, strukturellen und finanziellen Zwang.

Die Gebietskörperschaften haben aufgrund von Marktöffnungen und Ausschreibungszwängen, Geldmangel oder weil sie gar nicht mehr über das notwendige qualifizierte Personal verfügen, faktisch keine Möglichkeit zur öffentlichen Aufgabenerfüllung mehr, auch wenn es politisch-demokratisch eigentlich gewollt wäre. Zentrale Mechanismen sind dabei Richtlinien und Verordnungen der EU zur Vertiefung des Binnenmarkts sowie die Durchsetzung der Austeritätspolitik mittels der Economic Governance und des Fiskalvertrags bzw. der Troika. Perspektivisch sollen die Freihandels- und Investitionsabkommen mit den USA und Kanada sowie weitere Abkommen wie TISA die neoliberal-kapitalistische Ordnung der EU und ihre Verbindung mit den USA weiter befestigen und mit Klagerechten privater Konzerne gegen Staaten bewehren. Gegen diese Politik der dominierenden Teile der herrschenden Klassen gibt es allerdings wachsende Widerstände in der jeweiligen Bevölkerung der Mitgliedstaaten und teilweise auch in binnenwirtschaftlich ausgerichteten Teilen des Unternehmerlagers.

Gleichzeitig führt die Ausdifferenzierung der sozialen Milieus in einer seit Jahrzehnten neoliberal geprägten Entwicklung auch in den sozialen Strukturen und Lebensbedingungen zu zunehmenden Problemen. Aus der individuellen Sicht eröffnet sich vielfach eine Erweiterung und Ausdifferenzierung von Möglichkeiten der Lebensgestaltung. Die fortschreitende Durchdringung der Gesellschaft mit neuen Kommunikationstechnologien spielt hier eine widersprüchliche Rolle. Soziale Netzwerke und zunehmende internationale Mobilität ermöglichen vielfältige Kontakte über den engen Umkreis hinaus. Das gilt aber besonders für diejenigen, die über hinreichendes (im Sinne des französischen Soziologen Pierre Bourdieu) ökonomisches, soziales, kulturelles und symbolisches Kapital verfügen.[11]

Gleichzeitig vollzieht sich eine Desintegration und Zersetzung gesellschaftlicher Zusammenhänge, die sich im regionalen und nationalstaatlichen Rah-

---

11 »Kapital« ist hier nicht im marxistisch-ökonomischen Sinne gemeint. Vereinfacht beschrieben meint ökonomisches Kapital den materiellen Reichtum, soziales Kapital die sozialen Beziehungen und Vernetzungen einer Person, kulturelles Kapital die Qualifikationen und kulturellen Fähigkeiten, symbolisches Kapital die gesellschaftliche Anerkennung und kommunikative Macht.

men ausprägen. Es vollzieht sich weltweit eine Art spaltender Modernisierung: extrem in den weniger entwickelten Ländern der Welt, aber auch in kapitalistischen Zentren. Größere Teile der Bevölkerung entwickeln sich zu Unterschichten, die kaum Chancen auf Teilhabe am Reichtum haben, nicht mal in Form einer halbwegs gesicherten LohnarbeiterInnenexistenz. Es verfestigt sich eine anhaltend hohe Langzeiterwerbslosigkeit. Besonders betroffen sind MigrantInnen und ihre nachfolgenden Generationen.

Bessergestellte Teile der Bevölkerung versuchen ihre Lebensbedingungen und die Chancen ihrer Kinder zu verbessern, indem sie sich absondern, exklusive Einrichtungen nutzen, die »besten« (»zufällig« weitgehend migranten- und insbesondere muslimfreien, zunehmend nicht-staatlichen) Kitas und Schulen wählen und überlegene Qualifikationen anstreben. Sie suchen sich »bessere« Wohngebiete bzw. diese bilden sich durch steigende Wohnkosten und Verdrängung ärmerer Bevölkerungsteile heraus (Gentrifizierung). Große Teile der ArbeiterInnenklasse können ihre Lage nicht verbessern, bei ihnen konzentrieren sich soziale Probleme aller Art. Gleichzeitig wird eine Integration der migrantisch geprägten Bevölkerung erschwert und abgegrenzte Milieus verfestigen sich auch bei ihnen. Die sozial benachteiligten, ausgegrenzten und kulturell segregierten Teile der Bevölkerung beteiligen sich kaum noch an demokratischen politischen Prozessen, was die Hegemonie der bürgerlichen und privilegierten Klassen und Schichten befördert.

Soziale Spaltungen, Entsolidarisierung und Neoliberalismus verstärken sich gegenseitig. Sie sind auch Nährboden für Nationalismus/Regionalismus und Ausländerfeindlichkeit einerseits, religiösen Fundamentalismus und kulturelle Segregation andererseits.

Diese Entwicklungen bringen auch Protest und Widerstand, Gegenbewegungen und Reformbestrebungen hervor. Allerdings nicht unbedingt mit progressiven Stoßrichtungen. Zunehmend verteidigen sie Partikularinteressen und Privilegien, artikulieren Wohlstandschauvinismus und nationale oder regionale Abschottung, richten sich gegen die Bedrohungen von außen oder von unten statt gegen die herrschenden Verhältnisse und ihre Profiteure. Probleme und die Möglichkeiten ihrer Bewältigung werden individualisiert. Bildung wird fortschreitend auf unkritische Qualifizierung und Anpassung reduziert. Das Bewusstsein über die gesellschaftlichen und insbesondere kapitalistischen Ursachen und Interessen hinter den Problemen ist kaum entwickelt. Der fortbestehende Klassengegensatz zwischen Kapital und Arbeit wird ideologisch in den Hintergrund gedrängt. Die Bedingungen für soziale Integration und Solidarität werden fortschreitend untergraben. Daran können rechtspopulistische Initiativen und Parteien anknüpfen.

Politisch setzen sich weitgehend die Interessen der etablierten bürgerlichen Klassen und Schichten durch. Es handelt sich um eine Art strukturellen Neoliberalismus, der viel von Chancen und Exzellenz, Freiheit und Liberalität, Individualität, Selbstverantwortung und gutem Leben redet, dabei aber die Interessen und Probleme der unteren Schichten weitgehend missachtet. Über allem schwebt dann noch das Erfordernis, die Stadt/Region/Nation als wettbewerbsfähigen Standort für das mobile und auf überregionale und internationale Märkte ausgerichtete Kapital zu entwickeln und dazu dessen Interessen auf jeden Fall zu beachten.

Der politische Machtvorsprung kapitalistischer und finanzstarker Akteure gegenüber der »normalen« Bevölkerung und ihren Organisationen nimmt zu. Das Internet und die neuen I+K-Techniken schaffen zwar Möglichkeiten verstärkter Kommunikation von unten, aber auch der Manipulation und Kontrolle von oben, durch Konzerne, finanzstarke Lobbygruppen, staatliche Propaganda und Geheimdienste.

Grundlegende soziale und politische Veränderungen im Interesse der Mehrheit scheinen kaum noch möglich zu sein. Die demokratischen wie sozialen Errungenschaften der bürgerlichen Epoche drohen beseitigt bzw. zu einer leeren Form zu werden. Das gilt erst recht für Staaten mit höherem Korruptionsniveau als in Deutschland oder auch für die USA mit ihrem strukturell plutokratischen politischen System.

Demokratische und soziale Gestaltung, die das Ziel gleicher Chancen und Freiheit für alle verfolgt, wird unter diesen Bedingungen immer schwieriger. Sie bedeutet immer Regulierung und eine Beschränkung von Freiheiten des Kapitals und der Unternehmen, aber auch von Einzelnen, soweit deren Handeln und Interessenverfolgung die schutzwürdigen Interessen anderer und der Gesellschaft verletzen.

Demokratische und soziale Gestaltung ist das Gegenmodell zu einer Auflösung von Staat und Gesellschaft in Marktprozesse und individuelle Handlungsfreiheit.

Wirtschaftspolitische Alternativen

Die Aufgabe der sozialen und linken Kräfte ist es zunächst, den beschriebenen, die Gesellschaften spaltenden und Demokratie untergrabenden Entwicklungen entgegenzuwirken und für eine soziale Alternative einzutreten. Zugleich muss mit Aufklärungsarbeit und Mobilisierung gegen die Rechtsentwicklung in Gesellschaft und Politik vorgegangen werden. Der Hauptgegner bleibt aber der Neoliberalismus, der diese spaltende Modernisierung vorantreibt und damit auch den Aufschwung rechtspopulistischer Bewegungen und fundamentalistischer Gegenreaktionen befeuert. Eine andere Politik in Deutschland durchzusetzen, ist von ausschlaggebender Bedeutung auch für die Durchsetzung eines Politikwechsels auf der europäischen Ebene. Zentral ist der Übergang zu einer alternativen Wirtschaftspolitik, die den ökonomischen und sozialen Krisenprozessen entgegenwirkt und den neoliberalen Teufelskreis aufbricht (siehe Abbildung 63).

Abbildung 63: Alternative Wirtschaftspolitik: Nachfrage stärken, Erwerbslosigkeit bekämpfen

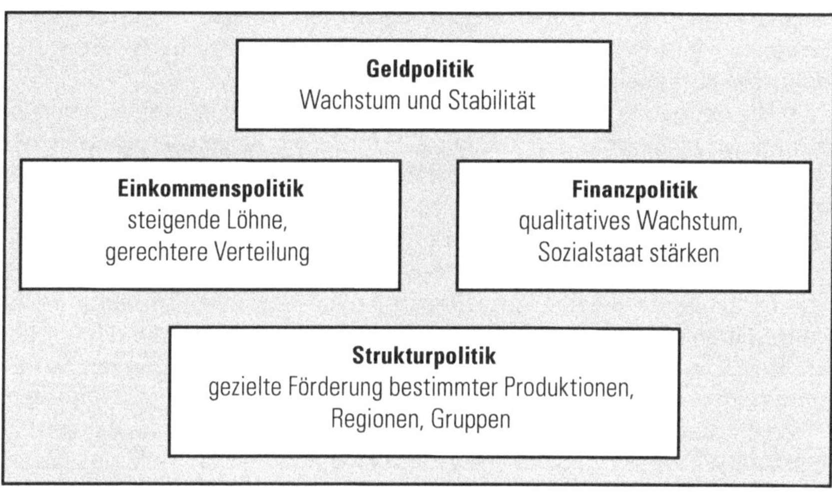

Klar ist: Es gibt keine Aussicht auf eine krisenfreie und harmonische Entwicklung, keinen konsensualen Ausbau des Sozialstaats und keinen ökologischen Kapitalismus. Aber das heißt nicht, dass es im Kapitalismus keinen Spielraum für eine andere Politik, eine Reformalternative im Ergebnis von Klassenkämpfen und veränderten Kräfteverhältnissen gäbe. Es wird genug Reichtum produziert, eine Alternative ist von den Produktivkräften, von den ökonomischen Möglichkeiten und der Finanzierung öffentlicher Aufgaben und Bedarfe her möglich. Das Problem ist die politische Durchsetzbarkeit.

Es geht darum, den Neoliberalismus zu beenden, das Finanzkapital zu beschränken und zu kontrollieren, eine demokratisch gestaltete, realwirtschaftlich dominierte und auf sozial-ökologischen Umbau gerichtete Wirtschaftsentwicklung durchsetzen.

Was für eine Alternative ist nötig?

- geeignet, Probleme besser zu bewältigen
- realistisch, vermittelbar, mehrheitsfähig
- Verbindung mit betrieblichen, sozialen und politischen Tageskämpfen
- breit bündnis- und mobilisierungsfähig, um Kräfteverhältnisse zu verbessern: Einheit und Bündnisse von Beschäftigten und Gewerkschaften, Erwerbslose, RentnerInnen, Lernenden und Eltern u.a. Betroffenen sowie sozialen und demokratischen Bewegungen
- Gesamtkonzept Alternativer Wirtschafts-, Finanz- und Sozialpolitik für Arbeit, Bildung, Sozialstaat, Umwelt, Gerechtigkeit

Es geht zunächst um einen Richtungswechsel der sozialökonomischen Entwicklung, um einen Red New Deal, wenn man so will, der auch einem Großteil der binnenmarktorientierten und überwiegend kleinen und mittleren Unternehmen eine Perspektive bieten würde. Wichtige wirtschafts- und sozialpolitische Kernpunkte sind:

1. Die riesigen Exportüberschüsse Deutschlands sind ökonomisch und international nicht dauerhaft tragfähig. Erforderlich ist eine Ausweitung der Binnennachfrage und damit eine Stärkung der darauf gerichteten Wirtschaft und Beschäftigung. Nötig ist dazu eine Steigerung der Lohnquote und der Staatsquote, also der öffentlichen Investitionen und Personalaufwendungen und der Sozialleistungen. Anzustreben wäre, dass die Löhne gesamtwirtschaftlich über eine Reihe von Jahren um mindestens vier Prozent pro Jahr steigen. Der sozialökonomische Kern eines Politikwechsels ist ein finanzpolitischer Kurswechsel: gezielte Mehrausgaben und Ausweitung des Sozialstaats statt Kürzungspolitik.

2. Erforderlich ist ein großer Investitionsschub für den ökologischen Umbau von Wirtschaft und Lebensweise, ein Umbau weiter Teile des gesellschaftlichen Sachvermögens: Unternehmensanlagen, Wohnungen, öffentliche Gebäude und Infrastruktur. Dies bietet dauerhafte sinnvolle und gut bezahlte Arbeit für viele hunderttausend Menschen. Ein Kernprojekt ist die Energiewende, d.h. der möglichst rasche und vollständige Umstieg auf erneuerbare Energieträger.

3. Eine zentrale Rolle spielt dabei der Staat. Kernprojekt ist ein groß dimensioniertes längerfristiges Zukunftsinvestitionsprogramm für Arbeit, Bildung, Soziales und Umwelt sowie Wohnungsbau. Das erhöht auch den Investitionsbedarf privater Unternehmen, um die Umbauanforderungen zu realisieren und die dazu notwendigen Produktionen aufzubauen. Zugleich muss die demokratische Gestaltung dieser Projekte gestärkt und der Staat selbst demokratisiert werden. Zu dem Programm gehört auch die dauerhafte Verbesserung der Personalausstattung in sozialen Dienstleistungen, im Bildungsbereich und an den Hochschulen.

4. Zur Förderung einer besseren Lohnentwicklung und zur Verbesserung der Kräfteverhältnisse sind politische Eingriffe zur Stärkung der Lohnabhängigen in Betrieben und Gesellschaft erforderlich. Besonders in den bisher schlecht bezahlten sozialen, personen- und haushaltsbezogenen Dienstleistungsbereichen sowie in Bau- und Landwirtschaft sind höhere Einkommen notwendig. Armuts- und Niedriglöhne müssen zurückgedrängt und perspektivisch beseitigt werden.

- Der gesetzliche Mindestlohn muss ohne Ausnahmen durchgesetzt und auf ein existenzsicherndes Niveau erhöht werden, Orientierungsgröße sind 60% des durchschnittlichen Lohns.
- Die Allgemeinverbindlichkeit von Tarifverträgen muss erleichtert und gefördert werden.

- Prekäre, ungesicherte Arbeit in allen Formen muss zurückgedrängt werden. Leiharbeit als Instrument der Lohndrückerei und Spaltung der Belegschaften muss beseitigt werden. Im ersten Schritt muss sie strikt eingeschränkt und sozial reguliert werden, bei gleicher Behandlung und Bezahlung wie regulär Beschäftigte, zuzüglich eines Flexibilitätszuschlags. Befristung darf nur bei hinreichenden Sachgründen zulässig sein. Alle Erwerbstätigen, auch Selbständige, sind voll in die Sozialversicherungspflicht einzubeziehen. Maßnahmen zur Durchsetzung angemessener Entgelte auch für Selbständige und soziale Sicherung mit Kostenbeteiligung der Auftraggeber sind durchzusetzen, auch für die Beschäftigten in der digitalen »Cloud«. Scheinselbständigkeit muss unterbunden werden, ebenso der Missbrauch von Werkverträgen zur Lohndrückerei.
- Die Mitbestimmungsrechte der Beschäftigten bzw. der Betriebs- und Personalräte und die Rechte der Gewerkschaften im Betrieb sind zu stärken.

5. Die soziale Sicherung muss ausgeweitet und im Niveau erheblich verbessert werden. Besonders wichtig sind:

- Die Bezugsdauer des Arbeitslosengeld I muss verlängert und die Anspruchsvoraussetzungen müssen so gestaltet werden, dass möglichst alle Beschäftigtengruppen sie auch erreichen. Hartz IV muss durch eine bedarfsgerechte Mindestsicherung mit erhöhten Freibeträgen und Individualisierung der Ansprüche (unter Berücksichtigung von Unterhaltsansprüchen) ersetzt, der Zumutbarkeitsschutz wiederhergestellt werden.
- Einführung einer solidarischen, leistungsstarken und paritätisch finanzierten Bürgerversicherung für Gesundheit und Pflege und einer umfassenden Erwerbstätigenversicherung in der Rente, und zwar im Wege der Umlagefinanzierung, ohne Kapitaldeckung und Finanzmärkte. Das Rentenniveau muss wieder auf eine existenzsichernde Höhe angehoben und die Rentenansprüche bei niedrigen Löhnen zusätzlich erhöht werden, bei Rücknahme der Rente erst ab 67.

6. Die sozialen Dienstleistungen in Bildung, Erziehung und Gesundheitswesen müssen erheblich ausgeweitet und besser bezahlt werden. Auch hier geht es um viele Hunderttausende dauerhafter Arbeitsplätze. Die öffentliche Daseinsvorsorge muss durch Stop und Rücknahme von Privatisierungen gestärkt werden. Das schafft neue Arbeitsplätze und zugleich die sozialen Voraussetzungen höherer Frauen- und Elternerwerbstätigkeit sowie eine professionelle und finanzielle Aufwertung dieser bisher v.a. von Frauen geleisteten Arbeit. Dies wird auch auf die privaten Dienstleistungsbereiche und Beschäftigungsverhältnisse von Frauen ausstrahlen. Es geht um den Übergang zu einer an skandinavischen Beispielen orientierten »High-Road« der Dienstleistungsbeschäftigung, geprägt von öffentlich finanzierter, qualifizierter und gut bezahlter Arbeit statt von privat finanzierter Niedriglohnbeschäftigung.

7. Erforderlich ist ein neuer Anlauf sozialer, humaner und beschäftigungswirksamer Gestaltung der Arbeitszeiten, bei kollektiver Verkürzung mit vollem

Lohnausgleich. Die Beschäftigten müssen erweiterte Möglichkeiten bekommen, die Arbeitszeiten in ihrem Interesse flexibel zu gestalten, mit Rechtsansprüchen auf verkürzte Arbeitszeiten, ggf. mit Lohnausgleich in gesellschaftlich erwünschten Fällen (Kindererziehung, Pflege, Qualifizierung, bestimmte gemeinnützige Tätigkeiten) oder zum Ausgleich besonderer Belastungen. Auch zusätzliche freie Tage und Möglichkeiten zum vorzeitigen Ruhestand sind geboten. Die Normalbeschäftigung der Zukunft sollte in Richtung »kurze Vollzeit« auf etwa 30 Wochenstunden verkürzt werden.

8. Aktive Arbeitsmarktpolitik und öffentlich geförderte Beschäftigung muss zielgerichtet Qualifizierungsmöglichkeiten und sinnvolle Erwerbsarbeit für Menschen bieten, die ansonsten nur schwer eine Beschäftigung finden. Dabei sind selbstverständlich Tarife und Arbeitsrechte vollumfänglich zu beachten.

9. Zur sozial gerechten Finanzierung und als Beitrag zur Verminderung der Ungleichheit müssen große Privatvermögen und hohe Unternehmensgewinne sowie hohe Einkommen stärker besteuert werden. Steuerbetrug und die Steuervermeidung internationaler Konzerne müssen bekämpft und unterbunden werden. Durch eine hohe Vermögensteuer für Millionäre und eine Erbschaftsteuer, die die Erben großer Vermögen, auch von Unternehmen und großen Aktienpaketen, mit hohen Sätzen besteuert, muss auch die extreme Ungleichheit der Vermögensverteilung vermindert werden.

10. Der Finanzsektor muss strikt öffentlich reguliert und kontrolliert und auf für die Realwirtschaft sinnvolle Funktionen zurückgeführt werden: Zahlungsverkehr, Kreditvergabe für realwirtschaftliche Investitionen und andere Käufe, sichere Vermögensanlage. Intransparente und riskante Finanzprodukte und »Schattenbanken«, Kreditvergabe für Spekulationszwecke und eigene Spekulation der Banken müssen unterbunden werden. Auch die internationalen Finanzmärkte müssen kontrolliert und nötigenfalls Geschäftsbeziehungen mit unzureichend regulierten Instituten und Schattenfinanzplätzen verboten werden. Das öffentliche und genossenschaftliche Bankenwesen ist zu stärken, die Vergesellschaftung der Großbanken anzustreben. Die EZB muss demokratischer Kontrolle unterworfen und auf die Unterstützung der demokratisch bestimmten Wirtschaftspolitik verpflichtet werden, statt nur auf Geldwertstabilität ausgerichtet zu sein. Eine direkte Staatsfinanzierung durch die Zentralbanken ist zu ermöglichen.

11. In der Europäischen Union muss ein Richtungswechsel durchgesetzt werden. Die Austeritätspolitik mit öffentlichen Ausgabenkürzungen und Lohnsenkungen muss beendet werden. Notwendig ist ein großes ökologisch und sozial ausgerichtetes öffentliches Zukunftsinvestitions- und Entwicklungsprogramm für Europa im Umfang von mehreren hundert Milliarden Euro pro Jahr, das insbesondere auch die Wirtschaftskraft der schwächeren EU-Regionen stärkt. Zur Finanzierung sind europaweite Vermögensabgaben und eine Finanztransaktionssteuer (die außerdem für die Bekämpfung der welt-

weiten Armut verwendet werden soll) erforderlich. Die EZB soll direkt oder über eine öffentliche Bank zinslose Darlehen an die Einzelstaaten und den EU-Haushalt vergeben. Einkommens- und Finanzpolitik müssen im Sinne einer ökonomisch und sozial ausgewogenen Entwicklung demokratisch koordiniert und Mindeststeuersätze für Unternehmen und Kapitalerträge durchgesetzt werden. Dabei ist die Tarifautonomie zu achten.

Die Rechte der Beschäftigten und Gewerkschaften müssen im Rahmen einer europäischen Wirtschaftsdemokratie gestärkt werden. Eine europäische Kontrolle der Kapitalbewegungen und des Finanzsektors ist erforderlich sowie die Stärkung des öffentlichen Sektors und demokratisch-sozialer Regulierung und Steuerung der Ökonomie auf allen Ebenen – von der Kommune über die Regionen und Einzelstaaten bis zur europäischen Ebene. Soziale und ökologische Rechte und Kriterien müssen Vorrang vor den Binnenmarktfreiheiten der Unternehmen erhalten, zunächst durch eine soziale Fortschrittsklausel. Es geht um den Aufbau europäischer Sozialstaatlichkeit mit sozialen Rechten und Mindeststandards und von Mechanismen ihrer fortschreitenden Erhöhung und perspektivischen Harmonisierung.

12. Die geplanten Freihandels- und Investitionsabkommen, insbesondere TTIP, CETA und TISA, müssen verhindert werden. Bereits bestehende neoliberal gestrickte Verträge sind zu kündigen, ebenso wie Doppelbesteuerungsabkommen, die nicht eine angemessene Besteuerung aller in Deutschland erwirtschafteten oder von Deutschen erworbenen Einkommen gewährleisten. Notwendig sind Neuverhandlungen auf Grundlage eines alternativen Handelsmandats der EU, das soziale, ökologische und demokratische Ziele in den Vordergrund stellt und vom Prinzip einer demokratisch kontrollierten Handels- und Investitionspolitik ausgeht.[12] Statt kapitalistisch-neoliberaler Globalisierung sind regionale und weltregionale Wirtschaftsräume zu fördern und eine solidarische Weltwirtschaftsordnung zu entwickeln, die nicht von den imperialistischen Zentren bestimmt wird.

Eine Abkehr von der Austeritätspolitik in Europa wäre durch politischen Druck und veränderte Kräfteverhältnisse möglich. Eine grundsätzliche Umorientierung und weitergehende Perspektiven für ein soziales Europa erfordern aber neue bzw. weitgehend veränderte EU-Verträge.

Es hat sich gezeigt, dass ein flexibler Umgang mit Verträgen und anderen Regelungen der EU durchgesetzt wird, wenn es von den mächtigen Staaten der EU, der Kommission, dem Europäischen Parlament und der EZB gewollt wird. Das hat aber Grenzen. Perspektivisch notwendig ist eine Neugründung, eine Europäische Föderation mit demokratischer, in Volksabstimmungen beschlossener Verfassung. Diese muss die Kompetenzen der Föderation oder Union im Verhältnis zu den Einzelstaaten und Regionen klar regeln und De-

[12] Vgl. Attac: Was ist das alternative Handelsmandat? www.attac.de/atm

mokratie und Volkssouveränität auf allen Ebenen gewährleisten. Das könnte in bestimmten Bereichen erweiterte Kompetenzen bedeuten, etwa bei der Unternehmens- und Kapitalbesteuerung.

In anderen Bereichen ist aber eine klare Beschränkung gegenüber dem bisherigen Vorrang des Unionsrechts erforderlich, damit sich die Unterschiedlichkeit der gesellschaftlichen Lebensweisen in Europa demokratisch entfalten und demokratisch gestaltet werden kann. Auf absehbare Zeit wird sich demokratische Öffentlichkeit, Organisierung und Volkssouveränität überwiegend in den einzelnen Staaten und regional darstellen und es gibt nur eine begrenzte Bereitschaft, sich supranationalen Mehrheitsentscheidungen zu unterwerfen, die nicht auch in den Einzelstaaten breite Zustimmung finden. In der Ausgestaltung müsste ein demokratisches Europa geradezu das Gegenteil des neoliberal-kapitalistischen Binnenmarktprojekts sein: Auf allen Ebenen müssen die Menschen mit demokratischen Entscheidungen die Aktivitäten von Unternehmen und Kapital regulieren und einschränken können, bis hin zu weitreichenden sozialistischen Umgestaltungen der Eigentums- und Produktionsverhältnisse.

6.5 Perspektiven eines demokratischen Sozialismus

Der Kapitalismus ist weit entfernt davon, das Ende seiner Möglichkeiten erreicht zu haben. Das muss als eine Drohung begriffen werden. Die kapitalistische Wirtschaftsweise expandiert global und ergreift auch die letzten Winkel der Erde und des gesellschaftlichen Lebens. Die Logik der durch das Kapital beherrschten Ökonomie und die Macht und Interessen der herrschenden Klassen treiben die Welt in tiefere ökologische Zerstörungen, wirtschaftliche Krisen und soziale Spaltungen. Die Menschheit entwickelt – auch vom Kapital getrieben – ihre Produktivkräfte immer weiter und schafft damit die materiellen Möglichkeiten, allen Menschen ein besseres Leben zu schaffen und zugleich die natürlichen Lebensbedingungen zu schützen. Doch der Widerspruch zwischen diesen Möglichkeiten und der Realität wird immer größer.

Die Eindämmung, Zurückdrängung und perspektivisch Überwindung von kapitalistischer Ökonomie und Klassenherrschaft, von Finanzkapital und Imperialismus wird zur zentralen Aufgabe der Menschheit.

Doch wie könnte eine bessere Wirtschafts- und Gesellschaftsordnung aussehen? Manche meinen, nur ein vollständiger Bruch könne die Lösung bringen. Die »Wertvergesellschaftung«, also Warenproduktion und Geld insgesamt, müssten beseitigt werden, denn darin lägen die Ursachen aller im Kapitalismus entwickelten Probleme. Die Menschen müssten sich unmittelbar kommunikativ verständigen, was und wie sie gemeinsam produzieren und konsumieren wollen. Dann ließen sich alle sozialen Probleme und Widersprüche gemeinschaftlich lösen und Naturverträglichkeit wäre selbstverständlich. Heutzutage ginge das mit den modernen Informations- und Kommunikationstechniken nicht nur auf kleine Gruppen begrenzt, sondern auch im großen, letztlich globalen Maßstab.

Ich denke, dass diese Position und Perspektive nicht funktioniert, politisch nicht und ökonomisch nicht. Sie unterschätzt gravierend die Komplexität und den Grad der objektiven Vergesellschaftung der Produktions- und Lebensprozesse im nationalen wie internationalen Rahmen, die auf solche Weise nicht organisiert und reguliert werden können. Es sind vermittelnde Formen notwendig, in denen die Menschen ihre Bedürfnisse und Prioritäten in Bezug auf ihren Konsum wie ihre Beteiligung am gesellschaftlichen Arbeitsprozess zum Ausdruck und Ausgleich bringen können, ohne ständig darüber diskutieren und verhandeln zu müssen. Auf absehbare Zeit sehe ich nicht, dass ohne gravierende Produktivitäts- und Wohlstandsverluste auf Produktion und Austausch von Waren sowie Erwerbsarbeit verzichtet werden könnte.

Andere sehen in der Einführung eines bedingungslosen Grundeinkommens für alle die Lösung. Dabei wird die Frage der gesellschaftlichen Teilhabe auf die eines Mindesteinkommens verkürzt und die zentrale Bedeutung von Erwerbsarbeit für die Produktion von Gütern und Dienstleistungen wie auch für die soziale Integration und Anerkennung ausgeblendet. Grundeinkommen wird als Möglichkeit gesehen, dem Zwang zur vermeintlich ohnehin »ausgehenden« oder einseitig als Plage betrachteten Erwerbsarbeit zu entgehen. Dabei beruht ein Grundeinkommen als Geldleistung des Staates vollständig auf verallgemeinerter Erwerbsarbeit. Damit die in Erwerbsarbeit produzierten Waren von allen gekauft werden können – nur dazu braucht man Geld – würden die dabei entstehenden Einkommen zu einem großen Teil vom Staat abgeschöpft und umverteilt. Dieses Konzept wirft große ökonomische und politische Probleme und Risiken auf.[13]

Die ökonomisch und gesellschaftlich realisierbare Alternative hat einen altbekannten Namen, der den sozial-ökonomischen Kern zum Ausdruck bringt und zugleich die Fehlentwicklungen und das Scheitern früherer Versuche reflektiert: demokratischer Sozialismus. Doch was bedeutet das inhaltlich? Zunächst ist festzuhalten: Alle historischen Veränderungen und Errungenschaften der letzten Jahrhunderte, auch in der Hochphase des Wohlfahrtstaates, haben nichts an dem Tatbestand geändert, dass die kapitalistische Produktionsweise Wirtschaft und Gesellschaft dominiert, dass wir also im Kapitalismus leben. Marx hat es in der Einleitung zur Kritik der politischen Ökonomie beschrieben:

---

[13] Zur weitergehenden Auseinandersetzung vgl. Ralf Krämer: Bedingungsloses Grundeinkommen – Risiken und Nebenwirkungen, in: Sozialismus 12-2014, www.sozialismus.de/fileadmin/users/sozialismus/pdf/Sozialismus_Heft_12_2014_Kraemer.pdf

»In allen Gesellschaftsformen ist es eine bestimmte Produktion, die allen übrigen und deren Verhältnisse daher auch allen übrigen Rang und Einfluss anweist. Es ist eine allgemeine Beleuchtung, worin alle übrigen Farben getaucht sind und [die] sie in ihrer Besonderheit modifiziert. (...) Das Kapital ist die alles beherrschende ökonomische Macht der bürgerlichen Gesellschaft.« (Karl Marx: Einleitung zur Kritik der politischen Ökonomie, MEW 13, S. 637f.)

Im demokratischen Sozialismus muss die strukturelle Dominanz des Kapitals, der kapitalistischen Produktion und der kapitalistischen Interessen überwunden sein.

Das Kriterium für Sozialismus als Gesellschaftsformation ist, dass die ökonomischen, sozialen, politischen und rechtlichen Verhältnisse so sind, dass demokratische Gestaltung sich entfalten und durchsetzen kann und nicht durch die Vorherrschaft des Kapitals gebrochen wird.

Dazu bedarf es vielerlei. Der Staat muss ein demokratischer Rechtsstaat sein. Notwendig ist eine neue Qualität sozialstaatlicher Absicherung, um persönliche Abhängigkeit und Diskriminierung zu überwinden. Nötig ist die Durchsetzung des Rechts auf Arbeit bzw. die Verwirklichung einer neuen Vollbeschäftigung. Alle müssen die Möglichkeit haben, zu guten Bedingungen und angemessen bezahlt am gesellschaftlich organisierten Arbeitsprozess teilzunehmen. Das muss verbunden sein mit der Ausweitung der Schutz-, Selbst- und Mitbestimmungsrechte der Beschäftigten. Die Ungleichheit der Einkommen und Vermögen muss massiv reduziert werden. Die verschiedenen gesellschaftlichen Bereiche sind umfassend zu demokratisieren.

Vergesellschaftung, gemischte Eigentumsordnung und demokratische Steuerung

Als Basis einer sozialistischen Gesellschaft brauchen wir eine Wirtschaftsordnung, die demokratisch-sozialistisch gestaltet ist. Zwei Themen sind dafür zentral: die Eigentumsverhältnisse und die Frage der Planung und Steuerung der wirtschaftlichen Entwicklung. In diesen beiden Bereichen, die miteinander zusammenhängen, müssen wir sozialistische Dominanz durchsetzen. Und zwar in einer Weise, die dem Kapitalismus überlegen ist, die also zum einen die individuellen Bedürfnisse der großen Mehrheit der Menschen besser befriedigt und die zum anderen die allgemeinen Lebensbedingungen positiv und nachhaltig gestaltet. Das bezieht sich auf die natürlichen Lebensgrundlagen und Umweltbedingungen, die ökonomischen und sozialen Infrastrukturen, die öffentlichen Dienstleistungen, die sozialen Verteilungsverhältnisse, die kulturellen und politischen Bedingungen.

Demokratischer Sozialismus bedeutet mit Blick auf die Eigentumsverhältnisse, dass strategisch und ökonomisch zentrale Sektoren demokratisch vergesellschaftet werden müssen.

Dafür ist es erforderlich, zentrale Sektoren in gesellschaftliche Eigentumsformen zu überführen. Dazu gehören die kommunale Daseinsvorsorge und die gesellschaftliche Infrastruktur, die Wasser- und Energieversorgung sowie der Finanzsektor. Es muss die Möglichkeit einer demokratischen Kontrolle des internationalen Kapitalverkehrs und einer gezielten Steuerung der Kreditbedingungen wiederhergestellt werden, deren Beseitigung der Neoliberalismus durchgesetzt hat.

Aber es geht darüber hinaus. Möglichst der gesamte Bereich von Banken, Versicherungen und Finanzfonds muss kapitalistischer Steuerung und privatem Eigentum entzogen werden und in Formen staatlichen, kommunalen oder genossenschaftlichen Eigentums demokratischer Kontrolle unterworfen werden. Damit würde der zentrale Mechanismus der globalen Durchsetzung abstrakter Imperative maximaler Kapitalverwertung und der Entbettung von Unternehmen aus gesellschaftlichen Einbindungen und Verantwortlichkeiten beseitigt. Ebenso würde die damit verbundene politische Macht der Finanzkonzerne beseitigt, die echter Demokratie entgegensteht. Der Finanzsektor könnte dann eingesetzt werden als zentraler Hebel der Umsetzung gesellschaftlich bestimmter Investitionsziele.

Notwendig ist in Zeiten der fortschreitenden informations- und kommunikationstechnischen Vernetzung auch, in diesen Bereichen die großen gesellschaftlichen Infrastrukturen und Plattformen der Kontrolle privaten Kapitals zu entziehen. Die physischen Netzinfrastrukturen gehören in öffentliche Hand. Die großen Vermittlungs- und Handelsplattformen im Internet für Arbeitskräfte, Dienstleistungen und für andere Waren, für Wohnungen usw. müssen ebenfalls öffentlich kontrolliert werden und dürfen nicht von kapitalistischen Unternehmen betrieben werden. So können soziale Standards und Bedingungen für die vermittelten Transaktionen, Leistungen und Tätigkeiten durchgesetzt werden. Zumindest müssen alle Anbieter, auch private und ausländische, verpflichtet werden, die Einhaltung solcher Standards für über ihre Plattformen in Deutschland bzw. der EU vereinbarte Transaktionen zu verlangen und sicherzustellen. Privat vorangetriebene Innovationen und Startups sollte es weiter geben, aber ab einer bestimmten Größenordnung und Marktmacht ist öffentliche Kontrolle notwendig.

Auch die großen sozialen Netzwerke müssen demokratischer Kontrolle unterstellt werden, um Datenschutz und -sicherheit durchzusetzen und die Manipulation der Kommunikation im Sinne privater Profitinteressen zu verhindern. Zu kommerziellen Anbietern muss es öffentliche und entgeltfreie Konkurrenzangebote geben. Dabei sollten Formen gefunden werden, in denen die NutzerInnen über die Gestaltung und Weiterentwicklung der Netzwerke bestimmen können, analog zu den Prozessen, die zur Entwicklung der Internet-Technik geführt haben. Auch die wichtigsten Software-Grundlagen wie Betriebssysteme dürfen nicht von privaten Konzernen oder anderen Staaten kontrolliert werden, sondern müssen als freie Software oder unter öffentlicher Kontrolle gestaltet, weiter entwickelt und möglichst entgeltfrei angeboten werden. Möglichst viele Inhalte, insbesondere wissenschaftliche und kulturelle Werke, müssen digital allgemein und ohne Nutzungsentgelte zugänglich gemacht werden, unter Beachtung der Urheberrechte.

Bildungswesen, Erziehungswesen und Hochschulen unterliegen der Aufsicht des Staates, Ziele wie Chancengleichheit und soziale Integration müssen durch steuernde Eingriffe und Förderung umgesetzt werden können. Statt Exzellenz weniger Einrichtungen brauchen wir v.a. Kitas, Schulen und Hochschulen, die sämtlich auf qualitativ hohem Niveau arbeiten, sodass es normalerweise keinen Grund gibt, Kinder nicht in die nächstgelegene Kita oder Schule zu schicken. Die Einrichtungen müssen demokratische Mitbestimmung der Lernenden bzw. ihrer Eltern und der Beschäftigten ermöglichen. Notwendig ist weiterhin eine starke Ausweitung des öffentlichen, gemeinnützigen und genossenschaftlichen Wohnungsbestands. Die kommunalen Möglichkeiten zur Steuerung des Wohnungsmarkts und der Stadtentwicklungspolitik müssen bei verstärkter demokratischer Beteiligung aller Betroffenen erheblich gestärkt werden.

Auch Unternehmen in anderen Wirtschaftsbereichen sollten ab einer zu bestimmenden Größe unter öffentliche Kontrolle genommen werden. Zuletzt haben diese Fragen in der Grundsatzprogrammdebatte der LINKEN eine Rolle gespielt. Im Ergebnis hat DIE LINKE festgehalten:

»Strukturbestimmende Großbetriebe der Wirtschaft wollen wir in demokratische gesellschaftliche Eigentumsformen überführen und kapitalistisches Eigentum überwinden. Auf welche Bereiche, Unternehmen und Betriebe sich die demokratische Vergesellschaftung erstrecken und in welchen öffentlichen oder kollektiven Eigentumsformen (staatliches oder kommunales Eigentum, Genossenschaften, Belegschaftseigentum) sie sich vollziehen soll, muss im demokratischen Prozess entschieden werden. DIE LINKE setzt sich dafür ein, geeignete Rechtsformen zu schaffen, welche die gemeinschaftliche Übernahme von Betrieben durch die Beschäftigten erleichtern und fördern. Allumfassendes Staatseigentum ist aufgrund bitterer historischer Erfahrungen nicht unser Ziel.«[14]

Unternehmen im Eigentum der Belegschaften müssen allerdings auch in übergreifende gesellschaftliche Koordination und Umverteilung einbezogen

[14] Vgl. auch weitere Ausführungen dazu im Grundsatzprogramm der Partei DIE LINKE: www.die-linke.de/partei/dokumente/programm-der-partei-die-linke/ Teilweise gehen Vorstellungen erheblich weiter, die in den 1970er und 1980er Jahren bei den Jungsozialisten in der SPD über die ökonomischen Grundlagen eines demokratischen Sozialismus diskutiert wurden, u.a. über die erforderliche »Mindestschwelle der Vergesellschaftung«. Vgl. Herforder Thesen zur Arbeit von Marxisten in der SPD und auch die 53 Thesen des Projekts Moderner Sozialismus: www.spw.de/xd/public/content/index.html?pid=49.

werden. Betriebsegoismus und Konkurrenz zu Lasten anderer Beschäftigtengruppen können sich auch entwickeln, wenn es keine fremden Kapitalisten gibt. Erforderlich sind ein wirkungsvolles System sozialer Umverteilung, demokratischer Rahmenplanung und ökonomischer Steuerung und Lenkung der zentralen Investitionen und auf dieser Basis eine Wirtschafts- und Strukturpolitik mit erweiterten Möglichkeiten. Im Programm der LINKEN heißt es dazu:

»Wirtschaftliche Entwicklung darf nicht nur dem Markt und den Unternehmen überlassen, sondern muss in ihren Grundrichtungen demokratisch gesteuert werden. Erforderlich ist neben leistungsfähigen öffentlichen Unternehmen eine zielgerichtete öffentliche Investitionstätigkeit. (...) Regionale und sektorale Wirtschaftspolitik muss auf der Grundlage einer demokratischen Rahmenplanung und einer strategisch gestaltenden Strukturpolitik steuernden Einfluss auf die Investitionsentscheidungen der Unternehmen nehmen.«

Notwendig ist ein differenziertes System der Wirtschaftsdemokratie auf allen Ebenen: vom Betrieb und in den verschiedenen Wirtschaftssektoren bis zur internationalen Ebene. Klar ist, dass unabhängige Gewerkschaften mit allen Rechten und betriebsübergreifende Tarifverträge weiterhin notwendig sind. Darüber, wie eine solche umfassende Wirtschaftsdemokratie ausgestaltet werden kann, gibt es erheblichen Diskussionsbedarf.[15]

Insbesondere die fortgeschrittene Internationalisierung der Märkte und des großen Kapitals wirft viele Fragen auf. Rein nationale Lösungen sind kaum noch möglich. Andererseits müssen kommunale, regionale und einzelstaatliche Gestaltungsmöglichkeiten verteidigt werden gegen den Imperialismus einer Marktordnung im Interesse transnational tätiger Unternehmen, die Eingriffe in Eigentumsrechte und Marktfreiheiten unterbinden soll. Es muss möglich sein und durch eine Neugründung der Europäischen Union und eine neue Weltwirtschaftsordnung geregelt werden, dass und wie Wirtschaftssektoren entsprechend demokratischer Entscheidungen reguliert oder auch dem Markt entzogen oder kapitalistische Anbieter ausgeschlossen werden können. Dabei sind Modalitäten zu finden, wie private Unternehmen ihre Betriebsweise den jeweiligen Anforderungen anpassen können und nötigenfalls fair entschädigt werden.

Das alles ist durchaus im Rahmen des Grundgesetzes der Bundesrepublik Deutschland zu verwirklichen. Das bestätigen Urteile des Bundesverfassungsgerichts zur Neutralität des Grundgesetzes in Bezug auf die Wirtschaftsordnung und Wirtschaftspolitik. Nicht vereinbar sind diese Vorstellungen allerdings mit den geltenden Verträgen der EU und den auf dieser Grundlage ent-

[15] Vgl. zu gewerkschaftlichen Diskussionen um Wirtschaftsdemokratie Reinhard Bispinck und Thorsten Schulten: Viktor Agartz und die Politische Ökonomie der Gewerkschaften, http://media.boeckler.de/Sites/A/Online-Archiv/15213

wickelten Regeln des Binnenmarkts und der Economic Governance. Es ist eine klare Strategie der Industrie- und Finanzkonzerne und der herrschenden Eliten, die kapitalistischen Verhältnisse und ihre neoliberale Ausprägung so weit wie möglich rechtlich zu verriegeln.

Auch die im Rahmen internationaler Organisationen wie der WTO und in Freihandels- und Investitionsverträgen eingegangenen Verpflichtungen schränken die demokratischen Gestaltungsmöglichkeiten übermäßig ein und blockieren sozialistische Umgestaltungen. Es sind also auch in Bezug auf den internationalen Rahmen große Veränderungen erforderlich, nötigenfalls die Kündigung solcher Abkommen, und der Aufbau einer neuen Weltwirtschaftsordnung.

Geldwirtschaft, Erwerbsarbeit und Perspektiven

So wie es im Kapitalismus verschiedene Produktionsweisen und Eigentumsformen unter der Dominanz der kapitalistischen Formen gibt, so wird es auch im demokratischen Sozialismus eine Kombination verschiedener Produktionsweisen und Eigentumsverhältnisse unter der Dominanz vergesellschafteten Eigentums und demokratischer Steuerung und Planung geben. Es existiert weiterhin ein großer, quantitativ sogar überwiegender Bereich privater kleiner und mittlerer Unternehmen. Dieser braucht gute Entwicklungsmöglichkeiten, um seinen Aufgaben in der gesellschaftlichen Produktion gerecht werden zu können. Es geht also um eine gemischte Wirtschafts- und Eigentumsordnung.

So wenig, wie kapitalistische Produktion jemals Subsistenzproduktion (dazu gehört im weiteren Sinne auch private Reproduktions- und Eigenarbeit) völlig verdrängen kann, ebenso wenig wird sozialistische, also demokratisch geplante und gesteuerte Produktion alle »niedrigeren« Formen der Produktion verdrängen. Diese werden immer die »Poren« der Produktions- und Lebensprozesse ausfüllen, die von den höheren gesellschaftlichen Formen nicht erfasst werden. Demokratische Rahmensetzung und die Dominanz sozialistischer Formen und Verhältnisse drückt aber auch diesen Produktionen ihren Stempel auf, prägt die Bedingungen, unter denen sie stattfinden.

Sozialismus darf also nicht verstanden werden als möglichst radikale und vollständige Negation aller im Kapitalismus entwickelten Strukturen. Ein demokratischer Sozialismus muss und kann auf vielem aufbauen, was im Kapitalismus entwickelt worden ist. Insbesondere kann und muss er auf den in bisherigen und künftigen Auseinandersetzungen durchgesetzten Errungenschaften sozialer und demokratischer Bewegungen aufbauen. Aber auch auf Strukturen und Koordinationsmechanismen der gesellschaftlichen Produktion, die im Kapitalismus entwickelt wurden. Bei deren Umgestaltung muss sichergestellt werden, dass diese auch erfolgreich bewältigt werden kann, ohne dass es zu größeren Störungen des ökonomischen Reproduktionsprozesses kommt.

Bei sozialistischer Planung und Steuerung kann es daher nicht um »die Wirtschaft« insgesamt gehen. Sie kann nicht den Anspruch haben, alle Produktionen zu erfassen und im Vorhinein festzulegen. Es kann »nur« um eine begrenzte Anzahl zu erreichender Ziele und Parameter gehen, die in einer Rahmenplanung zusammengefasst sind. Und es sind zur Erreichung dieser Ziele überwiegend Mechanismen der Steuerung anzuwenden, die die relative Autonomie der ökonomischen Subjekte respektieren und nutzen, die ihrer Initiative zur Ökonomisierung und Produktivkraftentwicklung Raum bieten, die Feedback und Flexibilität ermöglichen. Die Mehrzahl der privat zu konsumierenden Güter und Dienste wird auf absehbare Zeit weiterhin warenförmig, für Märkte produziert werden. Stoffliche Planung des Staates in dem Sinne, dass bestimmten Betrieben ihre Produktion exakt vorgeschrieben wird, kann es nur insoweit geben, wie der Staat selbst als Käufer, Nutzer oder Anbieter der Produktion auftritt. Der Staat muss dann selbstverständlich auch regeln, wie diese Produktionen und die dabei tätigen Menschen bezahlt und diese Zahlungen finanziert werden.

Auch im Sozialismus werden auf absehbare Zeit ökonomische Austauschprozesse in weitem Maße unter Bedingungen von Markt- bzw. Geldwirtschaft und mit Erwerbsarbeit reguliert werden müssen.

Das bedeutet auch, dass wir es bei der gesellschaftlich organisierten Arbeit weiterhin mit Erwerbsarbeit zu tun haben werden, überwiegend mit Lohnarbeit. Zu einem erheblich größeren Anteil als heute im öffentlichen Dienst, in öffentlichen oder genossenschaftlichen Betrieben oder gemeinnützigen Einrichtungen, aber zu einem großen Teil auch weiterhin in privaten Unternehmen. Man könnte auch sagen in kapitalistischen Unternehmen – aber in der spezifischen sozialistischen »allgemeinen Beleuchtung«, wie Marx das formuliert hat, in die sie getaucht sein werden, hat das einen anderen Charakter. Allein schon ohne Massenarbeitslosigkeit sieht die Welt im Betrieb und sieht auch die Gesellschaft anders aus als heute – und das gilt auch schon im Kapitalismus. Das hebt die Interessenwidersprüche aber nicht auf, auch nicht im Sozialismus, auch nicht in öffentlichen oder gemeinnützigen Unternehmen, weshalb es im Sozialismus weiterhin unabhängiger und streikfähiger Gewerkschaften bedarf.

Die weitere sozialistische Perspektive liegt auf absehbare Zeit darin, dass die Erwerbsarbeit weiter humanisiert und demokratisiert wird und damit die Arbeitskraft der Lohnarbeitenden zunehmend weniger als bloße Ware gilt. Dass immer mehr natürliche und produzierte Güter und Dienstleistungen als Gemeingüter allen bzw. in sozial regulierten Formen zur Verfügung gestellt werden und nicht als Waren. Dass der Anteil der in Formen gesellschaftlichen und genossenschaftlichen Eigentums organisierten Produktion allmählich wächst und die demokratische Gestaltung und Steuerung der Betriebe und der wirtschaftlichen Prozesse weiter entwickelt wird. Und dass perspektivisch wieder geringere Anteile der gesellschaftlichen Arbeit und der menschlichen Tätigkeiten in Formen von Lohn- oder anderer Erwerbsarbeit geleistet werden. Und zwar in dem Maße, wie gegenüber dem Bedürfnis an Produktion möglichst hochwertiger Güter und Dienste andere Bedürfnisse höheres Gewicht erlangen: Humanisierung und Ökologisierung der Produktion und der Lebensweise, Demokratisierung der Arbeitsbeziehungen, soziale Solidarität, mehr Zeit für Kultur, Selbsttätigkeit, Familie und Freunde, ehrenamtliche Tätigkeit, Muße usw. Die wichtigste Form, in der sich das darstellt, ist die fortschreitende Verkürzung der Arbeitszeit.

Die Perspektive besteht nicht darin, dass immer mehr Einzelne oder Gruppen sich nicht mehr am gesellschaftlich organisierten Arbeitsprozess beteiligen. Vielmehr sind die Beteiligung daran und damit gute Einkommen, soziale Integration und Anerkennung für alle zu ermöglichen. Das bietet zugleich die größten Spielräume, für alle den Umfang der gesellschaftlich notwendigen Arbeitszeit zu vermindern und damit freie Zeit für andere Tätigkeiten und Muße zu gewinnen. Denn:

»der für freie, geistige und gesellschaftliche Betätigung der Individuen eroberte Zeitteil (ist) also umso größer, je gleichmäßiger die Arbeit unter alle werkfähigen Glieder der Gesellschaft verteilt ist« (Karl Marx: Das Kapital I, MEW 23, S. 552).

»Das Reich der Freiheit beginnt in der Tat erst da, wo das Arbeiten, das durch Not und äußere Zweckmäßigkeit bestimmt ist, aufhört; es liegt also der Natur der Sache nach jenseits der Sphäre der eigentlichen materiellen Produktion. Wie der Wilde mit der Natur ringen muss, um seine Bedürfnisse zu befriedigen, um sein Leben zu erhalten und zu reproduzieren, so muss es der Zivilisierte, und er muss es in allen Gesellschaftsformen und unter allen möglichen Produktionsweisen. Mit seiner Entwicklung erweitert sich dies Reich der Naturnotwendigkeit, weil die Bedürfnisse sich erweitern; aber zugleich erweitern sich die Produktivkräfte, die diese befriedigen. Die Freiheit in diesem Gebiet kann nur darin bestehen, dass der vergesellschaftete Mensch, die assoziierten Produzenten, diesen ihren Stoffwechsel mit der Natur rationell regeln, unter ihre gemeinschaftliche Kontrolle bringen, statt von ihm als von einer blinden Macht beherrscht zu werden; ihn mit dem geringsten Kraftaufwand und unter den ihrer menschlichen Natur würdigsten und adäquatesten Bedingungen vollziehen. Aber es bleibt dies immer ein Reich der Notwendigkeit. Jenseits desselben beginnt die menschliche Kraftentwicklung, die sich als Selbstzweck gilt, das wahre Reich der Freiheit, das aber nur auf jenem Reich der Notwendigkeit als seiner Basis aufblühen kann. Die Verkürzung des Arbeitstages ist die Grundbedingung.« (Karl Marx: Das Kapital III, MEW 25, S. 828)

Sachregister

Kursiv gesetzte Seitenzahlen beziehen sich auf Abbildungen.

VSA: Kapitalismus verstehen

Stephan Krüger
Entwicklung des deutschen Kapitalismus 1950-2013
Beschäftigung, Zyklus, Mehrwert, Profitrate, Kredit, Weltmarkt
140 Seiten | zahlr. farbige Abbildungen | € 12.00
ISBN 978-3-89965-641-1
Ein statistisches Taschenbuch mit dem kompakten Wissen zu allen relevanten Daten des deutschen Nachkriegskapitalismus bis in die jüngste Gegenwart. Verdeutlicht wird der Gesamtzusammenhang von Produktion, Verteilung, Umverteilung und Verwendung des Nationaleinkommens.

joachim bischoff / bernhard müller
piketty kurz & kritisch
eine flugschrift zum kapitalismus im 21. jahrhundert
96 Seiten | € 9.00
ISBN 978-3-89965-646-6
Die Autoren stellen die Ergebnisse von Pikettys Studie zum Kapitalismus im 21. Jahrhundert vor und unterziehen sie einer kritischen Bewertung.

joachim bischoff
finanzgetriebener kapitalismus
entstehung – krise – entwicklungstendenzen
eine flugschrift zur einführung
176 Seiten | € 12.80
ISBN 978-3-89965-599-5
Was sind die Besonderheiten des »finanzmarktgetriebenen Kapitalismus« und wie kann er reguliert bzw. letztendlich überwunden werden?

BEIGEWUM/Attac/Armutskonferenz (Hrsg.)
Mythen des Reichtums
Warum Ungleichheit unsere Gesellschaft gefährdet
Mit einem Nachwort von Elfriede Jelinek
176 Seiten | € 12,80
ISBN 978-3-89965-618-3
Dieses Buch stellt den bestehenden Mythen des Reichtums Fakten entgegen. Aus verschiedenen Perspektiven wird den Strategien der Rechtfertigung von Reichtum und sozialer Ungleichheit nachgegangen. Dabei setzen sich die AutorInnen mit Gerechtigkeits- und Leistungsbegriffen auseinander, erörtern die empirische Vermögensforschung, auch mit Bezug auf die vieldiskutierten Arbeiten von Thomas Piketty, und untersuchen die Gefahren der Vermögenskonzentration für die Demokratie.

Prospekte anfordern!

VSA: Verlag
St. Georgs Kirchhof 6
20099 Hamburg
Tel. 040/28 09 52 77-10
Fax 040/28 09 52 77-50
Mail: info@vsa-verlag.de

VSA: Politische Ökonomie

Elmar Altvater
Marx neu entdecken
Das hellblaue Bändchen zur Einführung in die Kritik der Politischen Ökonomie
144 Seiten | € 9.00
ISBN 978-3-89965-499-8
Das vorliegende hellblaue Bändchen folgt einer anderen Ordnung als sonstige Einführungen in das Marxsche Werk: Es werden brennende Probleme der Gegenwart, insbesondere die Fragen nach Ursachen, Verlauf, Perspektiven und Lösungen der großen Krise aufgeworfen und mit Hilfe der Marxschen Theorie diskutiert und zu beantworten versucht.

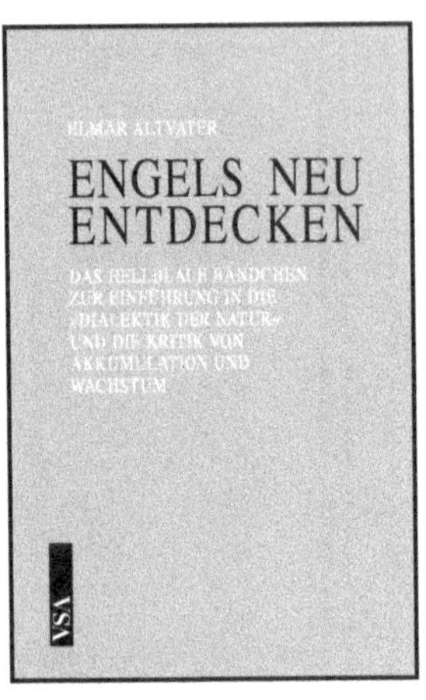

Elmar Altvater
Engels neu entdecken
Das hellblaue Bändchen zur Einführung in die »Dialektik der Natur« und die Kritik von Akkumulation und Wachstum
192 Seiten | € 12.00
ISBN 978-3-89965-643-5
Elmar Altvater stellt Friedrich Engels (1820-1895) und eines seiner wichtigsten Werke vor, die »Dialektik der Natur«.

Michael Brie
Polanyi neu entdecken
Das hellblaue Bändchen zu einem möglichen Dialog von Nancy Fraser und Karl Polanyi
176 Seiten | € 10.00
ISBN 978-3-89965-642-8
Michael Brie führt in das Werk des Wirtschafts- und Sozialwissenschaftlers Karl Polanyi (1886-1964) ein und skizziert Möglichkeiten des Dialogs zwischen diesem und Nancy Fraser, der bekanntesten US-amerikanischen Feministin.

Karl Georg Zinn
Vom Kapitalismus ohne Wachstum zur Marktwirtschaft ohne Kapitalismus
168 Seiten | € 16.80
ISBN 978-3-89965-651-0
Die verschiedenen Krisenprozesse der Gegenwart verweisen auf die Grenzen der kapitalistischen Produktionsweise. Es ist höchste Zeit, über diese hinauszudenken.

Michael Brie (Hrsg.)
Mit Realutopien den Kapitalismus transformieren?
Beiträge zur kritischen Transformationsforschung 2
Eine Veröffentlichung der Rosa-Luxemburg-Stiftung
240 Seiten | € 16.80
ISBN 978-3-89965-648-0
Jede große Krise verändert die Linke und ihre theoretischen Ansätze. Der Band stellt neue Ansätze transformatorischen Denkens vor.

Prospekte anfordern!

VSA: Verlag
St. Georgs Kirchhof 6
20099 Hamburg
Tel. 040/28 09 52 77-10
Fax 040/28 09 52 77-50
Mail: info@vsa-verlag.de